原始・古代日本の祭祀

椙山林継・山岸良二 編

序―祭祀研究の今日的状況

椙山　林継

　宗教行為は人の条件でもあるが、日本列島における人々の生活文化のなかで、神を祭り、神に祈った痕跡は、今日まで残されているものと残されていないものがある。偶然に残されたものでも度重なる行為によって複雑な状況を呈している場合、今日的考えによって当時を復原することは、危険を伴うこともある。一つの遺跡に対して多くの学者が意見を述べ検討する機会が与えられることはまだ少ない。宗教行為の内にひそむ思考を復原することは、かなりめんどうである。しかし、仮説や推論を遠慮することはない。また考古資料は日々新たに検出され、発見される。思わぬデータが加わることもある。これによって推論が裏付けられる場合と反故となる場合がある。

　平成19年になって、山梨県韮崎市女夫石遺跡で巨石を中心に石棒が配置されて発見され、土偶や、大型の浅鉢など土器の出土状況も注目された。縄文時代から石が祭祀に関係していることは、これまでにも言われてきたことだが、後の古墳時代祭祀遺跡に近い形で検出されたことは興味深いものである。筆者も昔、八王子市楢原遺跡で焼石群を中心に大型浅鉢と土偶があり、その周囲に小型浅鉢と小型土器、ぐい呑み状のものが6～7個セットとなっている例を掘ったことがある。中期の大型浅鉢は覆せられて、宴のあとのように思われた。同じく本年になって群馬県矢瀬遺跡の報告書が刊行された。縄文後晩期の利根川段丘状の遺跡であるが、割られた巨木が立てられ、立石があり、曲がりくねった水路は石によって造られ、さながら水のある石庭である。水場のとちの実なども栃餅の原料であったかもしれない。立石の状況は東京都八丈の八丈小

島の近世祭祀遺構と類似する。

　弥生時代の銅鐸、銅剣、銅鉾を大量に出土した出雲の遺物が平成19年3月にオープンした島根県立古代出雲歴史博物館に全点展示された。実に壮観である。出雲が青銅器文化の大きな拠点であることを見せつけている。荒神谷遺跡や加茂岩倉遺跡の発掘現場も現在は保存され、ガイダンス施設も設けられている。しかし何故あの場所であるのか、回答は得られていない。埋納が祭祀行為であるとしても、その年代も、理由も、方法も本当に納得させる説はない。

　昨年まで文部科学省のCOEプログラムの採択を受けて、國學院大學が行ってきたグループ研究のうちで多紐鏡の再確認と、その出土遺跡の研究を担当し、進めてきた。日本列島では面径10cm前後の小型鏡が墳墓からの出土を主として考えられるのに対し、20cm前後の大型鏡は祭祀的な使用が推測される。しかし半島では両者が墳墓から同時に発見されることもあり、列島の原則は通じない。ただ半島での遺跡のあり方に類型がみられるようであり、墳墓ではないと思われる遺跡が現地踏査の結果指摘できるようになってきた。半島での青銅器祭祀は注目されはじめた段階であり、今後資料も増加すると思われる。

　古墳時代の祭りでは奈良県巣山古墳の堀から平成17年に発見された木棺と舟形木製品は、三重県四日市市宝塚古墳の舟型埴輪などとともに実際の葬送に使われたと思われる道具の発見で、葬のあり様が彷彿としてくる。平成18年8月に雄山閣の『季刊考古学』に「古墳時代の祭り」の特集を組んだが、墓のまつりも資料の増加とともに多様性を増してきている。

　歴史時代の祭祀も滋賀県塩津港の神社跡の調査は、内海水運と神社の関係の遺跡としての姿が窺え、現存する神社を含め、港湾、水上交通と信仰施設が地震や津波などの災害を受けながらも研究対象として興味深くなりつつある。文字資料の決定的に少ない我が国の古代史、特に心の中に迫る世界が、考古資料によってわづかずつではあるが着実に解明されている。

　今回は山岸良二氏と話し合い、最前線で活躍している若手の研究者の論考を集めてみた。一歩進められれば幸いである。

目　次

　序―祭祀研究の今日的状況 ……………………………椙山林継　i
　序論　祭祀遺物研究序説―「独鈷石」命名考― ……………山岸良二　3

第1章　縄文時代の祭祀
　土器を埋める祭祀―屋外土器埋設遺構を中心として― …………山田康弘　23
　縄文土偶と祭祀 …………………………………………小野美代子　42
　下宅部遺跡における狩猟儀礼 …………………………千葉敏朗　67

第2章　弥生時代の祭祀
　土井ケ浜遺跡の祭祀と社会 ……………………………古庄浩明　87
　土鐸から土鏡の祭祀へ―集落の祭りと祭祀同盟― ……………鈴木敏弘　119
　方形周溝墓における土器使用と群構成 …………………福田　聖　148
　「境界」埋納の思考―武器形青銅器埋納の世界観― ……………片岡宏二　189

第3章　古墳時代の祭祀
　古墳造営にともなう祭祀行為 ……………………………小林　修　213
　　―横穴式石室墳における葬送儀礼・埴輪祭祀をめぐって―
　三輪山麓出土の子持勾玉祭祀とその歴史的背景 ………大平　茂　235
　イミテーションと祭祀空間 ………………………………河内一浩　257
　石製模造品の生産と流通 …………………………………深澤敦仁　275
　　―群馬県地域の様相にもとづく仮説モデルの提示―

第4章　歴史時代の祭祀
　古代集落内のカミ・ホトケの信仰 ………………………平野　修　303
　茨城県仁井谷遺跡を中心とした祭祀遺跡の一考察 ………大渕淳志　320

祭祀遺構にみる土器集積……………………………………鶴間正昭　346

古代蝦夷社会における古密教の受容と展開………………井上雅孝　368
　　——錫杖状鉄製品の分析を中心に——

古代鳥形製品の文献学………………………………………松尾　光　387

特論　手宮洞窟とフゴッペ洞窟壁画にみら
　　　れる続縄文時代のシャーマニズム …………………大島秀俊　404

編者・執筆者紹介　421

装丁　吉永聖児

原始・古代日本の祭祀

序論　祭祀遺物研究序説
―「独鈷石」命名考―

山岸　良二

1. はじめに

　「独鈷石」の命名についての現時点での一般的理解としては「形状が仏具の独鈷に似ていることから独鈷石とも石鈷ともよばれる。」(戸沢 1994)とするものである。

　そもそも「独鈷」とは平安時代に隆盛を極める密教秘具の一つ「独鈷杵」を示すもので、加持祈祷などを執り行う真言師が使用する「金剛杵」の内「鈷」（股の備字で、突き出た先端部の意味）の数が二つあれば「二鈷杵」、三つあれば「三鈷杵」と呼称し、一方向にしかないものを「独鈷杵」とよんだ。本来はインドにおける武器を模した悪魔・邪払いの仏教道具であったと思われる。

　さて現在までの知見によれば、「独鈷石」は縄文時代中期に出現し、後晩期に隆盛、一部は弥生時代の遺跡などからも出土する。その分布地域は、北海道から九州までほぼ全国に及ぶが、濃密な地域は東北・関東・飛騨地方である。なお、兵庫県から西に広がる独特な形態品については「西日本型独鈷状石器」の名称が付されている。[1]

　本稿では、この「独鈷石」=「どっこいし」命名がいつの時期、誰によってなされ、その背景を探ることで本遺物の機能・用途面の探求にも迫ってみたいと意図するものである。

2. 江戸時代までの呼称

　この時代の石器類は全国各地に居住していた地方の「蒐集家」「好事家」とよばれる比較的富裕な階級の人びとによって収集されていた。

　なかでも近江の木内石亭（本名・木内重暁、1724〜1808）は後世「石器神工説（せっきじんこう）」を唱え、それまでに定説とされてきた「石器天工説（せっきてんこう）」に異見を評する人物である。木内の著した『雲根志（うんこんし）』（前編）は明和年間（10代家治の治世、1760年代、いわゆる田沼時代）、『同』（後編）は安永年間（10代家治の治世、1770年代、田沼全盛期）に上梓されたが、この（後編）に飛騨高山の滄州福島屋五右衛門から黒色両頭之雷斧＝独鈷石が寄贈されたことを記している。そして、各地で蒐集される奇石類を分類し、後世の独鈷石にあたる種類に「神代石」の呼称を与えている。

　木内の「神代石（じんだいせき）」研究は『雲根志』（後編）刊行後から天明・寛政年間（10代家治から11代家斉の治世、1780〜1790年代）までの約20年間にも及び、その間現地踏査、遺跡試掘はいうに及ばず、各地の蒐集家との情報交換、石器購入、所蔵品展覧などありとあらゆる手段で研究の深化を計っていった。最終的に享和年間（11代家斉の治世、1800年代、いわゆる大御所時代）に刊行された『雲根志三編』（第3作目の意味）では「神代石」類として現在の分類に照らしてみる「独鈷石、鍬形石、琴柱形石製品、石釧」の4種に絞っている。ちなみに、他の種類としては「曲玉、車輪石、石刀、石釧頭、石棒、冠石」などを分類しているが、これらも大区分での「神代石」と同類と考えていたようである。

　そもそもこの「神代石」の呼称はいったいいつごろ、誰が使い出したものであるか現在まで不明であるが、先にも触れた木内に独鈷石を寄贈した飛騨高山の蒐集家・福島滄州の手記中にも「神代大刀」の記載があり、江戸時代の早い段階で蒐集家間では「奇石」に対して「神代石」の呼称を与えていたと思われる。

しかも、木内はこの石器類の製作者に対しても「日本人祖先」説を唱え、その年代観も「時より今七八千年程も昔の事と思召せ」と明記している。もとより、この年代観の根拠は示されていないが、これらの石器類に対して新井白石が「粛慎説（7世紀代北海道地域に居住していた異民族の称）」、日本考古学の開祖といわれるエドワード・S・モースが「プレアイヌ説」、明治年間のわが国人類学泰斗・坪井正五郎博士が「コロポックル説（アイヌ神話に出てくる小人族）」を唱えた学史を考えるならば、木内説は卓見であったといえる。

3. 明治時代以降の「呼称」

青森県の「独鈷石」をまとめた岡本孝之氏は、同県の亀ヶ岡遺跡発見の契機から縄文文化への関心が高まり、明治年間に県内各地を遍歴して貴重な記録を屏風絵などで残している蓑虫山人（本名・土岐源吾、1836〜1900）に注目した。山人の残した屏風絵の内『陸奥全国神代石古陶之図屏風』『陸奥全国神代石之図』には明確な「神代石＝独鈷石」が何点か描かれている。

明治19（1886）年神田孝平は『日本大古石器考』を公表刊行した。主文は英文で、日本文の解説も付けられている。このなかで「独鈷石」状石器には「雷鼓ニシテ両端ニ刃アルモノナリ。質ハ緑泥岩ナリ。」と記して、江戸時代から継続して使用されてきた「雷鼓」のグループに「独鈷石」を組み込んでいる（図1）。

明治27（1894）年若林勝邦は東北地方の石器紹介のなかで「石鈷」名を使用した。（若林 1894）これが「石鈷」名を使用した初見と思われる。

明治40（1907）年東京上野で開催された「太古遺物陳列場」の解説文で坪井正五郎は現・東村山市中野割遺跡出土例を「独鈷石（北多摩郡廻田） 伊藤源太郎氏所蔵」と紹介している。坪井の周辺では「独鈷石」の呼称が日常的であったことがわかる（坪井 1907）。

明治42（1909）年大野雲外（延太郎）は「独鈷石の形式分類について」『東京

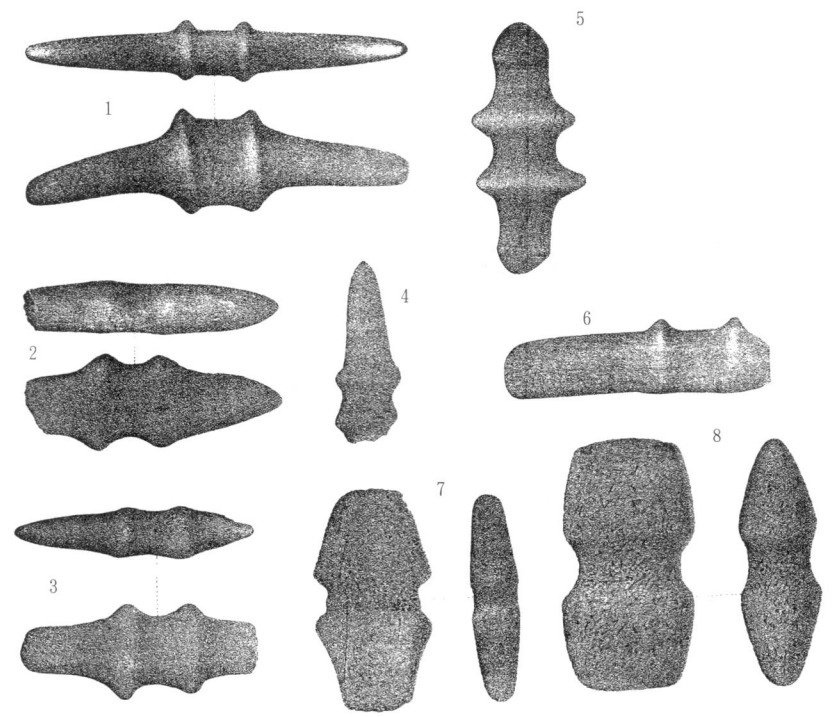

図1 『日本大古石器考』中の「独鈷石」

人類学会雑誌』276号を発表した。このなかで「独鈷石」を三種類に分類し、千葉県4例を含む関東地方を中心に17例の出土地名表を挙げている（図2）（大野 1909）。

このように大野が「独鈷石」名称を使用し、分類案まで提示しているにもかかわらず、次章でも詳述するようにもう一方の「石鈷」なる名称も明治〜昭和期まで継続し使用される。

昭和2（1927）年後藤守一は「石鈷」名で五分類を提示し、平面での形態だけではなく、断面形での観察も加えている（後藤 1927）。昭和7（1932）年には山内清男も「両頭石斧」の範疇で分類形態案を示し、端部での形状にも着目して

いる（山内 1932）。

　以上のように大正〜昭和初期までの期間は、「独鈷石」「石鈷」「両頭石斧」など各種の用語が研究者間で混在していた。「石鈷」名については戦争中にもかかわらず、九州大隈地方を訪問した考古学界の大家・梅原末治がその地で実見した資料について使用している。梅原はこの小論中「石鈷が日常の利器たる石斧から導かれた我が石器の特殊形態の1つ」であることは疑いないと断じている（梅原 1944）。この所論は今日でもはなはだ示唆に富んでいる指摘と思われる。

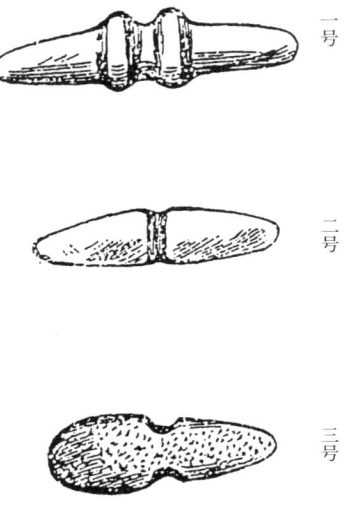

図2　大野雲外の「独鈷石」分類

　「石鈷」名の呼称は戦後になってもまだまだ一部で散見される。1951年刊行された駒井和愛著『考古学概説』には「石鈷（独鈷石）」という項目立てが成されている一方、同書の改訂版では「石鈷」と「独鈷石」を同一執筆者が併用している例もある。[2] また、1958年刊行の『神奈川県史概説（上）』中でも、同県の考古学泰斗として著名な石野瑛が「石鈷」と「独鈷石」を併用して使用している。

4.「独鈷石」命名

　江戸時代の地方書誌『耽奇漫録』に「野州独鈷山麓に神代石を見つけたり」との記述があり、この記述から野州に「独鈷石」の命名起源がある可能性が指摘できる（図3）。

　野州とは旧国名の「上野、下野国」を指すもので、事実下野国北部に「独鈷沢とっこざわ」の地名が残っている。江戸時代の記録によると、この地は古く

8 序論 祭祀遺物研究序説

図3 北関東地域の「独鈷石」出土状況と独鈷山の位置

は下三依（しもみより）村とよばれていたが、弘法大師空海が諸国布教の折この地を訪れ、村人に水を所望したところ、村人がわざわざ崖を降りて深い谷間を流れる男鹿川岸辺まで水を汲んできた真心に感じ、大師は手元の独鈷杵で地面を突き刺して「湧水」を湧き出させたとの由来である（角川 1984）。現在の地名は塩谷郡藤原町独鈷沢である（図4）。

さて「独鈷石」命名に関して興味深い記述が大正元（1912）年柴田常恵による高橋建自著『日本考古資料写真集』書評中に見られる。このなかで、柴田は高橋が「石鈷」の名称を使用していることについて「第八版に載せある独鈷石は他の遺物との命名上の統一を図らんとせられし為め、別に石鈷の名を附しあれど、もと独鈷の形状に似たる故を以て名しものとて、石鈷にては称意の通せざるの感あり、敢えて従来の名称をとう襲する要なきも差支なきは、なるべく其ままに為し方相互の便なるかと思はるるなり」（図5）（柴田 1912）。

これらの記録から、明治後半から昭和初期までの間で「石鈷」名を使用して

いる研究者として三宅米吉、高橋健自、後藤守一、駒井和愛などいわゆる「帝室（東京国立）博物館」系のグループ、一方「独鈷石」を使用している研究者として坪井正五郎、鳥居龍蔵、大野雲外、柴田常恵、八木奘三郎、中谷治宇二郎など「東京人類学会雑誌」系のメンバーと分けることができる。この両グループの存在は、明治年間初期から見られるもので一応明治33（1900）年に『考古学会雑誌』の刊行で一本化となるが、実際はかなり以後まで両者のわだかまりは残ったようである。

　ところで、この柴田から批判された高橋であるが、考古学史研究上での位置づけとして斉藤忠氏が「学術用語の整理と定着化への功績」が大きいと評価している（斉藤 1985・2001）。

　高橋健自は明治4（1871）年宮城県に生まれ、福井県、奈良県などで教員を経験し、明治37（1904）年に東京帝室博物館に転じた。歴史部長であった三宅米吉らのもと、後藤守一、石田茂作ら歴史課のメンバーを助けながら『考古学雑誌』編集の中心的役割を果たした。その一方で、学術用語の統一と普及化に尽力し、大正元（1912）年には研究者向けに『日本考古資料写真集』を刊行、次いで大正2（1913）年には一般向

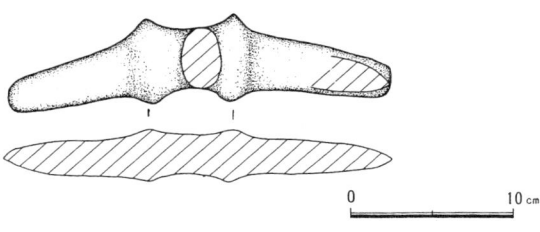

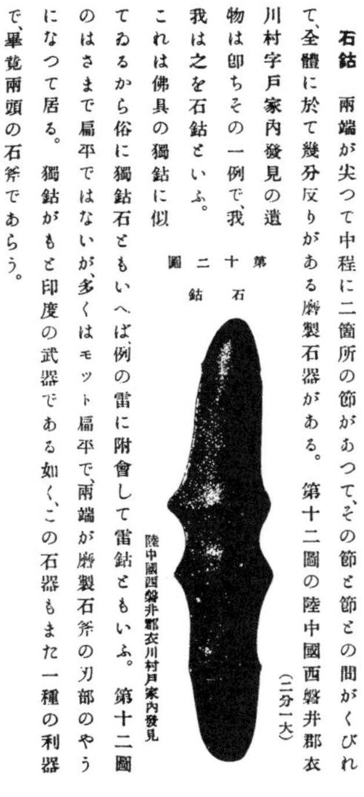

図4　独鈷山に近い塩谷郡船生村出土例

図5　高橋『考古学』掲載「石鈷」説明

けに『考古学』を刊行した。このなかで高橋は先述したように柴田に批判されながらも「石鈷」の項目立てに固執し「これは仏具の独鈷に似ているから俗に独鈷石ともいへば、例の雷に附会して雷鈷ともいふ。」「独鈷がもと印度の武器である如く、この石器もまた一種の利器で、畢竟両頭の石斧であろう」と記述し、用語としては「石鈷」で用途としては「現在のツルハシ状の道具」との認識を示した（高橋 1913）。

この用語統一の流れは、その後昭和2（1927）年刊行後藤守一『日本考古学』に引き継がれ定着していった（斉藤 1990）。

その一方、この高橋らの動きに絶えず批判的であった柴田常恵は1877（明治10）年名古屋市の浄土真宗寺院に生まれ、苦学しながら上京私立郁文館中学内の史学館で歴史学を学び、坪井正五郎の講演を聞いて考古学を目指す決意をし、明治35（1902）年東京帝国大学雇いに採用、同39（1906）年同大人類学教室助手となった。この間、坪井を助けて『東京人類学会雑誌』編集に従事、大正6（1917）年には『日本石器時代遺物発見地名表』（第4版）作成にも尽力した。彼の学問的業績は石器時代から歴史時代まで多岐にわたるが、なかでも仏教考古学に造詣が深く独自の研究領域を創成した（齋藤 1984）。

つぎなる昭和初期に入ると中央を問わず地方においても「独鈷石」名が定着していたことを証左する報告がある。昭和3（1928）年杉山寿栄男は連続して著した文献中で、「独鈷石は石冠と同様やや用途を知るに苦しむ今1つの磨製石斧」であると記述している（杉山 1928）。

昭和8（1933）年『考古学』誌上で「豊川流域の石器時代」を著した野澤正次は、八名郡八名井遺跡から相当に大きな「独鈷石」を、寶飯郡菟足神社貝塚から「独鈷石」が1点同神社の宝物として保管されていると記している。なお、伝承によれば出土地は同郡一宮村長地である（野澤 1933）[3]。

その一方で昭和11（1936）年藤村・神田らは弥生時代に属する「独鈷石」を「両頭石斧」として報告している。「所謂独鈷石はペダンチックな興味に踊った過去をもつ、きわめて正体のはっきりしない遺物」であると規定し、環状石斧

や多頭石斧とともに弥生文化段階でもその影響力を受けた遺物類ながら、他の遺物ほど精緻に調整されていない点を指摘している（藤森・神田 1936）。

　昭和初期段階での両呼称併用例は昭和5（1930）年飛騨地方、昭和13（1938）年駿河国知名表などの文献にも散見される（岡山 1930、大澤ほか 1938）。

　1940年代『古代文化』誌上では、毎号のように伊丹信太郎、甲野勇らが「独鈷石資料」と題する資料紹介文を掲載した。一方、1930年代初頭大場磐雄も下沼部貝塚の調査記録のなかで「車夫を連れた老紳士が現れて、自分（著者注・大場）の壙とは半米も隔たらぬ所から、完全な独鈷石をヒョイと採集された」と記している。この老紳士こそ、明治初頭に弥生町で「日本初の弥生土器」を発見した有坂鉊蔵であり、ちなみにこの日氏はもう1本「両頭石斧」を採集している。この文中に出てくる最初の「独鈷石」は現在東京大学総合資料館に所蔵されている(4)（山岸 1989a）。

　以上、「独鈷石」と「石鈷」両名称の使用遍歴について概観してきたが、これらの状況を踏まえて考古学史の権威・齋藤忠氏は「独鈷石は雷鼓ともいわれ仏具の独鈷に似ているので命名され、大野雲外が分類を紹介し、用語として定着」と記述しているが明確なる命名者およびその背景には触れていない。

　最後に筆者は結論として「独鈷石どっこいし」命名者の候補として大野雲外・柴田常恵らをあげてみたい。

　その根拠としては、柴田のさまざまな考古遺物に対する該博なる知識、そもそも一画工として人類学教室に入った大野の考古遺物分類化への精力的な活動、そして何よりも大きな要素は彼らの所属していた東京帝国大学人類学教室が主催での『全国遺跡知名表』作成過程での「独鈷石」分布状況の把握が可能だったことなどが指摘できよう(5)。明治末から大正初期、東京帝国大学人類学教室内でそれまで「神代石」「石鈷」「雷鈷」「雷鼓」などとバラバラに呼称されていた遺物類を仏教具に造詣が深い柴田あたりの発案で「密教秘具の独鈷杵」に形状が酷似している点や、木内の「石器神工説」とのかかわりなども考慮して命名が行われたと推測される。

事実、大野らの後輩にあたる中谷は先に紹介した「野州独鈷山〜」の記録と出土した遺物の存在から「(独鈷石の命名)がこの地名からも考えられる」(中谷 1929)とし、最終的には「東京人類学会の人々に依て称し初められたものであろう」(中谷 1935)と結論付けている。

5.「独鈷石」の祭祀要素探求

「独鈷石」の出土状況からその祭祀的儀器としての性格を推測する場合、まずその出土遺構との関係、次に伴出遺物との関係、さらに用途面機能面からの考察が重要かと思われる。

◎まず「独鈷石」が検出された明確な遺構との関係を見てみよう。

全国各地で発見される「独鈷石」のうち、発掘調査などで明確にその状況把握が成されるケースは非常に稀である。しかも、明らかになんらかの遺構にともなっての「発見事例」はさらにごく少なく稀であると思われる。

そのようななか、近年の調査例でこれらの問題を解く鍵となるケースが報告されている(図6)(日本道路公団・㈶茨城県教育財団 2004)。

2002年北関東自動車道建設にともなう発掘調査で茨城県西茨城郡岩瀬町に所在する松田古墳群中の縄文時代中期末葉期に属する竪穴式住居跡床面から「独鈷石」が出土している。同遺跡では、高低差約11mの緩斜面に総計17軒の縄文時代竪穴式住居が検出され、そのいちばん低い東部で発見され規模がいちばん大型の第38号住居の床面から「独鈷石」が発見された。同住居跡は長径6.64×短径5.25mの楕円形で、南東寄りに長軸87×短軸71cmの花崗岩を使った石囲炉がつくられていた。この炉に近い床面から、大型石棒2点(完形58.8cm、破損品31.7cm)が横位で、被熱を帯びた石皿片2点、そして「独鈷石」が床面に突き刺した状態で検出された。(6) この状況から、報告者も山本らの研究成果を援用して「石棒には、頭部に被熱による黒斑と損傷が確認」され、「ともに出土した石皿片3点も被熱の痕跡と黒斑が認められ」「火との関わりが

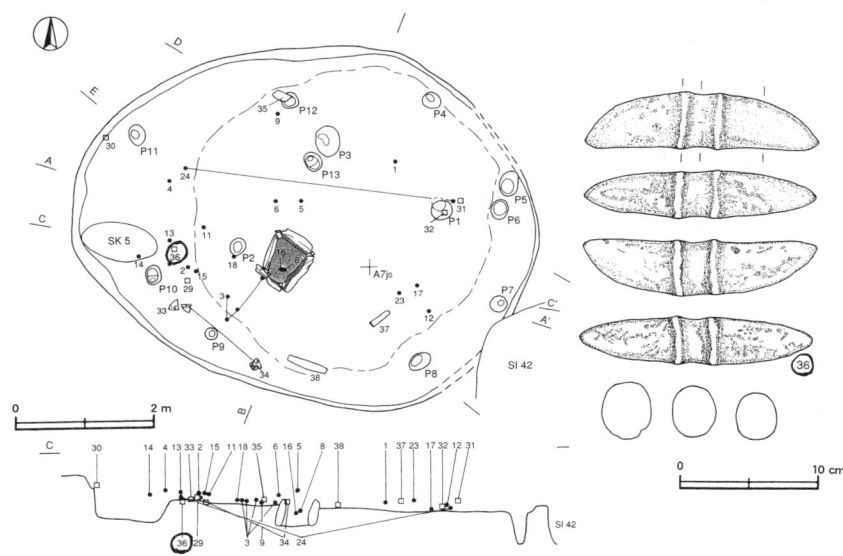

図6　松田古墳群「独鈷石」出土状況図

強い祭祀的な行為」がなされていたと推測している（山本 1996）。

　この松田例は、住居跡からの出土土器の時期が中期中葉でさらに検出された「独鈷石」も北関東全域からの研究成果でみれば、明らかに出現期または初期段階の形状を示していることから、この「独鈷石」を使用したなんらかの「祭祀的な行為」の初現的段階と考えられる。

　このように住居跡から明確に「独鈷石」が出土する類例は稀で、関東地方全域をみわたしても神奈川県では砂田台遺跡で23.64cmの大型品が土製円盤をともなって住居跡から、埼玉県では31遺跡で「独鈷石」の出土報告があるが内四遺跡のみが住居内出土といわれている。この内明確な床面での検出は大宮市東北原遺跡例で晩期の「独鈷石」が石棒などといっしょに出土している。

　茨城県小場遺跡では後期後葉から終末期の径5.42メートルの第22号円形住居中央に位置する「石囲い炉」南側から石棒など石器6点と土器片錘、土製円盤など土製品9点と伴出した。栃木県乙女不動原遺跡では縄文後期末の南北長

6.75メートルの楕円形J12号住居跡内の地床炉内から石棒、石鏃、土偶などといっしょに「完形品」が検出されている。以上の類例は先の松田例と近似する状況と考えられる（図7）。

東京都なすな原遺跡では全部で6点の「独鈷石」が発掘調査によって検出され、2点が土壙墓から石剣、石棒など9点との伴出関係を示している。さらに1点は晩期住居跡の床面からの出土である。

このように「独鈷石」が住居内から発見される場合には、炉近辺で石棒、石剣、土偶、土製品をともなうケースが多いことが指摘できる。

◎次に「独鈷石」が出土する遺跡での伴出遺物の特徴を見てみよう。

先述もしたようにこの遺物が正式な発掘調査などで検出されるケースははなはだ少ない。このため、厳密な意味での他遺物との伴出関係や伴出状況を掌握することは困難な点が指摘できる。そのため、従来知られている「独鈷石検出遺跡」での「祭祀・儀礼関係遺物」との伴出関係を見てみよう。

ここでは、一般にこの時期に該当する「祭祀・儀礼関係遺物」として認識されている「石棒・石剣・石刀・土偶」などを代表的遺物として摘出してみた。

筆者のこれまでの集

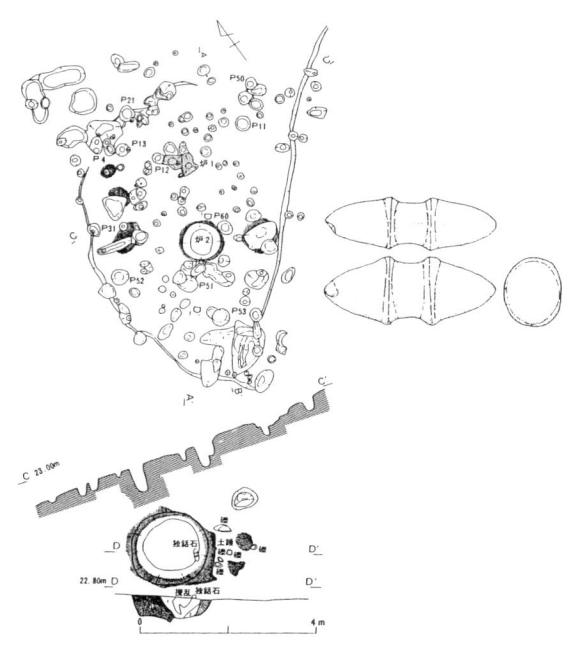

図7　乙女不動原遺跡「独鈷石」出土状況図

図8 千葉県内出土「独鈷石」例中 祭祀系遺物を伴出した遺跡分布図

表1 千葉県の「独鈷石」と伴出祭祀石製品

遺跡名	石棒	石剣	玉類	石錘
内町貝塚	○	—	—	○
天神台貝塚	—	—	—	○
公津原	—	○	○	—
殿台	○	—	○	○
吉見台	○	—	—	○
井野長割	○	○	—	○
加曾利貝塚	○	○	—	○
内野	○	○	○	○
築地台貝塚	○	○	○	—
山野貝塚	○	○	—	○
祇園原貝塚	○	—	○	○
西広貝塚	○	○	—	○
富士見台	○	—	—	○
荒海貝塚	○	○	○	—
三直貝塚	○	○	○	○

表2 埼玉県の「独鈷石」と伴出祭祀石製品

遺跡名	石棒	石剣	玉類	石錘
石神貝塚	○	—	—	—
真福寺貝塚	○	○	○	○
ささら	○	○	○	○
東北原	○	—	—	—
黒田宮台	○	—	—	—
奈良瀬戸	○	○	○	○
発戸	○	—	—	—
地獄田	—	○	—	—
高井東	○	—	—	—
橋屋	○	○	—	—
大背戸	○	—	—	—
山田	○	—	—	—
中橋場	○	○	—	—
鶴ケ島中西	○	—	—	—

成により、関東地方を中心に上記の関係をみてみよう（図 8）（表 1・2）。

千葉県では検出された 33 遺跡中伴出関係が把握できた遺跡が 17 例で、内祭祀系遺物と思われる石棒・石剣との伴出は 15 例確認された。しかも、15 遺跡例中石棒をともなうものが 13 例もあり、この遺物との密接な関係をうかがうことができる。しかも、晩期の祭祀系遺物を大量に出土した西広貝塚、三直貝塚、吉見台遺跡、内野遺跡などでは多数の石棒と複数の「独鈷石」が検出され、両者のマッチングが注目される。

この傾向は隣接する埼玉県でも垣間見られる。同県ではこれまで 31 遺跡 38 例の「独鈷石」が公表されているが、この内 13 遺跡例で「石棒」との伴出関係が、8 遺跡例で「石剣」とのそれが確認されている。ここでも後期から晩期の祭祀系遺物を大量に出土した石神貝塚、真福寺貝塚、東北原遺跡、高井東遺跡などで石棒・石剣などとの濃密な伴出関係が把握されている。

このような伴出関係は他の関東地方はじめ東北地方でも見られる傾向で、「独鈷石」が「石棒」をともなう祭祀と同じ範疇で使用された可能性を示唆している。

◎最後に、この石器がなんらかの祭祀・儀礼に使用された前提で、その機能面、性格面、用途方法などに着目してみよう。

「独鈷石」研究を早い段階から精力的に進めた渡辺誠氏は東北地方に見られる 2 条の凸部間にアスファルトが付着している 10 遺跡の事例を挙げ、「このアスファルトは中央部の鍔間あるいは溝にのみみられることから、独鈷状石器が柄に装着されていた」と断じている。しかも、アスファルトを使用しない地

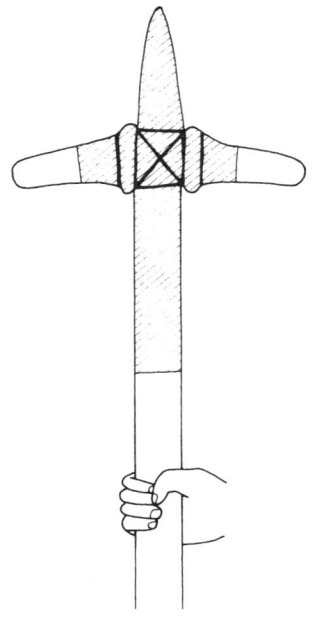

図 9　渡辺誠氏による「独鈷石」装着想定図

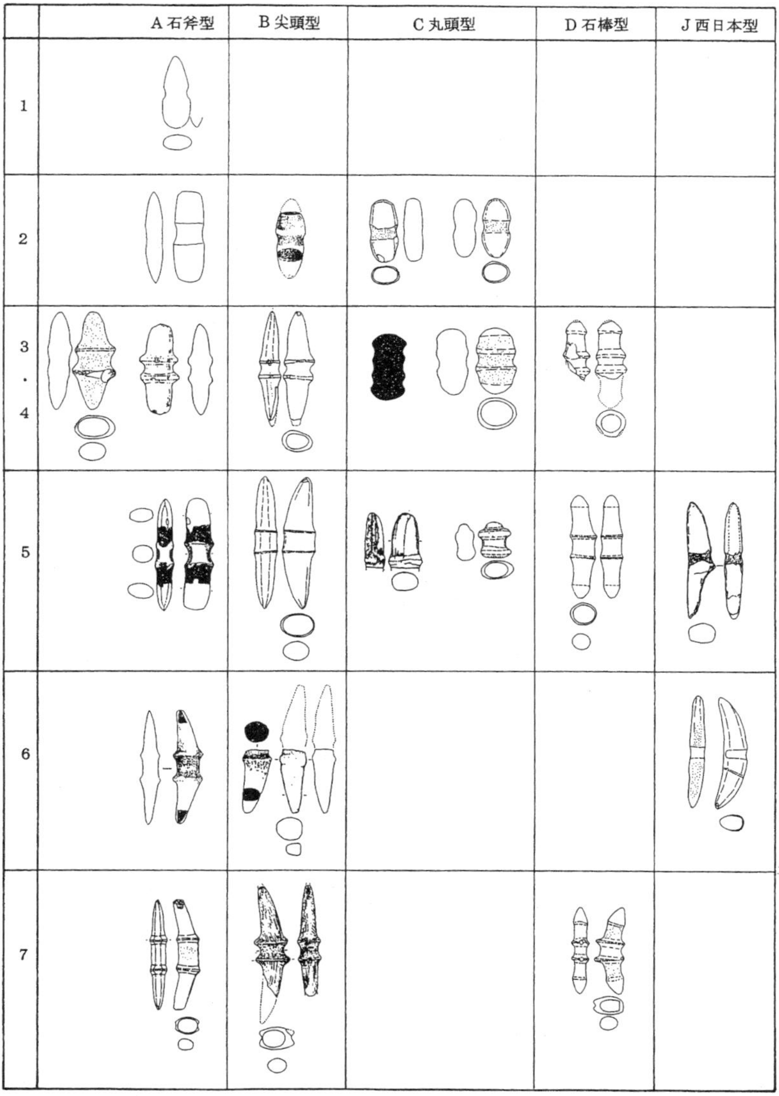

序論　祭祀遺物研究序説　17

	A 石斧型	B 尖頭型	C 丸頭型	D 石棒型	J 西日本型
1					
2					
3・4					
5					
6					
7					

図10　岡本孝之氏による最新分類案

域での装着法として青森県平遺跡例（凸部の外側に赤色顔料が塗布されている）と長野県伊那地方例（凸部間に×印の沈線が彫られ、あたかもこの×様に紐を巻く）を示し、具体的な柄と独鈷石の装着想定図（筆者注・密教の錫杖のようになる）を明示している。そして、この装着法から実際の儀器としての性格解明のヒントとして、岩手県木内Ⅱ遺跡での配石遺構に近い地面に突き刺した状態での出土例と、愛知県保美貝塚から発見された頭蓋骨の頭頂部に2個の楕円形孔を付けられて割られた人骨への打撃に使用されたとの推定から、前者は「食物の豊かさを祈る祭祀」に、後者は「霊力の低下したシャーマンを殺し、再生を祈る祭祀」に儀器として使われたとしている（図9）（渡辺 2003）。

　渡辺氏の指摘のように、各地の「独鈷石」を詳細に観察すると中央の凹部にときおりヒモもしくは縄を巻いたような摩擦痕を見出すことができる。これと、両先端部の「敲打痕」「打ち欠け痕」の有無などが先のような用途・機能解明への足がかりとなると思われる。筆者は「独鈷石」初現期から終末期への形態変化分析から「初期は実用頻度の低い利器、つまり年2～3度の使用に供する位」の祭祀儀器で、最終的には「実際に使用されなくなる」が祭祀儀器としての意味から住居内に「据置」用の儀器になっていくと考えている（図10）（山岸[7] 1987）。

註
（1）　兵庫県から西部に特徴的に見られる所謂「西日本型独鈷状石器」は渡辺誠氏の命名である。
（2）　駒井編の同書中「貝塚」項を担当した市川健二郎は「石鈷」「独鈷石」を併用しながら、用途として宗教具と打砕具の二つを挙げている。
（3）　野澤氏は東京考古学会の会員であったかは不明で、この前後の学界動向にも名前は出てこない。たぶん、地方の一研究者であったと思われる。
（4）　伊丹信太郎の業績については拙稿「南総・伊丹信太郎小伝」『東邦考古』15号 1991を参照いただきたい。
（5）　大野が分類を提示した遺物には「石皿」「石斧」「石剣」「土版・岩版」「骨器」など多種にのぼる。

（6）　突き刺した状態での検出例は本稿で触れた松田例、木内Ⅱ例など稀であるが、祭祀行為の実態を考える上では重要であろう。
（7）　ちなみに「独鈷石」の英文名は「double-edged grooved stone bar with constricted middle section（jomon）」（山本 2001）

参考文献

梅原末治 1944「大隈発見の異形石器」『人類学雑誌』59-7、日本人類学会。
大澤和夫・安本博・加藤明秀 1938「駿河国石器時代遺跡知名表」『考古学』9-8、東京考古学会。
大野雲外 1909「独鈷石の形式分類に就て」『東京人類学会雑誌』276号、東京人類学会。
岡本孝之 1999「遺物研究　独鈷状石器（独鈷石、白河型石器）」『縄文時代』第10号、縄文時代研究会。
岡本孝之 2006「青森県の白川型石斧」『古代』119号、早稲田大学考古学会。
岡山　準 1930「飛騨石器時代遺物分布」『考古学』1-3、東京考古学会。
角川日本地名大辞典 1984「栃木県」角川書店。
神田孝平 1886『日本大古石器考』〈復刻版 1983 第一書房『復刻日本考古学分権集成』斉藤忠監修〉。
後藤信祐 1985「独鈷状石器小考」『唐澤考古』5、唐澤考古会。
後藤守一 1927「石鈷」『日本考古学』四海書房。
駒井和愛編 1957『考古学概説』日本評論新社。
齋藤　忠 1984『日本考古学史辞典』東京堂出版。
齋藤　忠 1985『考古学史の人びと』第一書房。
齋藤　忠 1990『日本考古学研究 3 日本考古学史の展開』学生社。
齋藤　忠 2001『日本考古学の百年』東京新聞出版局。
柴田常恵 1912「書評・日本考古資料写真集」『人類学会雑誌』28-5。
杉山寿栄男 1927『日本原始古代図版解説』。
杉山寿栄男 1928『日本原始工芸概説』工芸美術研究会。
田井中洋介 1997「弥生社会からみた独鈷石」『紀要』第10号、滋賀県文化財保護協会。
高橋健自 1913『考古学』聚精堂。
坪井正五郎 1907「東京府管内太古遺物陳列場」『東京人類学会雑誌』257号、東京人類学会。
東京帝国大学 1917・1928『日本石器時代遺物発見地名表』〔第四版、第五版〕岡書院。

戸沢充則編　1994『縄文時代研究事典』東京堂出版。
中谷治宇二郎　1929『日本石器時代提要』岡書院。
中谷治宇二郎　1935『日本先史学序史』岩波書店。
中村友博　1996「異形石器の世界」『縄文と弥生の神と祈り』北九州市立考古博物館。
日本道路公団・（財）茨城県教育財団　2004『松田古墳群』。
野澤正次　1933「豊川流域の石器時代」『考古学』4-7、東京考古学会。
長谷部言人　1940「神代石」『考古学雑誌』30-10、考古学会。
東　和幸　1993「独鈷状石器」『大河』第4号、大河同人。
藤森栄一・神田五六　1936「弥生式遺跡出土の両頭石斧」『考古学』7-10、東京考古学会。
山内清男　1932「磨製片刃石斧の意義」『人類学雑誌』47-4、東京人類学会。
山岸良二　1985「千葉県出土の「独鈷石」」『考古学雑誌』70-4、日本考古学会。
山岸良二　1987「埼玉の「独鈷石」」『埼玉の考古学』新人物往来社。
山岸良二　1989a「南関東の「独鈷石」」『東京考古』7、東京考古談話会。
山岸良二　1989b「慶応義塾大学関係の独鈷石について」『考古学の世界』新人物往来社。
山岸良二　1990「北関東「独鈷石」概観」『東国史論』5、東国史論会。
山岸良二　1995「独鈷石形態地域論　飛騨と関東」『飛騨と考古学』高山考古学研究会。
山岸良二　1999「「独鈷石」未成品考」『東邦考古』23号、東邦考古学研究会。
山岸良二　2000「「独鈷石」形態地域論Ⅱ「西日本型独鈷状石器」再考」『人類史研究』12号、人類史研究会。
山岸良二　2003「千葉県の「独鈷石」補追Ⅱ」『東邦考古』27号、東邦考古学研究会。
山本忠尚　2001『日本考古学用語辞典　和英対照』東京美術。
山本暉久　1979「石棒祭祀の変遷（上）（下）」『古代文化』31-11、12、古代学協会。
山本暉久　1996「柄鏡形（敷石）住居と石棒祭祀」『縄文時代』第7号、縄文時代文化研究会。
若林勝邦　1894「陸前磐城両地方二三ノ遺物」『東京人類学会雑誌』9-102、東京人類学会。
渡辺　誠　1973「大阪府高槻出土の独鈷状石器をめぐって」『考古学論叢』1、別府大学考古学研究会。
渡辺　誠　2003「独鈷状石器の着装法」『史峰』第31号、新進考古学同人会。

第1章　縄文時代の祭祀

土器を埋める祭祀
―屋外土器埋設遺構を中心として―

山田　康弘

1. はじめに

　縄文時代における祭祀行為、とくに墓制とリンクする祭祀行為としては、これまでにもたとえば焼骨の存在から推定される火の使用による祭祀や（清野 1946、高山 1976・1977、新津 1985、設楽 1993、花輪 2003 など）、石棒・石皿・土偶のあり方から推定される祭祀（山本 1979、鈴木 1989、谷口 2006 など）などのほか、遺体そのものに対する特殊な取り扱い方（坂詰 1960、山田 1995・2001）といったものが取り上げられてきた[1]。これらの議論の多くは、当該祭祀行為と墓に代表される「死」のイメージとの関連性を指摘し、「死と再生」というモチーフと結びつけて解釈するものであったり、その延長線上に系譜的観念の発達と祖先崇拝の成立などを想定するものであった。

　また、これら個別墓に対するものだけでなく、墓地ないしは墓域全体を祭祀場としてとらえ、その場が機能する時間的継続性や大規模な配石遺構などのあり方から、そこで祖先崇拝など累世的な祭祀が行なわれたと想定したり、墓制だけにとどまらず多くの観念と関係を有する記念物（モニュメント）の成立を考える研究も存在する（小杉 1995、小林 1997、宮尾 1999 など）。これらの研究にみることができるように、現在では墓制に関する祭祀行為の多くは、「死と再生」というモチーフに関するものを中心に、系譜的観念や祖先崇拝といったものと結びつけられて解釈されることが一般的であるといえるだろう。

　筆者も以前より、埋葬と共通する精神的基盤をもつ祭祀行為として「土器埋

設祭祀」の存在を主張してきた（山田 1995・2001）。しかし、各地の教育委員会等で発行されたリーフレットや、近年多くなってきたインターネット上のホームページなどを一瞥すると、土器埋設遺構＝子供の埋葬例と単純に理解する傾向がいまだに根強く存在することがわかる。そこで今回は、墓制と関連して、従来幼児埋葬例などの土器棺墓として理解されることの多かった土器埋設遺構を取り上げ、これが遺体収容を行なうだけでなく、「死と再生」をモチーフとしながら多様な性格を与えられていたという点について再論してみたいと思う。

2. 土器埋設遺構の概念

　縄文時代の遺跡を調査すると、土器そのものをなんらかの意図のもとに埋設したと考えられる遺構が検出される場合がある。従来このような遺構は、「埋甕」「埋鉢」「埋設土器」「土器棺」「甕棺」などとさまざまなよび方がなされてきた。まずはこの点について、若干の整理をすることにしよう。
　研究史上、初めて「埋甕」という語が使用されたのは、1932年に刊行された姥山貝塚の報告書が最初であろう（松村ほか 1932）。報告書では住居跡の「南部ニ穴或ハ埋甕ヲ設ク」と述べて、住居跡のなかの南側に埋設された土器を「埋甕」と呼称し、その用途を貯蔵用としている。その後、長野県与助尾根遺跡を調査していた宮坂英弌は、住居跡内に埋められた土器が一定の場所にあることを指摘し、「出入口部に土器を埋設させた施設」という「埋甕」の基本的概念を提示した（宮坂 1950）。したがって、本来「埋甕」とは住居跡入口部に土器を埋設した施設に対してのみ用いるべき語であり、住居跡の外や、住居跡内であっても出入口部以外の地点に土器を埋設した施設にまでその語を適用すべきものではない。この点については、すでに水野正好も批判を行なっている（水野 1978）。
　また、埋設された土器の器形として「甕」を取り上げた場合、従来の縄文土

器研究では同形のものを「深鉢」と呼称することからも、「埋甕」なる語は適当ではない。しかし、「深鉢」が埋設されているから「埋鉢」なる語を承認したとしても、「壺」が埋設されていた場合には概念的に矛盾を生む。土器の器形にもとづく呼称は、当概遺構の統一的な理解には使用できず、個々の遺構にしか対応できないだろう。

　本来「埋甕」なる語は、土器が地中に埋設されているという遺構の状況を指し示したものである。これに対して「甕棺」なる語は、地中に埋設された土器の内容物がヒトであった場合に、文字どおり「棺」の意味で用いられるべきものである。したがって、この「埋甕」と「甕棺」という語は分類概念上、同じレベルにあるものではない。

　そこで本稿ではこのような遺構を、その検出状況にもとづき呼称を統一して土器埋設遺構とよび、埋設された土器そのものを埋設土器と記述することにする。ただし、先行研究を引用する場合は、括弧付きでそちらの使用方法を尊重することにしよう。

　土器埋設遺構は、埋設された場所が住居内であったのか、それとも屋外であったのかという、住居を基準とした埋設場所によって大きく屋内土器埋設遺構と屋外土器埋設遺構に分けることができる。屋内土器埋設遺構は、住居の出入口部に埋設されたものと、それ以外の場所に埋設されたものとに分類できる。前者をとくに、出入口部土器埋設遺構とよぶことにしたい。なお出入口部土器埋設遺構については、研究史上すでに「埋甕」の語が与えられている。今後必要があって「埋甕」の語を使用する場合には、すべて出入口部土器埋設遺構のことを指し示すことにする。以上の概念は土器が埋設された場所による分類区分であるが、これとは別にその用途による分類も可能である。たとえば、土器埋設遺構の内容物が人骨であると確定されたものについては、記述上の必要があればこれを土器棺墓とよび、埋設土器を土器棺とよぶことにしたい。埋設位置と用途の二つの分類基準が存在するのでやや混乱を招く可能性もあるが、土器埋設遺構の性格を考える上で両者とも必要な分類概念であるため、本

稿では適宜使い分けることにする。なお、屋内土器埋設遺構、とくに「埋甕」に関してはこれまでにも数多くの検討や研究が行なわれてきていることから（たとえば渡辺 1968、水野 1978、木下 1981、桐原 1983、小山 2003 など）、本稿では屋外土器埋設遺構を中心に取り扱うことにしよう。

3. 人骨以外の内容物を有した屋外土器埋設遺構

　土器棺墓としての屋外土器埋設遺構に関しては、これまでにも多くの研究が行なわれてきている。たとえば、古くは小金井良精が大人の埋葬との関連でこれを子供の埋葬例として取り上げているし（小金井 1923）、長谷部言人も土器棺内から出土した人骨の大きさを測定し、これを死産児をおもな対象とした葬法との見解を述べている（長谷部 1927）。その後に行なわれた集成的な研究としては、佐野大和や坂詰秀一、菊池実の一連の研究がある（佐野 1951、坂詰 1958a・1958b・1960、菊池 1980・1983 など）。なかでも菊池実は土器内から人骨が出土している事例を集成し、その埋葬対象が多くの場合、生後 1 年以内の子供にかぎられることを指摘している。人骨出土例にかぎらないならば、その性格を基本的に「幼児埋葬例」としてとらえる渡辺誠や、佐々木藤雄、山本暉久、植田文雄らによる精力的な研究を挙げることができるであろう（渡辺 1968、佐々木 1975、山本 1977、植田 1991 など）。また、立岡和人は土器棺墓の被葬者を限定こそしてはいないが、近畿地方を中心としつつ全国的な視点から集成的研究を行なっている（立岡 2000）。

　これらの研究は、土器埋設遺構を基本的にヒトの埋葬施設としてとらえて検討を行なったものである。しかし以下に述べるように、土器埋設遺構にはヒトを埋葬した土器棺墓とは考えにくい事例も存在する。まずはこれらの事例を紹介してみることにしよう。なお、便宜上、口縁部が上側を向けて埋設されたと考えられるものを正位、土器が横になっているものを横位、口縁部が下になっているものを逆位とよぶことにする。

・宮城県青島貝塚検出例（土岐山 1975）

　1970 年に南方町町史編纂委員会によって行なわれた第二次調査のFトレンチ第 4 層中から、土器埋設遺構が検出されている。埋設土器は倒立した状態で出土しており、中期後葉の大木 9 式土器が使用されていた。この埋設土器の胴部下半分は欠損していたものの、内部からは獣骨が出土している。菊池実はこれをイノシシのものとしている（菊池 1982）。貝層中から検出されたこの事例は、獣骨が出土しなければ、そのままいわゆる逆位の土器棺としてとらえられてしまうものである。

・宮城県南境貝塚検出例（宮城県教育委員会 1969）

　1968 年に宮城県教育委員会によって行なわれた発掘調査において、土器埋設遺構と思われる事例が検出されている。これは、第 5 層の上面から出土したイヌの埋葬例の下部から、内器面を上側に向けた後期の宮戸Ⅰb式土器の大型破片が見つかったもので、報告者はイヌが土器に入れられて埋葬されたものと考えている。状況的には後述する朝寝鼻貝塚例と類似するようだが、こちらの場合はイヌの単独・単葬例ということになりそうである。ヒト以外の動物が葬られた土器棺の事例として注目される。この事例も内部からイヌの骨が出土しなければ、「幼児埋葬例」としてとらえられてしまった可能性が高い。

・福島県道平遺跡検出例（図 1—1）（渡辺ほか編 1983）

　1980 年に大熊町教育委員会によって行なわれた発掘調査において、37 例の土器埋設遺構が検出されている。これらの埋設土器は後期前葉から晩期にかけてのものであり、道平遺跡においては長期にわたって連続的に土器の埋設が行なわれていたといえるだろう。埋設土器の多くは、正位で埋められていた。これらの土器埋設遺構のうち、11 号と 25 号埋設土器の内部からはイノシシおよびシカの骨片が出土している。道平遺跡では、この他にも土器埋設遺構付近から獣骨や粘土塊、動物形土製品などが出土しており、報告者の一人である大竹

28 第1章 縄文時代の祭祀

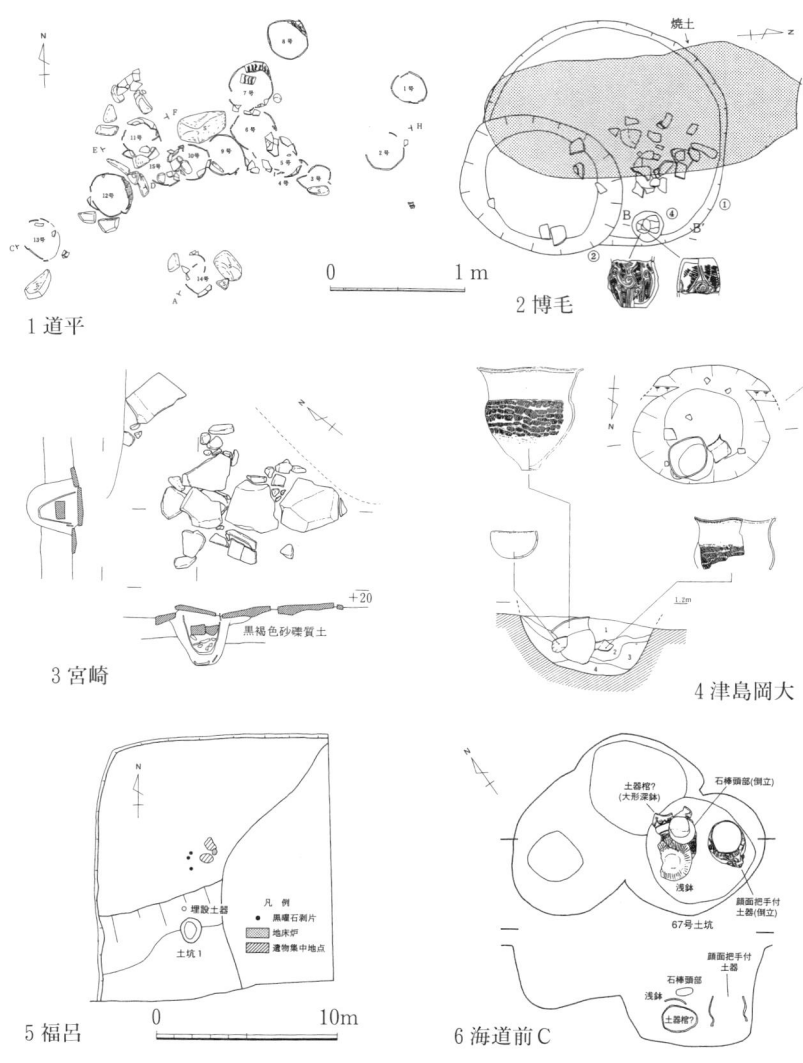

図1 本稿で扱う土器埋設遺構の検出状況

憲治は、これらの土器埋設遺構に対して獣骨蔵土器という名前を与え、他の「埋葬施設・呪術施設とは一線を画した縄文時代内陸部における狩猟に関する動物祭祀の一つのパターンとして止揚したい」と述べている（大竹 1983）。また、渡辺一雄によれば、同様の性格をもつ土器埋設遺構は福島県上納豆内遺跡（中期）、同梅の木畑遺跡（後期）、同洞川A遺跡（後・晩期）などといった東北地方南部の諸遺跡からも検出されており、これを踏まえて渡辺は「骨片出土は即人骨の埋納というような短絡的考え方は、今後通用しない」とも述べている（渡辺 1983）。群在化する土器埋設遺構が必ずしも土器棺墓群ではないという典型的な事例である。

・福島県博毛遺跡検出例（図1—2）（古川編 1985）

　1983年から1984年にかけて、高郷村教育委員会によって行なわれた発掘調査において、土器埋設遺構が12例検出されている。これらのうち、内容物が確認されたのは2例である。A区165号土坑からは、土器を2個体分使用した土器埋設遺構が検出されている。図1—2に見られるように、165号土坑は①・②・④の三つの土坑からなる遺構である。直径180cmの円形プランをもつ①土坑の底面から掘り込まれた④土坑中に、土器が埋設されていた。④土坑は直径が23cm程の円形を呈しており、埋設する土器の大きさにあわせて掘られたものと思われる。埋設土器は、縄文時代中期の大木8b式土器を2個体使用したものであった。逆位の上部土器と正位の下部土器の胴部径がほぼ同じ位であることから、上部土器が蓋状に覆う形で埋設されたのではなく、本来は合わせ口のような状態で埋設されたのであろう。この上部土器の上には、底部に接する形で拳大の礫が置かれていた。下部土器内からは、蛇紋岩製の小型磨製石斧が4点、流紋岩製の石器剥片が1点納められていた。いずれもよく研磨されており、なかには石灰質の付着物や赤褐色の付着物の付いたものもあった。①土坑と④土坑、そして①土坑と切合う②土坑の上面には幅90cm、長さ240cmにわたる焼土が検出されている。①土坑は住居と想定するには規模も小さいこと

から、なんらかの祭祀遺構であった可能性もある。また、E25グリッドから検出された正位の土器埋設遺構には平石を用いた蓋が存在し、土器内部底面からはイノシシのものと思われる骨粉が出土している。時期は大木8a式期である。なお、博毛遺跡では、遺跡全域からイノシシを主とした焼獣骨が多量に出土しており、これが配石遺構と絡むなど、祭祀的な様相を多々見せている。このあたり、上述した道平遺跡の事例とも類似する。

・**長野県宮崎遺跡検出例**（図1－3）（長野市教委編 1988）

　1985年および1987年に長野市教育委員会によって実施された発掘調査で、3例の屋外土器埋設遺構が検出されている。しかし、ここで注目しておきたいのは、1号住居跡にともなうとされた屋内土器埋設遺構である。報告書では敷石住居にともなう「埋甕」とされている。しかし、別の配石遺構にともなうものである可能性も捨てきれないので、一応ここで紹介しておくことにしたい。この土器埋設遺構の内部からは黒曜石の石核10点と、それらから剥離されたと思われるフレークやチップが収納されていた。石核は大きいものでは200g以上のものもあり、自然面を残したままのものも多い。屋外、屋内いずれの土器埋設遺構にせよこのような事例は稀有である。時期は中期末のものとされている。

・**岡山県朝寝鼻貝塚検出例**（富岡 1998）

　1997年に岡山理科大学によって行なわれた調査で、横位で置かれた後期の土器内にニホンザルの頭蓋を埋納した事例が検出されている。大きさや歯の萌出状況からみて、頭蓋はおよそ1歳程度の幼獣のものである。切断痕や被熱痕は観察できないことから、骨化した頭蓋と下顎骨を土器に納入したものであろう。土器の大きさと頭蓋の大きさからみて、土器内に他の大きな有機物があったとは考えにくく、土器に直接頭蓋を納入したものと思われる。動物骨の頭蓋の意図的な埋納例として注目される。

・岡山県津島岡大遺跡検出例（図1—4）（阿部編 1994）
　1988年に岡山大学埋蔵文化財調査研究センターによって行なわれた大学院自然科学研究棟新営予定地における発掘調査で、貯蔵穴のなかに彦崎K2式の深鉢を埋設したものが検出されている。この土器の内部からは堅果類が出土している。仮に堅果類の出土がなかった場合、状況によっては土器棺として報告されてしまう可能性のあるものである。本来的に土器埋設遺構としてもよいものか判断に迷うが、とりあえず紹介しておくことにする。

・鳥取県福呂遺跡検出例（図1—5）（野崎編 2000）
　1997年に岡山大学埋蔵文化財調査研究センターによって行なわれた発掘調査で、前期の土器埋設遺構が1例検出されている。この土器埋設遺構は、尾根の斜面先端部から検出されたものであり、ほぼ完形の深鉢を正位で据え置いたものと考えられる。土器の内部からは安山岩製の石匙が1点出土しているが、これ以外に内容物は確認されていない。

　先に紹介したような土器の内部から獣骨が出土するという事例は、九州においても散見される。たとえば、長崎県筏遺跡の60号「甕棺」のなかからは、イノシシの歯牙と同定不可能な獣骨が出土しているし（内藤 1976）、鹿児島県上加世田遺跡からも、同定はされていないが埋設土器内から獣骨が出土したとされている（賀川 1973）。ここで紹介したような事例はおそらく氷山の一角であり、埋設土器中から獣骨が出土した事例は、探せばかなりの数が出てくるであろう。
　また問題はあるものの、土器内部の土壌分析から内容物を想定したものがある。たとえば、秋田県鴨子台遺跡では、埋設土器内の土壌からヒトの脳成分のような特殊な動物遺体の脂肪酸が検出されている（中野ほか 1992）。この事例は縄文時代中期前葉の大木7b式期のものである。群馬県田篠中原遺跡では、縄文時代中期後葉の土器埋設遺構が屋内および屋外より検出されている（菊地

1990)。これらの埋設土器には住居跡の入口部に埋設されているものもあり、「埋甕」としてとらえることができるものも存在する。土器内部の土壌からは人間の胎盤に特有の脂肪酸が検出されている（中野ほか 1990）。⁽³⁾

　この他に、土器のなかに意図的に動物を入れていたと思われる事例には、たとえば岩手県根井貝塚や青森県寺下遺跡から検出されたような、ヘビの胴体の切断埋納例がある（熊谷編 1987、山田 2005）。これらの土器が埋設されたものであるかどうかその判断はむずかしいが、土器と動物が相互に関連しあった何らかの用途が存在したということはいえるであろう。

　埋設土器中からは獣骨や磨製石斧、堅果類、石匙など多種多様な遺物が出土しているが、これらの事例がヒトの子供などの埋葬例に対する副葬品ではないことは確実である。それは、土器棺内に人骨が遺存していた事例には副葬品がともなうことは稀有であるということからも支持されるだろう（山田 1997・2006）。また、屋外土器埋設遺構のほとんどの例に内容物が残存していないという状況を考えたとき、これらの事例は少ないながらも、むしろ当該遺構の性格を考える上で重要な示唆を与えてくれるものとして理解することができるだろう。

　以上、各事例を簡単に紹介してきたが、これらの事例を通覧してみると、土器埋設遺構は土器棺墓である可能性もあるかわりに、土器棺墓以外の用途にもちいられた可能性もきわめて高いということができる。したがって、土器埋設遺構をすべて土器棺墓として扱うことはやはりむずかしいということになるだろう。このことは、埋設土器の埋設状態・形態に多様なヴァリエーションが存在することからも間接的に指摘できる。また、埋設土器の内部から骨片や骨粉が出土したとしても、これを即土器棺として把握することはできず、骨の鑑定を行なうだけではなく、より一歩突っ込んだ化学的な調査が必要とされる。内容物の確定なくして、土器埋設遺構の研究は進展しないということである。

4. 土器埋設遺構の意義

縄文時代の人びとが、土器にさまざまなイメージを重ねていたことは、土器そのものに具象的な装飾を施したものがあることからもわかる（図2）。たとえば、長野県唐渡宮遺跡からは出産時の光景を描いたとされる絵画土器が出土している（小林 1988）。山梨県津金御所前遺跡からは、人面把手付深鉢の胴部にもう一つの人面表現が付けられている土器が出土している（山路 1987）。同様の事例は長野県月見松遺跡からも出土している（林 1968）。このようなモチーフを縄文土器のなかに認めるとき、縄文時代の土器棺が顕現する理由を、当時の人びとが土器そのものに呪術的な力があると認めたからだとする坂詰秀一の見解は注目に値する（坂詰 1958）。渡辺誠は、土器に付加されるモチーフには男性像と女性像、マムシ、イノシシ、イノヘビがあるとし、これらは男女の性別原理にもとづくものであると述べ、そのなかで調理されたものは象徴的な「赤ん坊」であると解釈した（渡辺 1992）。土器を両性の結合としてとらえる視点は新鮮である。筆者もかつてこれらのような土器の造形を出産のモチーフとしてとらえ、土器に「生を産み出す女性」としてのイメージが付加されていたと考えたことがある（山田 1994a）。世界の民族事例を参照しても、土器を母体としてとらえ、これを再生の象徴と考えている事例も多い（エリアーデ 1971）。埋設土器が土器棺として子供の埋葬に用いられたのも、土器にこのようなイメージが重ねられていたからなのであろう。しかし、埋設土器のなかには子供の遺体だけが収納されたのではなく、イノシシなどの獣骨も収納されていることも考え合わせるならば、子供の遺体だからこそ女性のイメージの付加された土器に入れられたと考えるよりも、「新たなる生を産み出す女性」としての土器だからこそ、当時の人びとが新しい生、再生、復活、豊穣を願ったものすべて、それが大人の骨や子供、イノシシなどなんであれ、を土器のなかに収納したと解釈する方がよい。このように理解するならば、逆に埋設土器の内容物が多様

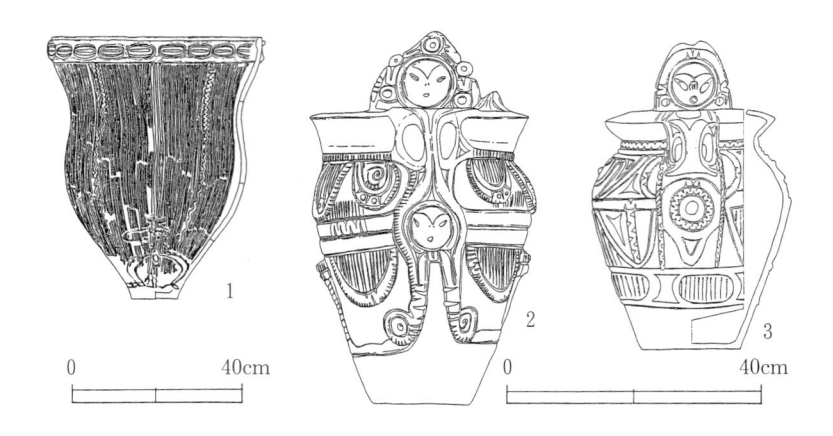

図2　女性のモチーフを表現した土器（1 唐渡宮　2 津金御所前　3 月見松）

であるのはむしろ当然であり、それは当時の人びとの多様な要求の発現なのだととらえることが可能である。筆者はこのような視点から、土器のなかに再生や増産を願うものを入れ、これを埋設する、あるいは土器を埋設し、そのなかに再生や増産を願うものを収納するという行為をともなう祭祀、「土器埋設祭祀」を縄文時代の精神文化のなかに改めて設定したい（山田　1995a・2001）。

　ここで言う「土器埋設祭祀」の根底にある「生と再生」のモチーフは、先にも述べたように女性のもつ生殖力のイメージに由来するものであろう。ただ現実世界に見られるように、この生殖力は女性だけで完結するものではなく、おそらくそこには男性のもつ生殖力のイメージと結合した象徴的な生殖行為が存在したに違いない。たとえば谷口康浩は山梨県海道前C遺跡67号土坑における石棒と埋設土器の出土状況を「土坑の下部に底部を欠いた顔面把手付き土器を逆さに入れた後、覆土上部に石棒を逆位で入れていた」ととらえ（図1―6）、これを「底部を欠く顔面把手付き土器と石棒を同じ方向に一緒に埋納したのは、女性と男性の合一を隠喩的に表現したもの」と理解している（谷口　2005）。まさに象徴的な生殖行為を表現したものであろう。また、谷口は石棒や石皿を

用いた祭祀について分析を行ない、縄文時代には死と生殖・性交という象徴が結びつく観念的背景が存在し、「おそらく縄文時代社会の死生観においては、死は一切の終わりとは考えられておらず、死者という状態への移行、生まれ変わりといった観念があり、他の通過儀礼と同様の社会的移行として位置づけられていた」とも発言している（谷口 2006）。このような生の循環的発想こそ縄文時代における精神世界の基盤をなす思想であったにちがいない。だとすれば、現実に子供を産む女性が妊娠中、出産時に死亡してしまうという事故は、縄文時代の人びとにとって、先の思想的基盤を揺るがす一大事であったことになる。縄文時代の妊産婦が埋葬されるときには、他の埋葬例とは葬法上異なった属性を与えられることが多いが、先のように考えるならばそれも十分了解できることであろう（山田 1994a）。

　この「土器埋設祭祀」には、地域差・時期差が存在する。たとえば、東北地方以北では前期以降、晩期にいたるまで数的な増減を見せながらも存続する。関東地方では中期から後期前葉にかけて特徴的に見られるものの、後期後半以降には衰退する。西日本では中期後葉から見られるものの後期前葉に増加、その後一時衰退し、晩期前葉にふたたび数を増すようになる（立岡 2000）。このような動向は、当該地域の集落の動向とも密接な関係をもっているということができるだろう（縄文時代文化研究会 2001）。土器を埋設するという行為そのものは前期段階より見られることから、前期以降このような思想は各地において、その発現形態を変化させ、盛衰・脈動をくり返しながらも晩期まで継承されていったものと思われる。

　このような「土器埋設祭祀」は、当初個別的な祭祀であったものが時期が下るに連れてその影響の範囲を拡大し、やがては集落全体の共同祭祀へと変化していったらしい。それはこれまで先賢達によって発表された研究成果によっても明らかであろう。たとえば佐々木藤雄は、「埋甕」を幼児埋葬例としてとらえ、竪穴住居内の「埋甕」が敷石住居や広場中央部の「埋甕」へと特殊化していく背景には「幼児すなわち人間の再生を希求する個別的家族的祭祀、儀礼の、

いわば共同体の"再生"・"豊饒"を祈願する共同祭祀、儀礼への昇華という問題を見ることができるように思われる」と述べている（佐々木 1975）。けだし卓見であろう。佐々木と同様に山本暉久は、「埋甕」をその機能には多様性があることを認めつつも基本的には幼児埋葬例としてとらえ、「埋甕」が屋内から屋外へとその設置場所を変化させることを、「個別的・家族的性格から共同（体）性格への変質」として墓制の動向全体と関連づけて理解し、これによって共同体成員間の紐帯の強化が図られたものと考えている（山本 1977）。敷石住居をどうとらえるかという視点は異なるものの、基本的には佐々木と同じ流れを想定しているようである。植田文雄は、佐々木と山本の研究を参考にしながら、西日本にみられる「埋甕」について整理を行なっている。植田は後期以降「埋甕」が多機能化すると述べるとともに、それは葬制が多様化していくという流れのなかでとらえることができると主張する。そして、植田は「埋甕」の設置位置が屋内から屋外へと変化していく状況を、「旧来の家族単位の祭祀行為が衰退するかわり、安定した集落（共同体）単位の共同祭祀が生成された」と理解している（植田 1991）。

　土器埋設遺構自体の初現が屋内であったのか、今一つ判然としない部分が残るものの、基本的には、屋内から屋外へという設置位置の変化、東日本から西日本という分布拡大の方向性があったとみて差し支えないであろう。とくにこのような動きが中期末から後期中葉にかけての時期に起こったと想定されることは、千葉県権現原貝塚や茨城県中妻貝塚、広島県帝釈寄倉岩陰遺跡などにおいて見ることのできる多数合葬複葬例のあり方、およびその想定される意義からみても非常に興味深い（山田 1995b・2004）。ちょうどこの時期は、各地において集団のあり方が再編される時期でもある（高橋 2007、谷口 2007など）。土器を埋設するという行為、あるいは埋設した土器に内容物を納入するという行為によって発動される「土器埋設祭祀」も、屋外の場合には集落構成員全体にかかわるものとしてとらえることが可能であり、それは多数合葬例などと同様に、構成員の紐帯の強化やアイデンティティの再確認に一役買ったことであろう。

5. おわりに

　以上、土器埋設遺構をどのようにとらえるべきか、若干の考察を行なってきた。これを踏まえて、本稿で筆者が主張したいことは以下の通りである。
1. 土器埋設遺構を無条件ですべて子供の埋葬例と想定することは誤りである。
2. 縄文時代には、土器のなかに再生・復活を願うものを入れ、これを埋設する、あるいは土器を埋設し、そのなかに再生を願うものを収納するという行為をともなう「土器埋設祭祀」が存在した。
3. この「土器埋設祭祀」は、縄文時代の根本的な思想体系である「生と死と再生・豊穣」という循環的思想にもとづいて発現、施行されたものであった。

　内容的には、古くに谷川磐雄や宮坂英弌、桐原健らが主張していた「埋甕呪術的用具説」の復活・回帰といった側面も少なからず持つ論考となったが（谷川 1927、宮坂 1950、桐原 1967 など）、最近の土器埋設遺構に対する画一的な解釈を見るにつけ、このような動向に釘を刺しておきたいとの一念から筆を執った次第である。了とされたい。

註
（1）　本来縄文時代の葬制・墓制・葬法というものは、人を祀るという意味において祭祀性を帯びており、これらを構成する一連の葬送儀礼のなかから祭祀行為のみを抽出するということは難しい。
（2）　ただし、それ以前に土器埋設遺構について取り上げたものには鳥居龍藏の海戸遺跡の報告や（鳥居 1924）、柴田常恵の船田向遺跡の報告がある（柴田 1927）。
（3）　脂肪酸分析法のもつ問題点はすでに 1995 年の段階で坂井良輔と小林正史によって指摘されてはいた（坂井・小林 1995）。また縄文時代の場合、菊地実によって遺構の出土状況との整合性がとれない場合もあるとの指摘も行なわれている（菊地 1995）。近年では難波紘二らによって方法論上大きな問題点があるとの指摘がなされており（難波ほか 2001）、脂肪酸分析法をそのまま直接的に援用することは難しいとの見解が支配的である。筆者もそれに同意するものであるが、

土器埋設遺構の研究には内容物の確定こそ重要であるという考えのもと、自戒の意味も込めて、あえてここで例示を行なっている。注意されたい。
（4）　筆者が以前に指摘した小型有文石棒に観察できる摩滅痕は、まさにこのような疑似的・象徴的性行為を行なった痕跡だと私考する（山田　1994ｂ）。

参考文献
阿部芳郎編　1994『津島岡大遺跡 4―第 5 次調査―』岡山大学埋蔵文化財調査研究センター。
エリアーデ、M（堀一郎訳）1971『生と再生』東京大学出版会。
大竹憲治　1983「縄文時代における動物祭祀遺構に関する二つの様相」渡辺一雄・大竹憲治編『道平遺跡の研究』大熊町教育委員会。
川口貞徳編　1973『上加世田遺跡（第 6 次）』加世田市教育委員会。
菊池　実　1980「縄文時代人骨収納甕棺集成（1）、（2）」『考古学の世界』第 1・2 号。
菊池　実　1982「縄文土器の転用」竹内理三編『日本歴史地図（原始・古代編〈上〉）』柏書房。
菊池　実　1983「土器棺葬」『縄文文化の研究』第 8 巻、雄山閣。
菊地　実　1995「脂肪酸分析と考古学的成果」『考古学ジャーナル』第 386 号。
菊池　実編　1990『田篠中原遺跡』群馬県埋蔵文化財調査事業団。
木下　忠　1981『埋甕―古代の出産習俗』雄山閣。
清野謙次　1946『日本民族生成論』日本評論社。
桐原　健　1967「縄文時代中期にみられる埋甕の性格について」『古代文化』第 18 巻第 3 号。
桐原　健　1983「埋甕」『縄文文化の研究』第 9 巻、雄山閣。
熊谷常正編　1987『根井貝塚発掘調査報告書』岩手県立博物館。
小金井良精　1923「日本石器時代の埋葬状態」『人類学雑誌』第 38 巻第 1 号。
小杉　康　1995「縄文時代後半期における大規模配石記念物の成立」『駿台史学』第 93 号。
小林　克　1997「縄文のムラ、墓と祈り」岡村道雄編『ここまでわかった日本の先史時代』角川書店。
小林公明編　1988『唐渡宮』富士見町教育委員会。
小山貴広　2003「埋甕の研究とその問題点」『平出博物館紀要』第 20 集。
坂井良輔・小林正史　1995「脂肪酸分析の方法と問題点」『考古学ジャーナル』第 386 号。

坂詰秀一 1958a「縄文文化における甕棺葬の基礎的研究」『立正大学文学部論叢』第9号。
坂詰秀一 1958b「縄文文化における甕棺葬研究の前提」『銅鐸』第14号。
坂詰秀一 1960「縄文後期堀之内式期甕棺小考」『古代学研究』第23号。
坂本嘉弘 1994「埋甕から甕棺へ—九州縄文埋甕考—」『古文化談叢』第32集。
佐々木藤雄 1975「埋甕論ノート」異貌第3号。
佐野大和 1951「石器時代小児甕棺葬について」『宗教研究』第127号。
設楽博己 1993「縄文時代の再葬」『国立歴史民俗博物館研究報告』第49集。
柴田常恵 1927「新たに発見したる多摩丘陵附近石器時代住居址」『史跡天然記念物』第2集6号。
縄文時代文化研究会編 2001『列島における縄文時代集落の諸様相・縄文時代集落研究における現段階』縄文時代文化研究会。
鈴木保彦 1989「第二の道具としての石皿」『縄文時代』第2号。
高橋龍三郎 2007「考古学では社会をどう見るか」『季刊考古学』第98号。
高山 純 1976・1977「配石遺構に伴出する焼けた骨類の有する意義上・下」『史学』第47巻第4号・第48巻第1号。
立岡和人 2000「近畿地方における縄文晩期土器棺の成立と展開」『関西の縄文墓地』第2回関西縄文文化研究会発表資料集。
谷川磐雄 1927「南豆見高石器時代住居址の研究」『考古学研究録』第1号。
谷口康浩 2005「石棒の象徴的意味」『國學院大學考古学資料館紀要』第21号。
谷口康浩 2006「石棒と石皿—象徴的生殖行為のコンテクスト—」考古学Ⅳ。
谷口康浩 2007「縄文時代の社会」『季刊考古学』第98号。
土岐山武 1975「Fトレンチ」後藤勝彦・加藤 孝編『宮城県登米郡南方町青島貝塚発掘調査報告』南方町教育委員会。
富岡直人 1998『朝寝鼻貝塚発掘調査概報』加計学園埋蔵文化財調査室。
鳥居龍蔵 1924「平野村小尾口海戸遺跡」『諏訪史』第1巻。
内藤芳篤 1976「骨の所見について」諫見富士郎編『続・筏遺跡』百人委員会。
中野寛子・明瀬雅子・長田正宏・中野益男・福島道広 1992「鴨子台遺跡から出土した土器に残存する脂肪の分析」小山内透・榮 一郎・小林 克編『一般国道琴丘能代道路建設事業にかかわる埋蔵文化財発掘調査報告書Ⅰ—鴨子台遺跡・八幡台遺跡—』秋田県教育委員会。
中野益男 1990「田篠中原遺跡の配石遺構群および埋設土器に残存する脂肪の分析」菊池実編『田篠中原遺跡』群馬県埋蔵文化財調査事業団。

長野市教育委員会編 1988『宮崎遺跡』長野市教育委員会。
難波紘二・岡安光彦・角張順一 2001「考古学的脂肪酸分析の問題点」『日本考古学協会第 67 回総会研究発表要旨』日本考古学協会。
新津　健 1985「縄文時代後晩期における焼けた獣骨について」『日本史の黎明―八幡一郎先生頌寿記念考古学論集』。
野崎貴博 2000『福呂遺跡 1 ―第 1・2 次調査―』岡山大学埋蔵文化財調査研究センター。
長谷部言人 1927「石器時代の死産児甕葬」『人類学雑誌』第 42 巻 8 号。
花輪　宏 2003「縄文時代の「火葬」について」『考古学雑誌』第 87 巻第 4 号。
林　茂樹 1968『月見松遺跡緊急発掘調査報告書』伊那市教育委員会。
古川利意編 1985『博毛遺跡』高郷村教育委員会。
松村　瞭・八幡一郎・小金井良精 1932「下総姥山ニ於ケル石器時代遺跡貝塚ト其ノ貝層下発見ノ住居址」『東京帝国大学理学部人類学研究報告』第五編。
水野正好 1978「埋甕祭式の復原」『信濃』第 30 巻第 4 号。
宮尾　亨 1999「自然のなかに取り込んだ人工空間としての記念物」小林達雄編『最新縄文学の世界』朝日新聞社。
宮坂英弌 1950「八ヶ岳山麓与助尾根先史聚落の形成についての一考察（下）」『考古学雑誌』第 36 巻 4 号。
山路恭之助 1987『津金御所前遺跡』須玉町教育委員会。
山田康弘 1994 a「縄文時代の妊産婦の埋葬」『物質文化』第 57 号。
山田康弘 1994 b「有文石棒の摩滅痕」『筑波大学先史学・考古学研究』第 5 号。
山田康弘 1995 a「九州の埋設土器」『熊本大学文学部論叢』第 49 号（史学篇）。
山田康弘 1995 b「多数合葬例の意義」『考古学研究』第 42 巻第 2 号。
山田康弘 1997「縄文時代の子供の埋葬」『日本考古学』第 4 号。
山田康弘 2001「中国地方の土器埋設遺構」『島根考古学会誌』第 18 集。
山田康弘 2004「墓制から見た山地域と海岸域」『日本考古学協会 2004 年度広島大会研究発表資料集』日本考古学協会。
山田康弘 2005「先史時代における動物の埋葬と埋納」『第 59 回日本人類学会大会抄録集』日本人類学会。
山田康弘 2006「人骨出土例からみた縄文時代墓制の概要」『縄文時代』第 17 号。
山本暉久 1977「縄文時代中期末・後期初頭の屋外埋甕について（1）（2）」『信濃』第 29 巻第 11・12 号。
山本暉久 1979「石棒祭祀の変遷」『古代文化』第 31 巻 11・12 号。

渡辺　誠　1968「埋甕考」『信濃』第 20 巻第 4 号。
渡辺　誠　1992「縄文土器の形と心」『双葉町歴史民俗資料館紀要』第 1 号。
渡辺一雄・大竹憲治編　1983『道平遺跡の研究』大熊町教育委員会。

図出典
図 1─1：渡辺ほか編 1983、2：古川編 1985、3：長野市教委編 1988、4：阿部編 1994、5：野崎編 2000、6：谷口 2006　図 2─1：小林編 1988、2：山路 1987、3：林 1968

縄文土偶と祭祀

小野美代子

1. はじめに

　粘土を捏ね人の形に似せてつくられた素焼きの小像。土偶は、縄文時代を代表する遺物のひとつであり、当時の人びとの「祈り」や「精神世界」の一端を象徴する遺物でもある。また、時期や地域によって出土数に多寡はあるが、縄文時代早期から晩期を通じて日本列島の各地でつくられていた。東北や関東、中部地方などでは、弥生時代に入っても縄文時代の影響が色濃く残り、土偶やその影響を受けた遺物がつくられている。縄文時代初期の土偶は数cmと小型のものが多く、携帯を前提につくられた可能性が高い。また、大きさや形態から後期旧石器時代のヴィーナス像との関連も考えられる。現在、日本で出土する最古の土偶は、約8000年前のもので、ほぼ完形で約6.8cmと小型の全身像である。

　世界最古の人物像としては、約3万1000年前とされているオーストリアのガルゲンベルクから出土した、柔らかい扁平な石でつくられた石偶が知られている。土製のものでは、チェコのドルニ・ヴェストニッツェ遺跡から出土した約2万5000年前のヴィーナス像が最古とされている。いずれも後期旧石器時代のもので、ドルニ・ヴェストニッツェのヴィーナス像は約500〜800度の温度で焼かれ、形態的には石製やマンモスの牙製の同時期のヴィーナス像と同様のものである。これらは、乳房と腹部が強調され、豊満な成人女性の姿を髣髴とさせることから「ヴィーナス像」と名づけられている。尚、頭部は簡素で顔

面は表現されないものが大半である。同様の小像は北方ユーラシアでも出土している。また、シベリアのマイニンスカヤ遺跡からは、約1万6000年前の細石刃文化にともなう土偶も出土しているが、この土偶は、いわゆる「ヴィーナス像」とは趣を異にするもので、扁平で腕や脚が明瞭につくられており、約9.8cmと小型のものである。

　日本では、約1万1000年前の愛媛県上黒岩遺跡出土の「礫偶」が、最古の人物像とされている。長径が約4〜5cmの楕円形の扁平な石に線刻で人物の姿が表現されたもので数例出土している。女性像とされている二例には、豊満な乳房や長い髪、腰蓑状の線刻が施されており、土偶に先行する人物像と考えられている。後期旧石器時代の「ヴィーナス像」との関連を云々するには無理があり、土偶との直接的な関連も不明であるが、土偶出現以前の唯一の人物像として重要な資料である。

2. 土偶の変遷

　現在知られている最古の土偶は、縄文時代草創期の所産とされる三重県粥見井尻遺跡出土例である。この土偶は全長6.8cmの小像で、突起状の頭部をもち、乳房と微かに膨らんだ腹部が表現された簡素なものである。顔面表現はなく、四肢も明確に表現されていないが、乳房や腹部の表現から成熟した女性の全身像としてつくられたことがわかる。

　早期の土偶は、数は少ないが北海道と四国を除く各地から出土している。最近まで早期の土偶の存在が知られていなかった九州でも、鹿児島県上野原遺跡からの出土が報じられ、初期の土偶を論じる際の新たな視点を提供している。早期の土偶も総じて小さく、形状は逆三角形やヴァイオリン形が主流で、大阪府神並遺跡例のように方形に近いものも知られている。頭部はつくられないか、小さな突起状に表現された簡素なつくりのものが多く、顔面はまったくといってよいほど表現されない。乳房や腹部の膨らみは、稚拙なものであっても

表現されないことはない。また、早期の段階で、土偶の部位を別々につくり、それらを組みあわせて一体にする製作技法も行われていたようで、千葉県木の根遺跡や小室上台遺跡からは頭部や上半身、下半身を別個につくり、組み合せて一体にしたと考えられる土偶が出土している。

　前期の土偶は、北海道南部、東北、関東、中部地方などから出土が知られているが、総数は、さほど多くない。前期の土偶は、早期のものにくらべるとやや大型で、10cm弱から10数cmのものが主流になる。前後の厚みのない扁平な土偶が主流を占め、東北地方では板状土偶と呼称される平板な土偶がつくられる。岩手県杉則遺跡例のような頭部の正面を浅く凹めただけの簡単な顔面や、埼玉県井沼方遺跡例のように頭部の突起を約90度捻って顔面を表現した土偶も見られるが、前期にも顔面の表現は一般的ではなかったようである。また、東北地方の前期前半には、胸の中央に凹みをもつ土偶がつくられ、前期後半の山梨県や群馬県、愛知県などからは、顔面の輪郭に沿って数個の小孔が穿たれる特徴的な土偶も出土するなど、地域や時期によってさまざまな表現が見られるようになる。

　中期になると、土偶の表現は多様になり、さらに地域ごとの特徴が強調される。東北北部には前期からの影響を受けた比較的平板な土偶が残るが、東北南部から関東地方、中部地方などでは立体的で下半身が安定した土偶もつくられるようになり、中期後半には土偶の大型化も進む。比較的小型の土偶でも10数cmから20cm弱、山形県西ノ前遺跡例などのように約45cmにも及ぶ大型の土偶も出現する。また、子供を抱いたり、背負ったり、土器を抱えたりのポーズを表現した土偶も出現する。関東西部から中部地方には、空洞にした腹部に小石などを入れ、土鈴の機能を併せもつ土偶も見られる。また、北陸を中心に内部が空洞の大型土偶も出現する。中期末には、東北南部から北関東にかけて後期のハート形土偶の前身となる土偶も多くつくられるようになり、下半身が安定し自立するタイプの土偶が主流を占めるようになる。また、山梨県釈迦堂遺跡のように1000点を超す大量の土偶を出土する遺跡も出現し、一集落での

一定期間の土偶保有量に変化が生じ、土偶の役割に大きな変化が生じ始めた時期でもある。なお、中期になると、大半の土偶に顔面表現が見られるようになり、地域差も明瞭になってくる。

　後期は、土偶が日本列島全体に広まる時期であり、ハート形土偶や筒形土偶、山形土偶、木菟土偶などの呼称をもつ特徴的な土偶が各地でつくられた時期である。とくに、山形土偶がつくられた後期中葉以降、土偶は北海道から近畿、九州まで広範囲にわたってつくられるようになり、関東以西の晩期前半の土偶の成立に大きな影響を与えた時期である。後期前葉から中葉の東北地方では、岩手県立石遺跡や青森県近野遺跡のような土偶を多出する遺跡も目立つようになる。後期前葉の土偶は、ハート形土偶に代表されるように上半身はスリムでやや扁平、乳房や腹部よりも臀部や腰部が強調されるのが特徴である。これに対し、後期中葉以降盛行する山形土偶とその影響を受けた一連の土偶には、豊かな乳房と大きく膨らんだ腹部が表現され、豊満な土偶が多く見られる。関東地方の後期後葉、安行文化圏では木菟土偶が盛行し、後の晩期前葉の土偶へと繋がっていく。また、後期後半から後期末にかけて、東北地方を中心に、膝を折り、手を組んだポーズをとる土偶も見られる。この類の土偶の出土数は多くはないが、最近、山陰地方でも出土が報告されている。これは、島根県下山遺跡から出土したもので、肩から上の部分は欠損しているが、福島県上岡遺跡出土の土偶と同様のポーズをとる土偶と考えられている。当時、東北と山陰が日本海経由で交流があった可能性を示唆する貴重な資料といえる。後期の土偶は、極端に大きいものとか小さいものは少なく、10数cmから20数cmの中型の例がほとんどである。

　晩期には土偶はほぼ全国的につくられるが、一地域でつくられる数や種類は、東北および関東が圧倒的に多くなる。関東地方では、晩期の中頃まで後期後半から連続している木菟土偶がつくられる。さらに後期から続く中実の木菟土偶に加え、数は多くないが大型で内部が空洞の木菟型中空土偶も晩期前半に出現する。大きさは、小さいもので30cm弱、大きいものだと50cmを超える。

この中空タイプの土偶の出現は、関東地方における土偶の大型化への志向が、安行文化を代表する土偶である木菟土偶に現れた結果であると考えられる。一方、東北地方では亀ヶ岡文化に代表される遮光器土偶が盛行し、その影響は、東北南部を始め、北海道、関東、中部、近畿にまで及ぶ。その結果、晩期中葉以降、東北南部から関東地方以西では遮光器土偶の影響を受けた土偶がつくられる。これらの土偶は亀ヶ岡文化の本拠地の遮光器土偶と区別して、「遮光器系土偶」と呼称されている。遮光器系土偶という呼称は「東北の亀ヶ岡文化の土偶を真似て在地でつくられたもの」という意味で用いられているが、近年、関東の一部で東北からの搬入品と思われる土偶も報告されつつあり、現在ではこれらも含めた呼称として使われている。遮光器土偶および遮光器系土偶は、10数cmのものから50cm前後のものまで大きさもさまざまであるが、20cm弱以上の土偶の大半は、中空につくられている。10cm前後の比較的小型の遮光器土偶は、頭部などの一部を除いて中実につくられているものが多い。また、近畿地方や九州の一部では後期からの影響が残る中実土偶がつくられる。その他、東北地方では、晩期後半に省略タイプの土偶やX字状土偶などと呼称される数cmの大きさの土偶もつくられており、大きさや種類の多様化は、土偶の機能の多様化と軌を一にしていたと考えられる。

　晩期終末以降は、東日本を中心に結髪土偶や有髯土偶、容器形土偶、省略型の一類型である台式土偶などがつくられる。終末期の土偶には、それまでにはなかった機能が加わり、再葬墓などからの出土が目立つようになる。また、それまでの縄文時代の土偶とは趣を異にし、容器形土偶のように形態的には弥生時代の人面付土器へと展開する土偶も出土する。なお、稀にではあるが、終末期には男女と思われる一対の土偶が出土する例も見られる。

3. 土偶の形態

(1) 土偶の基本形態

　土偶の変遷を概観すると数 cm のものから 50cm を超すものまで大きさ、形態ともにさまざまであることがわかる。また、土偶には明瞭に四肢が表現されないものや、稀に頭部のないもの、顔面表現が省略されるものなども見られるが、土偶の基本形態は、初期のものから終末期のものまで全身像であったと考えられる。材料は石であれ、粘土であれ、完成した「人物像」として日本列島に伝わったのであろう。特に、初期の土偶は小型で、文様装飾がほとんどなく、持ち運びが容易であり、人の移動にともない、その機能とともに日本列島に伝わったと考えられる。

　土偶の形態は、晩期の一部地域での省略化や一部の例外を除けば、基本的に小型で簡素なものから大型で複雑なものへと変化する。大半の土偶は、四肢などが明瞭に表現されない袖珍タイプ（小型）のものから中型化して四肢が明瞭に表現される土偶へと変化し、さらなる大型化にともない中空の土偶へと姿を変えていく。この過程のなかで、東北南部から関東地方にかけての後期前半と関東地方の晩期前半などには自立する形態の土偶も出現するが、一時期的・一地域的な特徴に留まり、普遍的な形態にはなり得なかったと考えられる。縄文時代を通じてつくられた土偶の大半は、「大型化＝自立する形態」とはならず、土偶の機能を考察する上で重要な視点を提供している。

　また、土偶の乳房や腹部・臀部の表現はバラエティーに富んでおり、縄文時代の土偶が女性を模したものか否かの論点として人口に膾炙するのが常である。土偶の形態に現れる特徴は、女性の性的特徴が強調される場合とそうでない場合があり、一概に「土偶＝女性像」の図式を肯定するわけにはいかない。しかし、土偶は、基本的には女性の姿を模した「小像」として、その機能とともに縄文社会に受け入れられたものと考えられる。このことは、愛媛県上黒岩

の礫偶や三重県粥見井尻遺跡の土偶などの初期の人物像が女性を表現したものであること、それに続いて展開する早期の土偶にも、乳房や腹部の膨らみが表現されることでも証明できよう。縄文社会の成熟にともない土偶の機能も分化し、その用途や機能に応じて大・中・小とさまざまな大きさの土偶、精製土偶、粗製土偶、省略土偶など多種多様な土偶がつくられたと考えられる。

(2) 土偶の胴部表現の展開

　土偶の基本的な形態は、女性を模した「小像」であることは前項で指摘したが、顔面や四肢の表現は、しばしば省略されることを考慮すると、土偶の機能を表現する「カンバス」として注目されるのは「胴部」であるといえる。

　これまで土偶は、初期のものを除き、その顔面表現の異様さから、頭部や顔面表現による分類が行われ、ハート形土偶・山形土偶・木菟土偶・遮光器土偶など種々のニックネームで呼称されてきた。ニックネームが付いてない場合でも、分類に際しては頭部や顔面の表現が背面の文様とともに土偶の変遷や分布を把握するための材料として重視されている。

　「カンバス」としての胴部には、頚部から腰部までのあらゆる情報が盛り込まれる。その「カンバス」に登場する造形は、まず「乳房」である。次いで「腹部」、「腰部と臀部」である。これらの部位の組み合わせが土偶を立体的にも扁平にも、そして豊満にも見せるわけである。以下に、各部位の基本類型を挙げる。なお、個々の土偶の分類は、胴部の大きさに対するバランスを考慮して実施している。

A．乳房表現の8類型
① 皿型…低くて比較的扁平な隆起が付けられる例。
② 小突起型…低い円錐形で先端がとがった隆起が付けられる例。
③ 半球型…半球形の隆起が付けられる例。先端中央に小さな凹みが付けられる例も見られる。

縄文土偶と祭祀　49

乳房の類型

A—①　A—②　A—③　A—④　A—⑤

A—⑥　　　　　　　　　A—⑦

腹部の類型

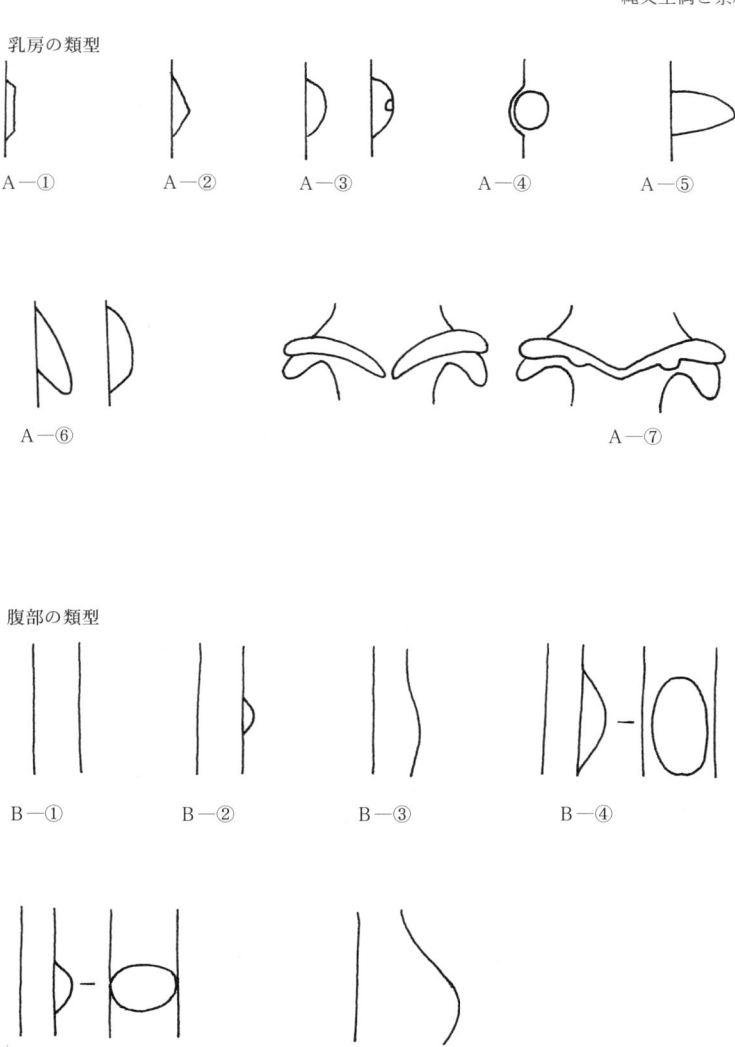

B—①　B—②　B—③　B—④

B—⑤　B—⑥

図1　乳房及び腹部の類型

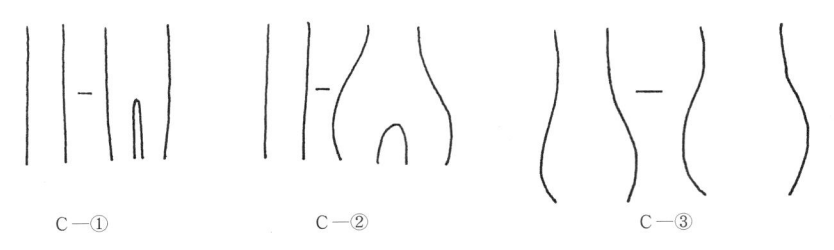

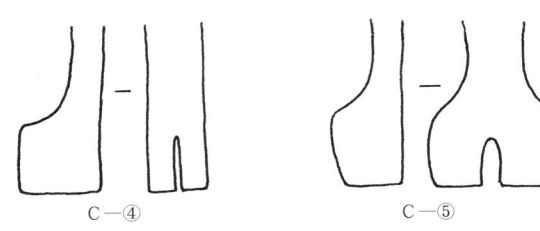

図2 腰部と臀部の類型

④ 球型…球形の粘土を貼り付けた例。
⑤ 突出型…前方に突出した隆起をもつ例。
⑥ 垂乳母型…垂れ乳形や長楕円形の粘土が貼り付けられた例。
⑦ 抽象型…肩から胴部中央へと集約するV字状の隆帯装飾の一部に取り込まれる例。より古段階のものは、V字の先端が胸部中央で繋がらない。
⑧ 乳房表現のないもの。

B. 腹部表現の6類型
① 扁平な例。
② 扁平な腹部に臍状の突起が付けられる例。
③ 低いわずかな膨らみをもつ例。
④ 扁平な腹部に、縦長楕円形の粘土が貼り付けられる例。
⑤ 扁平な腹部に、横長楕円形の粘土や隆帯が貼り付けられる例。

⑥　全体に大きく膨らむ例。

C．腰部・臀部表現の5類型。

① 扁平でスリムな例。
② 左右に腰が張っていて、臀部は扁平な例。
③ 腰から臀部にかけて豊満な例。
④ 腰が張らずに臀部のみが後方に突出する例。
⑤ 腰が張っていて、臀部も突出する例。

表1　土偶各部位の基本類型

乳房の類型

類型	早期以前	早期	前期前半	前期後半	中期前半	中期後半	後期前葉	後期中葉	後期後葉	晩期前葉	晩期中葉	晩期後葉
A-①		○	○	○							○	
A-②	○	○	○		○	○	○				○	○
A-③		○	○		○	○	○	○		○		
A-④						○						
A-⑤		○					○	○		○		
A-⑥	○※	○					○	○	○			○
A-⑦									○	○		
A-⑧	○※	○	○									

※礫偶

腹部の類型

類型	早期以前	早期	前期前半	前期後半	中期前半	中期後半	後期前葉	後期中葉	後期後葉	晩期前葉	晩期中葉	晩期後葉
B-①		○	○	○						○		○
B-②				○	○	○					○	
B-③	○	○										○
B-④							○	○		○		
B-⑤									○	○		○
B-⑥						○		○	○			

腰部と臀部の類型

類型	早期以前	早期	前期前半	前期後半	中期前半	中期後半	後期前葉	後期中葉	後期後葉	晩期前葉	晩期中葉	晩期後葉
C-①	○	○	○	○		○				○	○	
C-②		○		○			○	○				
C-③						○	○	○				
C-④						○						
C-⑤						○						

52　第1章　縄文時代の祭祀

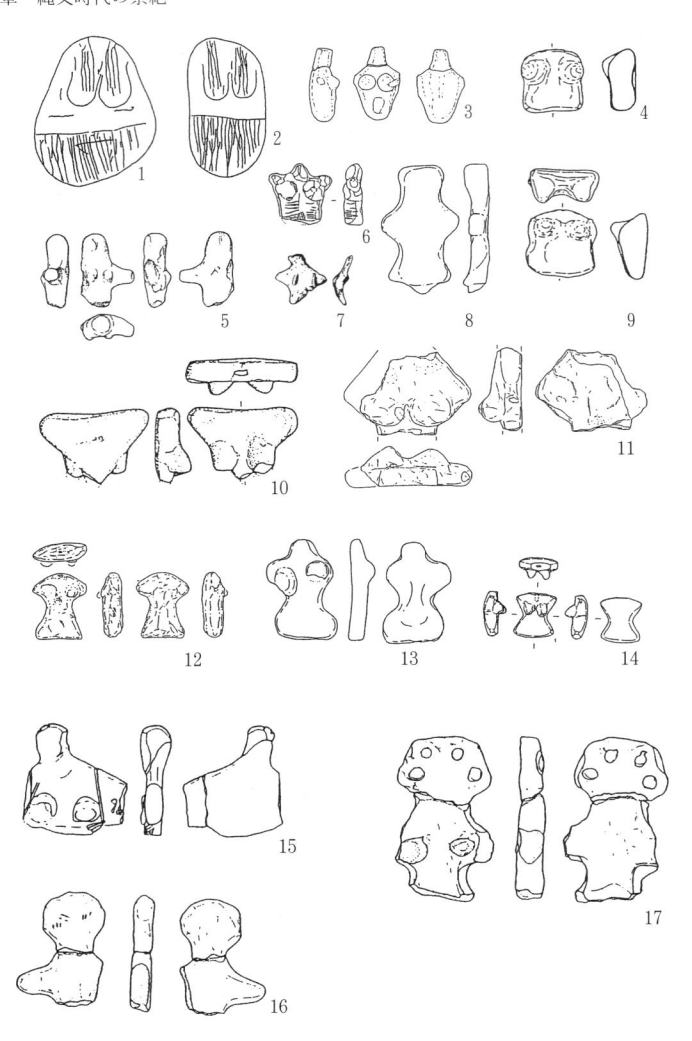

図3　草創期〜前期の礫偶・土偶

1・2：愛媛県上黒岩遺跡　　　3：三重県粥三井尻遺跡　　　4・9：大阪府神並遺跡
5・7：愛知県天神山貝塚　　　6：鹿児島県上野原遺跡　　　8：愛知県入海貝塚
10：千葉県木の根遺跡　　　　11：千葉県宮脇遺跡　　　　12：千葉県中鹿子第2遺跡
13：茨城県花輪台貝塚　　　　14：千葉県小室上台遺跡　　　15：埼玉県井沼方遺跡
16・17 山梨県釈迦堂遺跡

これらの要素は、時期や地域によって一定のまとまりを示しているが、土偶の種類を多出する遺跡では、形態ごとに種々の要素が混在し、錯綜する。表1は、これらを時期ごとに整理したものである。

　草創期の土偶は三重県粥三井尻遺跡例のみであるが、小突起型の乳房とわずかな膨らみをもつ腹部が表現され、臀部は扁平で下半身が先細りになる。なお、上黒岩の礫偶で女性像とされる二例には、垂乳母型の乳房が表現されている。早期の土偶は、球型と抽象型を除くすべての型の乳房が見られる。皿型の例は鹿児島県上野原遺跡例、小突起型は千葉県鴇崎貝塚、大阪府神並遺跡例、半球型は茨城県花輪台遺跡、愛知県入海貝塚例、突出型は千葉県小室上台遺跡、鴇崎貝塚例、垂乳母型は千葉県木の根遺跡、愛知県天神山貝塚例など、乳房のないものは三重県大鼻遺跡や愛知県入海貝塚、天神山遺跡例などに代表される。腹部は扁平なものが一般的で、大阪府神並遺跡、千葉県小室上台遺跡、愛知県入海貝塚例など大半のものがあてはまるが、千葉県木の根遺跡例や鴇崎貝塚例のように、かすかに膨らむ例が見られる。早期の土偶の臀部はすべて扁平であるが、正面から見ると、茨城県花輪台遺跡や千葉県小室上台遺跡、鴇崎貝塚例などのように豊満な腰の張りをもつ土偶が多く見られるが、鹿児島県上野原遺跡例や大阪府神並遺跡例のように逆台形もしくは方形のもの、愛知県天神山貝塚例などのようにほとんど腰が張らずにスリムなものも見られる。

　前期前半の土偶には、皿型・小突起型・半球型の乳房をもつ土偶が見られる。皿型の例は埼玉県井沼方遺跡例、小突起型は群馬県城遺跡例、半球型は宮城県大木囲貝塚例、乳房のない例は宮城県糠塚貝塚例などに代表される。前期後半の土偶では、皿型の例として愛知県大曲輪貝塚例、乳房のない例は山梨県釈迦堂遺跡例などがあげられる。腹部は扁平なものが一般的で、宮城県糠塚貝塚例などに見られる。前期後半では、扁平なものは山梨県釈迦堂遺跡例、扁平な腹部に臍状の突起をもつ例としては、岩手県塩ヶ森遺跡例などがあてはまる。前期の土偶も臀部はすべて扁平であるが、後半の土偶の正面形は、岩手県塩ヶ森遺跡例、山梨県釈迦堂遺跡例や一の沢遺跡例のように腰が張り、下肢が

54　第1章　縄文時代の祭祀

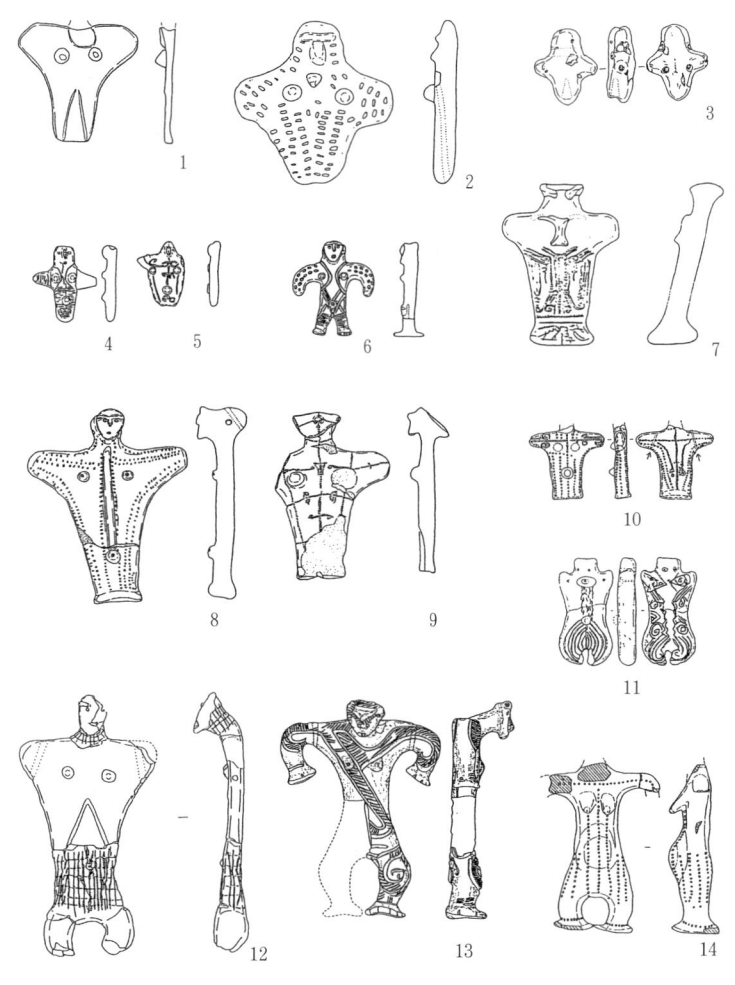

図4　東北　前期・中期・後期の土偶

1：青森県稲荷山遺跡　　　　2：青森県石神遺跡　　　　3：青森県白座遺跡
4：青森市内　　　　　　　　5：青森県大平野遺跡　　　6：青森県堀合Ⅱ遺跡
7：青森県小三内遺跡　　　　8：青森県一本松遺跡　　　9：青森県野場遺跡
10：青森県千歳遺跡　　　　 11：岩手県塩ヶ森遺跡　　　12：青森県大石平遺跡
13：青森県近野遺跡　　　　 14：岩手県蒔内遺跡

縄文土偶と祭祀 55

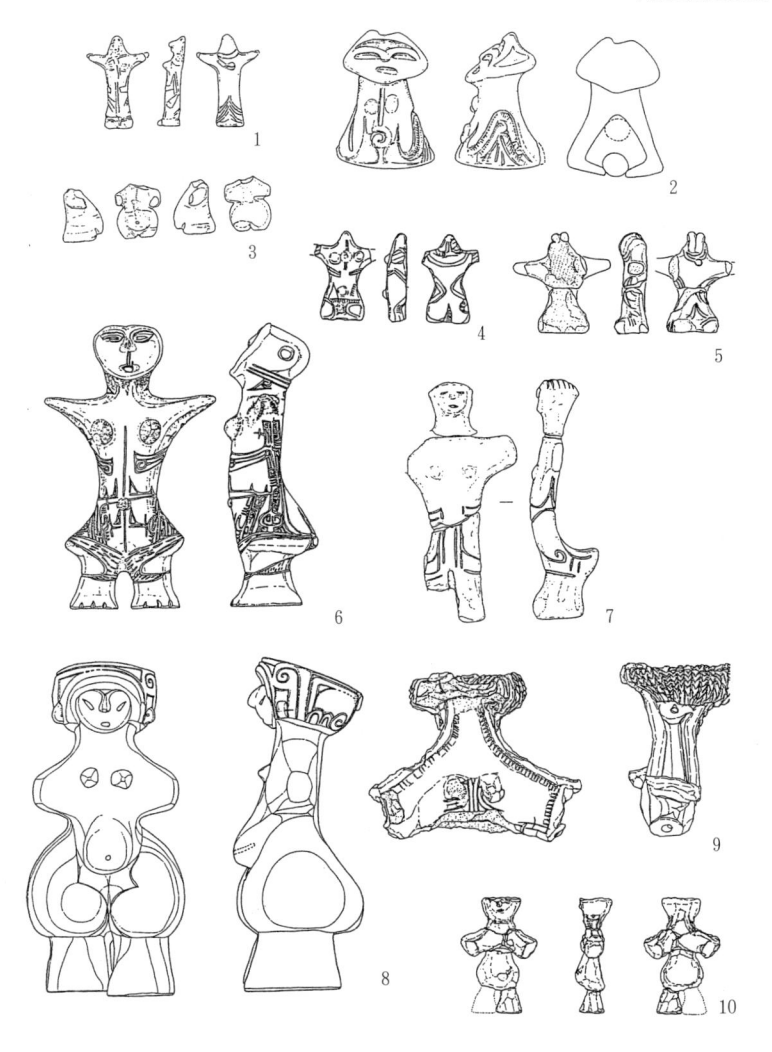

図5　関東・中部　中期の土偶

1・2：東京都楢原遺跡　　　　3：東京都多摩ニュータウンNo.939遺跡
4・5：東京都多摩ニュータウンNo.520遺跡　　　6：長野県坂上遺跡
7：長野県増野新切遺跡　　8：長野県棚畑遺跡　　9・10：富山県長山遺跡

表現される土偶も出現する。

　中期の土偶は、前半には皿型・小突起型・半球型が、後半には小突起型・半球型が多く見られるが中期全体を通じて乳房の表現をもたない土偶も見られる。前半の皿型の例としては東京都楢原遺跡の土鈴型の土偶、小突起型は東京都楢原遺跡例、半球型は東京都多摩ニュータウンNo.520遺跡例などをあげることができる。後半の小突起型としては長野県棚畑遺跡例、坂上遺跡例など、半球型は青森県石神遺跡などがあげられる。乳房表現が見られないものは、東京都多摩ニュータウンNo.939遺跡、富山県長山遺跡、岩手県塩ヶ森遺跡などに代表される。中期土偶の腹部は、扁平もしくは扁平な腹部に臍状の突起が付く場合が一般的であるが、後半になると富山県長山遺跡例のように腹部が全体に膨らんだ土偶も多くなる。臀部の表現も前半のものは扁平で正面形もスリムなものが多く見られるが、後半になると長野県増野新切遺跡例のように臀部が後方に突出し、正面形がスリムなものや長野県坂上遺跡例のように臀部もせり出し、正面形も腰が張るタイプの土偶がある程度見られるようになる。

　後期前葉の土偶には、小突起型・半球型・球型および乳房のない例がみられる。中葉には半球型・突出型・垂乳母型が、後葉には突出型・垂乳母型・抽象型が見られる。興味深いことに、中葉と後葉には乳房表現がない土偶は見られない。前葉の小突起型は青森県大石平遺跡例、半球型は青森県一本松遺跡例、球型は岩手県立石遺跡例などをあげることができる。半球型の青森県一本松遺跡例は、乳房の先端に小孔が付けられる例である。乳房がない例は福島県霊前武ノ内遺跡例などをあげることができる。中葉の半球型は茨城県椎塚貝塚例、突出型は福島県上岡遺跡例や長久保遺跡例などがあげられる。垂乳母型は、茨城県椎塚貝塚例などがある。後葉の突出型は茨城県金洗沢遺跡例が、垂乳母型には埼玉県原ヶ谷戸遺跡例や駒形遺跡例、抽象型としては埼玉県真福寺貝塚例などを挙げることができる。腹部は、ハート形土偶の仲間以外は総じて膨らみをもち、前葉から中葉のものは東北を中心に縦楕円形の粘土の貼り付けをもつものが見られる。前葉の例は岩手県立石遺跡、中葉の例は宮城県宝ヶ峯遺跡な

どの例をあげることができる。また中葉の例は福島県上岡遺跡例や長久保遺跡例のように腹部が全体に膨らむ例も見られる。後葉になると横楕円の貼り付けで腹部を表現する例が多くなる。茨城県金洗沢遺跡例や埼玉県駒形遺跡例、東北地方後期終末の秋田県湯出野遺跡例などに顕著である。臀部の表現も前葉のものは扁平で正面形もスリムなものが多く見られるが、ハート形土偶の仲間は、福島県荒小路遺跡例のように左右に大きく腰が張るものが多くなる。中葉の例は福島県上岡遺跡例や長久保遺跡例や茨城県椎塚貝塚例のように全体に豊満になる。後葉のものは、茨城県金洗沢遺跡例や埼玉県駒形遺跡例のように豊満なものと埼玉県真福寺貝塚例や茨城県上高井遺跡例のように腰が張り、臀部は扁平なものが見られる。

　晩期前葉の土偶の乳房表現には、半球型・垂乳母型・抽象型および乳房のない例がみられる。中葉には皿型・小突起型・半球型・突出型が、後葉には小突起型・垂乳母型および乳房のない例が見られる。前葉の半球型は秋田県家の後遺跡例、垂乳母型は秋田県高森岱遺跡例、岩手県浜岩泉遺跡例などがあげられる。これらの土偶には乳房の先端に乳首が明瞭に表現されており、この後の中空遮光器土偶にも同様の表現が多く見られる。抽象型および乳房がない例は関東地方の木菟土偶の仲間で、埼玉県滝馬室遺跡例や栃木県後藤遺跡例などをあげることができる。中葉の皿型の例は岩手県高無遺跡、小突起型の例は宮城県泉沢遺跡例などの中空の遮光器土偶にも見られるが、小型で中実の遮光器土偶に多く見られる。半球型は岩手県豊岡遺跡例、突出型としては岩手県長倉遺跡例などをあげることができる。後葉の小突起型は亀ヶ岡文化の省略タイプの土偶に多く、例として青森県明戸遺跡や岩手県屋敷遺跡などの土偶があげられる。垂乳母型の例としては岩手県宮沢遺跡例など東北地方の終末期の土偶が多くあげられる。乳房のない土偶は、北海道大麻3遺跡例などの通常の大きさの土偶の他に青森県明戸遺跡などにみられる省略タイプの土偶に多く見られる。腹部の表現は、晩期前葉には扁平なもの、横楕円形の貼付けをもつもの、腹部が全体に膨らむ土偶が見られる。扁平なものは西日本や九州の土偶に多く見ら

58　第1章　縄文時代の祭祀

図6　後期の土偶

　1：福島県柴原A遺跡　　　2：福島県荒小路遺跡　　　3：神奈川県三ッ沢貝塚
　4：神奈川県稲荷山貝塚　　5：埼玉県大野田西遺跡　　6：岩手県立石遺跡
　7：宮城県宝ヶ峰遺跡　　　8：岩手県萪内遺跡　　　　9：福島県長久保遺跡
　10：秋田県藤株遺跡　　　 11：福島県神岡遺跡

縄文土偶と祭祀 59

図7　後期・晩期の土偶

1：茨城県金洗沢遺跡　　　2・3：埼玉県原ヶ谷戸遺跡　　　4：埼玉県駒形遺跡
5：茨城県上高井貝塚　　　6：埼玉県雅楽谷遺跡　　　　　　7：埼玉県滝馬室遺跡
8～10：愛知県八王子遺跡　11・12：愛知県今朝平遺跡　　　13：三重県天白遺跡
14：宮崎県陣内遺跡　　　　15：鹿児島県上加世田遺跡

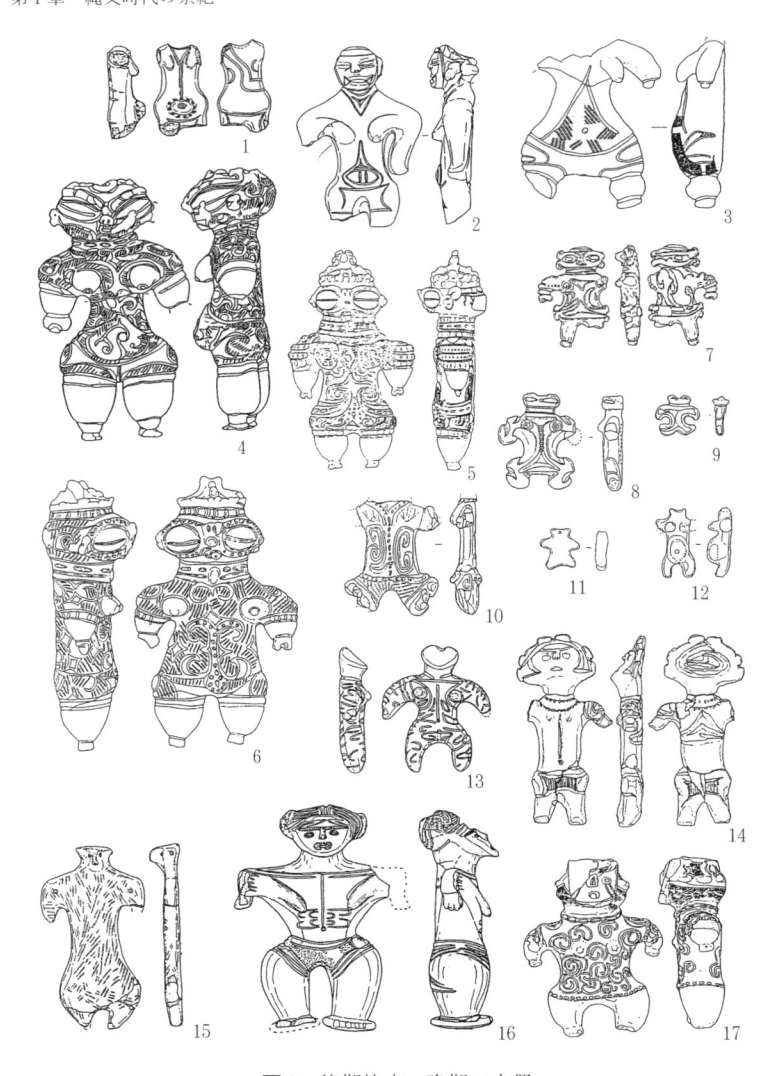

図8　後期終末〜晩期の土偶

1：岩手県屋敷遺跡　　　　2：秋田県湯出野遺跡　　　　3：北海道大船遺跡
4：岩手県浜岩泉Ⅱ遺跡　　5：岩手県高無遺跡　　　　　6：岩手県豊岡遺跡
7〜12：青森県明戸遺跡　　13：岩手県屋敷遺跡　　　　14：北海道新道4遺跡
14：北海道大麻3遺跡　　　15：岩手県宮沢遺跡　　　　16：群馬県板倉北木戸遺跡

れ、横楕円の貼付けをもつ例は宮崎県の陣内遺跡などでもみられる。また、岩手県浜岩泉出土の遮光器土偶のように下腹部が垂れた状態に膨らんでいる土偶や関東地方の木菟土偶のように、臍状に表現された部分が突出し、胴部正面の装飾として表現される例もある。中葉には扁平なもの、扁平で臍状の表現をもつもの、全体が膨らんだものなどが見られるが、青森県明戸遺跡の無文の土偶のように縦楕円の粘土を貼り付け大きな腹部を表現したものも見られる。また、青森県亀ヶ岡遺跡の出土の中実土偶には妊娠した状態を表現した土偶もみられるが、遮光器土偶は扁平か微な膨らみで表現されるものが多い。後葉になると扁平なもの、扁平で臍状の表現をもつもの、わずかに膨らむもの、横楕円形の粘土が貼り付けられるものなどが見られる。扁平なものは岩手県屋敷遺跡などの省略タイプの土偶や北海道の大麻3遺跡の土偶などが、臍状の表現をもつ例としては北海道新道4遺跡例などがあげられる。遮光器土偶や遮光器系土偶、木菟型中空土偶など中空で大型になる土偶は総じて腹部があまり強調されないようである。晩期の土偶には臀部が後方に突出する例は見られず、中葉に見られるやや豊満な例を除けば、すべて扁平につくられている。また、中葉以降の土偶には臀部が扁平で正面形もスリムな例が一部で見られる。晩期の前葉には、岩手県浜岩泉遺跡や秋田県家の後遺跡の土偶のように緩やかなカーブで腰が張る土偶が見られる。中葉の遮光器土偶と遮光器系土偶の大半は腰が左右に大きく張出すようになり、埼玉県赤城遺跡などに代表される木菟型中空土偶の場合も遮光器土偶ほどではないが左右に腰が張っている。後葉の土偶も北海道新道4遺跡例のように扁平で腰が張らないものと遮光器土偶の影響を残す岩手県宮沢遺跡の例などのように腰が左右に大きく張っているものが見られる。

(3) 土偶の機能と祈り

　すでに何度か述べてきたが、土偶は、女性を模った像として日本に持ち込まれたと考えられる。とくに初期の土偶はもち運びが可能な小像で、成人女性の性的特徴が表現されたものとして日本列島に登場した可能性はきわめて高い。

約 1 万 1000 年前の日本最古の人物像である愛媛県上黒岩遺跡の礫偶に、明確な形で成人女性の特徴が表現されていることからも、女性を模った像をつくり、携帯する人びととの交流があったことは推測できる。

　ここで、ヨーロッパに眼を転じると、約 3 万 1000 年前とされているオーストリアのガルゲンベルク出土の石偶をはじめ、フランスのヴィレンドルフや東ヨーロッパのコスチョンキ遺跡、ガガリーノ遺跡などの石灰岩製や泥岩製あるいはマンモスの牙製などのヴィーナス像、チェコのドルニ・ヴェストニッツェ遺跡出土の土製のヴィーナス像など、後期旧石器時代以来さまざまな材料を用いてヴィーナス像がつくられていたことがわかる。これらのヴィーナス像は、いずれも数 cm から 10cm 前後の小型のもので、顔面は表現されないことが多く、乳房や腹部・臀部などが誇張されてつくられている。また、シベリアのマリタ遺跡などでは、マンモスの牙製で顔面表現を持つスリムなヴィーナス像が豊満な像とともに出土しており、約 1 万 6000 年前のマイニンスカヤ遺跡では、扁平な土偶の出土も報告されている。このように後期旧石器時代にはユーラシアの各地で女性の性的な特徴を強調した小像がつくられ、人びとの移動にともない、ヨーロッパからシベリアにかけての広い範囲に分布していたと考えられる。これらのヴィーナス像は携帯に適した大きさであり、人びとの移動の過程で日本列島に持ち込まれた可能性は高い。

　土偶が、これらヴィーナス像の後裔かどうかについては、議論の分かれる点であるが、後期旧石器時代のヴィーナス像が出土するヨーロッパの各地では、後につづく新石器時代、銅器時代、青銅器時代を通じて、女性土偶や男性土偶、動物型土製品などが形を変えてつくられ続け、豊穣や繁栄の祈りを託されていたことが指摘されている。推測の域は出ないが、これらの土偶の原点を、祖先が柔らかい石やマンモスの牙で製作し、祈りを託していたヴィーナス像の記憶に求めることは、さほど困難なことではないであろう。

　このような観点に立つと、縄文土偶も後期旧石器時代のヴィーナス像の記憶とまったく無関係に出現したとは考え難い。初期の土偶は出土例も少なく、物

証とすべき根拠は希薄であるが、初期土偶の造形の志向が女性の性的特徴の表現にあること、いずれも小型で携帯しやすいことなどから、完成された女性像として日本列島に伝わり、縄文文化のなかで独自に展開したものとしてとらえることができる。

　縄文土偶はどのように解釈できるのであろうか。

　縄文土偶の基本的な形態が女性像であることは、縄文時代全般を通じて変らない事実である。縄文土偶の乳房の類型を時期ごとに観ていくと、早期の時点で、球型と抽象型を除くすべてのタイプの土偶がつくられていることがわかる。球型の乳房をもつ土偶は東北地方の後期前葉にのみ見られるもので、半球型の一変種ともいえる。一方、抽象型は関東地方の木菟土偶に特有のもので、いずれも普遍的な形態ではない。また、前期以降の土偶には地域ごとの「志向」も顕著になり、特定の形態に偏った土偶がつくられる。このようななかで、初期の土偶にいろいろなタイプの乳房表現が見られることは、「土偶の形象＝女性像」であるための最低限の条件として「乳房を表現すること」が重要なことであり、「どのような形態で」ということは、あまり重視されなかったためなのではないかと考えられる。草創期および早期の土偶の乳房以外の特徴は、腹部はわずかに膨らむものも見られるが、扁平なものも多い。また、臀部はすべて扁平タイプになるが、腰部が張った土偶が見られるのは、いわゆるヴァイオリン型の土偶が主流になるためと考えられる。つまり、この乳房の表現と腰の張り、そしてわずかに膨らむ腹部が成人女性の姿を表現する基本要素であり、これらが原初の土偶の表現であったと考えられる。その後、土偶は、縄文時代の生活様式の変化に伴ない、独自にあるいは周辺地域の影響を受けて機能が複雑に分化し、用途に応じて形態も変化をとげ、大型化の道をたどり、晩期の遮光器土偶や木菟型中空土偶のように複雑な装飾をもち、人物像としては特異な表情をもつ土偶へと変化していったと考えられる。

　土偶に求められた第一の機能は、多産と繁栄、食糧獲得などへの祈りであったことは、初期の土偶が成人女性の姿を模ったものであることからも容易に理

解できる。そして土偶は、縄文社会や自然との関わり合いのなかで、各時期や地域の集団ごとの「祈り」を表象するものとして大切に扱われたものと思われる。

　土偶は、土壙などから出土することは非常に稀であり、大半は通常の集落遺跡から他の遺物に混じって出土する。このため、出土状況からその機能を探ることには困難が伴うが、長野県棚畑遺跡例のように土壙に埋葬されたような状態で出土する土偶も報告されている。また、岩手県立石遺跡や山梨県金生遺跡のように大規模な配石遺構のあちこちから多数の土偶が出土する場合もあり、土偶の用途は多様であったと思われる。しかし、縄文時代のはじめに土偶を受け入れてから縄文時代晩期の後半まで、時期や地域による機能の差は生じても、土偶は、縄文社会の一定の規範のもとにつくられ、用いられたと考えられる。

　土偶の機能に変化が起こるのは晩期の終末期以降で、再葬墓などからの出土が目立つようになり、神奈川県中屋敷遺跡出土の小児骨が入れられた容器型土偶のように、葬送儀礼に関わる土偶も見られるようになる。また、晩期の終末期には男女をつくり分けていると思われる土偶も散見するようになる。男神と女神が対になった土偶の出現は、ある程度安定した農耕社会に見られる現象であり、一部地域の晩期終末は、安定した農耕社会に入りつつあった可能性も考えられる。

　土偶は、多産と繁栄、食糧獲得などの祈りの対象として日本列島に伝わり、縄文社会のなかで変貌を遂げ、縄文時代の終末期には、葬送儀礼に組み込まれやがて消滅していったと考えられる。

4. 終わりに

　以上、土偶の機能について述べるにあたり、土偶とユーラシアの後期旧石器時代のヴィーナス像との関連を念頭に置きながら、成人女性の像として縄文社

会に受けいれられ、多産や繁栄、食糧獲得などの祈りの対象であったことを、土偶の身体表現を中心にまとめた。土偶祭祀の具体的な形態には触れ得なかったが、縄文土偶も、いわゆる「地母神」と大差ない扱いを受けていたのではないかと考えられる。また、土偶が最終的に、故意に破損されたとする考え方は採っていないため、土偶の破損率の高さと土偶の祭祀を同レベルで論じることは敢えて行わなかった。土偶の胴部が「カンバス」として重要な意味をもっていることは先にも触れたが、このことを前提に考えるならば、「多産や繁栄、食糧獲得などの祈りの対象」を一度の使用で故意に破損するとは考えられないことは自明の理であろう。

参考文献

秋田県教育委員会 1978『湯出野遺跡発掘調査概報』。
秋田県教育委員会 1981『藤株遺跡発掘調査報告書』。
池田大助・宮重行 1981『木の根』千葉県文化財センター。
岩手県文化財センター 1982『蒔内遺跡』。
大迫町教育委員会 1979『立石遺跡』。
大迫町教育委員会 1979『小田遺跡発掘調査報告』。
大迫町教育委員会 1988『町内遺跡発掘調査報告書Ⅱ　屋敷遺跡』。
小野美代子 2001「縄文土偶と乳房」『乳房文化研究会　講演録』。
賀川光夫ほか 1962『陣内遺跡』。
金子昭彦 1991「岩手県田野畑村浜岩泉Ⅱ遺跡出土の遮光器土偶について」岩手考古学。
川崎純徳ほか 1972「上高井貝塚」『土偶・土版・岩偶・岩版資料（その１）』。
瓦吹　堅 1991「水戸市金洗沢遺跡の土偶」『茨城県立歴史館報18』。
木村英明 2000「シベリアの旧石器時代の人形像」『土偶研究の地平Ⅳ』「土偶とその情報」研究会、勉誠社。
草間俊一 1964『岩手県岩手町豊岡遺跡』岩手大学学術学部。
鴻巣市 1989『鴻巣市史』資料編１―考古―。
（財）埼玉県埋蔵文化財調査事業団 1988『赤城遺跡』。
（財）埼玉県埋蔵文化財調査事業団 1993『原ヶ谷戸・滝下』。

斎藤報恩会　1991『宝ヶ峯』。
鈴木保彦　1992「神奈川県の土偶」『国立歴史民俗博物館研究報告第 37 集』。
千代　肇　1972「大船遺跡」『北海道南茅部町の先史』南茅部町教育委員会。
「土偶とその情報」研究会　1992・12『縄文時代後・晩期安行文化―土器型式と土偶型式の出会い―』。
「土偶とその情報」研究会　1994・2『東北・北海道の土偶Ⅰ』。
「土偶とその情報」研究会　1995・2『関東地方後期の土偶―山形土偶の終焉まで―』。
「土偶とその情報」研究会　1996・2『中部高地をとりまく中期の土偶』。
「土偶とその情報」研究会　1996・11『東北・北海道の土偶Ⅱ―亀ヶ岡文化の土偶―』。
「土偶とその情報」研究会　1997・11『西日本をとりまく土偶』。
十和田町教育委員会　1983『明戸遺跡発掘調査概報』。
長野県教育委員会　1973『増野新切遺跡』。
八王子市史編纂委員会　1967『八王子市史』下巻。
福島県教育委員会　1985「荒小路遺跡」『母畑地区遺跡発掘調査報告 19』。
船橋市遺跡調査会　1989「船橋市小室上台遺跡出土の土偶」『考古学ジャーナル』第 313 号。
松井和浩　1994「調査概要№939 遺跡」『東京都埋蔵文化財センター年報 14』。
宮坂光昭ほか　1970『棚畑』茅野市教育委員会挿図の出典。
Hermann Murrer-Karpe 1966 'Handbuch der Vorgeschichte' band 1 Altsteinzeit
Magyar Nemzeti Múzeum 2005 'A Magyar Nemzeti Múzeum régészeti kiállításának vezetöje Kr.e.400,000 - Kr.u.804'
Marija Gimbutas 1999 'The Living Goddesses'
Richard Rudgley 1998 'Lost Civilizations of the Stone Age'

下宅部遺跡における狩猟儀礼

千葉　敏朗

1. はじめに

　東京都東村山市にある下宅部遺跡では、縄文時代の旧河道から、大量のシカとイノシシの生骨が出土している。生骨には切断痕などの解体痕が観察されるものがあり、河原で大型獣の解体を行っていたと考えられる。それに多数の弓（飾り弓11点・丸木弓30点、計41点）がともなっていた。狩猟の道具と獲物が伴出土したこと、しかも生骨が集中している所から弓が出土していることから、そこになんらかの因果関係が予想できた。そして弓の分析を行った結果、それが弓を用いた狩猟儀礼であることが明らかとなった。
　なお、本稿は過去に発表した同内容の論考（参考文献参照）に加筆訂正を加え、転載したものである。

2. 弓の上に供えられたイノシシの下顎骨

　弓と獣骨はさまざまな出土状況を呈している。多くの場合は、単に同じ場所から出土したにすぎない。しかし、当時の狩猟儀礼の様子をそのまま残していると考えられる資料が1例だけ存在する。弓の上にイノシシの下顎骨が接する状態で発見された29号弓である。弓には2カ所の折れによる損傷があり、末弭側の損傷部の上に下顎骨が置かれていた（図1）。あたかも供えられたかのようであった。

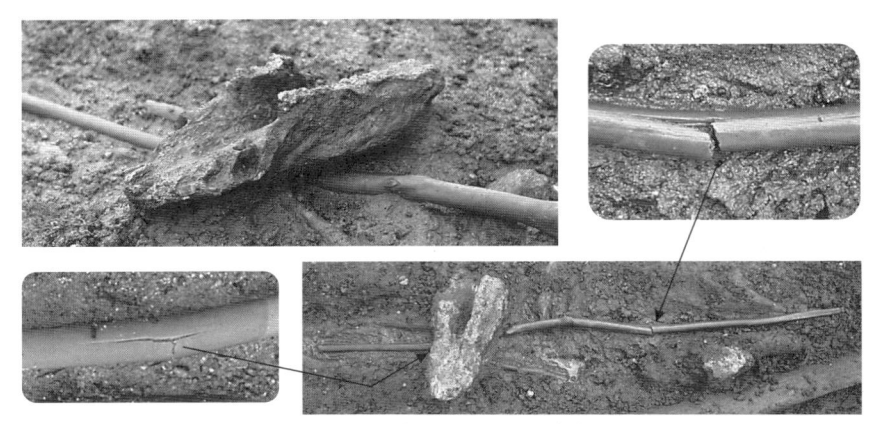

図1　29号弓とイノシシの下顎骨

　この29号弓の形状にはいくつかの特徴がある（図2）。本弭・末弭ともに残り完形であるが、長さ76cm・最大径1.5cmと細くて短い。本弭側の加工は約10cmの範囲に施され、末端から引き剝がすような加工であり、その際にできた稜線がそのまま残されている。表面を滑らかにする仕上げが施されない粗い加工である。その先端に溝を一周させて本弭としている。末弭側は、弓幹端部を細く削り込む加工をまったく行わず、先端に浅い傷を巡らせて末弭としており、痕跡的なものとなっている。また、弓幹の節の処理はまったく行っておらず、握りの位置にあたる中央部にも突起が残っている。損傷部は、本弭側と末弭側とにそれぞれあり、折れてはいるが繋がったままである。

　このように、29号弓は粗い加工の粗雑な弓であり、折れてはいるが繋がったままの状態であるという特徴をもつ。また、全体に細く、実用的な強度に欠けていると予想される。

3. 意図的な損傷

　29号弓と同様の特徴をもつ弓が他にも確認されている。21号弓と28号弓で

下宅部遺跡における狩猟儀礼　69

図3　21号弓損傷部

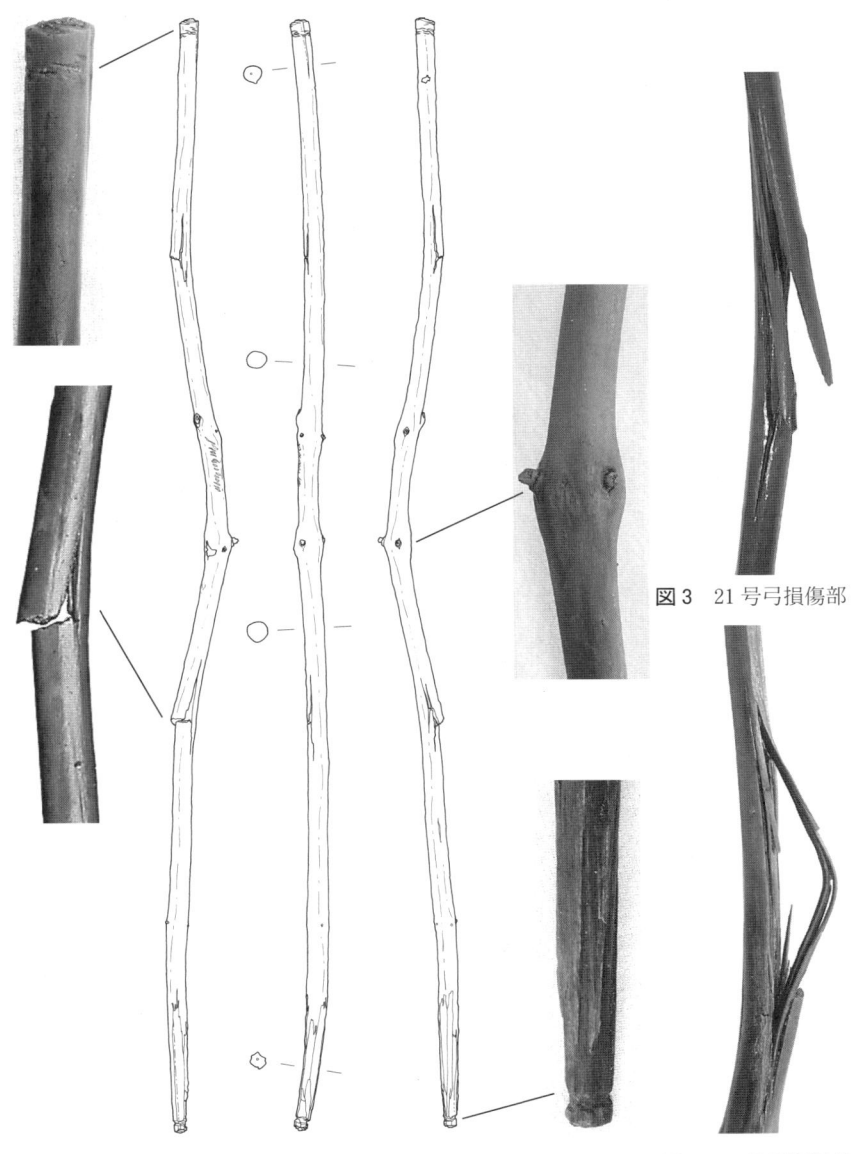

図2　29号弓（1/5）

図4　28号弓損傷部

ある。これらの弓がもつ特徴は、いずれも実用的な弓の完成品としては不自然な特徴といえる。とくに、折れてはいるが繋がったままの状態というのは、弓の使用における損傷としては不自然であり、実際の使用状況下で折れたとは考えがたい点をもつ。弓の損傷は、通常は矢を射出するために引き絞ったとき、狩猟活動の最中に起こる。弓の製作・射出実験をくり返し行ったが、弓が壊れるときは弾け飛ぶように分断した。

　3本の弓の損傷部を詳しく見てみよう。21号弓は、中央部付近でささくれるように損傷しており、割れ口の重なり方に乱れが生じている（図3）。おそらく、二つ折りに近い状態まで折り曲げられたのが戻った結果であると考えられる。また、使用時に想定される湾曲方向に対し、直交する力が加わって折れている。つまり、折る力が弓の側面からかかっていることになり、弦を引き絞ったために折れたのではない。

　28号弓も二つ折りにされている。損傷部の弓幹本体から浮いてしまっている部分は、二つ折りにした際に引きずり出されて伸びた部分が、そのまま屈曲の状態で残ったものである（図4）。

　29号弓は、小さな折れが握り部分を挟んで本弭側と末弭側とのそれぞれにある。図2の実測図は、折れて変形した状態のまま図化してあるため、いわゆる「弓形」になっているが、折れを修復すると「く」の字形となる。2カ所の損傷部は、弓を引いたときの湾曲の内側に傷の開口部があり、使用時に想定される湾曲方向は逆向きの力が掛かっている。また、損傷の程度が小さいこと、2カ所同時に損傷が起こるというのも、使用状況下での損傷とは考え難い。

　木の枝は、乾燥すると堅くなり強度が増すが、限界を超えると分断して折れる。逆に、生木の状態では、柔らかく弾力があり、折ってもなかなか分断しない。つまり、折れてはいるがつながったままの状態であるということは、弓が乾燥しておらず、生木の段階で折られていることを示している。

　また、射出実験では、乾燥状態の弓を引き絞ったときに折れる場合は、すべて節の部分で破損した。これは丸木弓の樹種がイヌガヤであり、イヌガヤの枝

が放射状に付くため、節が一カ所に集中することが原因として考えられる。対して生木の場合は、経験的に節の部分は堅くて折れず、節のない部分の方が折れやすい。上記3例の損傷部は、いずれも節と節の中間点であり、この点からも生木の状態で折られたことを指摘することができる。

狩猟具としての弓は乾燥していなければならない。生木のまま折られてしまっているということは、狩猟具として完成する前に意図的に損傷させたということである。つまり、21・28・29号弓は実際の狩猟に用いるために作られたのではなく、その製作目的は、狩猟儀礼に供するためであると結論づけることができる。また、そうした視点から他の特徴をみると、粗雑な加工やひ弱なつく造りも、儀礼用の弓とした場合には整合性をもつといえる。

4. 丸木弓の類別

上記3例は損傷部の検討から儀礼用の弓であるとした。では、獣骨と伴に出土したすべての弓が儀礼用に作られた弓であろうか。

弓には大きく分けて、丸木弓と飾り弓がある。丸木弓は、素材となる原木から、削り出しのみの加工を行うことによって製作される弓のことである。また、削り出しの後、樹皮や糸などを巻き、漆塗りを施すなど、他の素材を付加して製作される弓を飾り弓という。概説的には飾り弓が儀礼用の弓であると説明されることが多いようであるが、ここでは実用的な強化弓であるという立場を取る（後述）。

丸木弓は、枝材を素材とし、樹木の幹に近い方を本弭側、梢側を末弭とすると想定されている。枝の途中からさらに横枝が伸びるが、横枝は枝からやや上向きで伸び始める。出土した弓の上下を判断するには、この特徴を基準とし、弓に残った節の観察を行う。ただし、表面を滑らかに仕上げた弓の場合には、判断のむずかしいものがある。

丸木弓の分類は弓弭の形状等を基準とする場合が多いが、ここでは全体的な

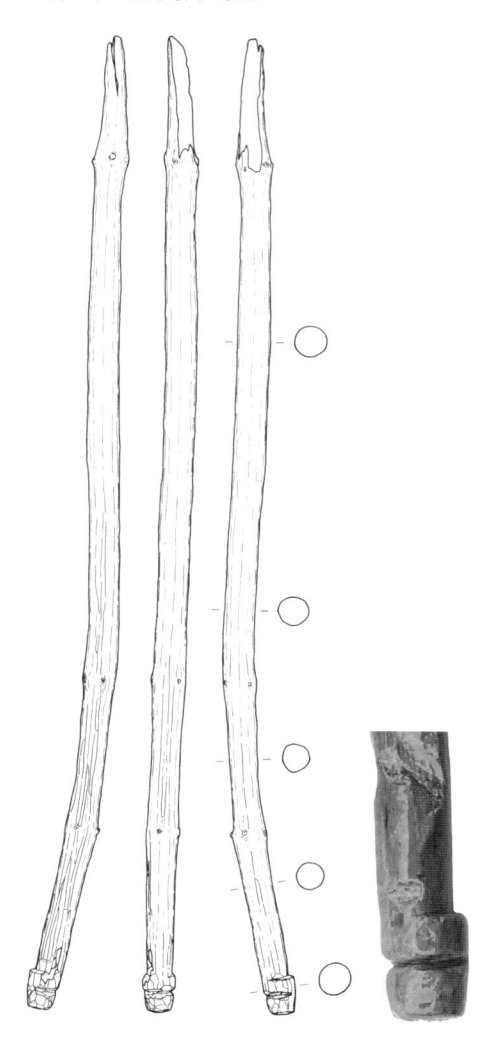

加工の状態から2種類に類別した。

　一つは、弓の表面が滑らかに仕上げられているもので、実用的な丸木弓である。これを丸木弓A類とする。最大径が2cm前後のものが多く、最大で2.5cm。本弭と末弭の両方が残存する完形資料はなく、1号弓（図5）などがある。

　もう一つは、弓の表面に節の突起や樹皮、弓幹端部を加工した際の稜線が残っているなど、表面が滑らかに仕上げられていないものであり、儀礼的な丸木弓である。これを丸木弓B類とする。最大径が1.2〜1.5cm前後と細いものが多いが、太いものもあり、最大で2.4cm。前述の21・28・29号弓はB類に含まれ、他に38号弓などがある（図6）。

　これら丸木弓A類とB類は、単純に見た目が異なるだけではなく、素材の選択や加工方法が異なっており、そこからも製作意図に違いを求めることが可能

図5　1号弓（1/6）

である。

5. 丸木弓の製作順序

　丸木弓の基本的な製作順序は、①素材の選択、②弓幹の処理、③弓幹と弓弭の加工、という手順が予想される（製作実験もこの手順で行った）。以下では、それぞれの工程での、丸木弓A類とB類の製作技法上の違いを明らかにしたい。

(1) 素材の選択

　丸木弓A類は、最大径2cm前後のものが多く、最大で2.5cmである。真っすぐ、もしくはすんなりとした湾曲をもち、全体のねじれはほとんどない。

　製作実験を行った枝の年輪を観察したところ、おおよそ7～9年くらいで2～2.5cm前後の太さであった（図7）。A類の素材として選択された枝も、同程度の10年前後くらいのものと思われる。

　10年ものの枝には、大小さまざまな横枝が生えているはずであるが、出土したA類の弓幹に残されている節の痕跡は小さいものが多い（図9）。横枝が大きく発育しなかった部分であり、枝分かれの多い枝先に近い部分ではなく、幹に近い部分を選択している。また、完成した弓の最大径は中央部付近の握りの位置にあり、この部分が直径約2cmの枝が素材として選択される。素材段階での

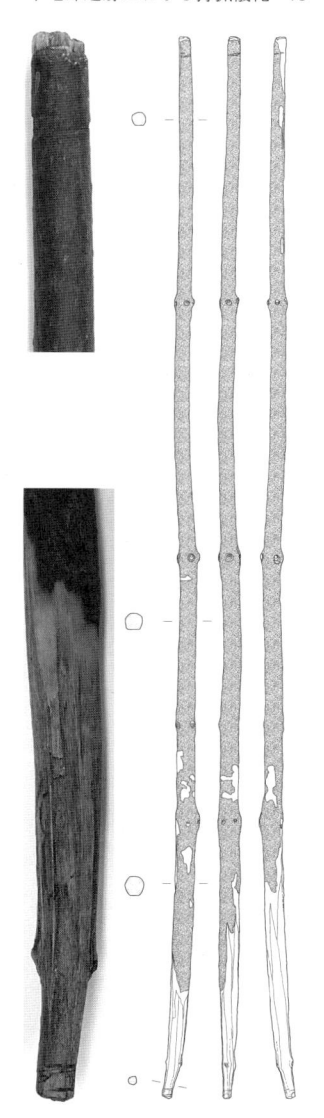

図6　38号弓（1/8）

最大径は幹側の端部にあり、そこが本弭となる。

　なお、枝ではなく、まっすぐに伸びやすい若木の幹を使用している可能性についても検討してみたが、観察の結果、比較的太い枝が密に生えており、大きな節の多い素材となることから、選択されなかったものと考えられる。

　丸木弓B類は、さまざまな太さの枝を素材としているが、節周辺を除いた最大径1.5cm以下の細いものが多い。製作実験で使用したものでは、細くても9年くらいのものもあった。A類の素材とした枝と年輪数は同じくらいであり、太さと年数はかならずしも対応していない。本弭側と末弭側の太さにあまり差がなく、節の部分に最大径が来る。細い枝、もしくは枝先に近い部分を素材として選択しており、弓幹の細さにくらべて節が大きい特徴がある（図10）。また、歪みが大きく、ねじれたようなものも素材として選択されている。逆に38号弓（図6）のようにA類と同様の素材を選択する場合もある。

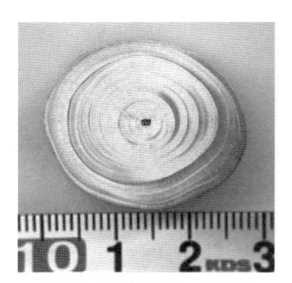

図7　製作実験　断面

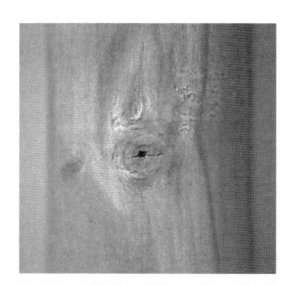

図8　製作実験　節の亀裂

図9　A類の節

図10　B類の節

　以上が丸木弓A類・B類の素材となる。この両者の比較をすることにより、A類とB類の相違が、加工段階の違いによるものではないのかという疑問は解決できる。素材自体の太さに差があり、細いB類の素材から太いA類の弓を作ることはできない。つまり粗い加工のB類が未成品であり、A類が完成品であるという可能性は否定

される。

　38号弓は、A類となり得る素材を用いて作られているB類の弓であり、形状的にはさらに加工を進めてA類の弓とすることも可能ではある。しかし、作業工程の最終段階にある弓弭の加工が、本弭・末弭ともすでに施されていることから、B類の弓として完成していると判断している。

　また、A類は太い枝を素材としているが、横枝の節が小さい。逆に、B類は細い枝を素材としているが、A類よりも大きな節をもつ。大きな節の存在は、弓にとって致命的な欠陥となる。イヌガヤは枝の同じ位置から放射状に数本の横枝が伸びるため、節が一カ所に集中する性質をもつ。これが成長すると、枝分かれの部分は瘤状に膨らむ。弓を作るときにそこを削り出していくと、年輪をもつ節が表面に現れる。この節は乾燥が進むと亀裂を生じ、弓は折れやすくなってしまう（図8）。つまり、丸木弓B類は細い上に折れやすいカ所を多数もつものを素材として選択していることになり、素材の強度にまったく注意を払っていないといえる。

　製作実験で弓をつく作る際、素材の入手に苦労をする。素材となる枝がねじれて曲がっていたり、節が大きく、節と節の間隔が出土資料よりも短く数が多い。節の数が多いということは、それだけ破損の危険性も大きくなる。ねじれが大きく節の数が多いというのは、自然に生えている木の場合は当然であり、山中で適当な枝を見つけるのにはむずかしい。ところが、植物園や公園に植えられているイヌガヤの枝はすんなりと伸びていて、弓の素材に適している。伸び伸びと枝を広げられる環境を整えることにより、良質の弓の素材を手に入れやすくすることができる。

　丸木弓A類の弓は、真っすぐなねじれのない枝を確保しており、小さな節の多くが、節の芯の部分が痕跡として残る程度であることから、環境を整え、枝に横枝が生えないように手をかけ、適当な太さになったところで採取するといった働きかけが存在した可能性を考えてみたい。

（2） 弓幹の処理

　弓幹の処理は、樹皮を剥ぐことから始まる。丸木弓Ａ類はきれいに樹皮を剥く。まれに部分的な薄皮がのこっていることもあるが例外的である。また、節の周囲の膨らみも削り取り、全体にすんなりとした形状となる。

　これに対し、丸木弓Ｂ類は樹皮をきれいに剥くものもあるが、外皮まで残すものもある。また、もともと細い素材を選択しているものが多く、節の部分が瘤状に膨れているが、節の処理を行っていないものが多い。29号弓のように、節の部分の膨らみがそのまま残り、節の芯が突起として残っているものも多い。

　イヌガヤの樹皮は、生木の状態だと素手で剥くことができ、節のまわりもきれいに取れる。内側の薄皮が多少は残ることもあるが、簡単に除去することができる。しかし、これをいったん乾燥させてしまうと、刃物で削り落とさなければならなくなる。

　また、石器で加工を施すには、木材が湿っていた方が柔らかく削りやすい。作業的には生木の状態で節の処理を行った方が効率的である。しかし、製作実験では、こうした作り方をした場合、その後の乾燥で節の亀裂（図8）が生じやすく、折れやすい弓となってしまう。節の処理は、枝の根本を残した状態で完全に乾燥させ、その後に行った方がよい結果が得られた。これは、収縮によって亀裂が生じるのを枝の根本が押さえ込み、完全な乾燥によって亀裂が生じないまま木材が安定するためではないかと推定している。また、小さい節であれば、亀裂が生じる危険性は低くなる。

（3） 弓幹と弓弭の加工

　丸木弓Ａ類の弓幹の加工は、弓全体の形状を整える加工と、弓幹端部の加工からなる。弓の形状は、弓幹の中央の握り部分が最も太く、両端の弓弭に向かって先細りとなるが、素材となる枝は、基本的に幹側の付け根が太く、枝先に向かって細くなっており、幹側が本弭、枝先側が末弭となる。握りの位置か

ら末弭側は、素材自体が先細りなので、節まわり以外では形状の顕著な変化をともなわないことが多い。逆に、握り部分で約2cmの太さをもつ枝は、本弭の部分ではそれ以上の太さとなるため、弓弭に向かって細くなるという構造上、握りから本弭側には細める加工がほぼ全面に施されている。ただし、弓幹の加工痕は擦痕のような不鮮明なものが多く、加工の範囲が明確ではない。これは、弓幹の表面を石器で刮げ取るように削るためである。

　1号弓（図5）の場合は、とくに弓の腹側を重点的に削り込み、先端部を削り残して、段を作って瘤状にし、その瘤に半周する溝を刻んで本弭としている。16号弓は弓幹の全周を削り込み、先端部に一周する溝を刻んで本弭とする（図12）。こうした弓幹を細める加工を施す場合、加工具は木の繊維を斜めに切断しており、滑らかな加工をするためには、太くする方から細くする方へ、つまり弓幹側から弓弭側へと加工具を動かし、刮げるようにして太さを減じるのが効果的である（図11上）。製作実験では黒曜石の剥片を使用し、削るカ所を水で

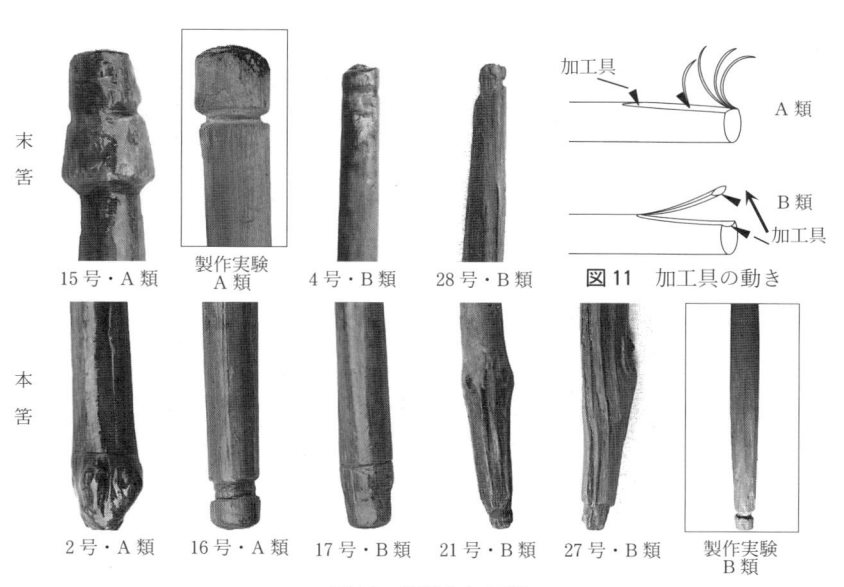

図12　特徴的な弓弭

濡らしつつ、器面に対し直角近くまで刃を立てて削り込みを行った。

　末弭は、素材の枝の形状が先細りになっているのをそのまま利用して若干細く削り、先端の弦がかかるところに一周する溝を刻む、というのが最も想定されるところであり、形状的には16号弓の本弭と同様のものとなる。また、円錐形に尖る形状のものや、15号弓のように1号弓の本弭と同様の形状をもつものもある。いずれも表面は滑らかに仕上げられている。

　丸木弓B類は、弓幹全体の形状を整える加工を行わないものが多く、末端の狭い範囲にのみ加工を施す。38号弓の場合、本弭側の端部加工は約30cmにわたり、B類としてはやや広めではあるが、最大径がその加工部との境にあり、弓全体の形状を整える加工にはなっていない。

　弓幹端部の加工で最も特徴的なのは、29号弓の本弭のように、弓の先端部に加工具をあて、厚く引き剝がすように弓弭周辺を極端に細める方法である（図11下）。稜線が明瞭な深く抉れた加工痕が残り、21・27・28・38号弓でも同じ技法が使われている。この場合、加工具は弓の先端から弓幹に向けて動き、A類とは逆の動きになる。弓弭は細めた先端部に一周する溝を刻むなどする。もともと細い素材であるものは、先端部が非常に細くなり、弓弭としての強度がほとんど期待できないものもある。

　他に、29・38号弓の末弭のように、弓幹の端部を細める加工をせず、弓弭も筋や傷だけの痕跡的なものになってしまったものなどもある。

6. 儀礼用具としての丸木弓B類

　前項までに、丸木弓B類が素材の選定段階から丸木弓A類とは区別されていたこと、実際の狩猟には用いられずに生木の状態で折られてしまっているものが、少なくとも3例存在することを示した。しかし、他の弓の損傷が意図的なものであるか否かの判断はむずかしく、実際に38号弓という折れていないB類が存在していることもあり、この3例をもってすべての丸木弓B類が折られ

図13 枝の裂け目に挟まれたシカの寛骨(かんこつ)

ているとはいえない。

　ただし、実用的な丸木弓A類に対し、丸木弓B類が実用に適さない弓であることは明らかである。こうした情報を、冒頭で述べた、下宅部遺跡出土の弓は生の獣骨と対応関係をもち、解体作業場に残されたものであるという推論に加えるならば、儀礼用具としての丸木弓B類の姿が浮かんでくる。

　29号弓は、損傷部の上からイノシシの下顎骨が接する状態で出土しており、意図的に設置されたものであると考えられる。簡略な作りで、弓として一度も使用されることなく、生木の状態で折られた弓。その上に獲物の頭部を据えた様子は、自然神に対する供儀、豊猟を感謝するための狩猟儀礼の痕跡ととらえることが可能である。

　弓をともなったものではないが、類似の資料として、イヌガヤと思われる枝の裂け目に挟まった状態のシカの寛骨が出土している（図13）。獲物の一部を添える点では共

損傷部

図14　27号弓

80 第 1 章 縄文時代の祭祀

通するが、その方法はまったく異なっている。また、27 号弓（図 14）のように燃やすことにより欠損させる例もあり、そのときどきの狩猟の状況に応じて変化する、いく通りかの作法の存在を想定することができる。おそらく、弓を使った儀礼は弓猟にともなうであろうし、陥し穴猟などの場合には、弓を使わない儀礼があったものと考えるべきであろう。

下宅部遺跡は丘陵内を流れる川沿いの遺跡である。丘陵で射止めた獲物を近くの河原で解体する。その際に、手近なイヌガヤの枝を採取し、その場で丸木弓 B 類を作り、儀礼を行っていたものと考えられる。つまり、丸木弓 B 類は、弓猟で捕らえた獲物を解体する際に、その場で形だけ似せて作られた儀礼用の弓であり、これを折ったものに獲物の一部を添えるという儀礼の姿を復元することができる。

7. 飾り弓について

縄文時代の弓を概説的に説明するとき、儀礼用の弓としてイメージされるのは飾り弓であることが多い。下宅部遺跡からも 11 点の飾り弓が出土しており、このうち長さ 40 cm 以上の残存状態の良好なもので 6 点（9・10・13・18・20・22 号弓）が存在する。

手擦れ、漆付加

握り部分

図 15　20 号弓

飾り弓については、飾り弓を実際の狩猟に携行したか、使用したかという問題がある。飾り弓は丸木弓A類と比較してもより太く長い傾向にあり、樹皮の巻き付けや糸巻きを施すことで弓の強化がなされている。また、漆を塗ることによって撥水性が高くなり、雨中での携行・使用にも耐えるなど、機能の面から見れば最も高性能な弓であるといえる。出土点数も41点中11点と、実用的な丸木弓A類の16点とさほど比率は変わらない。

　20号弓は残存長107cm（復元長165cm）、最大径3.2cmの飾り弓である。握りに想定される部分に手擦れと思われる漆皮膜の摩耗や修繕の痕跡が認められ（図15）、使い込まれた弓であると考えられる。漆の皮膜が損傷している場合、それがいつ起こった損傷なのかの判断はむずかしい。使用当時なのか、廃棄後なのか、あるいは発掘調査時なのか。20号の場合、漆の損傷部から損傷していない部分にかけて、新たな漆の付加があり、明らかにこの部分が使用当時に損傷していたこと、なんらかの手当を行っていたことがわかる。

　下宅部遺跡において、飾り弓の出土状況と丸木弓A類の出土状況に質的な差はない。獲物の解体作業は一連の狩猟活動の中に位置づけられる。そこに大型の儀礼用の弓を携行するとは考え難い。また、儀礼用であれば、その欠損率はいちじるしく低くなるであろうし、解体場に残される可能性も低くなるはずである。

　前項で、丸木弓B類が儀礼的な弓であると述べ、ここで飾り弓は実用的な弓であるとした。しかし、実用的な弓であることが、儀礼とは無関係であることにはならない。実用的な丸木弓A類も含め、獣骨との相関関係から見て、これらが儀礼に供された点では同様と考えられる。

　飾り弓が実際の狩猟に使用されていたとすれば、そのもち主は狩猟チームのリーダー格、手練れの者であっただろうと予想される。リーダーは同時に儀礼を執り行う者であろう。また、性能のよい道具は、それだけでよりマジカルな性格をもち、複数の壊れた弓があった場合には、飾り弓が儀礼用として優先的に選択されたものと思われる。下宅部遺跡からまとまった数の飾り弓が発見さ

8. 儀礼の変遷―折ることの意味

　丸木弓B類が儀礼のために作られた弓であるとしても、なぜ折る必要があったのか。この疑問については、儀礼の本来の姿が、実際の狩猟で折れた飾り弓や丸木弓A類やを用いるものであった、と考えることで一応の説明は可能である。

　つまり、狩猟中に折れてしまった弓があれば、それをもち帰り、解体時の儀礼に用いるのがもともとの在り方であったとする。しかし、弓が一本も折れなかった場合には代用品が必要であり、その場で形だけを似せたB類を作成するが、もともと折れた弓の代用品であるから、新たに作った弓も折れていなければならなかった、と推定している。

　下宅部遺跡には2カ所の弓・獣骨集中出土地点（調査区Ⅱ・Ⅴ）があり、いずれも解体作業場であろうと考えられる。調査区ⅤではA類・B類の両方が存在し、その比率は約2対1でA類が多数を占める。飾り弓を実用的な弓としてA類側に加えると、さらにその差は大きくなる。ところが、調査区Ⅱでは逆にB類のみとなる。今のところ、出土した流路からみた時期的な分析では、有意な時間差は認められず、とくに調査区Ⅴは流路の切り合いが複雑であり、出土した流路がそのまま弓の所属時期を示すといい切れないなどの問題点を残しているが、可能性としては「飾り弓・A類のみ→飾り弓・A類をB類が補完→B類のみ」という儀礼の変遷が推定できる。

　獣骨が集中出土している調査区がもう一カ所ある。38号弓が出土している調査区Ⅲである。そして、ここからはもう1点、やはり樹皮をほとんど剥いでおらず、太さがA類相当の26号弓が出土している。A類となり得る素材を使用したB類が出土しているのは調査区Ⅲだけであり、あるいはまた別の儀礼形態が存在していたのかもしれない。

以上述べてきたように、丸木弓A類・丸木弓B類・飾り弓のすべてが解体作業にともなう儀礼に用いられた可能性がある。丸木弓A類・飾り弓は破損した弓の再利用であり、弓が本来的な狩猟用具としてだけではなく、破損後も儀礼に供されるといった使われ方をしているということを示している。また、丸木弓B類は弓から派生した儀礼用具、弓形祭祀具であるとすれば、今後は厳密には両者を峻別する必要があるだろう。

参考文献
石井紫郎・宇野隆夫・赤澤　威編 2002年『武器の進化と退化の学際的研究　―弓矢編―』国際日本文化研究センター。
千葉敏朗 2001年「縄文時代の弓猟にともなう狩猟儀礼について」『東村山市史研究』10。
戸沢充則ほか 2006年『下宅部遺跡Ⅰ』。

第2章　弥生時代の祭祀

土井ヶ浜遺跡の祭祀と社会

古庄　浩明

1. はじめに

　土井ヶ浜遺跡は本州最西端の響灘に面した沈降海岸の砂浜部分に立地した埋葬遺跡であり、弥生時代前期後半から中期の人骨を多量に出土している。本遺跡の考古学的発掘調査は長年にわたり行われており、これによって人骨・抜歯・埋葬施設・埋葬形態・副葬品などの資料や情報が得られている（図1）。これらの資料・情報により、当時の習俗や社会を解明しようとすることが考古学の命題である。

　ここで、現在までに認識された土井ヶ浜遺跡の特徴は、
- 弥生時代前期後半から中期の墓域である。
- 頭部のみを集骨した遺構があり、頭骸骨に特別の意識をもつ。
- 箱式石棺墓・石囲墓・土壙墓があり、土壙墓のなかには頭部や隅に石や頭骨をおくものもある。
- 南海産貝製品を出土する。
- 抜歯を行ったものがある。
- 埋葬位置に集散がある。
- 頭位方向がほぼ一方向である。
- 装身具をつけ、いわゆる死装束をする。

というようなことである。

　さて、土井ヶ浜遺跡での研究の対象として特記すべきは抜歯である。抜歯は

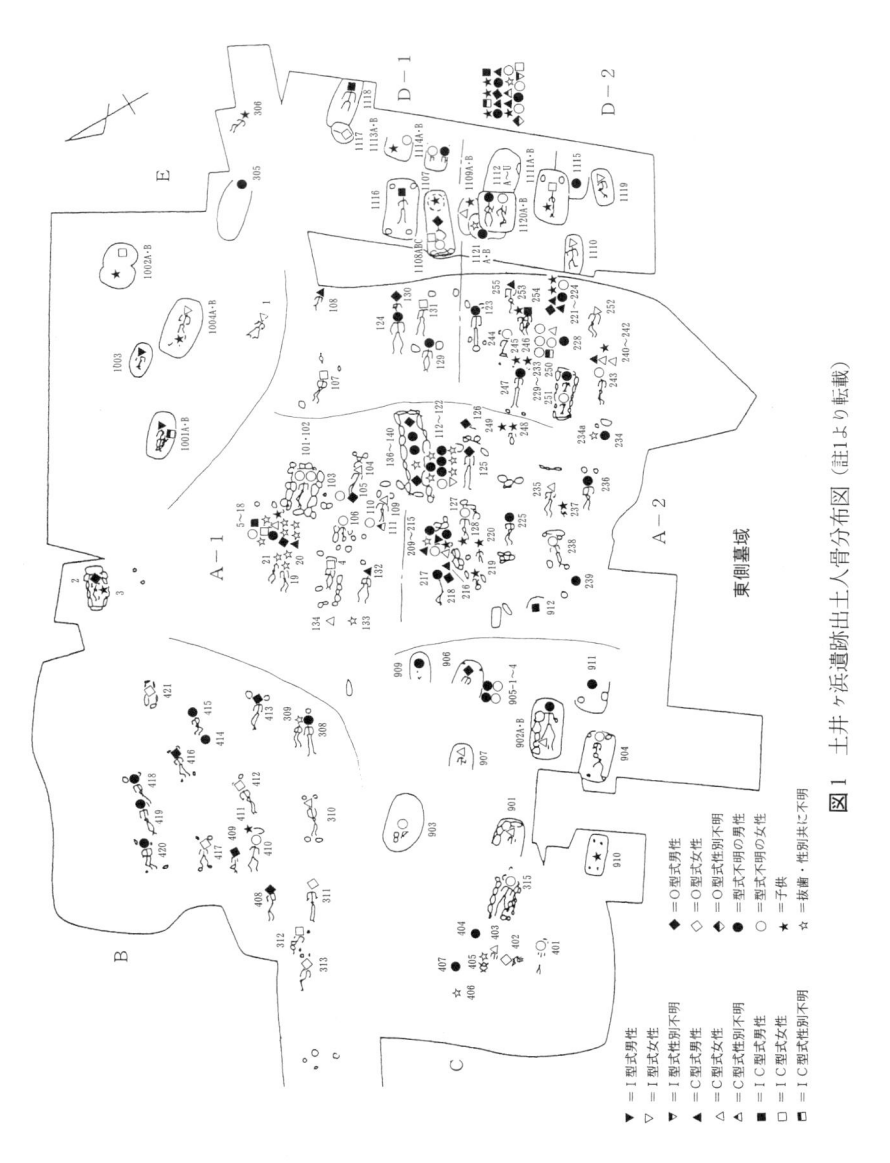

88 第2章 弥生時代の祭祀

図1 土井ヶ浜遺跡出土人骨分布図（註1より転載）

身体加工の一種で、民俗学上、通過儀礼として行われることが多い。また、土井ヶ浜遺跡は墓域であり、遺体の埋葬や物品の副葬はその行為そのものが葬送儀礼で、人の通過儀礼の最終段階であるといえる。これらの通過儀礼は祭祀として執り行われ、抜歯や埋葬を行った人びとの社会的規制の上に行われる行為である。したがって土井ヶ浜遺跡から出土した人骨や遺構・遺物を研究し、これらの祭祀を解明することによって弥生時代の精神社会やそれを規定している社会構造について論及できるのである。

　ここではまず、抜歯にみる通過儀礼について検討する。つぎに埋葬形態にみる葬送儀礼について検討する。さらに、とくに注目される埋葬例について考察を加える。そして出土遺物の検討をおこなう。以上の検討をふまえて弥生時代前期の社会と交易について論及することとする。なお、土井ヶ浜遺跡の詳細や研究史などは前稿に載せたのでここではくり返さない(1)。また、前稿(以下、前稿とは註1をさす)の結論として土井ヶ浜遺跡を形成した集団を母系制同権社会から母系制男権社会であったと筆者は論及した。本稿はこれにもとづいて論を進める。

2. 抜歯について

　生前に行われる通過儀礼の一つとして抜歯がある。抜歯は帰属集団により規定されており、抜歯を受けたものはその社会の一員として認知・保護され、社会における権利を獲得するとともに、その社会の規定に束縛され、義務を果たすことを要求される。したがってどの歯を抜歯するかは厳格な規定に則って行われるのが常である。通過儀礼とは、社会構成員である人間のライフサイクルの節目ごとに行われる儀式で、ある社会的ステージでの死（separation）と次の社会的ステージへの移行（transition）、そして次の社会的ステージへの誕生（incorporation）の儀式であり、その契機には、成人の儀式・結婚・子供の誕生・肉親の死亡などがあることが知られている。土井ヶ浜遺跡から出土した頭

表1　土井ヶ浜遺跡出土人骨一覧

人骨番号	枝番	性別	年齢	埋葬状況	伴出遺物	抜歯の有無
1		女性	熟年	土壙墓	鉄製品・鳥骨	上顎左右側切歯
2		男性	成人	箱式石棺		なし
3		不明	幼児	箱式石棺	貝輪（マツバガイ）9	
4		女性	熟年	石囲墓		上顎左右犬歯・
5		女性	熟年	集骨		
6		男性	熟年	集骨		
7		不明	不明	集骨		
8		女性	熟年	集骨	管玉・貝輪	上顎左右犬歯・
9		不明	不明	集骨		
10		男性	熟年	集骨		
11		女性	成人	集骨		上顎左右犬歯
12		不明	小児	集骨		
13		男性	熟年	集骨		なし
14		不明	老年	集骨		
15		不明	不明	集骨		
16		男性	老年	集骨		上顎右犬歯
17		不明	不明	集骨		
18		不明	不明	集骨		
19		不明	不明	土壙墓		
20		不明	不明	土壙墓		
21		不明	不明	土壙墓		
22		不明	老年	土壙墓		
101		女性	成年	箱式石棺		不明
102		女性	熟年	箱式石棺		上顎左右犬歯？
103		女性	老年	土壙墓（石代）		
104		女性	熟年	土壙墓（頭石）	貝輪（ゴホウラ）2・管玉・指輪・貝小玉	上顎左右犬歯・
105		男性	成年	土壙墓（石代）		なし
106		女性	老年	石囲墓		不明
107		女性	老年	土壙墓（四石）		上下顎左右犬歯
108		男性	熟年	土壙墓		上顎右犬歯
109		女性	成人	土壙墓（四石）		上顎左右犬歯
110		女性	若年	土壙墓（石代）		不明
111		不明	熟年	土壙墓（石代）		上顎左右犬歯
112		不明	熟年	土壙墓		不明
113		男性	熟年	集骨		不明
114		不明	熟年	集骨		不明
115		女性	成人	集骨		不明
116		男性	成年	集骨		不明
117		男性	熟年	集骨		不明
118		男性	成年	集骨		不明
119		女性	熟年	集骨		上顎左右側切歯
120		不明	不明	集骨		
121		不明	成人	集骨		不明
122		不明	不明	集骨		
123		男性	成年	土壙墓（四石）	石鏃	上顎右側切歯・
124		男性	熟年	土壙墓	石鏃・貝輪（ゴホウラ）2・骨鏃	不明
125		男性	熟年	土壙墓（頭石）		なし
126		男性	成年	土壙墓		なし
127		女性	老年	土壙墓（頭石）	管玉・貝輪	不明
128		不明	幼児	土壙墓（頭石）	貝輪（ハイガイ）8	
129		男性	老年？	土壙墓（二石）		不明
130		男性	成年	土壙墓		なし

	犬	側	側	犬	中	抜歯型式	備考
	両					I	鵜を抱く女
						O	2・3は合葬
							2・3は合葬
上顎右側切歯・下顎左側切歯	両	右	左		両	IC	
						不明	5～18は合葬
						IC	5～18は合葬
						不明	5～18は合葬
上顎左側切歯	両		左			IC	5～18は合葬
						不明	5～18は合葬
						不明	5～18は合葬
		両				C	5～18は合葬
							5～18は合葬
						O	5～18は合葬
						不明	5～18は合葬
						不明	5～18は合葬
		右				C	5～18は合葬
						不明	5～18は合葬
						不明	5～18は合葬
						不明	
						不明	
						不明	出土位置不明
						不明	102と合葬
		両				不明	101と合葬
						不明	104の足下
下顎右犬歯	両				右	C	
						O	104の足下
						不明	
・上顎左右側切歯・下顎中切歯側切歯	両	両		両	左	IC	
		右				C	
		両				C	
						不明	109の足下
		両				C	109の足下
						不明	出土位置不明
						不明	112?～122は合葬
						不明	112?～122は合葬
						不明	112?～122は合葬
						不明	112?～122は合葬
						不明	112?～122は合葬
				両		I	112?～122は合葬
						不明	112?～122は合葬
						不明	112?～122は合葬
						不明	112?～122は合葬・6～7体分あり
犬歯？		右	右			不明	
						不明	英雄
						O	
						O	
						不明	128と合葬
							127と合葬
						不明	
						O	

人骨番号	枝番	性別	年齢	埋葬状況	伴出遺物	抜歯の有無
131		女性	成年	土壙墓（一石）		上顎左右側切歯
132		男性	熟年	土壙墓（一石）		上顎右犬歯
133		不明	熟年	土壙墓		不明
134		女性	熟年？	土壙墓		上顎左右犬歯
135		不明	乳児	土壙墓		
136		男性	成年	箱式石棺		なし
137		不明	老年	箱式石棺		不明
138		男性	老年	箱式石棺		不明
139		男性	老年	箱式石棺		不明
140		男性	熟年	箱式石棺		なし
141		不明	熟年	不明		
142		男性	熟年	不明		
201		男性	成年？	集骨		なし
202		男性	熟年	不明		上顎左犬歯？
203		不明	老年	土壙墓		
204		男性	老年	土壙墓		
205		男性	熟年	土壙墓		
206		不明	老年	散乱人骨		
207		女性	成人	集骨		
207		男性	熟年	集骨		
208		不明	成人	土壙墓		不明
208		不明	幼児	土壙墓		
209		男性	熟年	集骨		上顎右犬歯
209	a	不明	不明	集骨		不明
210		男性	熟年	集骨		不明
211		女性	熟年	集骨		不明
212		男性	熟年	集骨		上顎右側切歯・
213		女性	熟年	集骨		上顎左犬歯・下
214		不明	小児	集骨		
215		男性	熟年	集骨		上顎左犬歯・左
216		男性	老年	土壙墓		上顎右犬歯
217		男性	熟年	土壙墓	指輪	不明
218		男性	熟年	土壙墓		なし
219		不明	幼児	土壙墓		
220		不明	幼児	土壙墓		
221		男性	成人	集骨		なし
222		男性	熟年	集骨		上顎右犬歯
223	a	不明	小児	集骨		
223		不明	幼児	集骨		
224		男性	成年	集骨		上顎右犬歯
224		女性	不明	集骨		
224		男性	不明	集骨		
225		男性	熟年	土壙墓		不明
226		男性	成年	不明		上顎左犬歯
227		男性	成年	不明		上顎右小臼歯
228		男性	成年	集骨？		
229		女性	熟年	集骨		不明
229	a	女性	成人	集骨		不明
230		女性	成人	集骨		不明
231		不明	熟年	集骨		上顎左切歯・犬
232		女性	熟年？	集骨		不明
233		女性	成人	集骨		上顎右犬歯
234	b	男性	成人	集骨		不明
234		男性	成人	集骨		不明

	犬	側	側	犬	中	抜歯型式	備考
・犬歯	両	両				IC	
		右				C	
						不明	
		両				C	
							胎児の可能性あり・出土位置不明
						O	136～140は合葬
						不明	136～140は合葬
						不明	136～140は合葬
						不明	136～140は合葬
						O	136～140は合葬・出土位置不明
						不明	出土位置不明
						不明	出土位置不明
						O	出土位置不明
		左				不明	出土位置不明
						不明	出土位置不明
						不明	出土位置不明
						不明	出土位置不明
						不明	出土位置不明
						不明	下顎は3体分あり、出土位置不明
						不明	下顎は3体分あり、出土位置不明
						不明	合葬・出土位置不明
							合葬・出土位置不明
		右				C	209～215は合葬？
						不明	209～215は合葬？
						不明	209～215は合葬？
						不明	209～215は合葬？
下顎右中切歯			右		右	I	209～215は合葬？
顎左右中切歯		左			両	C	209～215は合葬？
							209～215は合葬？
側切歯		右	左			不明	209～215は合葬？
		右				C	
						不明	
						O	
						O	221～224は合葬・223の側に集骨
		右				C	221～224は合葬・223の側に集骨
							221～224は合葬・223の側に集骨
							221～224は合葬
		右				C	221～224は合葬・少なくとも3体あり
						不明	221～224は合葬・少なくとも3体あり
						不明	221～224は合葬・少なくとも3体あり
						不明	
		左				C	出土位置不明
						O	出土位置不明
						不明	
						不明	229～233は合葬
						不明	229～233は合葬
						不明	229～233は合葬
歯		左	左			IC	229～233は合葬
						不明	229～233は合葬
		右				C	229～233は合葬
						不明	出土位置不明
						不明	

人骨番号	枝番	性別	年齢	埋葬状況	伴出遺物	抜歯の有無
234	a	不明	成人	集骨		不明
235		女性	成人	土壙墓(頭石)		上顎左犬歯
236		男性	老年	土壙墓(二石)		不明
237		不明	小児	土壙墓		
238		女性	老年	土壙墓(四石)		不明
239		男性	不明	土壙墓		不明
240		男性	熟年	土壙墓(石代)		上顎右犬歯
241		女性	熟年	土壙墓(石代)		上顎左右犬歯・
242		女性	成年	土壙墓(石代)		上顎左犬歯・
242	a	不明	幼児	土壙墓(石代)		
243		女性	老年	土壙墓		不明
244		女性	熟年	土壙墓(四石)		上顎左右側切歯
245		不明	乳児	土壙墓(石代)		
246		不明	幼児	土壙墓(石代)		
247		男性	成年	土壙墓(四石)		
248		不明	幼児	土壙墓		
249		不明	幼児	土壙墓(石代)		
250		男性	老年	箱式石棺		不明
251		女性	不明	箱式石棺		不明
252		女性	熟年	土壙墓		上顎左右側切歯
253		不明	小児	土壙墓		
254		男性	老年	土壙墓		上下顎左右側切
255		男性	成年	土壙墓		上顎右犬歯
301		男性	成人	不明		
302		女性	成人	不明		
303		女性	成年	土壙墓	貝輪	上顎左犬歯
304		女性	成人	散乱人骨		
305		男性	老年	土壙墓		
306		不明	小児	土壙墓	硬玉製勾玉	
307		女性	熟年	不明		下顎左犬歯
308		男性	老年	土壙墓(一石)		不明
309		不明	若年	土壙墓	貝輪(タマキガイ)1	不明
310		女性	熟年	土壙墓(四石)		上顎右犬歯
311		女性	成年	土壙墓		なし
312		女性	成年	土壙墓(四石)		上顎左右側切歯
313		女性	熟年	土壙墓(二石)		なし
314		女性	成人	箱式石棺		
315		女性	成年	石囲墓	ガラス小玉・管玉・貝小玉	上下顎左右犬歯
401		女性	老年	土壙墓(一石)		不明
402		女性	成年	土壙墓		なし
403		女性	成年	土壙墓		上顎左右犬歯
404		男性	老年	土壙墓		不明
405		不明	不明	土壙墓		
406		不明	不明	集骨		不明
407		男性	熟年	集骨		不明
408		男性	熟年	土壙墓		なし
409		男性	成年	土壙墓		なし
410		女性	成年	土壙墓(一石)		不明
411		不明	小児	土壙墓(石代)		
412		女性	熟年	土壙墓(二石)		なし
413		男性	熟年	土壙墓(二石)		なし
414		男性	成年	土壙墓(石代)		不明
415		男性	老年	土壙墓(一石)		不明
416		男性	熟年	土壙墓(四石)		なし

	犬	側	側	犬	中	抜歯型式	備考
						不明	
		両				C	
						不明	
						不明	
						不明	下肢のみ原位置
		右				C	243の頭付近に頭を並べる
下顎右中切歯・犬歯		両		右	右	C	243の頭付近に頭を並べる
第1小臼歯		両				C	243の頭付近に頭を並べる
							243の頭付近に頭を並べる
						不明	
・犬歯		両	両			不明	右犬歯閉鎖途中
							247付近に頭のみ
							247付近に頭のみ
						不明	
							248付近に頭のみ
						不明	250・251は同一石棺
						不明	250・251は同一石棺
・左第1小臼歯			両			I	
							253・254は同一墓壙
歯・上顎左犬歯第1小臼歯		左	両	両		IC	253・254は同一墓壙
		右				C	
						不明	出土位置不明
						不明	出土位置不明
		左				C	出土位置不明
						不明	出土位置不明
						不明	1005と同一人骨
				両		不明	出土位置不明
						不明	
						不明	
		右				C	
						O	
・左犬歯		左	両			IC	
						O	
						不明	出土位置不明
・下顎左右第1小臼歯		両		両		不明	
						不明	
						O	中世墓の可能性あり
		両				C	同一墓内、403足下に405を集骨
						不明	403頭脇に404をおく
						不明	404は405の頭
						不明	
						不明	
						O	
						O	
						不明	
						O	
						O	
						不明	
						不明	
						O	

人骨番号	枝番	性別	年齢	埋葬状況	伴出遺物	抜歯の有無
417		女性	熟年	土壙墓(四石)		なし
418		男性	熟年	土壙墓(二石)		上顎左右犬歯?
419		男性	老年	土壙墓		上顎右犬歯?
420		男性	熟年	土壙墓(四石)		不明
421		女性	熟年	箱式石棺		下顎右中切歯・
422		女性	成年	土壙墓		上顎左右側切歯
701		男性	壮年	土壙墓		上顎左右側切歯
702		男性	熟年	土壙墓		不明
704		女性	壮年	土壙墓		あるが公表され
709		不明	不明	不明		
713		男性	壮年	土壙墓		あるが公表され
801		男性	成年	土壙墓(二石)		不明
802		女性	成人	土壙墓		不明
803		不明	小児	不明		
804		不明	小児	不明		
805		女性	熟年	土壙墓(一石)		
806	a	女性	成年	土壙墓		不明
806	b	男性	熟年	土壙墓		不明
807		不明	幼児	土壙墓		
808		男性	熟年	土壙墓		上顎左右側切歯
809		女性	熟年	土壙墓		上顎左右側切歯
901		女性	成年	石囲墓	貝小玉1	上顎左右犬歯
902	b	女性	成年	石囲墓	指輪・貝小玉	上顎左右犬歯
902	a	男性	成年	石囲墓	貝輪(ゴホウラ)1・指輪・貝小玉482	不明
903		女性	熟年	石囲墓	貝小玉1	不明
904		女性	熟年	土壙墓(四石)	貝小玉1	不明
905	3	女性	成人	集骨		不明
905	4	女性	成人	集骨		不明
905	1	男性	成人	集骨		不明
905	2	男性	成人	集骨		不明
906		男性	熟年	土壙墓(二石)		なし
907		女性	熟年	土壙墓	指輪4・貝小玉7	上顎左右犬歯
908		不明	不明	不明		
909		男性	成年	土壙墓		不明
910		不明	乳児	土壙墓(四石)	貝小玉16	
911		男性	成人	土壙墓(二石)	貝小玉1	不明
912		男性	熟年	土壙墓		上顎左右犬歯・
913		不明	不明	不明		
914		不明	不明	不明		
915		不明	不明	不明		
1001	a	男性	成年	土壙墓		上顎左右側切歯
1001	b	不明	熟年	土壙墓		上顎左右側切歯
1002	a	女性	成年	土壙墓	貝製品1	上下顎左右犬歯
1002	b	不明	幼児	土壙墓		
1003		男性	成年	土壙墓		上顎左右側切歯
1004	a	女性	成年	土壙墓		上顎左右側切歯
1004	b	不明	新生児	土壙墓		
1106		不明	不明	不明		
1107		不明	小児	複葬		
1108	b	女性	成年	複葬		あるが公表され
1108	a	男性	熟年	土壙墓(三石)	指輪1・管玉1	なし
1108	c	女性	老年	複葬		不明
1109	a	女性	熟年	土壙墓	指輪・貝小玉	あるが公表され
1109	b	不明	小児	土壙墓		

	犬	側	側	犬	中	抜歯型式	備考
						O	
		両				不明	
		右				不明	
						不明	
右側切歯・右犬歯			右	右	右	O	
			両			I	出土位置不明
犬歯・下顎左右第2小臼歯	両		両			IC	咬耗による判断
						不明	
ず						不明	
						不明	中世・出土地位置不明
ず						不明	
						不明	
						不明	付近から鞆状貝製品片
						不明	出土位置不明
						不明	出土位置不明
						C	
						不明	
						不明	
			両			I	
			両			I	
		両				C	
		両				C	902abは合葬
						不明	902abは合葬
						不明	
						不明	
						不明	905－1〜4は合葬
						不明	905－1〜4は合葬
						不明	905－1〜4は合葬
						不明	905－1〜4は合葬
						O	
		両				C	
						不明	出土位置不明
						不明	
						不明	
下顎右側切歯		両	右			IC	
						不明	出土位置不明
						不明	出土位置不明
						不明	出土位置不明
			両			I	1001abは合葬
・左犬歯	左	両				IC	1001abは合葬
・上顎左右側切歯・下顎右側切歯	両	両	右	両		IC	1002abは合葬・先天性仙椎形成不全
							1002abは合葬
			両			I	
			両			I	1004abは合葬
							1004abは合葬
						不明	出土位置不明
ず						IC	1108abcは合葬
						O	1108abcは合葬
						不明	1108abcは合葬
ず						C	1109abは合葬
							1109abは合葬

98　第2章　弥生時代の祭祀

人骨番号	枝番	性別	年齢	埋葬状況	伴出遺物	抜歯の有無
1110		女性	成年	土壙墓		上顎左右側切歯
1111	a	女性	若年	土壙墓(二石)	貝丸玉1・貝小玉1	上顎左右側切歯
1111	b	不明	新生児	土壙墓		
1112	j	男性	熟年	集骨		上顎右犬歯
1112	l	男性	熟年	集骨		上顎右犬歯
1112	g	男性	熟年	集骨		上顎左右犬歯
1112	m	不明	若年	集骨		上顎右犬歯
1112	t	不明	若年	集骨		上顎左側側切歯
1112	u	女性	熟年	集骨		上顎左右側切歯
1112	e	男性	熟年	集骨		上顎右側切歯・
1112	b	不明	若年	集骨		上顎左側切歯
1112	h	男性	熟年	集骨		なし
1112	p	不明	若年	集骨		なし
1112	o	女性	熟年	集骨		不明
1112	q	女性	熟年	集骨		不明
1112	s	女性	熟年	集骨		不明
1112	f	男性	熟年	集骨		不明
1112	r	男性	熟年	集骨		不明
1112	I	男性	老年	集骨		不明
1112	n	不明	成年	集骨		不明
1112	a	不明	小児	集骨	貝輪・管玉・貝小玉	
1112	k	不明	乳児	集骨		
1112	c	不明	幼児	集骨		
1112	d	不明	幼児	集骨		
1113	a	女性	成人	土壙墓		不明
1113	b	不明	幼児	土壙墓		
1114	b	女性	成人	土壙墓		不明
1114	a	男性	成人	土壙墓		不明
1115		男性	成年	土壙墓		
1116		男性	熟年	土壙墓(四石)	ヒスイ製小玉1	上顎右側切歯・
1117		女性	成年	土壙墓		なし
1118		男性	成年	土壙墓	管玉13・貝小玉	上顎右犬歯・左
1119		女性	熟年	土壙墓		上顎左右側切歯
1120	a	女性	熟年	土壙墓	管玉・貝小玉	不明
1120	b	男性	熟年	土壙墓		不明
1121	b	男性	成人	土壙墓		不明
1121	a	不明	若年	土壙墓	管玉・小玉	不明
1301		男性	不明	土壙墓		不明
1302		不明	幼児	土壙墓	土器1	
1303		不明	幼児	土壙墓	土器1	
1304		不明	幼児	土壙墓		
1305		女性	成年	土壙墓	貝輪(サルボウ)	なし
1401		不明	小児	土壙墓		
1402		男性	壮年	土壙墓		なし
1404		不明	乳児	土壙墓		
1405		男性	熟年	土壙墓		上下顎左右側切
1406		男性	熟年	土壙墓		上顎左右犬歯
1407		不明	乳児	土壙墓		
1・2		男性	熟年	集骨		不明

	犬	側	側	犬	中	抜歯型式	備考
			両			I	
・犬歯	両	両				IC	1111abは合葬
							1111abは合葬
	右					C	1112a〜uは合葬
	右					C	1112a〜uは合葬
	両					C	1112a〜uは合葬
	右					C	1112a〜uは合葬
		両				I	1112a〜uは合葬
・右犬歯・下顎右側切歯	右	両	右			IC	1112a〜uは合葬
犬歯	右	右				IC	1112a〜uは合葬
・犬歯	両	両				IC	1112a〜uは合葬
						O	1112a〜uは合葬
						O	1112a〜uは合葬
						不明	1112a〜uは合葬
						不明	1112a〜uは合葬
						不明	1112a〜uは合葬
						不明	1112a〜uは合葬
						不明	1112a〜uは合葬
						不明	1112a〜uは合葬
						不明	1112a〜uは合葬
							1112a〜uは合葬
							1112a〜uは合葬
							1112a〜uは合葬
						不明	1113abは合葬
							1113abは合葬
						不明	1114abは合葬
						不明	1114abは合葬
						不明	
・犬歯	右	右				IC	
						O	笄伴出？
側切歯		右	左			IC	
・下顎左右中切歯				両	両	I	
						不明	1120abは合葬
						不明	1120abは合葬
						不明	頭蓋欠
						不明	頭蓋欠
						不明	
						O	
						O	出土位置不明
歯			両	両		I	
		両				C	
						不明	同一個体を2カ所に埋葬

表2 土井ヶ浜遺跡抜歯型式別出土人骨

人骨番号	枝番	性別	年齢	埋葬状況	伴出遺物	抜歯の有無
104		女性	熟年	土壙墓(頭石)	貝輪(ゴホウラ)2・管玉・指輪・貝小玉	上顎左右犬歯・下
213		女性	熟年	集骨		上顎左右犬歯・下顎
241		女性	熟年	土壙墓(石代)		上顎左右犬歯・下
310		女性	熟年	土壙墓(四石)		上顎右犬歯
805		女性	熟年	土壙墓(一石)		
907		女性	熟年	土壙墓	指輪4・貝小玉7	上顎左右犬歯
1109	a	女性	熟年	土壙墓	指輪・貝小玉	あるが公表されず
134		女性	熟年?	土壙墓		上顎左右犬歯
11		女性	成人	集骨		上顎左右犬歯
109		女性	成人	土壙墓(四石)		上顎左右犬歯
233		女性	成人	集骨		上顎左右犬歯
235		女性	成人	土壙墓(頭石)		上顎左右犬歯
242		女性	成年	土壙墓(石代)		上顎左右犬歯・第
303		女性	成年	土壙墓	貝輪	上顎左右犬歯
403		女性	成年	土壙墓		上顎左右犬歯
901		女性	成年	石囲墓	貝小玉1	上顎左右犬歯
902	b	女性	成年	石囲墓	指輪・貝小玉	上顎左右犬歯
108		男性	熟年	土壙墓		上顎左右犬歯
132		男性	熟年	土壙墓(一石)		上顎右犬歯
209		男性	熟年	集骨		上顎右犬歯
222		男性	熟年	集骨		上顎右犬歯
240		男性	熟年	土壙墓(石代)		上顎右犬歯
1112	j	男性	熟年	集骨		上顎右犬歯
1112	l	男性	熟年	集骨		上顎右犬歯
1112	g	男性	熟年	集骨		上顎左右犬歯
1406		男性	熟年	土壙墓		上顎右犬歯
224		男性	成年	集骨		上顎右犬歯
226		男性	成年	不明		上顎右犬歯
255		男性	成年	土壙墓		上顎右犬歯
16		男性	老年	集骨		上顎右犬歯
216		男性	老年	土壙墓		上顎右犬歯
1112	m	不明	若年	集骨		上顎右犬歯
111		不明	熟年	土壙墓(石代)		上顎右犬歯
1		女性	熟年	土壙墓	鉄製品・鳥骨	上顎左右側切歯
119		女性	熟年	集骨		上顎左右側切歯
252		女性	熟年	土壙墓		上顎左右側切歯・
809		女性	熟年	土壙墓		上顎左右側切歯
1119		女性	熟年	土壙墓		上顎左右側切歯・
422		女性	成年	土壙墓		上顎左右側切歯
1004	a	女性	成年	土壙墓		上顎左右側切歯
1110		女性	成年	土壙墓		上顎左右側切歯
212		男性	熟年	集骨		上顎右側切歯・下
808		男性	熟年	土壙墓		上顎左右側切歯
1405		男性	熟年	土壙墓		上下顎左右側切歯
1001	a	男性	成年	土壙墓		上顎左右側切歯
1003		男性	成年	土壙墓		上顎左右側切歯
1112	t	不明	若年	集骨		上顎左右側切歯
1111	a	女性	若年	土壙墓(二石)	貝丸玉1・貝小玉1	上顎左右側切歯・
4		女性	熟年	石囲墓		上顎左右犬歯・上
8		女性	熟年	集骨	管玉・貝輪	上顎左右犬歯・上
1112	u	女性	熟年	集骨		上顎左右側切歯・
131		女性	成年	土壙墓(一石)		上顎左右側切歯・
312		女性	成年	土壙墓(四石)		上顎左右側切歯・
1002	a	女性	成年	土壙墓	貝製品1	上下顎左右犬歯・
1108	b	女性	成年	複葬		あるが公表されず
107		女性	老年	土壙墓(四石)		上下顎左右犬歯・
6		男性	熟年	集骨		
912		男性	熟年	土壙墓		上顎左右犬歯・下

	犬	側	側	犬	中	抜歯型式	備考
上顎左右犬歯・右犬歯	両			右		C	
左右中切歯		左			両	C	209〜215は合葬？
顎右中切歯・犬歯	両			右	右	C	243の頭付近に頭を並べる
		右				C	
						C	
	両					C	
						C	1109abは合葬
	両					C	
	両					C	5〜18は合葬
	両					C	
	右					C	229〜233は合葬
	両					C	
1小臼歯	両					C	243の頭付近に頭を並べる
	左					C	出土位置不明
	両					C	同一墓内、403足下に405を集骨
	両					C	
	両					C	902abは合葬
	右					C	
	右					C	
	右					C	209〜215は合葬？
	右					C	221〜224は合葬・223の側に集骨
	右					C	243の頭付近に頭を並べる
	右					C	1112a〜uは合葬
	右					C	1112a〜uは合葬
	両					C	1112a〜uは合葬
	両					C	
	右					C	221〜224は合葬・少なくとも3体あり
	左					C	出土位置不明
	右					C	
	右					C	5〜18は合葬
	右					C	
	右					C	1112a〜uは合葬
	両					C	109の足下
	両					I	鵜を抱く女
		両				I	112?〜122は合葬
上顎左右側切歯・左第1小臼歯		両				I	
		両				I	
上顎左右側切歯・下顎左右中切歯		両			両	I	
		両				I	出土位置不明
		両				I	1004abは合葬
		両				I	
上顎右側切歯・下顎右中切歯		右			右	I	209〜215は合葬？
		両				I	
		両	両			I	
		両				I	1001abは合葬
		両				I	
		両				I	1112a〜uは合葬
犬歯	両	両				IC	1111abは合葬
顎右側切歯・下顎左側切歯	両	右	左	両		IC	
顎左側切歯	両	左				IC	5〜18は合葬
右犬歯・下顎左側切歯	右	両	右			IC	1112a〜uは合葬
上顎左右側切歯・犬歯	両	両				IC	
上顎左右側切歯・左犬歯	左	両				IC	
上顎左右側切歯・下顎右側切歯	両	両	右	両		IC	1002abは合葬・先天性仙椎形成不全
あるが公表されず						IC	1108abcは合葬
上顎左側切歯・下顎中切歯側切歯	両	両		両	左	IC	
						IC	5〜18は合葬
上顎左右犬歯・下顎右側切歯	両	右				IC	

人骨番号	枝番	性別	年齢	埋葬状況	伴出遺物	抜歯の有無
1112	e	男性	熟年	集骨		上顎右側切歯・犬
1116		男性	熟年	土壙墓(四石)	ヒスイ製小玉1	上顎右側切歯・犬
1118		男性	成年	土壙墓	管玉13・貝小玉	上顎右犬歯・左側
701		男性	壮年	土壙墓		上顎左右側切歯犬
254		男性	老年	土壙墓		上下顎左右側切歯
1112	b	不明	若年	集骨		上顎左右側切歯・
231		不明	熟年	集骨		上顎左切歯・犬歯
1001	b	不明	熟年	土壙墓		上顎左右側切歯・
313		女性	熟年	土壙墓(二石)		なし
412		女性	熟年	土壙墓(二石)		なし
417		女性	熟年	土壙墓(四石)		なし
421		女性	熟年	箱式石棺		下顎右中切歯・右
311		女性	成年	土壙墓		なし
402		女性	成年	土壙墓		なし
1117		女性	成年	土壙墓		なし
1305		女性	成年	土壙墓	貝輪(サルボウ)	なし
13		男性	熟年	集骨		なし
125		男性	熟年	土壙墓(頭石)		なし
140		男性	熟年	箱式石棺		なし
218		男性	熟年	土壙墓		なし
408		男性	熟年	土壙墓		なし
413		男性	熟年	土壙墓(二石)		なし
416		男性	熟年	土壙墓(四石)		なし
906		男性	熟年	土壙墓(二石)		なし
1108	a	男性	熟年	土壙墓(三石)	指輪1・管玉1	なし
1112	h	男性	熟年	集骨		なし
2		男性	成人	箱式石棺		なし
221		男性	成人	集骨		なし
105		男性	成年	土壙墓(石代)		なし
126		男性	成年	土壙墓		なし
130		男性	成年	土壙墓		なし
136		男性	成年	箱式石棺		なし
227		男性	成年	不明		上顎右小臼歯
409		男性	成年	土壙墓		なし
201		男性	成年?	集骨		なし
1402		男性	壮年	土壙墓		なし
1112	p	不明	若年	集骨		なし

骸骨には抜歯の痕跡を残すものがあり、当該期に抜歯をともなう祭祀が行われていたことを示している。

 さて、土井ヶ浜遺跡の人骨を表にしたものが表1である。本表は前稿の表にさらに分析をくわえたものである。この表を抜歯の型式別に分類したものが表2である。ちなみに抜歯型式は、上顎骨の犬歯を抜くものをC型式、側切歯を抜くものをⅠ型式、犬歯と側切歯を抜くものをⅠC型式、抜歯を行わないものをO型式としている。

 表2によると、男女とも上顎に各型式の抜歯が若年期に施され、船橋氏の研究に見るように、上顎の抜歯が成人の通過儀礼であることはほぼ間違いない[(2)]。この型式がそれぞれの帰属集団によるところであることは想像に難くない。し

	犬	側	側	犬	中	抜歯型式	備考
歯	右	右				IC	1112a〜uは合葬
歯	右	右				IC	
切歯	右	左				IC	
歯・下顎左右第2小臼歯	両	両				IC	咬耗による判断
・上顎左犬歯第1小臼歯	左	両	両			IC	253・254は同一墓壙
犬歯	両	両				IC	1112a〜uは合葬
	左	左				IC	229〜233は合葬
左犬歯	左	両				IC	1001abは合葬
						O	
						O	
側切歯・右犬歯			右	右	右	O	
						O	
						O	中世墓の可能性あり
						O	笄伴出?
						O	
						O	5〜18は合葬
						O	
						O	136〜140は合葬・出土位置不明
						O	
						O	
						O	
						O	
						O	1108abcは合葬
						O	1112a〜uは合葬
						O	2・3は合葬
						O	221〜224は合葬・223の側に集骨
						O	104の足下
						O	
						O	
						O	136〜140は合葬
						O	出土位置不明
						O	
						O	出土位置不明
						O	出土位置不明
						O	1112a〜uは合葬

たがって、この型式を基礎として分類していく方法は認められる。ところで、右の歯を抜くか左の歯を抜くかは、各共同体で決定しており、構成員として認知されるためには重要な要素であろう。ここで詳細をみると、C型式において男性は一人を除いてすべて右の歯を抜いており、女性は両方の歯を抜いている。I型式においては男性・女性とも両方の歯を抜き、IC型式ではC型式ほど明確ではないが、男性は右、女性は両方を抜く傾向にある。全体的にみると、上顎犬歯について男性は右、女性は両方、側切歯については男女とも両方を抜く傾向がうかがわれる。以上のように左右両方の歯を抜く例が多く、現状では左右の差違を明らかにできない。したがって、ここでは犬歯を抜くか側歯を抜くかという前稿分類基準を用いる。下顎骨の抜歯は右か両方の歯を抜く傾向が

強く、いずれにしてもほぼ女性にかぎられており、成年には一例をみるだけで、他は熟年以上である。しかも船橋氏の研究により出産が必要条件であることがわかっている。したがって、出産を契機として子供の死もしくは子供の成長過程にともなう母親の儀礼である可能性が推測できる。なお、舟橋氏は上顎小臼歯の抜歯に服喪儀礼の可能性を考えられている(2)。

　以上のように、抜歯の契機は、上顎犬歯・側切歯は成人の儀式として抜歯され、帰属集団をあらわしていることになる。下顎の抜歯は女性特有のものであり、子供の成長や死亡にともなう儀礼をあらわしている。また、船橋氏の説によると、上顎小臼歯の抜歯は服喪儀礼をあらわしていることになる。抜歯をともなう儀礼は男性よりも女性に多くみられ、女性に強い系譜的規制がかけられていることがわかる。

3．埋葬について

　表1に載せた埋葬遺体の総数は263人である。男性100人・女性82人・不明81人で、全体比では男性38パーセント・女性31パーセント・不明31パーセントになる。乳児・幼児と小児は39人で14.8パーセントである。若年8人（女性2・不明6）3パーセント、成年43人（女性20・男性22・不明1）16パーセント、成人29人（女性16・男性10・不明3）11パーセント、壮年4人（女性1・男性3）1.5パーセント、熟年88人（女性33・男性47・不明8）33パーセント、老年28人（女性8・男性15・不明5）10.6パーセントである。戦争状況下や特定の性別や階層・年齢層の墓であるとは考えられず、ごく自然な状況で形成された墓域であると考えられる。これらの遺体は一様に海をみるようにして葬られていることは有名で、土井ヶ浜遺跡に葬られたすべての人の埋葬頭位に強い規制があり、全体が一つの墓域・葬送儀礼を共有する共同体意識で結ばれた集団であったことをうかがわせる（図2）。また、近くに良好な耕作地域が認められないこと、集落域が未だ発見されていないこと、南海産の貝製品な

どを副葬することなどをあわせて考えると、海に比重をおいた生活を送った海洋民であったと思われる。

　さて、前稿ではさらにこの墓域のなかでも上顎犬歯・側切歯の抜歯型式で集中埋葬地域が違うことを検討した。また、副葬品の質には各型式の差はほとんどないものの、集中埋葬地域が墓域の中心部をしめることや遺物の量においてC型式に若干の優位性が認められることに論及した。ここでまず、C型式の抜歯を施した人びとの埋葬形態に注目すると、石囲墓・土壙墓・集骨が存在する。また、C型式の集中地域であるA地域には箱式石棺墓が存在している。箱式石棺墓のなかから検出された頭骸骨の抜歯型式は不明なものが多いが、そのなかにC型式の人びとが葬られた可能性は高いものと推測できる。各遺構に対する労働力の投下量は、箱式石棺墓・石囲墓・土壙墓の順に減少していくので、もっとも優位にあるものは箱式石棺墓を形成して、順次下位の墓制を営むことになる。C型式の抜歯集団はその中心的位置に箱式石棺墓を営み、その箱式石棺を使いつづけながら、周辺に石囲墓・土壙墓を形成した。墓壙の隅に石を配置する墓制は箱式石棺墓・石囲墓の簡略形態であろう。このように土井ヶ浜遺跡の中心的存在であるC型式の集団は、箱式石棺墓を頂点としたヒエラルキーを形成していたと考えてよい（図3）。

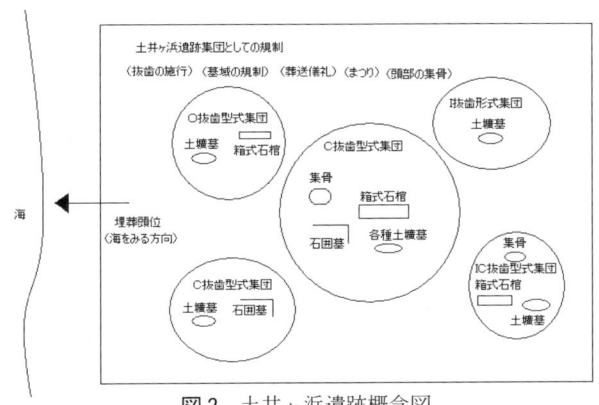

図2　土井ヶ浜遺跡概念図

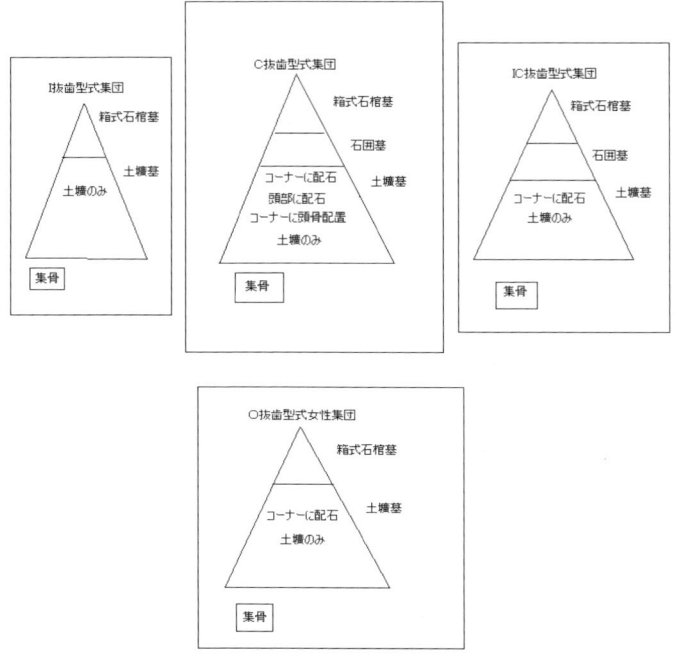

図3　土井ヶ浜遺跡墓制概念図

　次にⅠ型式・ⅠＣ型式の埋葬形態に注目すると、Ⅰ型式の埋葬形態は土壙墓・集骨で、集中墓域であるＤ―２地域には箱式石棺墓が一基存在する。しかし箱式石棺墓の帰属地域も不確定要素がある。石囲墓は存在せず、また、土壙墓には墓壙の隅に石や頭骸骨をおくものはない。ⅠＣ型式の埋葬形態は石囲墓・土壙墓・集骨である。ⅠＣ型式では集中地域Ａ―１に箱式石棺墓が存在する。しかし、墓壙の隅に頭骸骨を配した土壙はなく、石枕状の装飾を施した土壙墓もない。

　次にＯ型式の埋葬形態に注目する。Ｏ型式は前稿で考察したとおり、他からの移入集団であり、土井ヶ浜遺跡の集団を母系制同権社会から母系制男権社会と筆者は想定しているので、女性の埋葬に強い規制がかかっている。[3]したがっ

て女性について考察すると、埋葬形態は箱式石棺墓・土壙墓・集骨1人である。箱式石棺墓の規模は小さく、集中地域内に集骨はされていない。ちなみにO型式の男性は集中墓域をもたず、それぞれの抜歯集団内にとけ込んでいる様子がうかがえる。埋葬形態は箱式石棺墓・土壙墓・集骨から出土し、とくに箱式石棺墓からの出土が注目される。しかし石囲墓からの出土はない。

以上、Ⅰ型式・ⅠC型式・O型式の女性も、C型式同様、墓制においてヒエラルキーを形成していると考えられるが、C型式の墓制にくらべ、いくつかの要素が欠落していたり規模的に劣っている。したがって、土井ヶ浜遺跡では中心集団であるC型式集団の墓制に現れたヒエラルキーを、他型式集団は縮小・簡略化する形で受け入れているということができる（図3）。

次に集骨遺構をみると、頭部が集骨されている場所で明確なものは七カ所である（表3）。もっとも大きな集骨である1112をみると、乳児から老年まで含まれ、年齢的区別は認められない。男女比では男性7人・女性4人・性別不明9人で若干男性が多い。抜歯型式ではC型式の男性と性別不明、Ⅰ型式は性別不明、ⅠC型式男性・女性・性別不明、O型式は男性・性別不明を含んでいる。つづいて119から122をみると、男性4人・女性2人・性別不明4人でやはり男性が若干多い。抜歯型式はほとんど不明である。年齢は成人から熟年である。221から224では男性4人・女性1人・性別不明2人、小児から熟年、C型式の男女、O型式の男性、性別不明。229から233では女性5人・性別不明1人、成人から熟年、C型式の女性、ⅠC型式の性別不明。209から215では男性4人・女性2人・性別不明2人、小児から熟年を含み、C型式男女、Ⅰ型式男性、ⅠC型式性別不明。5から18は男性4人・女性3人・性別不明7人、小児から老年、C型式男女、ⅠC型式男女、O型式男性。905は男性2人・女性2人・成人のみ、抜歯型式不明である。

集骨された頭骸骨は全体で80人で、男性33人（41パーセント）、女性20人（25パーセント）、不明27人（34パーセント）、乳児から老年までを含み、C型

表3 土井ヶ浜遺跡集骨遺構出土人骨

人骨番号	枝番	性別	年齢	埋葬状況	伴出遺物	抜歯の有無	犬側	側	大中	抜歯型式	備考
1112	j	男性	熟年	集骨		上顎右大歯	右		C	1112a～uは合葬	
1112	l	男性	熟年	集骨		上顎左大歯		両	C	1112a～uは合葬	
1112	g	男性	若年	集骨		上顎左右大歯	右		C	1112a～uは合葬	
1112	m	不明	若年	集骨		上顎右側切歯			I	1112a～uは合葬	
1112	t	不明	若年	集骨		上顎右側切歯・右大歯・下顎右側切歯	右	両	IC	1112a～uは合葬	
1112	u	女性	熟年	集骨		上顎右側切歯・大歯	右		IC	1112a～uは合葬	
1112	e	男性	熟年	集骨		上顎左側切歯・大歯		両	IC	1112a～uは合葬	
1112	b	不明	若年	集骨		なし			O	1112a～uは合葬	
1112	h	男性	若年	集骨		なし			O	1112a～uは合葬	
1112	p	不明	若年	集骨		不明			不明	1112a～uは合葬	
1112	o	女性	熟年	集骨		不明			不明	1112a～uは合葬	
1112	q	女性	熟年	集骨		不明			不明	1112a～uは合葬	
1112	s	女性	熟年	集骨		不明			不明	1112a～uは合葬	
1112	f	男性	熟年	集骨		不明			不明	1112a～uは合葬	
1112	r	男性	熟年	集骨		不明			不明	1112a～uは合葬	
1112	I	男性	老年	集骨		不明			不明	1112a～uは合葬	
1112	n	不明	成年	集骨		不明			不明	1112a～uは合葬	
1112	a	不明	小児	集骨						1112a～uは合葬	
1112	k	不明	乳児	集骨	貝輪・管玉・貝小玉					1112a～uは合葬	
1112	c	不明	幼児	集骨						1112a～uは合葬	
1112	d	不明	幼児	集骨						1112a～uは合葬	
119		女性	熟年	集骨		上顎左右側切歯		両	I	112?～122は合葬	
115		男性	成人	集骨		不明			不明	112?～122は合葬	
113		男性	熟年	集骨		集骨			不明	112?～122は合葬	
116		男性	成年	集骨		不明			不明	112?～122は合葬	
117		女性	熟年	集骨		不明			不明	112?～122は合葬	
118		男性	熟年	集骨		不明			不明	112?～122は合葬	
114		不明	熟年	集骨		不明			不明	112?～122は合葬	
120		不明	不明	集骨		不明			不明	112?～122は合葬	
121		不明	成人	集骨					不明	112?～122は合葬	
122		不明	幼児	集骨					不明	112?～122は合葬・6～7体分あり	
223		不明	幼児	集骨		なし			不明	221～224は合葬	
222		男性	熟年	集骨		上顎右大歯	右		C	221～224は合葬・223の側に集骨	
221		男性	成人	集骨		なし			O	221～224は合葬・223の側に集骨	
223	a	不明	小児	集骨						221～224は合葬・少なくとも3体あり	
224		男性	成年	集骨		上顎右大歯	右		C	221～224は合葬・少なくとも3体あり	
224		女性	不明	集骨					不明	221～224は合葬・少なくとも3体あり	
224		男性	不明	集骨		不明			不明	221～224は合葬・少なくとも3体あり	
233		女性	成人	集骨		上顎右大歯	右		C	229～233は合葬	

番号	性別	年齢	埋葬	副葬品	抜歯	向	種別	備考
231	不明	熟年	集骨	上顎左切歯・犬歯		左	IC	229~233は合葬
229	女性	熟年	集骨	不明			不明	229~233は合葬
229 a	女性	成人	集骨	不明				229~233は合葬
230	女性	成人	集骨	不明			不明	229~233は合葬
232	女性	熟年?	集骨	上顎左大歯・下顎左右中切歯		左	両C	229~233は合葬
213	女性	熟年	集骨	上顎右大歯		右	C	209~215は合葬?
209	男性	熟年	集骨	上顎右側切歯・下顎右中切歯				209~215は合葬?
212	女性	熟年	集骨	不明		右	右I	209~215は合葬?
211	女性	熟年	集骨	不明			不明	209~215は合葬?
210	男性	熟年	集骨	上顎右大歯・左側切歯		右左	C	209~215は合葬?
215	男性	熟年	集骨	不明			不明	209~215は合葬?
209 a	不明	不明	集骨	不明			不明	209~215は合葬?
214	不明	小児	集骨	上顎左大歯		両	C	5~18は合葬
11	女性	成人	集骨	上顎右大歯		右	C	5~18は合葬
16	男性	老年	集骨	上顎左右大歯・上顎左側切歯	管玉・貝輪	両左	IC	5~18は合葬
8	女性	熟年	集骨	不明			IC	5~18は合葬
6	男性	熟年	集骨	なし			O	5~18は合葬
13	不明	熟年	集骨				不明	5~18は合葬
5	女性	熟年	集骨				不明	5~18は合葬
10	男性	熟年	集骨				不明	5~18は合葬
7	不明	不明	集骨				不明	5~18は合葬
9	男性	老年	集骨				不明	5~18は合葬
14	不明	熟年	集骨				不明	5~18は合葬
15	不明	不明	集骨				不明	5~18は合葬
17	不明	不明	集骨				不明	5~18は合葬
18	不明	不明	集骨				不明	5~18は合葬
12	不明	小児	集骨	不明			不明	5~18は合葬
905 3	女性	成人	集骨	不明			不明	905-1~4は合葬
905 4	男性	成人	集骨	不明			不明	905-1~4は合葬
905 1	男性	成人	集骨	不明			不明	905-1~4は合葬
905 2	女性	成人	集骨	不明			不明	905-1~4は合葬
207	男性	熟年	集骨	なし			不明	下顎は3体分あり、出土位置不明
207	男性	成年?	集骨	不明			不明	下顎は3体分あり、出土位置不明
201	男性	成人	集骨	不明			O	出土位置不明
234 b 1・2	男性	成人	集骨	不明			不明	同一個体を2ヵ所に埋葬
234	男性	成人	集骨	不明			不明	
407	男性	熟年	集骨	不明			不明	
228	男性	成年	集骨?	不明			不明	
234 a	男性	成人	集骨	不明			不明	
406	不明	不明	集骨	不明			不明	

式は男性2人・女性3人・性別不明6人、Ⅰ型式は女性1人・性別不明2人、ⅠC型式は男性2人・女性3人・性別不明1人、O型式は男性1人・女性1人・性別不明3人、型式不明は男性28人・女性12人・性別不明15人である。各個別の集骨遺構でみると男性の頭骸骨の出土が優位に見える。全体数でも男性が多い。しかし、各集骨遺構は男女をともに含み、男性優位であるとも思われない。また、年齢・抜歯型式でも区別されている様子は見受けられない。したがって、集骨には性別・階層・年齢・抜歯集団の区別はみられず、どちらかというと、集団によって規制された墓域を利用しつづけていくうちに、先に葬られた人の頭骨のみを集積して祀っているように見受けられる。土井ヶ浜遺跡の墓域を先に占有している遺体が自分たちの祖先であることは彼らにとって明白なことであるから、その頭骸骨に祖先崇拝を見出し、頭骸骨のみを集骨したものと推測したほうがより自然である。頭部付近に石枕状の装飾を施す墓制も頭骸骨に特別の意識をもっていた現れであろう。

　墓壙の隅に石を配置する墓制は、前記したように箱式石棺墓・石囲墓の簡略形態であろうと思われる。石の代わりに遺体の足下や墓壙の隅に頭骸骨を配置する墓制は、集骨や頭部付近に石枕状の石の装飾を施す土壙墓のように頭骸骨に特別の意識を見出していたとすれば、頭骸骨を墓壙の隅に配し、祖先の霊力によって結界を張り巡らし、遺体を隔離する意味合いがあったものと思われる。同様に墓壙の隅に石を配した墓制にも遺体を隔離する意味合いがあったものといえる。この遺体を隔離する概念は箱式石棺墓・石囲墓にも通じる共通概念であったのであろう。彼らが同じ墓域、同じ箱式石棺墓を使いつづけたことをもあわせて鑑みると、彼らの社会が祖先崇拝を基礎とした強い同族意識の上に成り立った社会であったことがうかがえる。したがって彼らのヒエラルキーもまた祖先崇拝を基礎とした同族意識によって形成されていたと考えられる。

　特殊な埋葬遺体として、いわゆる「鵜を抱く女」（1号人骨）と「英雄」（124

号人骨）とよばれたものがある。これら2体については、近年、山田氏の論及がある。(5)出土状況など詳細は山田氏の論及に譲るとして、本稿ではその解釈について筆者なりの考えを表明したい。

「鵜を抱く女」は鳥骨が副葬された遺体で、本遺跡唯一の鉄製品をもともなっている。この鳥骨については鵜であるかどうかは確かめられていない。しかし、鳥骨・鉄製品など、他の遺体にともなわない特殊な副葬品をともなっていることは事実である。山田氏のいうように現代の巫女のイメージをもつことは危険であるが、やはり、特別な指名を与えられた人の遺体であったと思われる。鳥のイメージを重要視すれば、シャーマンであると考えることも可能に思われる。「英雄」は体に石鏃11点・鮫の歯製の鏃2点が検出され、頭蓋骨の顔面部分を欠損して出土している。「ムラ」と「ムラ」との争いによる弓矢を使った戦闘行為によって死亡したとすると、一人が10本以上もの矢を射かけられるとは考えにくい。また、戦闘行為が存在したとしたら、刀傷・矢の傷などを負った人びととの人骨がもっと多いはずである。さらに大規模な戦争状態であったとしたら、もっと多くの人が刀傷・矢の傷で死亡していると思われる。腕にゴホウラ製の貝輪をしていること、顔面の骨が残っていないことを考えると、彼もまたシャーマンであった可能性が強いと思われる。

男女の別はあるが、「鵜を抱く女」「英雄」ともに祭祀をつかさどるシャーマンであったとすると、その埋葬の違いは大きい。「鵜を抱く女」は鳥の骨を抱き神の国への使いとして葬られているようであり、「英雄」は矢を射かけられ、顔をつぶされて封印された存在であったかのようである。この埋葬の違いは、彼らの精神世界に「陽と陰」・「清いものと汚れたもの」・「正と悪」・「右と左」という二局構造が存在してたことを想像させる。

4. 遺物について

遺物としては土器の他、南海産の貝を使った腕輪・巻き貝製指輪・管玉・ガ

表4 土井ヶ浜遺跡遺物を供伴した人骨

人骨番号	枝番	性別	年齢	埋葬状況	伴出遺物	抜歯の有無
901		女性	成年	石囲墓	貝小玉1	上顎左右犬歯
902	b	女性	成年	石囲墓	指輪・貝小玉	上顎左右犬歯
303		女性	成年	土壙墓	貝輪	上顎左犬歯
1109	a	女性	熟年	土壙墓	指輪・貝小玉	あるが公表されず
907		女性	熟年	土壙墓	指輪4・貝小玉7	上顎左右犬歯
104		女性	熟年	土壙墓(頭石)	貝輪(ゴホウラ)2・管玉・指輪・貝小玉	上顎左右犬歯・下
1		女性	熟年	土壙墓	鉄製品・鳥骨	上顎左右側切歯
8		女性	熟年	集骨	管玉・貝輪	上顎左右犬歯・上
1002	a	女性	成年	土壙墓	貝製品1	上下顎左右犬歯
1111	a	女性	若年	土壙墓(二石)	貝丸玉1・貝側切歯1	上顎左右側切歯
1118		男性	成年	土壙墓	管玉13・貝小玉	上顎左右犬歯、左側
1116		男性	熟年	土壙墓(四石)	ヒスイ製小玉1	上顎右側切歯・犬
1305		女性	成年	土壙墓	貝輪(サルボウ)	なし
1108	a	男性	熟年	土壙墓(三石)	指輪1・管玉1	なし
903		女性	熟年	石囲墓	貝小玉1	不明
315		女性	成年	石囲墓	ガラス小玉・管玉・貝小玉	上下顎左右犬歯
1120	a	女性	成年	土壙墓	管玉・貝小玉	不明
904		女性	熟年	土壙墓(四石)	貝小玉1	不明
127		女性	老年	土壙墓(頭石)	管玉・貝輪	不明
902	a	男性	成年	石囲墓	貝輪(ゴホウラ)1・指輪・貝小玉482	不明
124		男性	熟年	土壙墓	石鏃・貝輪(ゴホウラ)2・骨鏃	不明
217		男性	熟年	土壙墓	指輪	不明
911		男性	成人	土壙墓(二石)	貝小玉1	不明
123		男性	成年	土壙墓(四石)	石鏃	上顎右側切歯・犬
309		不明	若年	土壙墓	貝輪(タマキガイ)1	不明
1121		不明	若年	土壙墓	管玉・小玉	不明
1112	a	不明	小児	集骨	貝輪・管玉・貝小玉	
306		不明	小児	土壙墓	硬玉製勾玉	
1302		不明	幼児	土壙墓	土器1	
1303		不明	幼児	土壙墓	土器1	
910		不明	乳児	土壙墓(四石)	貝小玉16	
128		不明	幼児	土壙墓(頭石)	貝輪(ハイガイ)8	
3		不明	幼児	箱式石棺	貝輪(マツバガイ)9	

ラス玉・貝製の小玉などである（表4）。遺物を供伴した人骨は33体で、そのなかで女性16人（48.5パーセント）、男性8人（24.2パーセント）、性別不明（幼児〜若年）9人（27.3パーセント）である。女性にともなった遺物が全体の約半数近くを占め、女性に優位性が認められる。性別に供伴率をみると、女性埋葬の88人中18パーセント、男性埋葬の100人中8パーセント、子供の埋葬の39人中23パーセントに遺物がともなうことになる。もっとも供伴率が高いのは子供で、次に女性、最後に男性ということになる。1遺体にともなう遺物の出土量をみると、104人骨の女性・902a人骨の男性に多くともなっているが、男女での格差はないといえよう。遺物の種類をみると、子供にともなう貝輪は近くの海岸でとることができる二枚貝とカサガイでつくられたものである。男性には石鏃・骨鏃の武器・狩猟用具がともなう場合がある。また貝輪は希少価値

	犬	側	側	犬	中	抜歯形式	備考
		両				C	
		両				C	902abは合葬
			左			C	出土位置不明
						C	1109abは合葬
		両				C	
		両				C	
顎右犬歯		両			右	C	
						I	鵜を抱く女
顎左側切歯		両	左			IC	5〜18は合葬
上顎左右側切歯・下顎右側切歯		両	両	右	両	IC	1002abは合葬・先天性仙椎形成不全
犬歯		両				IC	1111abは合葬
切歯			右	左		IC	
歯			右	右		IC	
						O	
						O	1108abcは合葬
						不明	
下顎左右第1小臼歯		両			両	不明	
						不明	1120abは合葬
						不明	
						不明	128と合葬
						不明	902abは合葬
						不明	英雄
						不明	
						不明	
歯？			右	右		不明	
						不明	
						不明	頭蓋欠
							1112a〜uは合葬
							127と合葬
							2・3は合葬

が高い南海産のゴホウラ製のものがともない、二枚貝・カサガイでつくられたものはともなっていない。女性にはゴホウラ製の貝輪もともなうが、二枚貝のサルボウ製の貝輪もともなっている。このようにしてみると、貝輪には希少価値が高い南海産のゴホウラを頂点としたヒエラルキーをみることができ、子供に装着した近隣の海岸で入手できる二枚貝・カサガイでつくられたものはゴホウラの貝輪のもつ精神性の代替品であったと思われる。そのほか、男女に共通のものは指輪で、子供にも共通にともなうものは貝小玉・管玉など首飾りがある。筆者が調査した第19次のST-1903人骨では二枚貝の貝輪が左肘部にあてがわれていた[6]。子供が死んだ後、腕に装着できず肘にあてがわれたものと考えられ、ゴホウラ製の貝輪など普段装着していれば日常生活に支障を来すことを考えあわせると、貝輪や首飾り・指輪などの装飾品は死亡したあとで死装束と

して装着するものであることがわかる。この死装束にも貝輪と同じようにヒエラルキーをみることができ、ゴホウラ製の貝輪と指輪、管玉や貝小玉をあしらった首飾りをするのがもっとも上位であり、下位に行くに従い各要素が欠落したり代替品になったりする様子が見て取れる。

　次に遺物と抜歯形態・出土地域の関係に目を移す。抜歯型式ではＣ型式は女性６人・男性０人、ＩＣ型式は女性３人・男性２人、Ｏ型式女性１人・男性１人、Ｉ型式女性１人、成年以上で抜歯型式不明のものは女性５人・男性５人である。やはりＣ型式の女性に多くともなっており、Ｃ型式の優位性がうかがえる。ここで、貝輪に注目すると、Ｃ型式の女性２人（内１人ゴホウラ製）Ｏ型式女性１人、抜歯型式不明女性１人、抜歯型式不明男性２人（２人ともゴホウラ製）である。貝輪の出土地域をみると、Ａ地域がいちばん多く出土し、Ｂ地域、Ｃ地域、Ｄ地域からも出土しているが、成人以上の貝輪の供伴はＡ地域３人、Ｃ地域１人、Ｄ－１地域１人で、ゴホウラ製の貝輪は各Ａ、Ｃ、Ｄ－１の各地域に一人ずつ装着して出土している。Ｄ－１地域の１人は前述の「英雄」であり、シャーマンであると考えられる。Ｄ地域には抜歯型式ＩＣ型式の人びとが埋葬されており、その精神的指導者にゴホウラ製貝輪が埋葬されたものであろう。Ａ地域の女性は頭部に石枕上の装飾を配し一般的な土壙墓とは様相を異にしており、出土遺物も貝輪・指輪・首飾りを出土している。Ｃ地域では石囲墓からの出土であり、出土遺物も貝輪・指輪・首飾りを出土している。墓制にみるヒエラルキーと貝輪・出土遺物がマッチしていて興味深い。[7]Ａ地域とＣ地域には抜歯型式でＣ型式の女性が多く埋葬されており、ここでもまたＣ型式に優位性が認められる。出土例からみて、南海産の貝輪は精神的・政治的指導者に対して副葬されたものと推測できる。

　南海産の貝輪は誰もが認めるように希少価値が高く、個人での入手は困難である。墓域・埋葬儀礼を共有し、全体が一つの共同体意識で結ばれた土井ヶ浜遺跡の集団にとって、その希少価値から精神性をもった「宝物」である南海産

のゴホウラ貝を入手することは、指導者として共同体構成員に自分の力量を知らしめることであるとともに、共同体構成員が集団の指導者に求めた役目の一つであったと考えられる。かれらは指導者として南海産の貝やそれとともにもたらされる産物を入手する交易ルートを確保・維持する必要があった。そしてそれらの産物を共同体構成員である各抜歯集団に分配し、各抜歯集団はその見返りとして指導者に対して奉仕し、共通の価値観を保持し、社会の規律を保って共同体全体を維持していたと考えられる。

5. 土井ヶ浜遺跡にみる弥生時代前期の社会と交易

　以上、土井ヶ浜遺跡における抜歯型式・埋葬・出土遺物の検討を行ってきた。
　抜歯は通過儀礼として行われ、成人式の折りに帰属集団を表すものとして上顎骨の抜歯を行ったことが指摘されている。また前稿によってその抜歯型式集団ごとに埋葬地域に差違があることを指摘し、さらに母系制にもとづく社会であったことにも論及した。抜歯にみる帰属集団は外来系集団であるO型式の男性には墓域の集中がみられず、他の抜歯型式の集中地域内にも葬られていることから、たがいに婚姻によって補完しあう半族的集団であったろうと推測できる。埋葬形式ではもっとも有力な抜歯集団であるC型式の集団は箱式石棺墓を頂点としたヒエラルキーを形成しており、他集団もC型式の集団を模倣した形でのヒエラルキーを形成していたと思われる。これらのヒエラルキーの根底には頭骸骨の集骨にみられるような祖先崇拝をともなう同族意識があった。遺物の埋葬にもヒエラルキーの存在が認められ、とくに南海産のゴホウラ貝を頂点とした貝輪の埋葬にそれが顕著に現れており、土井ヶ浜遺跡の集団を指導するC型式抜歯集団のリーダーはこの南海産の貝の入手ルートが示す交易ルートを確保・維持し、そこからもたらされる産物を各抜歯集団に分配することが求められた。各抜歯集団の構成員はリーダーによる分配の恩恵に預かり、その見返りとして同じ価値観を保持し、指導者に奉仕して共同体全体を維持していたと

考えられる。その現れが埋葬頭位の規制、墓域の規制、埋葬儀礼の共有、抜歯の施行、C型式の抜歯集団のもつヒエラルキーの模倣であったのである。このような指導者と共同体構成員との互酬性を基礎とした社会こそが土井ヶ浜遺跡集団の社会であり、弥生時代前期の「ムラ」の姿であったといえる。

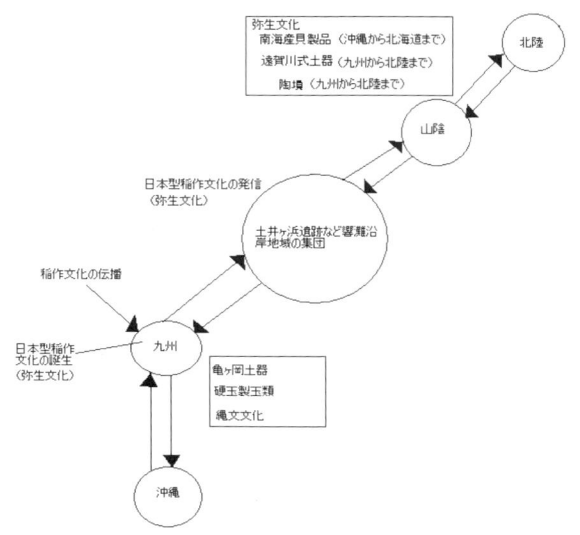

図4 土井ヶ浜遺跡を中心とした弥生時代前期の交易ルート概念図

　土井ヶ浜遺跡の集団は前稿に示したとおり、大陸からの「渡来人」であったとは思われない。むしろ、北部九州に渡来した人びとと接触して、稲作文化を受容し、いわば日本型農耕文化を花咲かせた弥生人たちであった。彼らはこの地域に居住していた人びとの子孫であり、縄文時代の生活習慣や交易ルートをも踏襲している。抜歯は縄文からつづく習慣であろうし、本遺跡から出土している硬玉製勾玉や、近隣遺跡の沖田遺跡から出土した亀ヶ岡文化の土器などは日本海沿岸を南下して伝えられており、南海産の貝の入手ルートも考えれば、北陸地方から当地域を経由して沖縄地方までつづく海の交易ルートを予想できる。稲作文化は遠賀川系土器とともに、縄文時代にすでに存在したこの日本海の交易ルートを通って伝えられ、陶塤は若狭湾付近まで、南海産の貝輪は遠く北海道まで運ばれたものと思われる。この交易ルートこそ、いわば弥生文化を日本全国に広めた「弥生文化ハイウェー」で、このハイウェーはすでに縄文時代に存在しており、後世にも引き続き利用されることを考慮すると「日本海文

化ハイウェー」と呼称すべきものである。土井ヶ浜遺跡はこの交易ルートにかかわって弥生文化を伝えた海洋民の可能性がある（図4）。

6. おわりに

　土井ヶ浜遺跡を形成した集団は、婚姻によってたがいに補完しあう半族的集団から構成されており、リーダーと構成員は祖先崇拝を基礎とし、互酬性によって維持されたヒエラルキーを形成していた。リーダーは威信材である南海産貝輪などを入手するため縄文時代からつづく「日本海文化ハイウェー」という交易ルートを確保・維持し、このルートを使って弥生文化を本州に広めた。抜歯の施行・埋葬頭位・埋葬位置にみられるように彼らは強い社会的規制をうけ、その精神文化には二局構造があったと思われる。また、祖先を敬い、成人を祝い、肉親の死を嘆く「人間くさい」人びとの様子も見て取れる。

　土井ヶ浜遺跡の全容は未だ解明されているわけではない。今後も資料の増加が見込まれるし、DNA検査など新しい手法による調査も期待できる。酸性土壌が多いわが国において弥生人の人骨を良好な形で出土する土井ヶ浜遺跡は、つねに弥生社会の研究をリードしつづける可能性をもっている遺跡なのである。

註
（1）　古庄浩明 2001「土井ヶ浜遺跡の社会構造」『山口考古』第21号、山口県考古学会。古庄浩明 2005「土井ヶ浜遺跡とその社会」『季刊考古学』第92号、雄山閣。
（2）　船橋京子 2000「土井ヶ浜集団における抜歯の社会的意義」『古文化談叢』第45集、九州古文化研究会。
（3）　外来的抜歯集団であるO型式に対する規制の強さは土井ヶ浜遺跡を形成した出自集団の規制の強さを反映する。
（4）　男性は婚入者として相手の方の墓域に葬られており、したがって特定の地域に偏らず埋葬されている。
（5）　山田康弘 2005「コラム　土井ヶ浜遺跡」『ドイツ展記念概説　日本の考古学』上

巻、学生社。
（6）　古庄浩明 2002「5. 遺構と遺物」『土井ヶ浜遺跡第 19 次発掘調査報告書』山口県豊北町埋蔵文化財調査報告書第 21 集、土井ヶ浜遺跡・人類学ミュージアム。
（7）　精神的指導者と政治的指導者が完全に分離していなかったと思われる。
（8）　この場合、優位性をもつＣ型式の集団から指導者が出たことが多かったが、ⅠＣ抜歯型式の集中地区に眠る「英雄」も指導者の一人であった可能性がある。
（9）　前稿にみるように優位にあるＣ型式抜歯集団も集団から分離して卓越した墓域を形成するものではなく、出土遺物にも十分な卓越性がみられないことなどから、リーダーはつねにＣ型式抜歯集団からのみ出たのではなく、「英雄」にみるように他集団からも出る可能性をもっていた。しかし、その優位性からみて、Ｃ型式抜歯集団から出ることが多かったと思われる
（10）　古庄浩明 2000『角島・沖田遺跡』山口県豊北町埋蔵文化財調査報告書第 18 集、山口県豊田土木事務所、土井ヶ浜遺跡・人類学ミュージアム。

土鐸から土鏡の祭祀へ
―集落の祭りと祭祀同盟―

鈴木　敏弘

1. はじめに

　1975年6月に亡くなられた楽石大場磐雄先生は、銅鐸に関する絶筆となった「小銅鐸と土鐸」を『考古学上から見た古氏族の研究』の前編「銅鐸のゆくえ」で新稿として発表された。前編冒頭の「銅鐸私考」では、1949年に銅鐸の使用氏族の主要な一部が、出雲系神族のカモ・ミワ両族と主張されていた。追記で1974年10月1日付け朝刊各紙の、東奈良遺跡で銅鐸片側の完全な石製鋳型出土を引用し、「大阪府茨木市東奈良の銅鐸鎔范出土地について」で、遺跡所在の摂津国三島郡の歴史的な環境を詳細に分析し「遠古三島地方に居住した一族が、金属鋳造の技術に長じていたところに、大国主命一族の進出による両族の結合から、出雲神族特有の銅鐸を鋳造するに至ったと解する想定は果たして夢物語であろうか」とカモ・ミワ族説を補強した。大場先生の闘病中の学者としての執念を、逝去後間もない1975年9月刊行の上書で知った筆者は、両族と銅鐸祭祀に関心を深め、76年1～6月まで南伊豆町下賀茂日詰遺跡を発掘し、古墳時代の「集落内祭祀」の存在を確認した。しかし、弥生後期と古墳中期以降が存在したが、前期との継続が証明できず、77年5月に山尾幸久氏の『日本国家の形成』で、『日本書紀』の史料批判が必要なことを痛感し、出雲系神族を弥生時代の考古資料と関連づけることに慎重となり、以来20数年が経過した。

　1999年6月に東奈良遺跡出土の有文小銅鐸は、朝鮮式小銅鐸に文様が加わり、裾が外反せず形態は小銅鐸に近く、中間的特徴が関心を集めた。7月か10

月、三木文雄先生に現説資料実測図で御教示を受け、銅鐸出現をはじめて検討（鈴木敏弘 1999～2000）した。初期銅鐸の祭祀は、この分析で中国東北部や韓半島の小銅鐸と馬鐸の出土状態や伴出遺物の検討から、交易儀式で使用と指摘し、出現も北部九州の研究者達の中期前半以降説を支持する結論となった。銅鐸の鋳造は、北部九州で中期初頭に出現した有文小銅鐸や、前半の小銅鐸鋳型ではじまり、初期に菱環鈕式横帯文銅鐸が、朝鮮式小銅鐸の鈕と馬鐸文様を原型として開始され、荒神谷遺跡の総高23cmが加茂岩倉遺跡の30cmから45cmへ、時期的発展を規格と重量の増大に求め、原料銅を真番・楽浪両郡との交易で得たと考え、その背景を想定した。

　2002年に倭列島の青銅祭器は、西日本各地で遠隔地交易の祭祀同盟（アムフィクテュオニア）の祭器（シンボル）として使用と指摘（鈴木敏弘 2002）した。2003年に弥生時代の青銅武形祭器や銅鐸は、中期の前2～前1世紀代から集落内祭祀と祭祀同盟の祭器で、広域ネットワークで交易儀式の儀器（威信財）として使用され東方に拡大した。後期の1～2世紀には、①北部九州から四国西部の広形銅矛、②近畿・四国東部・東海西部の近畿式銅鐸、③東三河以東の東海東部の三遠式銅鐸、④西日本海北岸の四隅突出墓、⑤瀬戸内中部では、中期末から後期前半に平形銅剣と分銅形土製品から後半に銅鏡と鏡片に、特殊器台形土器が出現する初期古墳まで、祭祀同盟と葬儀（墳墓）同盟5ブロックが組織されたと主張（鈴木敏弘 2003a）した。

　集落内祭祀の出現は、纒向遺跡の大形辻土壙1で湧（聖）水に50数個の人頭大の石積みを、卑弥呼による地的宗儀と天的宗儀の習合と人為的な構築の磐座祭祀の開始と発表（鈴木敏弘 1994）した。⑤ブロックでは、前方後円墳の原型が伊与部山遺跡から楯築古墳で、磐座祭祀の司祭者の墓として誕生したと指摘し、纒向遺跡の邪馬台国説と箸墓古墳の卑弥呼墓説を主張（鈴木敏弘 1996～1998）した。

　小論では、従来から集落内祭祀で主張してきた、青銅祭器が銅鐸から銅鏡へ代わることが、弥生時代と古墳時代の時代区分の一つとなることを、東日本地

域でも土鐸から土鏡で知ることができる背景を考えてみたい。

2. 土鐸の祭祀

　1979年3月から筆者は、和光市午王山遺跡（第1次）発掘を契機に、荒川下流南岸の、弥生時代から古墳時代の遺跡群の調査に参加した。同年7月から板橋区成増一丁目遺跡、1980年に和光市榎堂遺跡、1981年に午王山遺跡（第2次）、1982年から北区赤羽台遺跡群（八幡神社地区）、1983年に成増一丁目遺跡（B地点）、1984年に成増との山遺跡、1984年～1986年の板橋区氷川神社北方遺跡（E・F・G地区）まで継続し、各遺跡の整理と報告書の作成を約10年間続け、「両時代の区分」と「集落内祭祀」の問題を、1994年から『和考研究』誌上で発表してきた。

　下流域南岸の武蔵野台地北縁には、弥生時代後期から古墳時代の弥生町式・前野町式の標識遺跡をはじめ、多くの遺跡が都内の台東・文京・北・板橋・練馬区と、埼玉県和光・朝霞・志木市域に濃密な分布を示している。両時代の区分は、午王山遺跡の最後の弥生土器で、その一端が判明するが、1993・1994・1998年に計3点の土鐸（銅鐸形土製品）の出土（鈴木一郎ほか 1994・1996・2004）は、集落の性格からもこの問題の解決の鍵となろう。

　荒川南岸河口の赤羽台遺跡は、1982年に最初の調査で筆者が集落東南隅で外来集団の住居址群を発掘し、断面S字状口縁台付甕形土器の外来系土器と、土鏡（土製模造鏡）を使用する古墳時代前期の集落内祭祀を確認した。本遺跡では、弥生時代中期末の住居址群と後期の環壕集落と、古墳前期の居館や多くの底部穿孔壺をもつ方形周溝墓が発掘され、武蔵野台地東北端で臨海性の拠点集落と判明した。八幡神社地区の祭祀は、住居址覆土中で多量の土器群の第1・2号祭祀から、H―3号住居址上層（第3号）で対照的に少数の儀器的土器に土鏡がともない、周囲で数カ所の焼土が確認され、祭祀儀式の変化が確認できた。

　荒川下流域では、筆者が関与した両遺跡で祭祀の変遷を示す、弥生時代の地

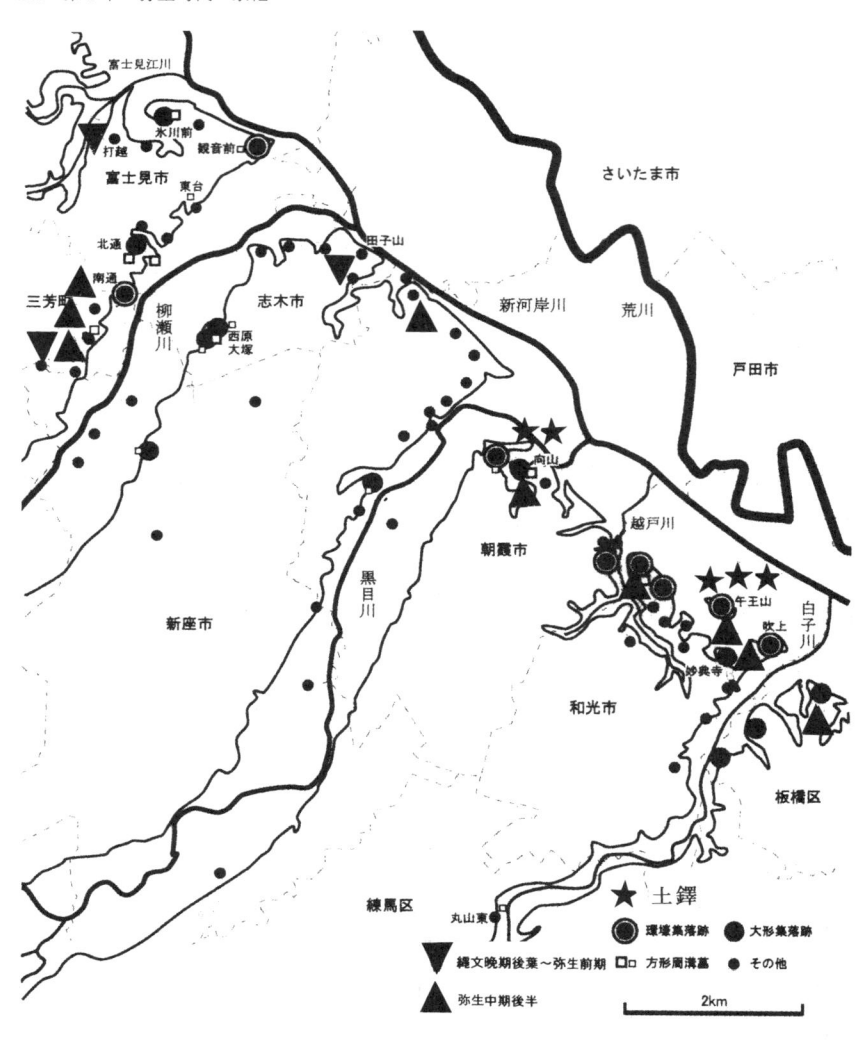

図1　荒川下流域南岸の土鐸出土遺跡の位置

土鐸から土鏡の祭祀へ　123

図2　午王山遺跡の土鐸出土位置

124　第2章　弥生時代の祭祀

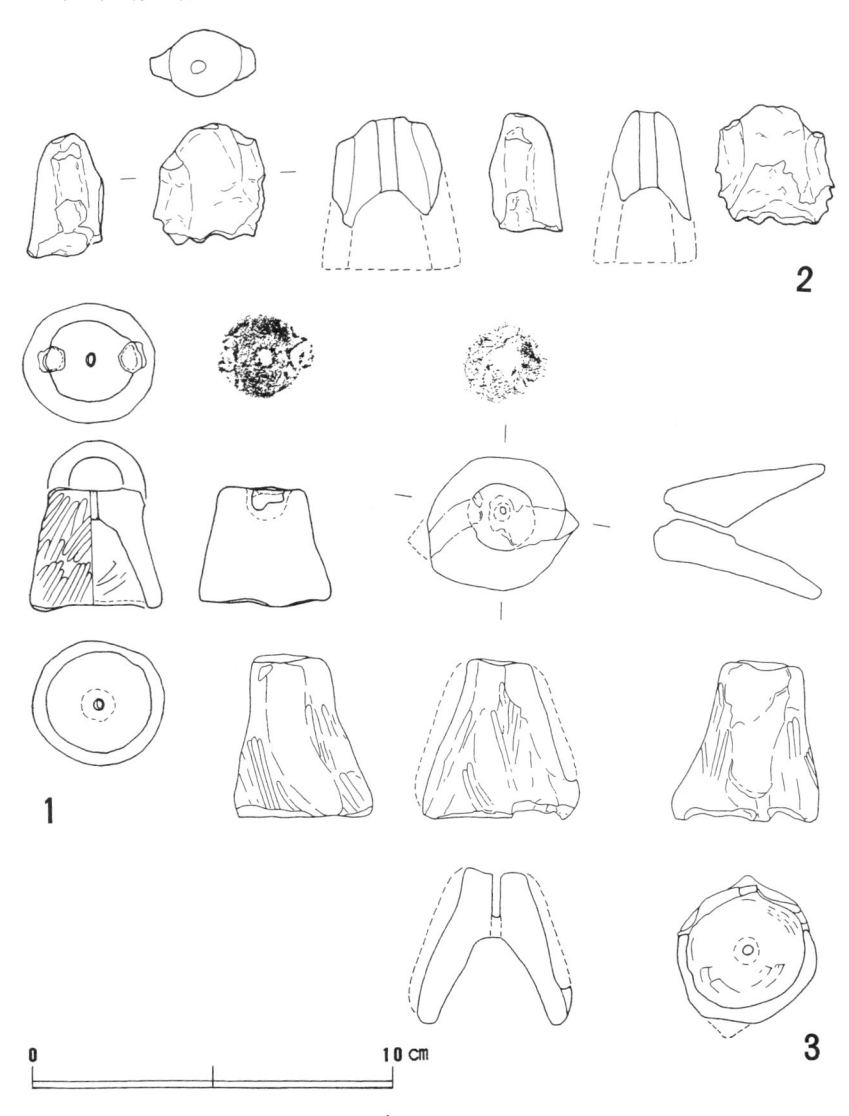

図3　午王山遺跡の土錘

的宗儀の土鐸から古墳時代の天的宗儀の土鏡へ、土製品の出土から集落内祭祀の分析で注目してきた。近年に午王山遺跡の調査報告が刊行され、環壕での出土状態や時期と性格の分析も可能となった。土鐸は、朝霞市向山遺跡でも出土（朝霞市博物館編 2004）し、両遺跡へ弥生時代後期に、銅鐸祭祀の影響が伝播したことが判明している。

午王山遺跡は、40年前に埼玉大学学生の谷井彪氏が、北関東系の櫛目文を有する壺形土器を紹介し、現和光市での出土に注目しその意義を指摘した（谷井 1966）。1968年に谷井彪・高山清司氏は、和光市内8遺跡の弥生式土器と土師器を紹介した（谷井 1968）。午王山遺跡の15個体は、「久ヶ原式」の壺形土器胴部と、弥生町式以降で壺形土器の口縁部櫛目波状文と胴上部擬縄文から、東海系寄道式・伊場式土器との関連を、板橋区西台遺跡例を加えて指摘するとともに、大宮台地と武蔵野台地の外来系土器の差異に注目し、採集資料で北関東系と東海系の外来系土器から、遺跡の性格を論じた両氏の先見性を高く評価したい。

1979年3月から谷井彪氏と筆者は、最初に和光市午王山遺跡（第1次）の発掘を担当し、環壕集落であることを確認し、東南隅の支丘上で方形周溝墓3基を発掘し、墓域の存在も確認した。1981年に筆者は、午王山遺跡（第2次）の台地中央部の東西道路の調査を担当し、住居址49棟を検出して47棟と、東環壕と西環壕の内側で二重となる環壕を発掘した。第3次以後の調査は、和光市教育委員会で現在の第12次まで継続して実施され、100棟以上の住居址と三重の可能性がある環壕と、北関東系や東海系土器が多数出土している。

午王山遺跡は、1979年の第1次から2005年の第12次調査まで発掘が継続し、2006年に第9次まで旧石器から歴史時代の報告書が公表されている。環壕集落は、第9次までに約半分の調査範囲が発表され、遺跡終焉と弥生式土器の終末の様相を知ることができる。本遺跡の弥生時代の終焉は、環壕の廃棄を示す溝中の土器と、住居址出土の土器群の様相から、荒川下流域の時代や社会の変化が判明する可能性が高い。1993年に第2次報告書で筆者は、明瞭な古式土

師器が未検出で、環壕集落の下限が弥生末期と一致することも考慮し、第10・16・18（上層）号住居址と東環壕の土器群を、最も新しい後期終末として図示（鈴木敏弘編 1993）した。

　午王山遺跡の土鐸3点は、1993・1994・1998年の第3・5・7次調査で第2号溝（内側環壕）の西溝（第5次）と南溝（第3・7次）から発掘され、位置と層位が記載された1号土鐸（1993年）は、第9層と比較的深く、位置のみが図示された3号土鐸（1998年）は、南溝の中央部でレベルや層位が図示されず、周囲から復元可能な土器の出土は少ない。土鐸3点の出土状態は、環壕中にそれぞれが離れて投棄されていたが、意図的に祭祀で使用した土器群との伴出や儀器が確認できず、儀式を復元できる状況ではない。3点は、その形態や製作技法の鈕や鰭の存在や剥離痕などの特徴も異なり不統一で、銅鐸本来の模倣か、小銅鐸を意識したのかあきらかではない。

　第2号溝は、第2次発掘で東側第1号溝と内側環壕となり、先行し併行する西側の6号溝上第30・52・62号住居址があり、第2号溝上にも第50・51号住居址が構築されている。第1・2号溝中に投棄された土器は、南・西・東溝の後期後半を中心に中層から上層で出土する。溝中土器と伴に出土する遺物は、土鈴・青銅釧・円形土製品・手捏土器などがあり、祭祀的な使用と廃棄を想定させるものがあり、儀式で使用された後に捨てられたようである。

　土鐸3点の出土した第2号南・西溝の内側は、巾5m〜10mの住居址空白帯があり、土塁状や柵を想定しても居住域南側に、広場的空間が存在し儀式や集会の行われた可能性を考えさせる。溝中の土鐸や土器類は、どのように廃棄されたのか、各土鐸の出土状況も明確でなく、一括とできる土器が周囲で少ないので復元がむずかしい。個々の土鐸は、鐸身と鈕や鰭の破損の状態にも差があり、使用・保管・廃棄の経緯を具体的に検討するのがむずかしい。ただ、各土鐸は、鈕を欠き鰭の破損が確認でき、意図的な破壊か、一定期間の保管中に壊れたか、焼成後の状態を比較すると、長期の使用の可能性は少ないようである。

　朝霞市向山遺跡の土鐸は、朝霞市教育委員会の野沢均氏の御教示によると、

後期の住居址が上下に重複し、上の床面下の覆土中から出土し、鐸の底面の一部が剥離以外ほぼ完存品で、保管中に埋没の可能性もある。向山遺跡の位置は、午王山遺跡の北西上流3kmに位置し、他に後世の溝中から出土した土鐸は、半身の上半部のみで、形態は鈕と接合する舞が尖る午王山第3号土鐸に近く、両遺跡の5点が時期的・地域的に集中し、相互に関係があるのは明白である。

3. 土鏡（鏡形土製品）の祭祀

神話学者の三品彰英氏は、弥生時代の祭祀が青銅祭器を使用し地霊や穀霊を祀る地的宗儀で、古墳時代は青銅鏡で日の神を祀る天的宗儀であり、その改宗は卑弥呼による新祭祀と指摘（三品 1968）している。近畿地方以東では、銅鐸の消滅から銅鏡の祭器が発展し、2世紀末に卑弥呼の共立で纏向遺跡の邪馬台国成立と、公孫氏との交流で3世紀初頭に天的宗儀が発展したのだろう。

近畿地方で兵庫県大中遺跡の土鏡は、92号住居址から100個体以上の土器と出土し、大中Ⅲ式（庄内期前半＝弥生時代終末期）であると報告されている。多量の土器群は、レンズ状堆積の覆土中から出土し、調査者の所見では、「土層の堆積の状態から観察して土器は自然に埋没した状況を示しており、意識的に埋めたものではない。」として、「窪地を選んで土器を投棄したものであっても埋納などという意図をもっておらず、」と説明し、「不必要の土器を廃棄したものであることを示している。」との見解である。土器と伴に楕円形で白色系統の川原石が出土し、「自然に混入したものではなく、人為的な関与があった」と認め、その用途の究明が必要（山本ほか 1990）だとしている。出土状態の実測図からの観察では、中央と東南側に復元可能な土器がまとまり、土器の器種構成と手焙形土器2個や甕形土器の復元可能なものが目立つなど、筆者の集落内祭祀C類の可能性が強く、手捏形土器と土鏡もそれを補強する材料と考えている。大中Ⅲ式の土器群と伴出した土鏡の年代は、上述の庄内期前半でよければ、纏向Ⅱ式併行の3世紀前半以降で、卑弥呼の天的宗儀の祭祀となっていた。

128　第2章　弥生時代の祭祀

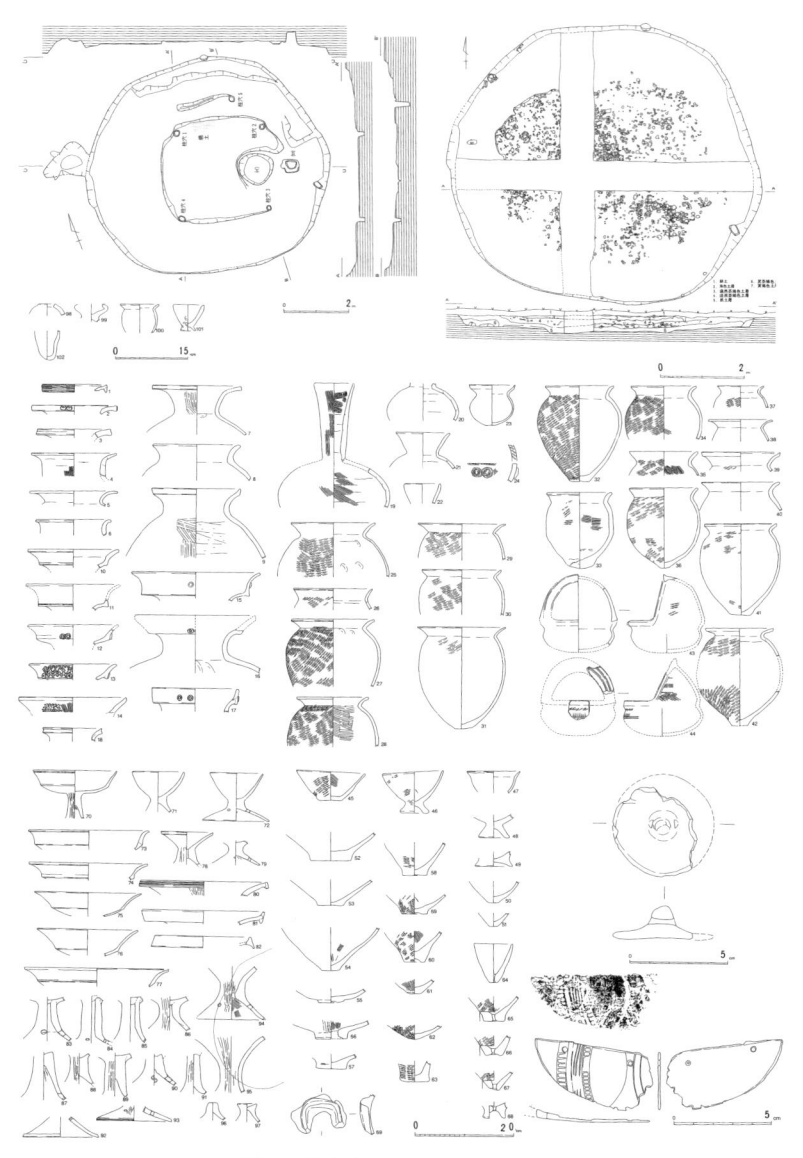

図4　大中遺跡の土鏡と出土遺物

大中遺跡では、後漢の内行花文鏡の破鏡（懸垂鏡）が、弥生後期の大中Ⅱ式の第7ーA号住居址から出土し、土鏡に先行して発掘され早くから注目されていた。破鏡や小型仿製鏡は、弥生後期に北部九州から瀬戸内を経由し、西日本の北部九州から中部日本に分布し、古墳時代初期以降に東日本に展開する。

　土鏡の出現は、破鏡や小型仿製鏡が多く展開する西日本でその可能性があり、兵庫県飯見土鏡は、大平茂氏の御教示によれば後期と庄内式〜布留式古段階の土器が採集され、後期の余地を残すが、今後の課題としておきたい。

　東海地方では、後の東三河と西遠江が中枢の、狗奴国の三遠式銅鐸を祭器とする地的宗儀と、天的宗儀である邪馬台国との争いが240年代後半に記録された。その終結後の3世紀中頃には、纒向遺跡で辻土壙4下層の布留0式（纒向Ⅲ式新）土器群に伴出の、駿河湾系大廓式壺形土器で争いの終焉（鈴木敏弘1994・2005）を知ることができる。

　愛知県一宮市八王子遺跡は、小形流水紋銅鐸と石製舌の出土で注目されたが、2001年に報告書で遺跡全体の様相が発表された。銅鐸の時期は、出土土坑の層序の検討と、付近でⅥ期の高蔵式の方形周溝墓の溝から石製舌が発掘され、中期後葉の「Ⅵ期の早い段階」としている。この遺跡では、土鐸が「弥生後期の旧河道堆積層」から出土し、銅鐸祭祀が中期末か後期も継続した可能性が高い。

　八王子遺跡では、銅鐸ほどに注目されていないが、SX05とよばれる井泉と隣接するSD01溝から、祭祀で使用された多数の土器と土鏡が出土して、天的宗儀を採用したと筆者は考えている。問題の土鏡の出土地点は、SX05の南側に東西方向のSD01溝の土器集中地点から西側へ8mと離れており、3層下出土とされている。

　SX05井泉祭祀の時期は、考察編で廻間Ⅰ式前半から、廻間Ⅱ式1段階までと表示されている。SD01溝に投棄された祭祀使用の土器群は、3層下から出土の廻間Ⅰ式1段階を、最下層8と下層の37の45個体、Ⅰ式2段階を59個体に分けて図示し、「幅をもった土器群」で前半期を中心としている。SX05井泉祭

130 第2章 弥生時代の祭祀

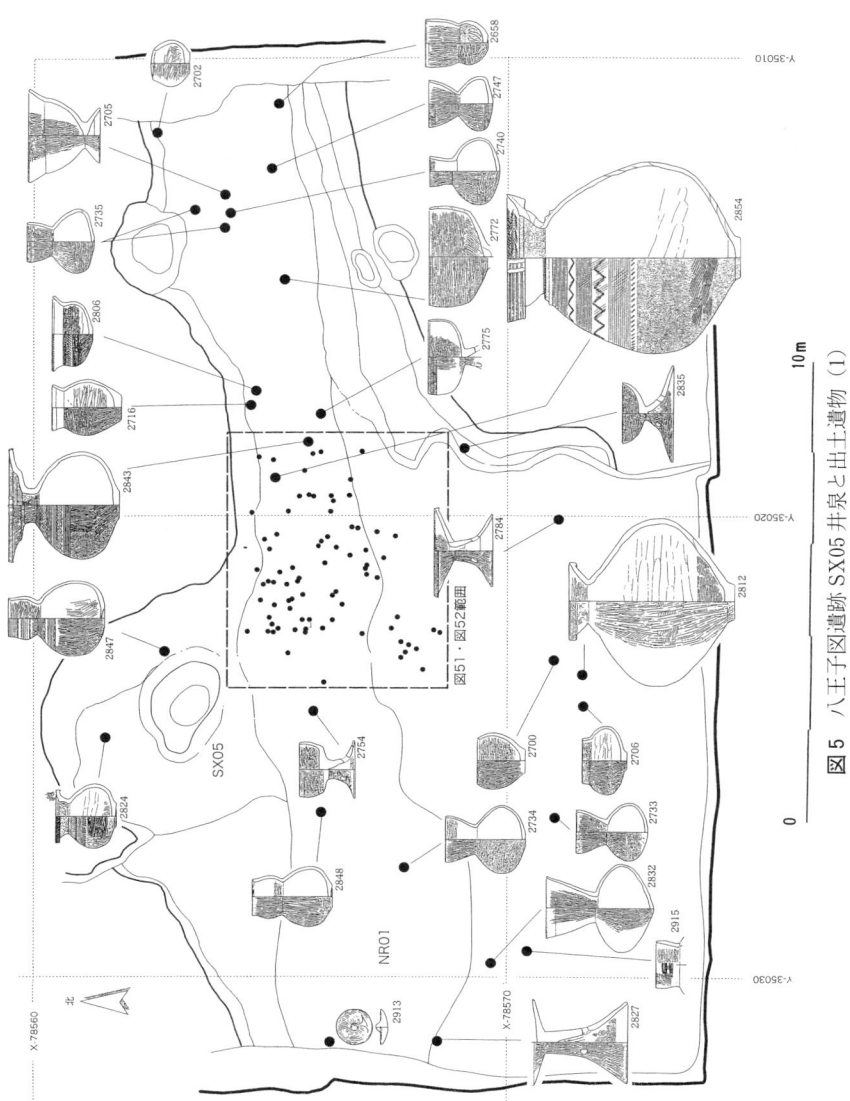

図5 八王子図遺跡 SX05 井泉と出土遺物 (1)

土鐸から土鏡の祭祀へ　131

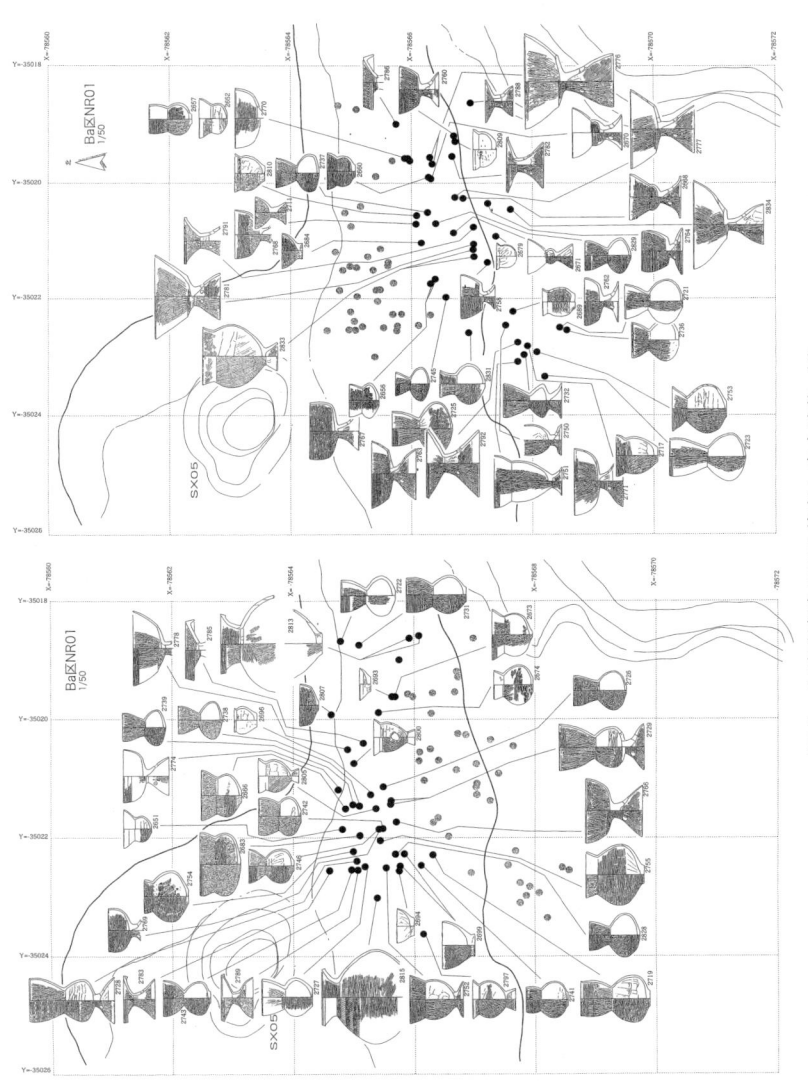

図6　八王子遺跡 SX05 井泉と出土遺物 (2)

祀の下限は、上層の廻間Ⅱ式以降が少数の15個体前後で、廻間Ⅰ式3・4段階は、考察編で他遺構の土器が掲載されており、この段階に中断したのか、他の残りの土器で継続が確認できるかあきらかではない。土鏡の時期は、下層出土で廻間Ⅰ式前半の土器群とされるが、約7mのくぼみを隔てた西側で下流から離れて出土している。

　SX05井泉祭祀では、南のSD01溝の上流東側に土器類や木器類の祭器の大部分が集中投棄されたが、土鏡は窪地を隔てて反対の西側8mで、3層下と層位確認されて、時期は廻間Ⅰ式前半から新しくてもⅡ式前半とされている。

　報告書の考察や以後の八王子遺跡の紹介で赤塚次郎氏は、井泉の北側に長方形区画と居館の大型建物を復元し、濃尾平野から伊勢湾沿岸の部族長の集合を想定している。この長方形区画の西溝では、SK73の土器群を廻間Ⅰ式0段階として「古墳時代のはじまりと考えている」と位置づけ、Ⅰ式前半と後葉までは継続するが、Ⅱ式1段階までにSX05井泉を残して廃絶したと指摘している。長方形区画の性格は、赤塚氏の分析（赤塚2004a・b・2005）に譲り、廻間Ⅰ～Ⅱ式初頭までの祭祀で出土した土鏡の意義を考えておきたい。

　八王子遺跡で中期末には、SK73とSX05井泉間にJ区で、流水文銅鐸を埋納したが、後期の旧河道から土鐸が出土し、銅鐸祭祀の継続を知ることができる。SX05井泉の祭祀は、出土土器の分類から約半数が廻間Ⅰ式1・2段階、上層が廻間Ⅱ式前半とされ、Ⅰ式3・4段階の土器がどの程度に分類できるか、継続の実態と土器の出土状況と数量の整理が必要となる。しかし、祭祀に使用された土器は、日常生活の土器と異なる特徴もあり、儀器の性格から型式や編年的な分析がむずかしい。SX05井泉祭祀の下限は、廻間Ⅱ式前半として、土鏡が2世紀末から3世紀前半の、庄内式土器段階に採用されたと確認でき、上限は廻間Ⅰ式0段階のSK73以降で、Ⅰ式1・2段階と伴出の可能性が高い。

　西遠江の浜松市梶子遺跡（旧国鉄浜松工場内遺跡）は、第10次A調査区で西環濠SD08の陸橋北側で出土した有文土鏡が、約5mの範囲から伊場式後半の40個体前後の土器の中央部で出土し、約1m離れて約20cmの石が1個、他に

土鐸から土鏡の祭祀へ 133

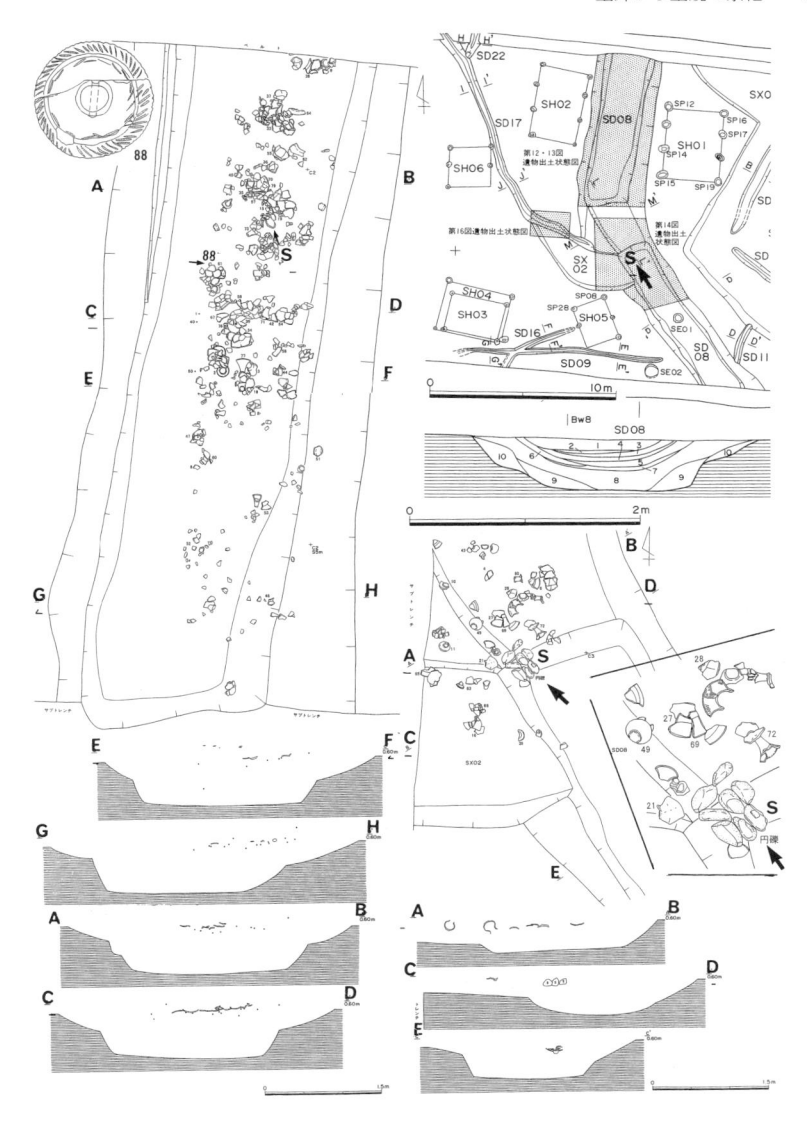

図 7 梶子遺跡 10 次調査区 SD08 集落内祭祀

134　第2章　弥生時代の祭祀

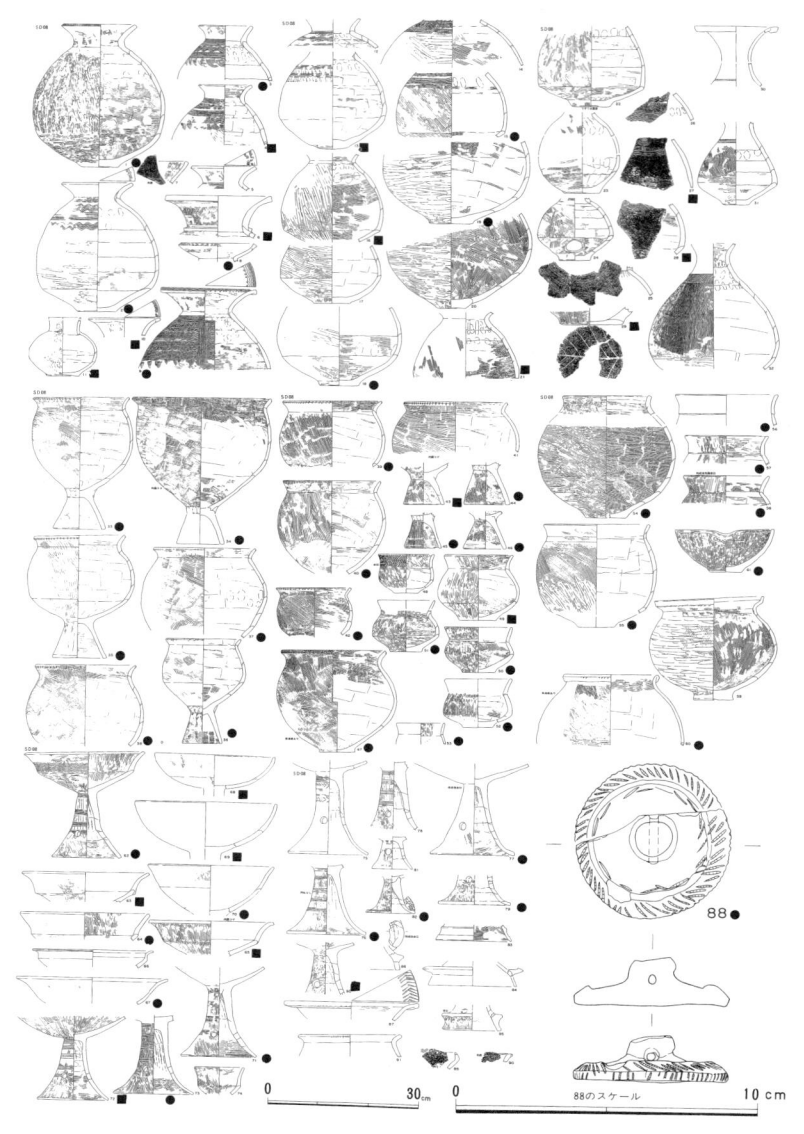

図8　梶子遺跡10次調査区SD08集落内祭祀の出土遺物（●北溝　■磐座周辺）

小石2個も図示（鈴木敏則 2004）され、報告書では欠山式以前の伊場式後半の時期とされている。陸橋外の西南隅では、約15〜20cmの石8個の石組と、その周辺で20個体前後の壺形・鉢形・高坏形土器が、出入り口部分で石組遺構が出土し、この段階で石信仰の磐座祭祀と、鏡の天的宗儀が開始されたと考えなければならない。

梶子遺跡の南側中央の第7次調査区では、建物群と環濠が発掘され、その間で土坑2から後期前半の土器と銅鐸飾耳、井戸周辺で多数の土器と銅鏃1点が出土した。それらの南側では、弥生終末から古墳時代初期の土器集積5・7群が発掘され、筆者は集落内祭祀で使用されたと想定して1994年に指摘した。

環濠を形成する梶子遺跡と東南側の伊場遺跡の関係は、その出現と展開から廃絶までの動向を検討すべきだが、銅鐸祭祀から土鏡祭祀の出現が伊場式後半で山中式土器と併行し、欠山式・廻間式土器より先行することが確認できる。

欠山式・廻間式土器は、庄内式土器との併行関係から、奈良県の纒向遺跡との関係を含めて久しく議論され、両者の上限と下限が纒向Ⅰ〜Ⅲ式新（布留0式）土器と考えられている。纒向Ⅲ式新（布留0式）土器は、卑弥呼墓とされる箸墓古墳の築造時期として、近年には260年前後の年代観となりつつあるが、1994年の『和考研究』Ⅰ号から筆者はそのことを指摘していた。纒向遺跡の開始年代は、卑弥呼が共立された180年代後半の2世紀末で、この時期に地的宗儀から天的宗儀の新祭祀が採用された。八王子遺跡の土鏡は、その影響で廻間Ⅰ式1・2段階以降に伝播した天的宗儀の祭祀であり、銅鐸や土鐸の地的宗儀の終焉を示すものとかんがえている。しかし、梶子遺跡の土鏡は、伊場式後半で欠山式併行期に先行すると位置づけられ、隣接する磐座祭祀もほぼ同型式で同時期である。

銅鐸分布圏の天竜川以西では、梶子遺跡の銅鐸飾耳と土鏡の併行の確認と、伊場遺跡で小銅鐸の存在で、両遺跡内で銅鐸祭祀の地的宗儀から、天的宗儀の銅鏡祭祀への移行を示すと考えるが、その問題となる年代は2世紀代であろう。

北部九州から近畿地方の西日本では、弥生時代後期になると、後漢鏡とその

136　第2章　弥生時代の祭祀

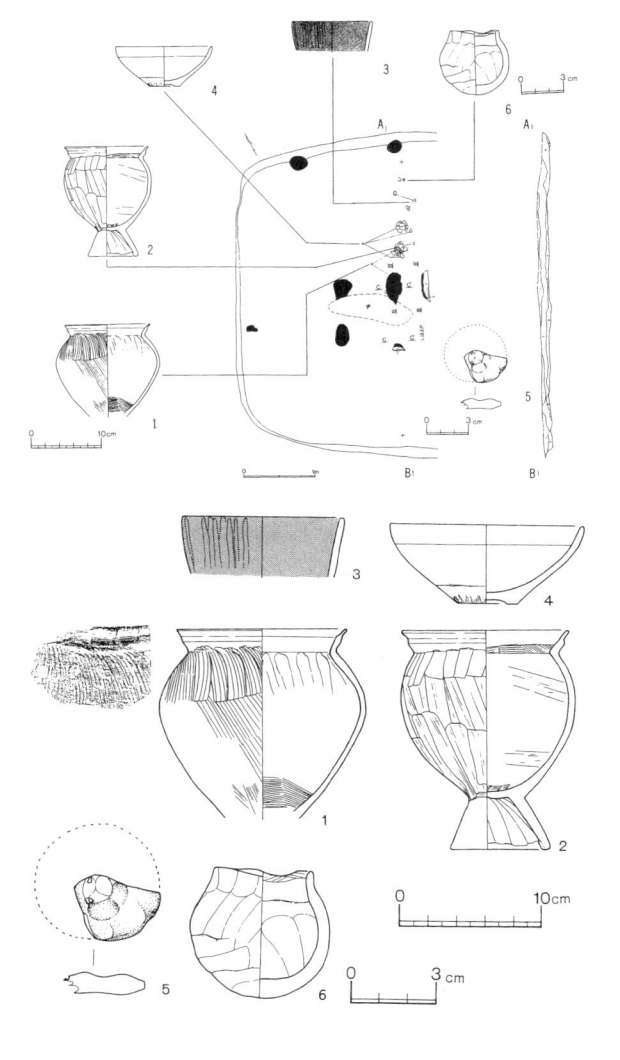

図9　赤羽台遺跡八幡神社地区第3号祭祀と出土遺物(上・下)

破鏡に小型仿製鏡が出土し、銅鐸祭祀にかわり新祭祀（鈴木敏弘1994）として銅鏡祭祀が開始されたのであろう。近畿・東海地方では、近畿式・三遠式銅鐸が集団間の交易の祭祀同盟として盛行し、新たに登場した銅鏡祭祀は、それにかわることができなかったが、個別的な新祭祀として東方へ進出してきたのであろう。

　岐阜県瑞龍寺山頂墳と愛知県高蔵遺跡の時期は、赤塚氏が土器型式から山中Ⅰ式前後とした内行花文鏡と虺竜文鏡や、岡村秀典氏が伝世を指摘した美濃市観音寺山古墳の方格規矩四神鏡が、どの地での伝世か問題はあるが、初期の銅鏡伝播は、弥生時代に東海地

方へもたらされた可能性がある。

　1～2世紀代に両銅鐸分布圏には、4期から5期の漢鏡と破鏡や小型仿製鏡も含めてもたらされ、その知識や信仰が伝わり、八王子・梶子両遺跡の土鏡はそれを模倣したのであろう。祭祀的な土鏡の出現は、その伝播の時期や経路が問題であり、東海地域の銅鐸祭祀圏へ新たな祭祀の登場となる。銅鐸・小銅鐸から土鐸の地的宗儀につづき、両遺跡の土鏡は、天的宗儀の新祭祀の出現である。

　東海系土器のS字口縁台付甕形土器にともなう土鏡は、筆者達が発掘した東京都赤羽台遺跡群八幡神社地区のH—3号住居址の上層で、第3号祭祀から祭祀用の小形化したS字口縁台付甕2点と、坏形・坩形・手捏土器の各1点が出土（鈴木敏弘編 1990）した。

　赤羽台遺跡群は、旧石器から近世までの複合遺跡で、弥生中期と後期の環壕集落から、継続して古墳時代前期の居館遺構と、東南隅のS字口縁台付甕を煮沸の主体として使用する外来集団の居住区が調査された。東海系の外来集団は、大形YK—100号住居址からはじまり、その東側でⅠ～Ⅲ期の集落が変遷（鈴木敏弘編 1991）する。

　八幡神社地区の集落内祭祀は、弥生終末のY—4号住居址の覆土中の第1号祭祀で、廻間Ⅱ式中頃（第2～3段階）の高坏を含む多数の土器を使用して開始された。YK—100号住居址の覆土では、Ⅰ期の住民が数回執行し、Ⅰ期集落の住居址覆土で多数の土器が出土し、そのことはYK—67・73号住居址の覆土からも想定できる。Ⅱ期集落のH—4号住居址覆土中で第2号祭祀は、焼成前に胴下部に穿孔の壷、粗製を含む多数の台付甕、特殊高坏（器台）などがみられることから典型的なC類祭祀（鈴木敏弘 1994）である。

　土鏡が出土した新しい第3号祭祀は、Ⅱ期集落のH—3号住居址覆土中で、小形で実用的機能を失い儀器化し減少した使用土器と、周辺に焼土をともなう小規模儀式となっている。以前の第1・2号祭祀は、対照的に多くの実用的土器と少数の儀器を使用し、煮沸の台付甕形土器が主体で、饗宴をともなう。

　集落内祭祀C類の儀礼の変化は、第1・2号祭祀が饗宴的な集団祭祀から、

第3号祭祀の小規模で個別世帯的な祭祀へ、祭祀の目的や行為が異なった可能性が高い。第3号祭祀の儀式では、周囲の焼土で小形台付甕による神饌の調理や神酒を捧げ、土鏡は天的宗儀の祭器として使用された。遺跡内で土鏡の使用は、集落内外の大勢で饗宴の共食をともなう祭祀ではなく、仮器的な祭祀用土器を少数使用する儀式となっている。

第3号祭祀の土鏡と儀器の小規模祭祀は、赤羽台遺跡でⅠ～Ⅲ期の集落で、S字口縁台付甕が伝播した初期のYK-100号住居址から、2～3世代後の集落末期の確認で、祭祀の執行者は、隣接したH-2号住居址の住人による、単一世帯の個別的な儀式で、饗宴の集団的な祭祀と異なる儀式と考えられる。

集落内祭祀の北上で土鏡は、茨城県北部で弥生時代後期の伝統的な十王台式土器社会で、最初に交流を開始したと考えられるのが、那珂川南岸の港津的機能の拠点集落と考えられる大洗町一本松・髭釜両遺跡の集団である。

一本松遺跡は、那珂川支流の涸沼川東岸の大洗丘陵西側で、海抜10m前後の低台地上に立地し、東側で団子内遺跡と接している。その西側で船留を隔てた髭釜遺跡は、ほぼ同規模の大集落で、弥生時代後期に同時に形成されていた。髭釜遺跡は、現在も勘十堀が涸沼の漁業や、近年まで水運として利用され、それ以前には、対外交流の港津的な拠点遺跡群としての性格を有していたと筆者は考えている。

一本松遺跡では、報告書で住居址の時期が、弥生後期82棟・古墳前期31棟と分類されたが、両期の過渡期の様相とその評価と、集落内祭祀の分析の一部を発表し、「4期Ⅱ区第71号住居址の土製模造鏡の段階で邪馬台国祭祀同盟との接触の可能性もある。」とその意義について指摘（鈴木敏弘 2005・2006）した。

第71号住居址の土鏡（図10―12）は、4期の十王台式土器終末（図10―1～12）で、無文化（5）と折衷的土器（10）の出土が確認でき、古式土師器と伴出確認された時期である。第71号住居址の遺構実測図は、報告書に掲載されていないが、全体図で不整円形から楕円形で、長径8mを超える大形住居址である。

土鐸から土鏡の祭祀へ　139

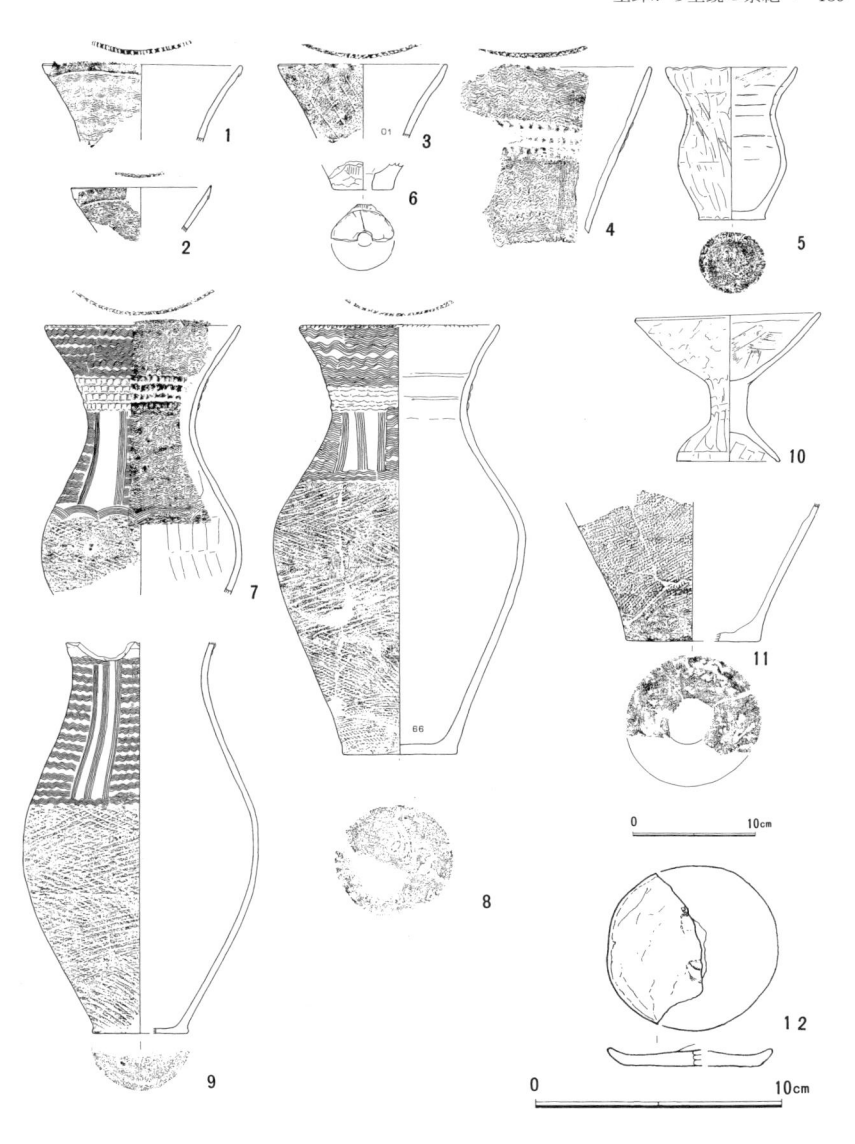

図10　大洗町一本松遺跡Ⅱ区第71号住居址出土遺物

東側約 80m で同じ 4 期の I 区第 82 号住居址では、多数の十王台式土器と布留傾向（0）式土器に類似する甕形土器や、古式土師器と有角石器が出土した。3 期の I 区第 53 号住居址では、巴形銅器と三方透孔の高坏脚部が出土し、土器の接合関係が確認された同期の I 区第 58 号住居址では、覆土中から古式土師器と高坏の坏部が出土し、4 期との時期的な近接が想定できる。

茨城県北部の十王台式土器分布圏の一本松遺跡で土鏡が出現したのは、後期 3 期に在来の十王台式土器と有角石斧祭器の共存が確認でき、そこに外来の巴形銅器や東海系土器の伴出から、三遠式銅鐸を祭器とする狗奴国との交易を知ることができる。その直後の後期 4 期には、天的宗儀の土鏡や畿内系の布留式土器の伝播から、大和邪馬台国との交易開始が確認できると考えている。

3 期における有角石斧と巴形銅器の伴出は、在来集団と狗奴国との交流を、4 期の土鏡と布留式土器の出現からは、畿内邪馬台国との祭祀同盟による交易を想定させる。その年代は、『三国志』の魏志東夷伝の記事から 240 年代の狗奴国と邪馬台国との抗争が終了した 3 世紀後半以降と考えている。

以上の集落内祭祀で土鏡の使用は、近畿地方の大中遺跡、東海地方の八王子・梶子遺跡、南関東地方の赤羽台遺跡、北関東地方の一本松遺跡で確認でき、庄内式から布留式前半の 3 世紀初頭以降に開始され、4 世紀前半に展開した。

4. 土鐸から土鏡の祭祀へ

銅鐸祭祀の開始は、北部九州で前期末から中期初頭に朝鮮式銅鐸が伝播し、北部九州や有明海沿岸で前半から中頃に、その鋳型が出土して生産もはじまり、小銅鐸から銅鐸が誕生する。最古の銅鐸は、両者の区分が不明瞭で、近年における東奈良小銅鐸の出土で、形態や文様と総高など中間的な諸特徴が確認（鈴木敏弘 2003a）された。

最古の銅鐸は、荒神谷遺跡の 6 個で、菱環鈕の 5 号鐸と不定形 4 区袈裟襷文の 4 号鐸に、二段鈕の 1 号鐸につづき、定型 4 区袈裟襷文の 2・3・6 号鐸まで、

土鐸から土鏡の祭祀へ　141

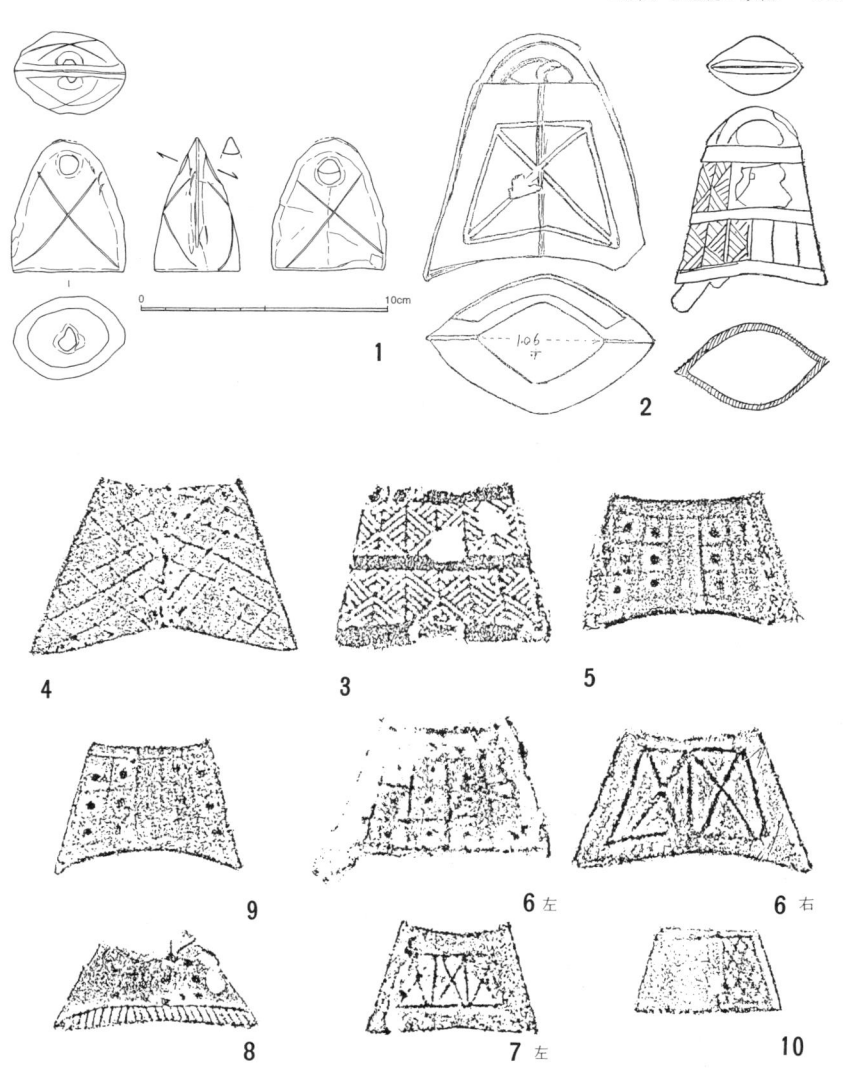

図11　韓半島の馬鐸と瓜生堂遺跡の土鐸
1 瓜生堂　2・3 入室里　4 竹東里　5 新川洞　6 朝陽洞5号墳
7 王根墓　8 石厳里9号墳　9 不明（湖巖博）10 楊平里1号墳

142 第2章 弥生時代の祭祀

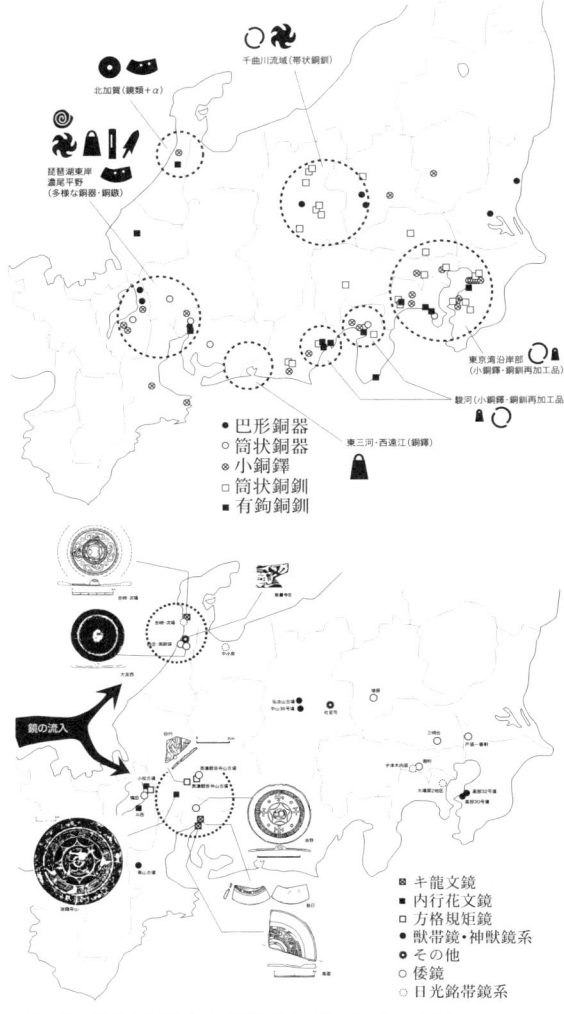

図の凡例:
- ● 巴形銅器
- ○ 筒状銅器
- ⊗ 小銅鐸
- □ 筒状銅釧
- ■ 有鉤銅釧

鏡の凡例:
- ⊠ キ龍文鏡
- ■ 内行花文鏡
- □ 方格規矩鏡
- ● 獣帯鏡・神獣鏡系
- ◉ その他
- ○ 倭鏡
- ○ 日光銘帯鏡系

図12 東日本出土の青銅器と鏡の分布（赤塚 2004 a より）

鐸身の総高 23cm 前後で漢尺と合致し、その生産に前 108 年以降の前漢時代の楽浪・真番郡が関係する。以後、中期の銅鐸が前漢時代の前 1 世紀代に、後期の銅鐸と小銅鐸や土鐸が、後漢時代の 1～2 世紀に、地的宗儀の祭祀として使用された。

土鐸の分析は、1976 年の大場磐雄先生から、1984 年に野本孝明氏の「銅鐸形土製品考」と、神尾恵一氏の「銅鐸形土製品試考」（上・中・下）で 30 数例を集成し、銅鐸祭祀との関係を詳細に検討している。2004 年に常松幹雄氏は「銅鐸形土製品に描かれた絵画と記号」で、絵画や記号の分析から「鐸形土製品には、銅鐸や武器形青銅器に通じる意義が

付加されていた」と、その祭器の祭祀的な性格を共通するものと指摘している。

　関東地方では、本論の契機となった和光・朝霞市で発掘された5例に注目し、その伝播や性格を考えたが、3世紀後半の古墳時代前期に、小銅鐸が残ることが問題となる。2004年に赤塚次郎氏は「東日本としての青銅器生産」でその生産と伝播や消長の検討から、青銅器の種類や製作で、各地域社会の主体性による選択が重視されていると主張（赤塚 2004a）した。2006年に鈴木敏則氏は、「東海の弥生土器と青銅器」で、おもに天竜川以西の土器型式と銅鐸分布圏の拡大を整理し、三遠式銅鐸の鋳造は、銅鏃の型式分類や分布と、「仕上げられていない小銅鐸が伊場遺跡から出土」したことから、東三河・西遠江の集中地域での可能性を指摘（鈴木敏則 2006）した。

　東日本の青銅器は、両氏の銅鐸・小銅鐸と銅鏡の分布の分析を参考にして、前述の土鐸・土鏡の出土遺跡から、その伝播と集落内祭祀との関係を検討し、邪馬台国と狗奴国との争乱についての私見を整理しておきたい。

　土鐸の原型は、小銅鐸と銅鐸とされているが、常松氏が注目（常松 2004）した瓜生堂土鐸の両面の×記号は、入室里遺跡の馬鐸5点で、同じ模様の4点と別の1点で、台形枠内対角線の斜十字と、鈕から側面接合部のヒレが表現され、菱環鈕式で鰭となるとされたものと類似する。瓜生堂土鐸は、舞に型もち孔と鰭表現から、銅鐸の模倣とされたが、入室里馬鐸とも斜十字の×記号と形態類似や、年代も前2世紀末から前1世紀前半で接近し、馬鐸の影響も考慮すべきと考えている。

　馬鐸の斜十字×記号は、筆者が2000年に「韓半島の馬鐸」で、朝陽洞5号墓が左右枠の2区斜十字、楽浪漢墓で王根墓の石巌里219号墓が横3区の斜十字で、前1世紀に盛行したと指摘したが、入室里馬鐸と瓜生堂土鐸の文様の類似は、慶州で盛行する青銅器の装飾文で有樋式有文銅戈と、大阪湾型銅戈の関連も含め、両地の関係の深さを考えさせる。入室里遺跡の青銅器と鉄器は、出土状況と組み合せで議論があり、また馬鐸と小銅鐸の時期決定でも諸説があり、筆者は洛東江流域の嶺南地方に真番郡を想定しているので、前2世紀末から前

1世紀前半の年代観で、多鈕細文鏡の終末と青銅武器の有文化に注目していた。入室里・竹東里・朝陽洞・新川洞遺跡の馬鐸の伝播と武器の有文化は、漢人の進出を背景とするだろうと判断（鈴木敏弘 2000）してきた。入室里馬鐸と瓜生堂土鐸の斜十字や形態の類似は、両地域の直接的な交流の可能性と、銅鐸や小銅鐸と馬鐸の交易祭器説の根拠となると思う。

　西日本の北部九州から中・四国地方で、後期の銅鐸祭祀終焉後にも、馬鐸と小銅鐸が使用されたことが確認できる。後期に使用された小銅鐸や馬鐸は、弥生時代末期から庄内式期の古墳時代までに、井戸や溝と住居址から出土し、集落内祭祀で使用された土器群と伴に廃棄された。中・四国以西の後期以降の小銅鐸や馬鐸は、近畿式・三遠式銅鐸の共同体的な各種祭祀での使用ではなく、他地域との交易の際に饗宴と伴に、集落内祭祀で利用されたと考えている。弥生後期に北部九州から中・四国の瀬戸内地方で出土する漢鏡の破鏡や小型仿製鏡は、従来の小銅鐸や馬鐸と伴に、あるいはそれにかわり、新たに集落内祭祀にともなう、後漢の楽浪郡との交易にかかわる祭祀同盟の儀器であった。それは弥生後期に東海地方にまで進出して、集落内祭祀で使用されるようになったと考えている。

　弥生時代後期の午王山・向山遺跡の土鐸は、荒川下流域南岸の地域社会で、菊川式土器や東海系土器との交流と、粘土を使用する火皿式炉の伝播（鈴木敏弘編 1993）と、さらに外来の青銅器やガラス小玉と鉄製品の交易を想定（鈴木敏弘 2004b）させる。南関東では、小銅鐸が東京湾沿岸に分布するが、その時期は古墳時代前期のものが多く、両遺跡の土鐸が先行する可能性が強い。東日本の小銅鐸祭祀は、赤塚・鈴木両氏が銅鐸祭祀と区別しているが、筆者は西日本で検討した小銅鐸・馬鐸の交易祭器と同様に使用され、同時か少し遅れ小型仿製鏡も伝播し、土鐸が製作・使用されたと考える。

　弥生時代の地的宗儀の武器形祭器や銅鐸祭祀から、古墳時代の天的宗儀の銅鏡へかわり、卑弥呼による新祭祀となったと三品彰英氏が主張された。当然のことだが、土鐸から土鏡への祭祀は、原型となる青銅祭器からの影響であり、

その材質の変化の背景について、共通の事情や条件を想定する必要がある。高度な知識や専門的な技術と、専業的で金属材料の制約をともなう青銅器と、日常的で普遍的な知識と簡単に入手可能な粘土の土器製作では、同一に論じることはできない。ただ、後者の土鐸と土鏡は、多くの先学が指摘してきたように、祭器の形態が異なるだけで、製作上では同様の条件であり、共通の条件や性格を持つといえよう。

　本論では、土鐸が弥生時代の地的宗儀、土鏡は天的宗儀の祭器として、前者が小銅鐸や馬鐸を交易祭器として使用し、後者は邪馬台国の祭祀同盟の祭器として、天的宗儀の開始を示すものと指摘した。八王子・梶子・赤羽台・一本松遺跡の土鏡は、伊勢湾から東京湾と茨城県北部から東北南部へというように、天的宗儀の祭祀の開始と展開を示している。荒川下流域の午王山・向山遺跡の土鐸は、東三河から西遠江を中枢とする、三遠式銅鐸の狗奴国との交易祭祀で使用された。

　梶子遺跡の土鏡と磐座祭祀の出現は、その年代が2世紀代とされ、同一遺跡内の銅鐸飾耳や、隣接の伊場遺跡の小銅鐸との新旧関係が問題となる。天竜川以西の銅鐸分布圏東端の両遺跡では、土器型式の西方との併行関係を検討しなければならず、ただちに結論は出せない。今後の課題としたい。

　八王子遺跡の土鏡は、その時期と年代が問題だが、報告書に従うと3世紀前半までに天的宗儀を採用し、邪馬台国側の祭祀であったことになる。遺跡内の長方形区画と中央の大型建物は、市場交易を支配する首長とその管理棟的な機能を想定させる。土坑と井泉の土器群は、おのおのの祭祀で使用されたであろうが、聖水が農耕の祭りにかぎらず、交易儀式の祭祀の清め水や造酒にも利用された。

　西暦5年の東夷王よる漢鏡4期と、そして、新の建国と滅亡を契機に小型仿製鏡や破鏡の増加、57年の倭奴国王と107年の生口160人の朝貢で、漢鏡5期の後漢鏡の増大は、本格的な東方へ展開し、中・四国以西で銅鐸祭祀の急激な終焉を惹起した。そして、北部九州を中枢とする近畿式・三遠式銅鐸の祭祀同

盟とは異なる交易体制が形成された。近畿・東海地方の銅鐸祭祀同盟は、1～2世紀代に盛行するが、180年代に倭国大乱で共立された卑弥呼が銅鏡の新祭祀を採用し、銅鐸祭祀同盟（鈴木敏弘 2002）から邪馬台国祭祀同盟（鈴木敏弘 2003b）へ、前方後円墳の墓墳祭祀同盟（鈴木敏弘 2003a）へ移行する。

西日本の北部九州を中枢とする広形銅矛・銅戈の祭祀同盟は、韓半島から四国西南部までの海上交易を形成し、それは直接的な交易範囲であったろう。後漢鏡と小型仿製鏡の祭祀は、東九州から瀬戸内を経由して近畿地方へ、他方で日本海岸では出雲から北陸まで進み、両ルートから東海西部へと伝播した可能性がある。鈴木敏則氏が指摘した天竜川を境界とする銅鐸祭祀圏では、土鐸から土鏡への移行が2世紀代に確認できるが、その年代はなお検討の必要があり、纏向遺跡の出現との新旧関係についての結論は、今後の課題としたい。

東日本では、銅鐸祭祀が小銅鐸と土鐸から、小型仿製鏡と土鏡の銅鏡祭祀が伝播して古墳時代となるが、その背景に集落内祭祀の分析から、邪馬台国による祭祀同盟の交易管理が想定されている。関東地方では、小銅鐸が古墳時代に残存することの意味を、具体的に検討しなければならないと考えている。

参考文献

赤塚次郎 2004a「東日本としての青銅器」『山中式の成立と解体』第1回東海考古学フォーラム三重大会実行委員会。
赤塚次郎 2004b『弥生水都二千年』一宮市博物館企画展。
赤塚次郎 2005「狗奴国の幻影を求めて」『東海の弥生フロンティア』弥生文化博物館。
朝霞市博物館編 2004「弥生時代向山遺跡」『古（いにしえ）のにいくら』。
大場磐雄 1975「銅鐸私考」「小銅鐸と土鐸」『考古学上から見た古氏族の研究』永井出版企画。
岡村秀典 1999『三角縁神獣鏡の時代』吉川弘文館。
神尾恵一 1984「銅鐸形土製品試考」『古代文化』第36巻5・10・11号。
鈴木敏弘 1994・1996・1996・2001「特集集落内祭祀の研究1・2・3・4」創刊号・Ⅳ・Ⅴ・Ⅹ。
鈴木敏弘 1996・1996・1997「集落内祭祀と古墳の出現」（1～3）『和考楽筆』第4～8号。

鈴木敏弘 1997「神がみの世界と考古学―集落にみる祭祀の痕跡―」『季刊考古学』59。
鈴木敏弘 1998「特集磐座祭祀から前方後円墳の誕生」『和考研究』Ⅵ。
鈴木敏弘 1999〜2000「銅鐸始私考」(1〜5)『和考楽筆』第12〜16号。
鈴木敏弘 2002「特集銅鐸と祭祀同盟1」『和考研究』XI。
鈴木敏弘 2003a「弥生時代祭祀同盟の成立」『季刊考古学』84。
鈴木敏弘 2003b「邪馬台国の祭祀同盟―纏向型祭祀の成立と展開」『初期古墳と大和の考古学』学生社。
鈴木敏弘 2004「特集集落内祭祀と祭祀同盟1」『和考研究』XII。
鈴木敏弘 2004a「原史集落の変貌」『原始・古代日本の集落』同成社。
鈴木敏弘 2004b「方形周溝墓から見た原史交易」『方形周溝墓研究の今』(Ⅱ) 発表要旨、雄山閣。
鈴木敏弘 2005「弥生墓と原史交易」『季刊考古学』92。
鈴木敏弘 2005「方形周溝墓から見た原史交易」『方形周溝墓研究の今』雄山閣。
鈴木敏弘 2006「邪馬台国祭祀同盟の北上 (序論)」『東邦考古』30。
鈴木敏弘 2006「特集邪馬台国祭祀同盟の北上」『和考研究』XIII。
鈴木敏則 2006「東海の弥生土器と青銅器」『財団法人大阪府文化財センター・日本民家集落・弥生文化・近つ飛鳥3博物館2004年度共同研究成果報告書』。
谷井　彪 1966「大和町新倉牛王山出土の弥生式土器」『埼玉考古』第2号。
谷井彪・高山清司 1968「大和町の遺跡と出土土器 (弥生・古墳時代)」『埼玉考古』第4号。
常松幹雄 2004「鐸形土製品に描かれた絵画と記号」『日本考古学』第17号。
野本孝明 1984「銅鐸形土製品考」『東京考古』2。
三品彰英 1968「銅鐸小考」『朝鮮学報』49。

調査報告書

赤塚次郎ほか 2001『八王子遺跡』愛知県埋蔵文化財センター調査報告書第92集。
井上義安・蓼沼香未由 2001『一本松遺跡』茨城県大洗町一本松遺跡埋蔵文化財発掘調査会。
鈴木一郎ほか 1994・1996・2004『午王山遺跡』第3・5・7次発掘第13・18・31集。
鈴木敏則 2004『梶子遺跡x』㈶浜松市文化協会。
鈴木敏弘編 1990・1991『赤羽台遺跡』―八幡神社地区1・2―。
鈴木敏弘編 1993『午王山遺跡』和光市埋蔵文化財調査報告書第9集。
山本三郎・田井恭一 1990『播磨大中遺跡の研究』。

148　第2章　弥生時代の祭祀

方形周溝墓における土器使用と群構成

福田　聖

1. はじめに

　方形周溝墓は死者儀礼の総体である。かつて「方形周溝墓の死者儀礼」(福田1996)において、筆者が述べたところである。その思いは今でも変わらず、むしろいくつかの調査を担当し、報告にかかわる中でますます強まっていった。一方で、さまざまな場面でこうした死者儀礼を含む儀礼研究、その上位概念である祭祀研究に付き纏う胡散臭さを克服する必要を痛感するようにもなった。後者についてはそれを払拭する試みの一部についてすでに公にしている(福田2005・2007)。その中で述べたところだが、他の学問の解釈を、その学問のなかでの資料を位置づける文脈の検討なしに援用することは適当ではないと考えている。あわせて、そうした儀礼復元の前提となる具体的な例の記述を進めていかねばならない。

　方形周溝墓に痕跡として見られる儀礼的行為の道具として、最も一般的に使用されているのは土器である(福田　1996・2004・2005ａ・ｂ)。そうした土器使用の具体的検討は、もちろん報告書を通しても可能であるが、実際に土器の実見を通して確認できることも多い。

　筆者は「方形周溝墓と土器Ⅰ」で述べたような土器の2次使用痕の確認を主眼に、資料の実見を重ねてきた。そのなかで、一つの方形周溝墓からの出土土器は相互に焼成、胎土、色調に共通性があると感じられるようになり、道具立ての準備が、これまで言われてきたものとは異なるのではないかと感じるよう

になった。加えて、それまで一基ごとに完結すると考えていた出土土器が、異なる方形周溝墓の間でも多くの共通する点が認められることが明らかになった。

本稿は、資料の実見を通して確認された方形周溝墓出土土器の相互の関係をもとに、方形周溝墓群の築造と出土土器を用いた儀礼の関係について試論を提示しようとするものである。

2. 方形周溝墓における土器使用についての研究視点

方形周溝墓出土の土器については、大きく①土器そのものに関するもの、②出土状況に関するもの、③土器の変形行為に関するものという三つの研究視点があり、おのおのについてすでに相当の研究の蓄積がある。この中で、①については、型式論的な検討を行う必要があるため別に扱うこととしたい。

②・③については、すでに「方形周溝墓と土器Ⅱ」でも概観したため、とくに本稿にかかわる立花実、及川良彦両氏の論考について振り返りたい。また、新たに②に関するもので、「土器配置」について集中して成果を発表されている古屋紀之氏の論考について取り上げることにしたい。

立花実氏は『関東の方形周溝墓』において、神奈川県内の周溝墓出土土器について取り扱うなかで、いくつかの新たな視点を提示している（立花 1996）。なかでも底部穿孔土器についての考え方と、土器の出土層位についての評価は参考になる。氏は底部穿孔について、底部穿孔、底部打欠、胴部穿孔、胴部打欠に分け、「打欠は他が残りながらも一部分の欠損が認識できることに意味があ」（立花 1996：189 頁）り、底部穿孔土器については「外見からは使用不能なことがわからないように加工してあることが特徴」（立花 1996：189 頁）と評価する。とくに後者については「穿孔した状態で使用することを目的としているためと考えられ、つまりは祭祀後に穿孔したのではなく、祭祀に使用するために穿孔したと考えるべきだろう」（立花 1996：189 頁）と、廃棄のための穿孔

という考え方に疑問を投げかけている。焼成前穿孔土器が古墳の墳丘に立て並べられたと考えられていることと同等の使用方法を想定すべきだとの主張は、焼成前穿孔土器の評価に対する弥生時代の側からの警告ともいえるだろう。

また周溝内出土土器は、底部穿孔、打欠の壺は「圧倒的に覆土上層」からの出土が多く、内容物を供献したと考えられる小型の壺は「圧倒的に下層」から出土することから、異なる道具立ての複次的な儀礼行為があったことを指摘している。

及川良彦氏は、弥生時代終末から古墳時代前期にかけて、周溝墓出土土器に器形や法量、調整や製作手法が似通った2個一対の器があることに着目し、これを「対の土器」と呼んで、焼成後穿孔のあり方からこれが実際の墓でも一対のものとして取り扱われていることを明らかにした（及川 1996：224-226頁）。同様の主張は、すでに及川氏の共同作業者でもある合田芳正氏が、神奈川県海老名市の本郷遺跡の分析を行うなかで行っており、製作時から周溝墓用につくられた土器が使用されていることに注意を促している（図3）（合田 1995：1027-1032頁）。

『関東の方形周溝墓』では、埼玉県（柿沼 1996）をはじめ、各県の周溝墓出土土器について詳細な検討がなされている。それらについては折に触れ述べたい。

墳墓における土器を使用した儀礼行為については古屋紀之氏が、「配置」として集中して論考を発表している（古屋 1998・2002・2004a・b・c、2005）。氏は、古墳の「祭祀」である埴輪や底部穿孔二重口縁壺等を用いて行われる所謂囲繞配列が古墳時代的な墳墓祭祀の始まりであるとする立場から、弥生時代の墳墓における出土土器を「配置」という観点から検討している。

この「配置」について氏は、「本来的な意味の「配置」のほか、「埋納」・「埋置」・「供献」・「遺棄」・「廃棄」・「投棄」など、土器を残した人びとの意思・志向性を含んだ様々な用語の総称として使用する。」「このような措置をとる理由としては、分析以前の段階においては当時の人々の意思・志向性を含む用語を

排除する必要があり、これらすべての用語をいちど客観的な総称によって統一し」(古屋 2005：91頁)た用語(ジャーゴン)として使用している。

この「配置」という用語は、氏が墳墓における土器の出土を、当時の人びとによって「土器」が置かれたことを反映しているという評価から設定したものである。すでに筆者も方形周溝墓における土器の遺存状況から、供献等の「意図」をともなった用語の使用を避け、「遺棄」と「廃棄」という使い分けを行ってきた(福田 1994・2004等)。しかし、古谷氏の言うように墳墓における土器の出土状況が、凹みを利用したような明確な廃棄を除いて、当時の人びとが明確な意思をともなって土器を「置いた」ことを反映していることは確かである。もっとも「置いた」その場所から、「置いた」状況そのままに出土しているかどうかは別で、それについて検討を尽くさねばならないのはいうまでもない。ともあれ、そのような「置いた」ことそのものを積極的に評価し、恣意的な意味づけを排除した氏の姿勢は賛同できるものである。したがって、筆者も今後偶然による流れ込みや墳墓に関係ない廃棄を除いて、氏の用法に従い「配置」という用語を用いることにしたい。

また、氏は土器・埴輪配置の分類についても提示している(図1)。この分類は異なる墓制ごとに項目を増減する必要があるが、基本的には了承されるべきものである。この分類にもとづく資料の評価により、体系的に古墳に埋葬される首長個人の墳墓祭祀にいたる変遷を描き出すことに成功しており、その点については高く評価できる。

しかし、氏の姿勢は、「首長」への階梯を明らかにしようとするあまり、一般的な「墓」に対しての眼差しが欠けているようにも思える。弥生時代の墳墓のなかでも大型のもの、遺物が多く出土するものを対象にしていることからも、そのことがうかがえよう。とくに方形周溝墓については、大庭重信氏の研究(大庭 1992)を参考に、「後期・庄内式期の方形周溝墓では土器配置の判明しているものはないという。畿内は古墳出現を問題とするときに普通ならば必ず言及しなければならない地域であるが、上述の理由から本稿では畿内の弥生墓制

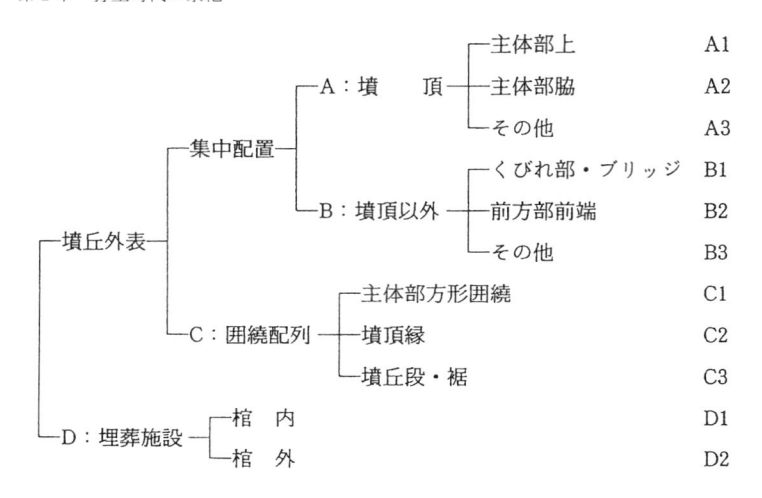

```
                    ┌─主体部上        A1
          ┌─A：墳　頂─┼─主体部脇        A2
          │          └─その他         A3
    ┌─集中配置
    │     │          ┌─くびれ部・ブリッジ  B1
    │     └─B：墳頂以外─┼─前方部前端      B2
    │                └─その他         B3
─墳丘外表
    │                ┌─主体部方形囲繞    C1
    └─C：囲繞配列──────┼─墳頂縁         C2
                     └─墳丘段・裾      C3

─D：埋葬施設──┬─棺　内              D1
              └─棺　外              D2
```

図1　古屋紀之氏の土器配置の分類（古屋 1998 より転載）

の検討は行わない。」（古屋 2002：17頁）としている。

　しかし、やはりそれでは片手落ちの感は免れないであろう。藤井整氏の一連の研究（藤井 2004 ほか）に見られるように、畿内の方形周溝墓でも土器配置行為は確実に行われている。東日本においても、筆者らがこれまで検討してきたように明らかに行われている。かつて述べたように、方形周溝墓における死者儀礼について、土器を使用することそのものについては東西日本に共通し、全国的に認めることができる可能性が高い（福田 2005）。

　何よりも、弥生時代から古墳時代前期を通じて東西日本に圧倒的な広がりを見せる方形周溝墓における土器使用行為が、その他の墓制（例えば古墳）における土器使用行為とまったく無関係に存在するとは思えない。また、墓における土器使用そのものは、すでに縄文時代から存在することが知られているため、弥生時代以降の墳墓における土器使用が縄文時代からの継続性がまったくないとも考えられない。

　その後の論考で、東日本の古墳時代前期の「囲繞配置」について触れているが、やはり結果として前期古墳をはじめとする特定の資料を取り上げることに

終始している感は否めない（古屋 2004ａ）。

　また、囲繞配列を出発点とするためか、平面的な「配置」を重視する傾向が強く、層位論的な出土状況を加味した各墳墓における土器使用の同時性について充分な検討が尽くされているとは言い難い。先の立花氏の視点が有効であると考えられることから、そうした検討が尽くされていないのでは実際の土器「配置」像が描かれていないのではないかという危惧がある。とくに、各墳墓の土器が埋葬と同時に「配置された」という前提のもとに所論が進められているが、そこにはどのような根拠があるのだろうか。それほど特別でもない方形周溝墓においても土器の使用に段階が認められることからも、その「配置」像についてさらに点検が必要と思われる。

　古谷氏の研究成果に対するこのような疑義は、とりもなおさず筆者の方形周溝墓における土器使用の検討に向けられているものでもある。

　方形周溝墓の出土土器の検討においては、「土器配置」がどの程度の一般性と個別性があるのか明らかにすることが目的の一つである。その上で、その一般性を前後の時代や他の墓制と対比することにより、方形周溝墓における土器の使用についての時代的な、あるいは方形周溝墓としての特徴を見出せるものと考えられる。しかし、一般性にいたる前提として、特別でない個別の資料の検討、とくに出土状況と土器そのものの実見によって「配置」にともなう痕跡の有無を確かめる必要がある。この手続きこそが重視されねばならない。

　ここまで見てきた研究を振り返ると、まず土器については、製作時に墓専用につくられた土器が認められること、土器としても相似し、使用時にも組として使用される土器があることが指摘されている。

　次に、出土層位からその使用に段階が認められること、とくに底面近くでは小型精製土器が使用され、中層以上で底部穿孔土器を含む大型壺が使用されるとの指摘は、土器の製作において、前者は方形周溝墓築造からほどなく必要で時間的な余裕はなく、後者はそれを配置する時点で必要であることから一定の間隔、余裕があったことを示唆している。先の土器の製作に関する指摘と合わ

せると、周溝の掘削時点で作られる可能性のある土器があり、中層以上で組として使用する相似した土器が作られるという複数段階の土器製作が行われた可能性が考えられる。

こうした、使用土器の製作と使用時点について確認するためには、出土土器の観察と出土状況の検討が必要である。本稿ではまずその作業を行なう。

また、古谷氏の一連の成果を参考に、その配置はどのようになされたのかを検討することによって、土器の使用時点から見た方形周溝墓の造営と土器に対する考え方が明らかになると考えられる。これは、冒頭に掲げた視点の①・②の視点の延長線上に当たるものである。同時に、その意味やその継続性に関して展望を述べることにしたい。

以下、まずは使用土器の製作と使用時点について確認するために、出土土器の観察と出土状況の具体的な事例を見ることから始めることにしよう。

3. 出土土器に共通性が見られる具体的な事例

(1) 東京都練馬区丸山東遺跡（惟村・新堀 1995）[1]

白子川左岸の武蔵野台地縁辺に立地する。弥生時代終末の竪穴建物跡2軒、方形周溝墓7基、溝跡1条、木道2カ所、杭列2カ所が検出されている。

方形周溝墓は連接して構築されている。大小の規模があり、最大の3号が10.4m、最小の6号が5.6mと約半分である（図2、表1）。

1・2・4・6・7号では中心埋葬施設が遺存しており、1・4・6号の埋葬施設からはガラス玉が出土している。4号ではそれに加えて鉄剣と管玉が出土している。

出土土器は完形率が高く、赤彩された優品が多い（図3・4）。当初、儀礼的行為による使用痕を確認したいと考え観察を始めたが、作業を進めるにつれ、異なる周溝墓出土土器の間で少なからぬ共通性が認められた。その組み合わせはおよそ次の3通りである。

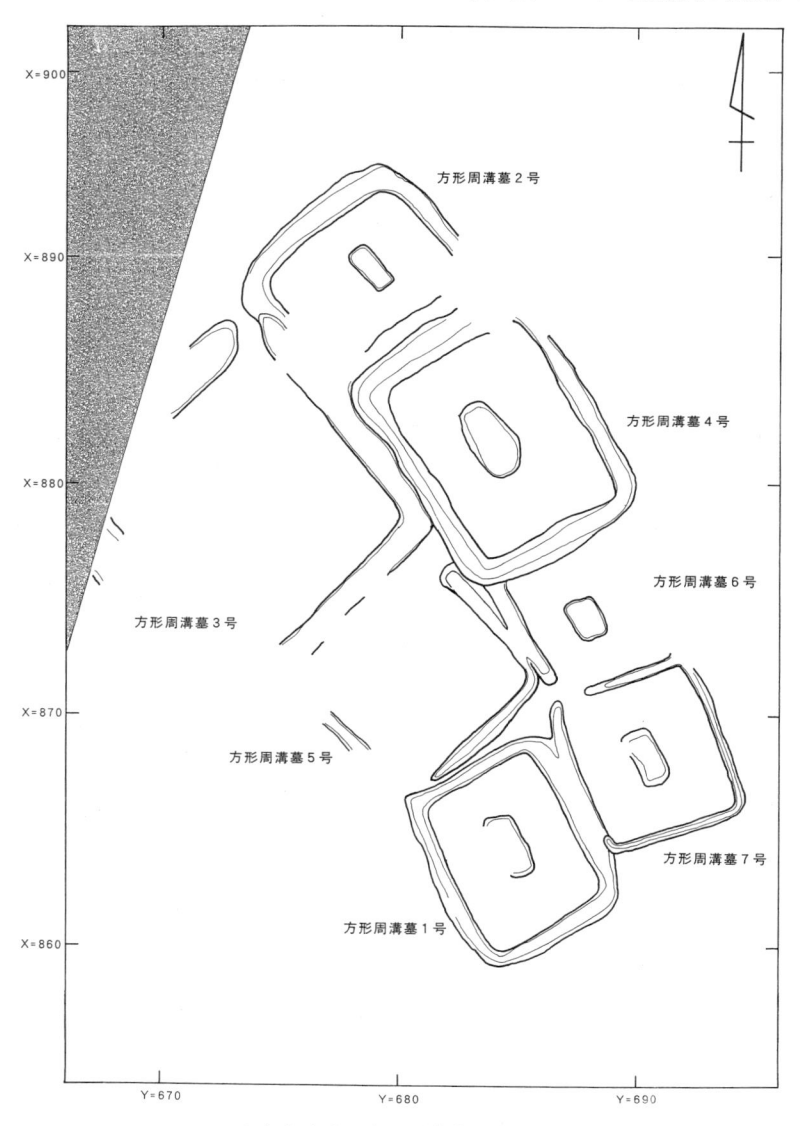

方形周溝墓における土器使用と群構成　155

図2　丸山東遺跡の方形周溝墓（報告書より転載）

156 第2章 弥生時代の祭祀

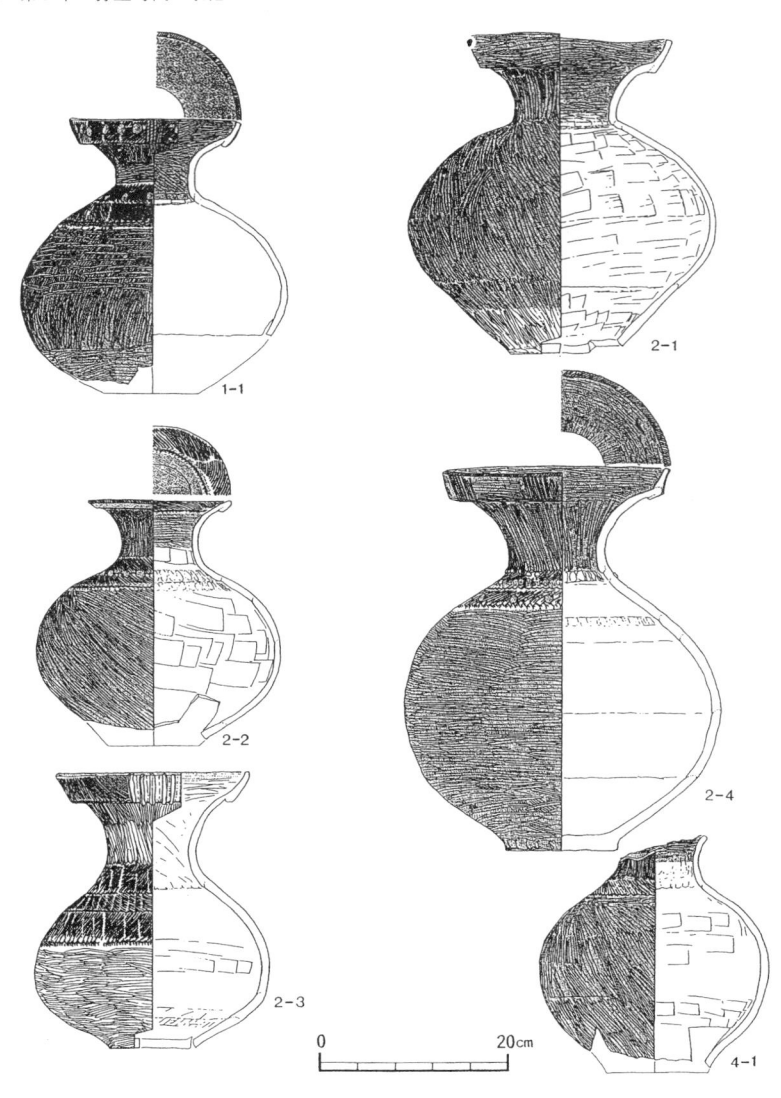

図3 丸山東遺跡の方形周溝墓出土土器（1）（東京都教育委員会 2005より転載）

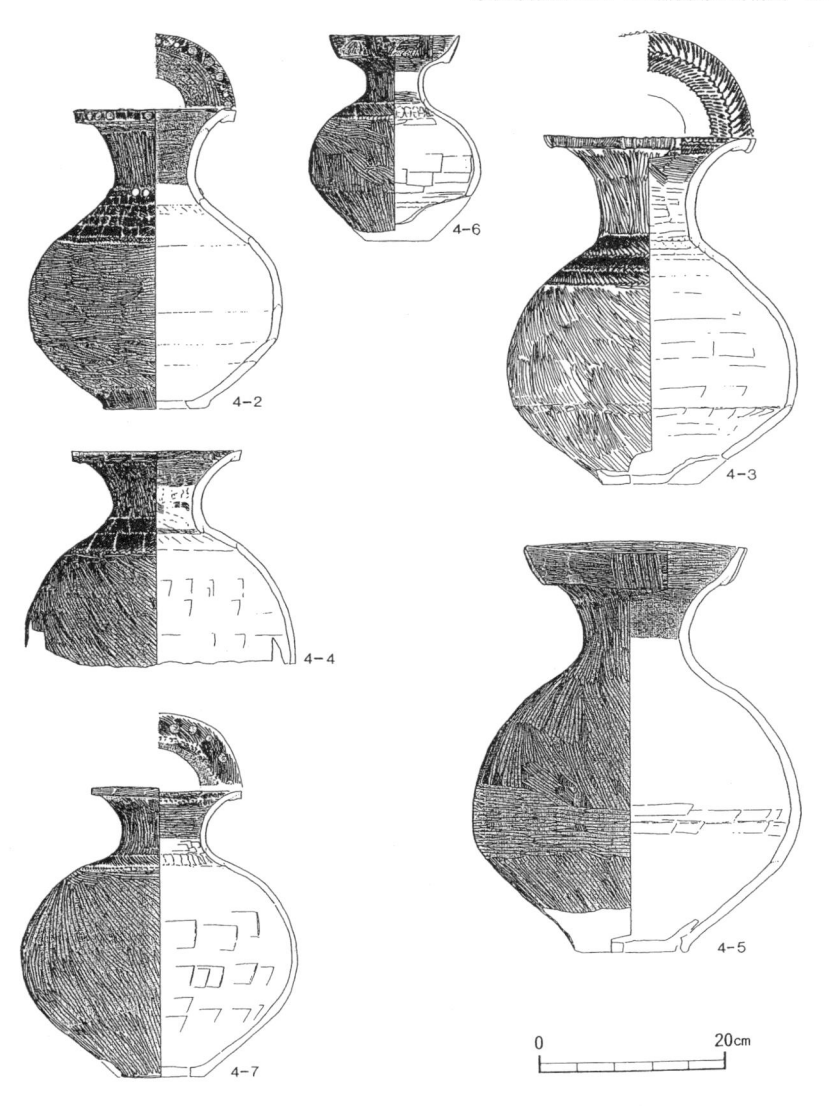

方形周溝墓における土器使用と群構成　157

図4　丸山東遺跡の方形周溝墓出土土器（2）（東京都教育委員会 2005 より転載）

表1　丸山東遺跡の方形周溝墓

遺跡名	遺構No.	平面形	陸橋部	方台部形	規模(m)		周溝幅(m)		深さ(m)		盛土	穿孔壺	時期	備考
					長軸	短軸	最狭	最広	最浅	最深				
丸山東	1	長方形	―	長方形	7.5	5.4	0.7	1.2	0.4	1.0	無	100	Ⅳ期	埋葬施設
	2	長方形	―	長方形	7.4	5.4	0.7	1.4	0.9	1.0	無	75	Ⅳ期	埋葬施設
	3	長方形	1―隅か	長方形	12.0	9.9	1.8	3.7	0.2	0.8	無	0	Ⅳ期	
	4	長方形	全周か	長方形	8.6	6.4	0.7	2.0	0.9	1.4	無	86	Ⅳ期	埋葬施設
	5	長方形	1―隅か	長方形	―	―	0.6	1.0	0.9	1.0	無	0	Ⅳ期	
	6	長方形	1―隅か	長方形	5.8	―	0.6	0.9	0.8	1.1	無	0.0	Ⅳ期	埋葬施設
	7	長方形	1―隅	長方形	6.4	5.6	0.4	1.7	0.6	1.1	無	0	Ⅳ期	埋葬施設

①2号2と4号7（2号2と2号3）

　両者は器形が相似である。器面は均一で、平滑である。2号2は胴部下半全体に黒斑があり、4号7は外面に煤が付着する。口縁部は両者とも大きく外半し、端部は外面に粘土を貼付することにより複合部をつくり出し、端面に面をもつ。内面には単節ＲＬの縄文と結節を施す。4号7はその上に円形朱文が施される。頸部は折れずに屈曲する。胴部はややつぶれた球形を呈し、成形単位が5単位である。外面の調整はヘラ磨きで赤彩を施す。肩部に縄文と結節文を施す。両者とも内側からの底部穿孔が施されている。

　2号2と2号3は、一見あまり共通性が見られないが、器面が均一で肩部までの粘土の積み上げが5段であるといった共通性が見られる。ただし、同一の型式論的特徴ともいえるのかもしれない。

②2号4と4号5、4号5と4号6

　三者は器形が相似で、器面は均一で平滑である。まず2号4と4号5について述べる。2号4は胴部下半に黒斑があり、4号5は全体に認められる。口縁部は両者とも外反し、端部に粘土を足すことにより複合部をつくり出し、端面に面をもつ。複合部外面に6本一単位の、2号4は沈線、4号5は棒状浮文が施される。2号4の端面には単節ＲＬの縄文が施される。頸部は、三者とも折れずに屈曲する。胴部は球形を呈し、成形単位が5単位である。外面の調整は2号4が横方向の、4号5は縦方向の後に中位のみ横方向のヘラ磨きが施され、赤彩される。2号4は肩部に単節ＲＬの縄文と結節文が施される。さらに上段の文

方形周溝墓における土器使用と群構成　159

①第4号周溝墓7（左）・第2号周溝墓2（右）　　②第4号周溝墓5（左）・第2号周溝墓4（右）
図5　丸山東遺跡の土器の共通性

様帯の上位には円形浮文が貼付され、下段の文様帯には円形朱文が施される。
4号5は内側からの、打ち欠きに近い底部穿孔が施されている。

　4号5と4号6は器形が相似である。器形のみを見れば、6は5の小型版である。6は胴部の下半に黒斑が認められる。器形の成形は5同様である。複合部外面に4本一単位の沈線が施されている。外面の調整は縦方向の後に上～中位に斜め方向のヘラ磨きが施され、赤彩される。肩部には単節ＲＬの縄文と結節文が施される。5同様に打ち欠きに近い底部穿孔が施されている。

③4号1～3

　4号1～3は、胴部の器形が相似である。成形単位が5単位である。胴部の中位がほぼまっすぐに立つつくりである。

　これらについては、差異を抽出することを目的にすれば、文様等さまざまな差異をあげることができる。しかし、ここで重視したいのは実測図にしたときの差異ではなく、墓に並べられる土器として見たときにどう見えるのかということである。ここでいう共通性とは、そうした意味で用いている。試みに上の組み合わせで土器を並べて写真を撮ったのだが、いかがであろうか（図5）。おそらくおのおのが異なることより、似ている方が印象として残るのではないだろうか。

　そうした墓で並べられることを前提とした共通性として、この三通りは有効

と考えられる。

　これらの土器群は、器面が均一で、胴部がほぼ球形に近く、全体に口縁部が胴部に対して大きめであること、ヘラ磨きが縦方向主体であること、縄文に乱れが見られること等から弥生時代終末〜古墳時代初頭（Ⅳ〜Ⅴ期）[2]のものと考えられる。また、相互に関係性が見られることからも、ほぼ同時期のものと考えられる。

(2) 埼玉県さいたま市井沼方遺跡（小倉ほか 1981・1986・1994・1998・2000、福田 2002）[3]

　大宮台地浦和支台の南端部に位置する。遺跡周辺は樹脂状に発達した開析谷が入り込んで、起伏に富んでおり、遺跡の立地する部分も東西と南側が崖状になり、あたかも独立丘のような景観を呈している。これまでに28回の調査が行われ、弥生時代後期の竪穴建物跡85軒、方形周溝墓21基、環濠1条が検出されている（図6）。

　方形周溝墓は未調査の部分が多いため、詳細は不明だが、およそ3カ所の列構成を取るもの（A〜Cと仮称）と、その周辺に分布する単独のもの、それ以外の離れた一群がある（表2）。これらの分布、平面形、埋葬施設、周溝の様相等についてはすでに触れたことがあるため（福田 2002）、ここでは省略し、出土土器を中心に見ることにしたい。また、本稿では紙幅の都合もあり、A・B群に限って述べることとする。

　各周溝墓の出土土器は完形率が高く、赤彩された優品が多い（図7〜9）。いずれも胎土が精選され、焼成も良好である。これらの土器は使用痕がほとんど認められず、住居で使用した土器を転用したものではなく、方形周溝墓で使用するために製作されたものである可能性が高い。

　とくに9号出土土器は、特大、大、中と各種の大きさの壺が揃っており、あわせて片口鉢が出土するなど、中心埋葬施設の剣の副葬とあわせて、他の周溝墓とは道具立ての上でも格差が認められる。壺についてはまったく使用痕が認

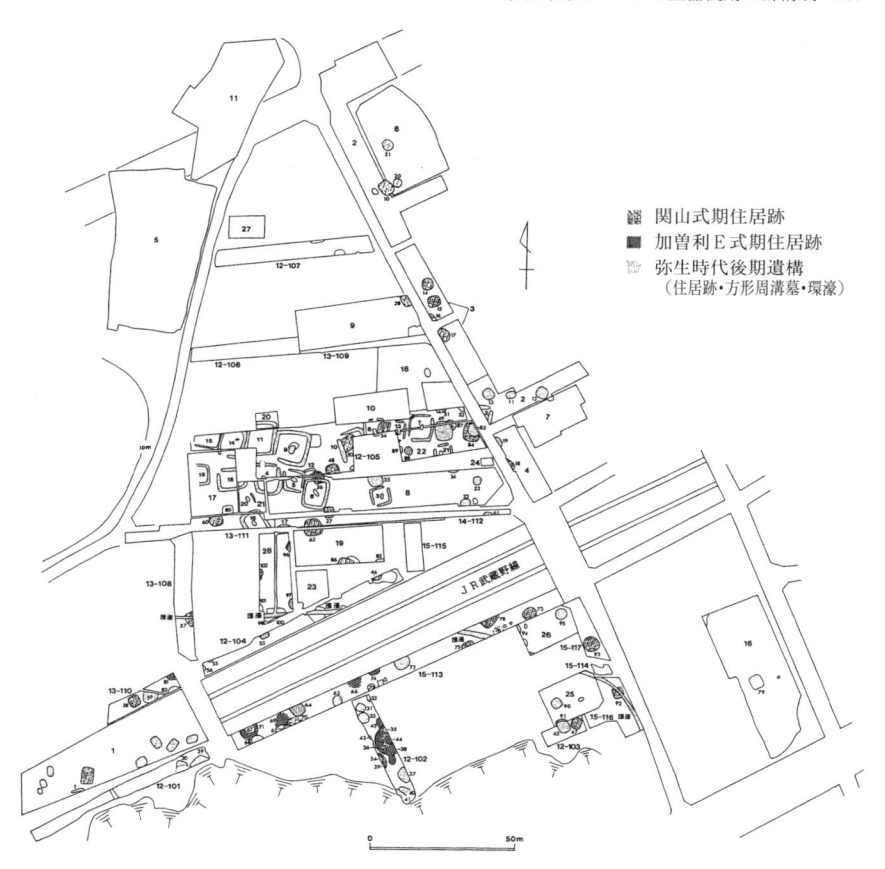

方形周溝墓における土器使用と群構成　161

図6　井沼方遺跡全体図（小倉・柳田・駒見 2000 より転載）

められず、台付甕についてもほとんど煤が付着せず、傷みも認められないものであった。小型の台付甕のみが、器面が赤変して剥落している。片口鉢は内面の下半が 2 次加熱を受けてひび割れし、器面の傷みを起こすような内容物を入れた可能性も考えられる。

　各周溝墓の土器は、おのおのの周溝墓ごとにまとまりが見られる。とくに①4 号周溝墓 1・2、②6 号周溝墓 1〜3 は、法量、焼成、色調とも非常に似通って

表2 井沼方遺跡の方形周溝墓

遺構No.	平面形	陸橋部	方台部形	規模(m)		周溝幅(m)		深さ(m)		盛土	穿孔壺	施設	時期	備考
				長軸	短軸	最狭	最広	最浅	最深					
1	方形	−	方形	6.6	−	0.9	1.4	0.1	0.6				Ⅲ〜Ⅳ期	
2	−	−	−	−	−	0.6	0.9	0.6	−	無	50		Ⅲ〜Ⅳ期	
3	方形	2−隅	方形	5.7	5.7	0.5	0.8	0.2	0.3	無	0	底面焼土	Ⅲ〜Ⅳ期	埋葬施設
4	方形	1−隅	方形	9.3	6.4	0.5	2.0	0.1	0.6	無	50	底面焼土	Ⅲ〜Ⅳ期	
5	方形	1−隅	方形	6.8	6.8	0.5	1.1	0.3	0.6	無	0	底面焼土	Ⅲ〜Ⅳ期	埋葬施設
6	長方形	全周	長方形	9.3	7.4	0.8	1.4	0.4	0.8	無	16.6	底面焼土	Ⅲ〜Ⅳ期	埋葬施設
7	隅丸方形	1−隅	隅丸方形	7.3	−	0.4	1.7	0.1	0.5	無	0		Ⅲ〜Ⅳ期	
8	方形	2-北溝	方形	5.5	−	0.4	1.0	0.1	0.8	無	0	底面焼土	Ⅲ〜Ⅳ期	埋葬施設
9	台形	1−隅	台形	10.5	9.9	1.0	1.4	1.0	1.4	無	0	底面焼土	Ⅲ〜Ⅳ期	
10	方形	2	長方形	11.1	6.8	0.4	1.6	0.3	1.0	無	50	土坑	Ⅲ〜Ⅳ期	埋葬施設
11	長方形	−	長方形	10.1	8.4	0.9	1.2	0.4	0.7	無	75	底面焼土	Ⅲ〜Ⅳ期	
12	円形	−	円形	3.5	−	0.4	0.5	0.1	0.2	無	0		Ⅲ〜Ⅳ期	埋葬施設
13	方形	2−隅	方形	6.0	4.8	0.5	0.8	0.2	0.5	無	0	底面焼土	Ⅲ〜Ⅳ期	埋葬施設
14	方形	−	方形	−	−	0.6	0.7	0.5	0.6	無	100	底面焼土	Ⅲ〜Ⅳ期	
15	方形	−	方形	−	−	0.4	0.6	0.2	−	無	0		Ⅲ〜Ⅳ期	
16	長方形	−	長方形	7.8	6.5	0.7	1.0	0.2	0.5	無	0		Ⅲ〜Ⅳ期	埋葬施設、未報告
17	−	−	−	−	−	0.3	0.5	0.2	0.3	無	0		Ⅲ〜Ⅳ期	
18	方形	−	方形	6.5	−	0.5	0.9	0.2	0.6	無	0		Ⅲ〜Ⅳ期	
19	方形	−	方形	6.3	−	0.3	0.9	0.2	0.3	無	0		Ⅲ〜Ⅳ期	
20	−	−	−	−	−	0.5	−	0.3	−	無	0		Ⅲ〜Ⅳ期	埋葬施設
21	方形	−	方形	5.6	−	0.9	−	0.3	0.7	無	100		Ⅲ〜Ⅳ期	埋葬施設

いる(図10)。

① 4号1と2

　両者は器形、法量、焼成、色調とも非常に似通い、組としてつくられたものと考えられる。両者とも口縁部が大きく外半し、端部は外面に粘土を貼付することにより複合部をつくり出す。2の複合部は薄く、歪んでいる。1は口縁部内面と肩部に単節ＬＲとＲＬの縄文が4〜5段施されるが、非常に縄が細かく、施文に乱れがある。胴部は成形単位が5単位で、細長い。外面の調整はヘラ磨きで、内面は木口状工具によるナデが施され平滑に仕上げられている。1は底部が外側から打ち欠かれている。器面は均一で、平滑である。

② 6号1〜3

　三者は器形、色調、焼成、調整ともよく似ており、セットとして製作された

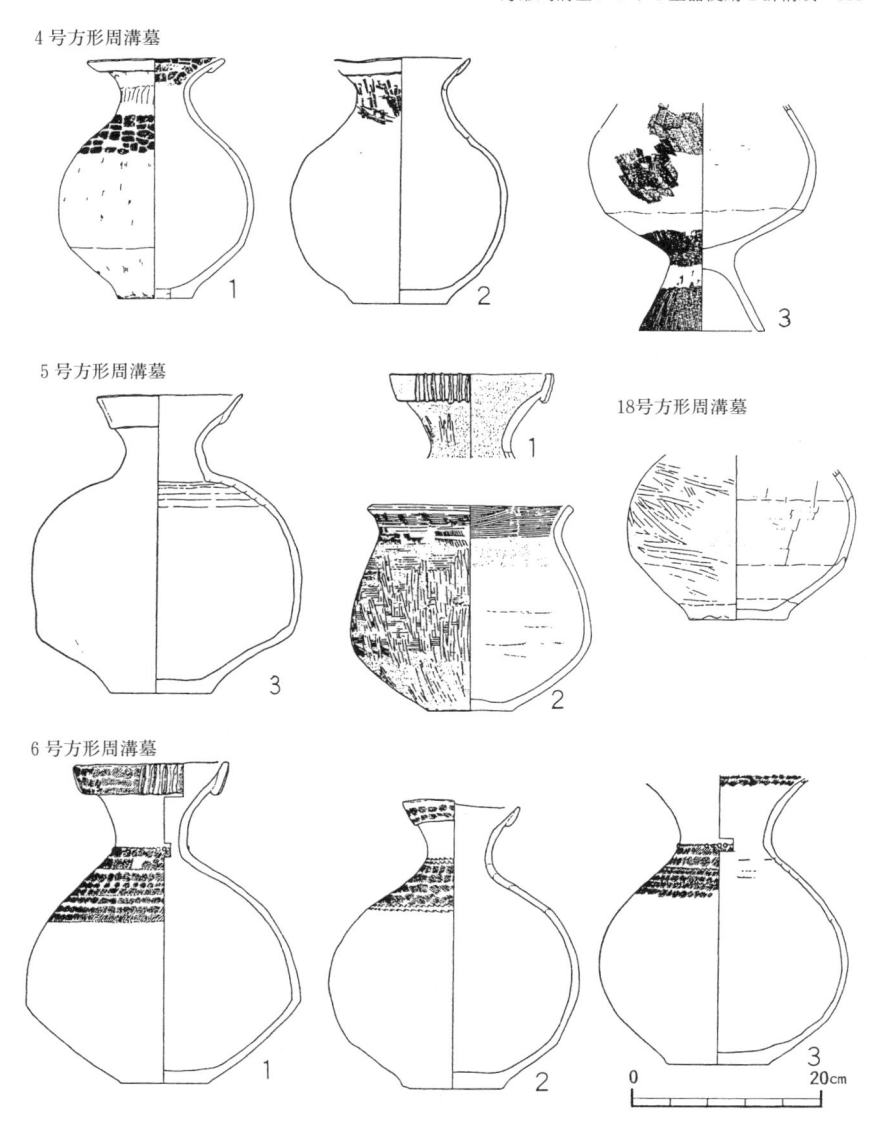

方形周溝墓における土器使用と群構成　163

4号方形周溝墓

5号方形周溝墓

18号方形周溝墓

6号方形周溝墓

図7　井沼方遺跡の方形周溝墓出土土器（1）（報告書より転載）

164　第2章　弥生時代の祭祀

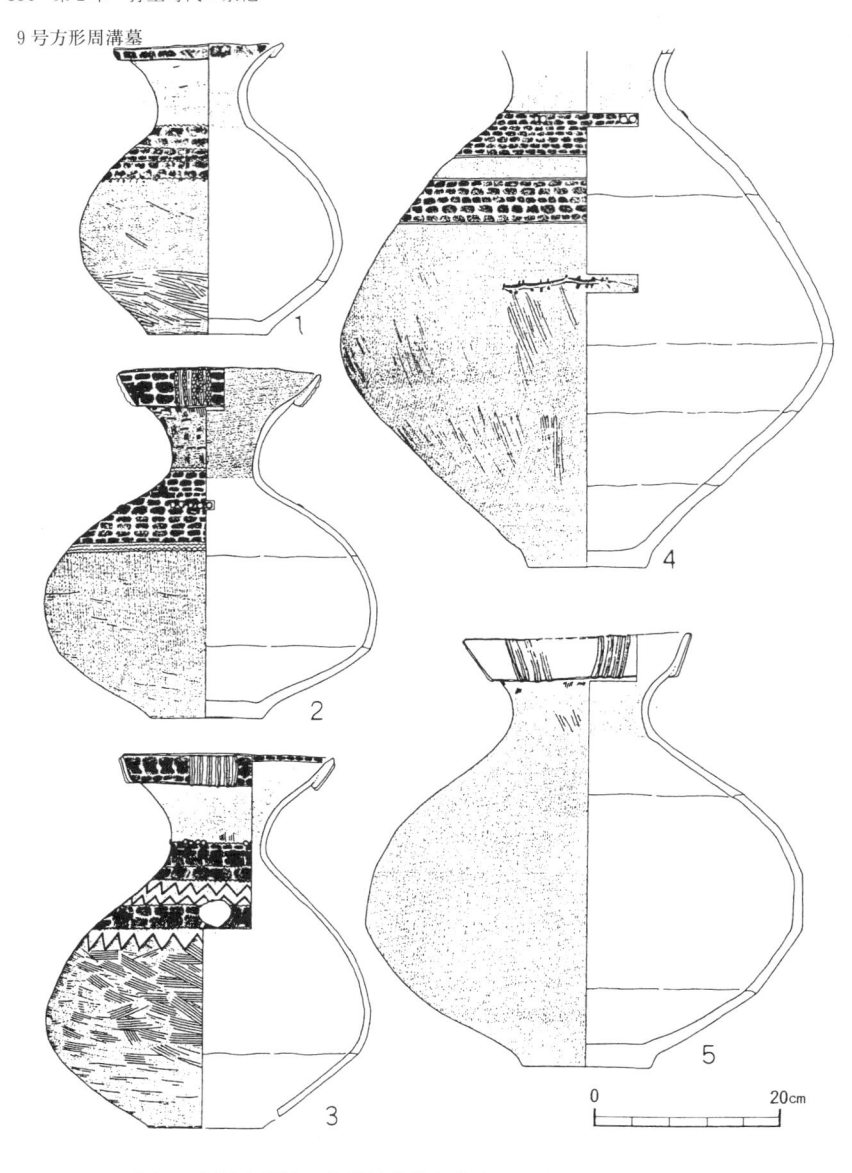

9号方形周溝墓

図8　井沼方遺跡の方形周溝墓出土土器（2）（報告書より転載）

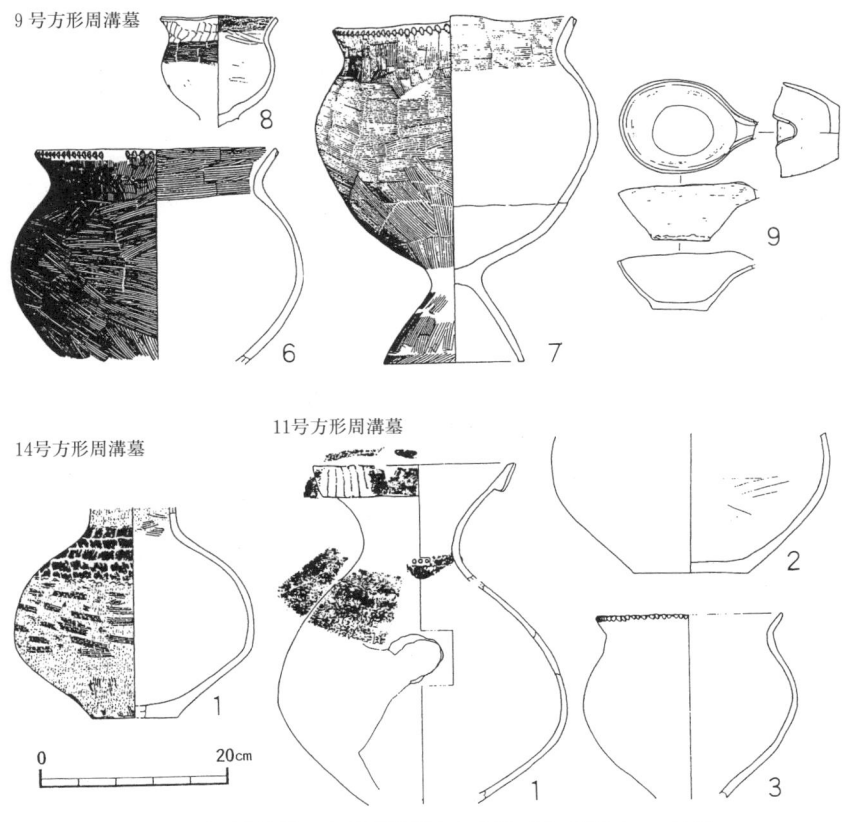

方形周溝墓における土器使用と群構成　165

図9　井沼方遺跡の方形周溝墓出土土器（3）（報告書より転載）

ものと考えられる。いずれも複合口縁と考えられ、口縁部は頸部から大きく外半する。胴部の成形は5単位で、球形胴に近いが、1・2は下半が屈曲する。1の複合部外面には、4本4単位の細い棒状浮文が貼付される。複合部外面、肩部、3の口縁部内面に、単節LRとRLの縄文が4〜5段施される。1・3は原体が共通している。1・3の肩部には円形浮文が貼付される。胴部外面の調整は、いずれも横方向のヘラ磨きで、赤彩が施される。3は内面から焼成後の穿孔が施されている。内面は木口状工具によるナデが施され平滑に仕上げられている。器

166　第2章　弥生時代の祭祀

①第4号周溝墓1・2　　　　　　　　第9号周溝墓出土壺類

②第6号周溝墓1〜3　　　　　　　③第6号周溝墓1（左）・第4号周溝墓2（左）

④—1　第9号周溝墓3　　　　　　④—2　第11号周溝墓1

図10　井沼方遺跡の土器の共通性

面は均一で、平滑である。2は器面の風化が進んでいる。

　また、周溝墓間でも共通する土器様相が確認された。4号2と6号2は口縁部のつくりが似通っていることから相互に比較したところ、器形の成形単位と工程が同様であり、共通する意識のもとに製作された可能性がある（③）。9号5と11号1は、器形が相似であり、成形単位と工程も同様である。また、口縁部、肩部の文様構成も同様で、肩部の縄文が、無文の部分を挟んで2段の構成をとり、大きな円形朱文が施される点も共通する。とくに、胴部穿孔と打ち欠きに近い底部穿孔が行われる点は扱いの上でも共通する要素といえよう（④）。

③4号2と6号2

　両者とも口縁部が大きく外反し、端部は外面に粘土を貼付することにより複合部をつくり出す。複合部は薄く、歪んでいる。双方とも単節LRとRLの縄文が施されるが、非常に縄が細かく、施文に乱れがある。胴部は成形単位が5単位で、外面の調整はヘラ磨きである。内面は木口状工具によるナデが施され平滑に仕上げられている。4号の方が胴部が細長く、6号は球形である。また、後者は前者より一まわり大きい。だが、両者を並べると非常に似通った感があり、共通する個体として製作されたものと考えられる。

④9号3と11号1

　両者は器形が相似である。器面は均一で、平滑である。

　両者とも口縁部が外反し、端部に粘土を足すことにより複合部をつくり出し、端面に面をもつ。複合部外面には、6本四単位の棒状浮文が施される。端面には単節RLの縄文が施される。頸部は折れずに屈曲する。胴部は成形単位が5単位で、やや下膨れである。単節LRとRLの縄文施文の文様帯は頸部と肩部にあり、結節文により区画される。頸部の文様帯の上端には小さい円形浮文が貼付される。いずれの縄文にも径1.5cmほどの大きな円形朱文が施される。文様帯の間は11号1は無文だが、9号3には細い沈線による山形文が施される。外面の調整はいずれも横方向のヘラ磨きで、赤彩が施される。内面は木口状工具によるナデが施され平滑に仕上げられている。両者とも、色調、焼成、

器形、調整ともたいへんよく似ている。

　対象とした土器は、時期幅があるとも考えられるが、複合口縁壺の複合部の立ち上がりの角度がなく、短いこと、施文される縄文が非常に細かく、乱れが見られること、結節文についても乱れが見られることを勘案して、弥生時代後期後半の所謂弥生町式の最新段階から、弥生時代終末期の前野町式の前半（Ⅲ～Ⅳ期）にかかるものと思われる。

　このように、井沼方遺跡A・B群の方形周溝墓出土土器は、おのおのの方形周溝墓ごとにまとまりを意識して製作されたものである可能性が高い。また、A群の9号と11号、B群の4号と6号のように共通する個体として製作された土器が認められる。

　以上のように、弥生時代後期から古墳時代初頭の丸山東、井沼方の両遺跡で、おのおのの方形周溝墓ごとにまとまりを意識して製作され、かつ異なる周溝墓で共通する個体として製作された土器が認められる。

　このことは、土器の上から方形周溝墓が個々の単位とともに、群としてのまとまりを強く意識したものであることを示しているものといえよう。複数の方形周溝墓間で共通のつくり手が存在することは、方形周溝墓が異なる世代で一つずつつくられたものであるとするならば、土器がつくり置かれたかあるいは伝世された可能性を示すものである。また、そうではなく異なる造営単位の墓が集積して群を構成するのであれば、その双方に関係のあるものがつくった結果と考えることもできる。

　この製作状況は、土器群の出土状況を仔細に見て使用の様相を考え合わせることによって、群としての土器使用がいずれの場合であるかの評価を与えられると考えられる。

4. 群構成と土器配置との関係

　こうした複数の周溝墓にまたがる出土土器の共通性は、出土した方形周溝墓

方形周溝墓における土器使用と群構成　169

の群構成と個々の周溝墓の土器配置との間とどのような対応関係をもつであろうか。

　丸山東遺跡では、前述のように7基の方形周溝墓が検出されている。7基の平面配置と平面的な土器配置は図11のとおりである。相当程度周辺が削平されているため、詳細は不明だが2～3基を一つの単位とする団子状の群構成を取る。出土の土器には先に述べたように、遺構をまたがる共通性が見られることから、土器の型式論的変化による出土遺構の変遷を考えることはできない。しかし、これから述べる土器配置による「正面」観の存在から、これらの遺構が「寿墓」のように一斉に築かれたというわけでもないようである。

　土器の出土位置と層位は次のとおりだが、出土層位についてははっきりと図示されておらず、断面図と写真から推定したものである。1号1は北隅の中層から出土している。2号はほとんどが北西溝から出土している。ほぼ中央の上層から1・3が正位の状態で、西隅の中層から2が、北隅から4の壺が横転した状態で出土している。4の出土層位は不明である。4号は南東溝と南西溝に分布が集中する。西隅から5～7がまとまって出土している。層位は中層以上のようである。南西溝の南隅寄りから3・4が出土しているが層位は不明である。南隅からは1が、2の壺は広い範囲から破片が出土していることから当初から破片の状態と考えられる。層位は不明である。

　こうした土器の分布は、特定の周溝に偏在する傾向がみられることから、一種の「正面」観を示していると考えることができる。2号は北西溝、4号は西隅と南西溝、南東溝を中心に土器が出土していることから、2号は北西側を、4号は南西側と南東側を土器が見られる方向として意識していたものと考えられる。すると2―4号を一つの単位とするならば、北西側の遺構の分布しない空間と、南西側に向けた「正面」があったと考えることができる。この南西側の空間が「正面」であることは、1号の出土土器が北隅に分布していることからもうかがえる。したがって、2―4―1を、土器配置からみた一つの段階としてとらえることができる。位置が離れているため、仮に2―4号をA、1号をBと仮称し

170 第2章 弥生時代の祭祀

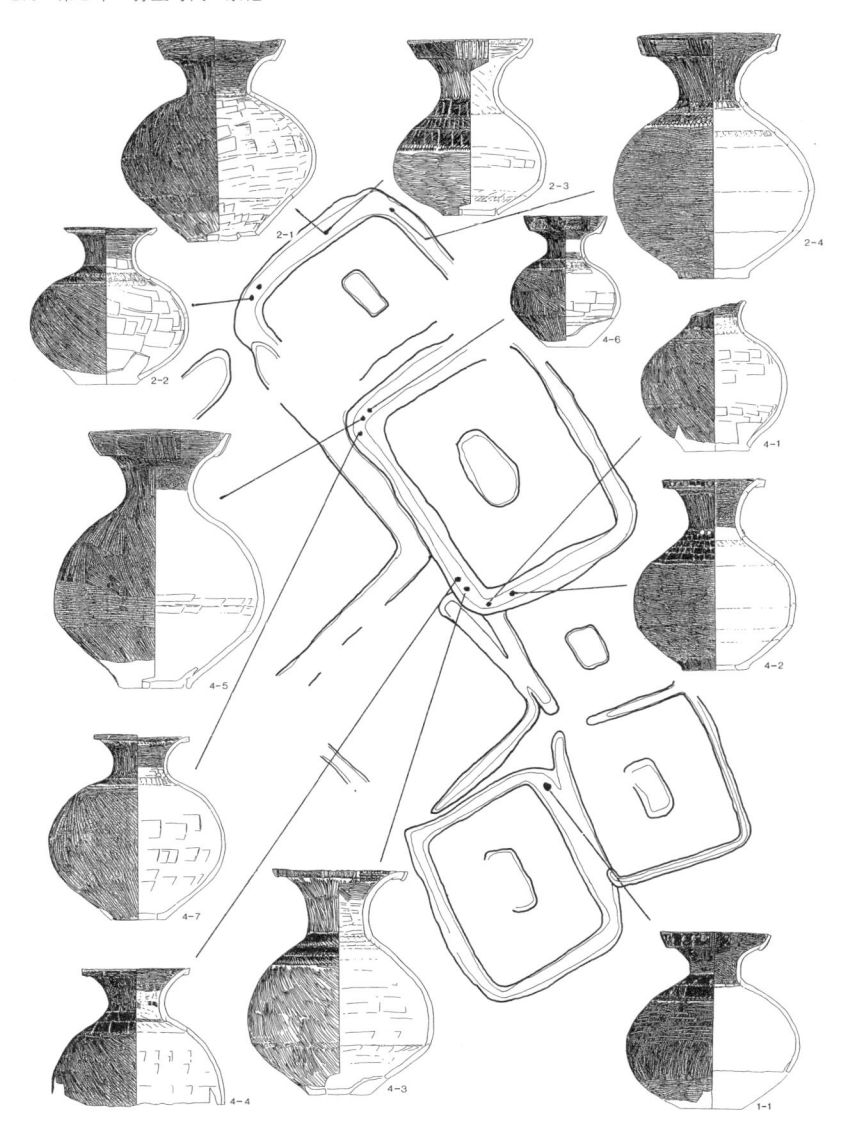

図11 丸山東遺跡の土器配置

ておこう。Aでは2号が4号に取り付く形態のため、4→2号の順序が考えられる。またBでも1号の西側にさらに群がつづく可能性があるが、調査では不明である。

前節で述べた2号と4号の土器の共通性（①～③）も、2・4が土器配置の単位であることを示している。

このように平面的な土器配置から、群における築造順序を推定することができた。出土層位は不明なものが多いことから確実でないが、おおむね中層以上のようである。共通する土器は、各周溝墓において周溝の埋没の段階同様に配置された可能性が考えられる。

井沼方遺跡からは、前述のように21基の方形周溝墓が検出されている。21基の平面配置と土器配置は図12のとおりである。とくに列構成を取るものから出土した土器相互に、丸山東遺跡同様に異なる周溝墓間の共通性が見られる。本稿では、紙幅の都合からA・Bの2群についてみていきたい。

A群は9・11・14・15号の4基によって構成されている。旧稿では、報告書に記載されている覆土の切り合いによる新旧関係から、14→11→9、14→15の築造順序を前提とした。だが、すでに何度も述べているように、方形周溝墓の最上層の分層はかならずしも遺構の新旧を反映していないことから、ここで再度検討することにしたい。

土器の平面的な出土位置に着目すると、14号は東溝の北東隅寄りから1の壺が、11号は東溝の南東隅寄りから底部穿孔壺の底部が出土している。さらに11号は北溝の溝底から3の甕が、確認面からは1の壺が出土している。いずれも土器を配置する行為に「正面」観があるとするならば、おのおのが築造された時点での、つまり東側が、11号ではそれに加えて北側が、「正面」であったと考えられる。なかでも東側の一群に着目することで、築造順序についての示唆が得られる。東側に周溝墓（11号）があると、その「配置」された土器は、方台部の盛土に遮られて見えなくなってしまう。11号と9号の関係も同様である。つねに土器が目に見える「正面」に置かれたのであれば、次々に東側につくら

172 第2章 弥生時代の祭祀

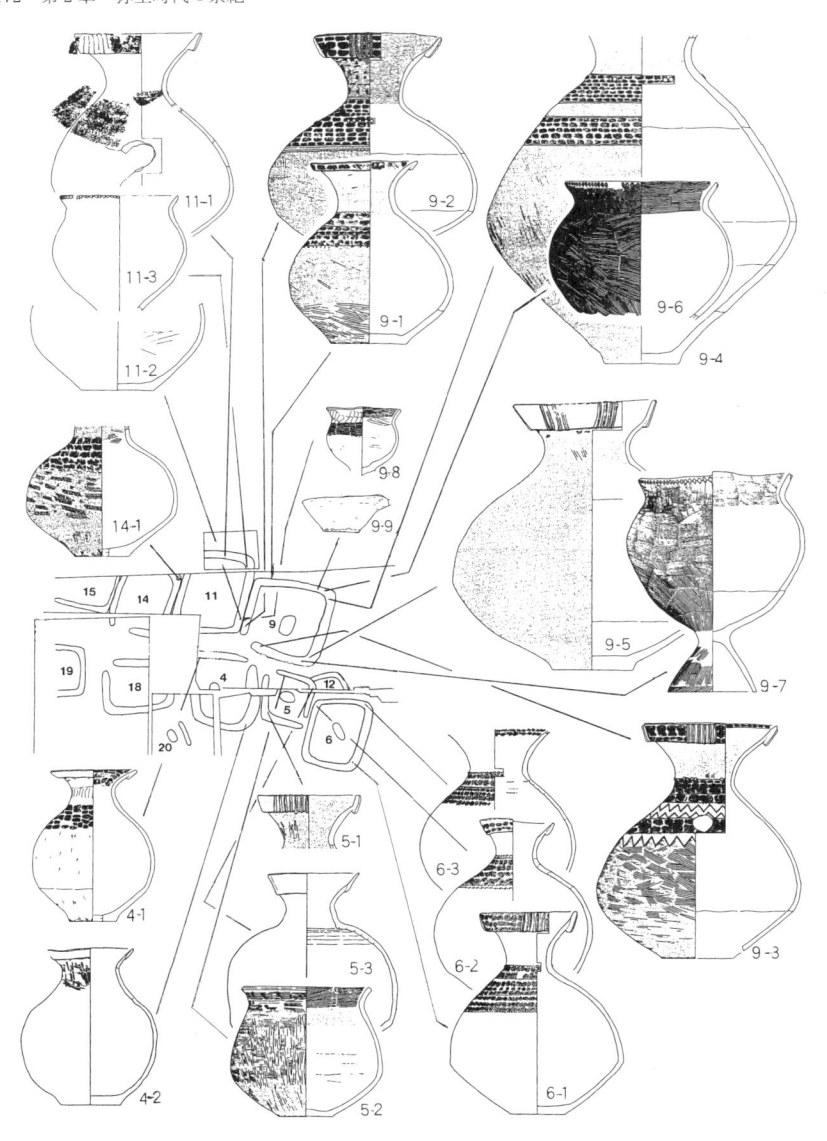

図12 井沼方遺跡A・B群の土器配置

れる周溝墓はその東側にあるものの方が新しく、いわば「正面」の更新が行われることになる。したがって、三者の築造順序は、14→11→9号となる。14号と15号の関係は、15号の周溝が細く、その周溝の大半を14号が切り崩すことが不自然と考えられることから、14号の周溝に15号の周溝を取り付けたものと考えられる。したがって、両者の築造順序は14→15号となる。また11号の北側の一群は群の北側の間隙地を意識したものと考えられる。このように、報告書での記載が、土器配置からも確かめられた。

そこで問題になるのがA群の東端になる9号である。9号では、北西、北東、南東の各隅、北溝、南西陸橋部際からまとまって壺を中心とした土器が出土している。出土土器量の多さとともに、中心埋葬施設からは鉄剣と瑪瑙製勾玉、ガラス玉、石斧が出土している。青木氏や柿沼氏が言うように、規模的にはそれほど大型ではないものの、この遺跡を代表する方形周溝墓といえよう。

1の壺は北西隅の中層から、2の壺は西溝の陸橋部際の溝底から横転した状態で、3の壺は南溝の陸橋部際の最上層から正位の状態で、4の壺は北東隅とそこから4m離れた北溝の最上層から破片の状態で、5の壺は南東隅の最上層から破片の状態で、6の台付甕は北溝の北東隅寄りの上層から横転した状態で、7の台付甕は南東隅中層から伏せた状態で、8の台付甕は西溝の陸橋部際の上層から、9の片口鉢は北溝の北東隅寄りの溝底から伏せた状態で出土している。土器の平面的な出土位置からは、14・11号同様に東側を意識するとともに、北側と陸橋部側も「正面」として意識されていたことがわかる。この東側にはB群との間に間隙地があることから、9号の東溝に置かれた土器はA群全体を代表するものになる。同様に、北側にも間隙地が推定されることから、北溝の一群はそちらの「正面」を意識したものと考えられる。こうしたA群を代表する土器群と対照的にとらえられるのが、すでに存在する11号側と南側にある陸橋部際の土器（1〜3）である。空隙地に向けられない陸橋部際の土器は9号のみに関係するもので、後述する南側の「墓道」を意識していると考えられる。

Bは4・5・6・12号の4基によって構成されている。また西側に間隔を空け

て18号、またやや間隔を空けて19号が位置し、Bと同じ群を構成する可能性がある。

　土器の出土位置と層位は次のとおりである。4号1は北溝の北西寄りの確認面から横転した状態で、4号2は東溝の南東隅寄りの確認面から、5号1は西溝の南西隅寄りの中層から、5号2は北溝の陸橋部寄りの溝底から、5号3は北東隅の溝底から20cmほど浮いて、各々出土している。6号1は南東隅の確認面から、2は北西隅の確認面から正位の状態で、3は逆位の状態で北東隅の確認面から出土している。

　土器を配置する行為に「正面」観があるとするならば、おのおのが築造された時点での、つまり西側が「正面」であったと考えられる。西側に方形周溝墓（5号）があると、その「配置」された土器は、方台部の盛土に遮られて見えなくなってしまう。5号と4号の関係も同様である。つねに土器が目に見える「正面」に置かれたのであれば、次々に西側につくられる周溝墓はその西側にあるものの方が新しく、いわば「正面」の更新が行われることになる。したがって、三者の築造順序は、6→5→4号となる。また12号は、6号の北西隅の壺を隠す位置にあることから、6→12号、5号の北溝に取り付くことから、5→12号の順序、6→5→12号の順序が考えられる。周溝の掘削状況からもこの順序が確かめられる。5号の周溝は細く、その周溝の大半を6号が切り崩すことは不自然であることから、6号の周溝に5号の周溝を取り付けたものと考えられる。このことからも、両者の築造順序、6→5号が確認される。

　また、この5・6号が密接な関係にあることは、中心埋葬施設が方台部の軸方向に対して、その対角線上に斜めにつくられることからもうかがえる。

　4号1と5号2、6号2・3は北溝に配置され、A群により北側を塞がれることからB群が先行するようにみえるが、9号の南溝にも土器配置が行なわれることから、単純な前後とは考えにくい。A群とB群の関係は、具体的には不明だが、A群の南側、B群の北側の双方に土器配置が見られることから、どちらか一方が先行するのではなく、同時に造営された可能性が高い。こうした土器

配置は、両群の中間の空間を意識したものであろう。この空隙地については桝田博之、駒見佳容子の両氏により「墓道」と推定されている（小倉・柳田・駒見 2000a）。A・B両群の空隙地に向けた土器配置は、この「墓道」に向けてなされた可能性も考えられる。いずれにせよ、土器配置からは、A・B両群は中間の間隙地を介して相互に関連があることは確かであろう。

次に出土層位に着目すると、およそ溝底、中層、上層から確認面の三つの場合があることがわかる。とくに上層から確認面で出土するものが多く、層位が判別できる21例中13例と半ばを占めている。9号8の台付甕を除き、いずれも壺である。これに対して、溝底出土のものは3例と少なく、器種も甕、片口鉢、広口壺と対照的である。中層出土のものは4例で、器種は壺が3例と台付甕1例である。

こうした出土層位の違いと器種の違いは、方形周溝墓における土器使用の段階とその内容について示すものと考えられる。すなわち、溝底―周溝掘削直後における壺以外の器種を使用した行為、中層―埋没途中における壺を中心とした行為、上層～確認面―周溝埋没完了間際における壺を中心とした行為である。井沼方遺跡では溝底―上層、溝底―中層の2段階のものが通常だが、9号についてはそのすべてを含み、中層段階においても台付甕を使用した行為が行われたと考えられる。これは、立花氏が挙げた神奈川県内の例と同様といっていいだろう。

前項で述べた異なる方形周溝墓で共通する土器については、4号―6号、11号―9号がいずれも確認面から出土し、両者が配置された段階がほぼ同様の段階であったことが分る。

5. 方形周溝墓における土器使用の段階

(1) 出土層位からみた土器使用の段階

ここで、前述の立花実氏による方形周溝墓における土器の出土状況の評価を

再度確認しておきたい。氏は王子ノ台遺跡の報告や神奈川県内の方形周溝墓の出土状況についてまとめたなかで、周溝底に置かれた土器は小型で完形の壺類が多く、周溝の埋没がある程度進んだ中層以上から出土する土器は中型以上の壺や底部穿孔壺であることを指摘している。このことは、周溝埋没直後における小型土器群の使用と、中層以上埋没時の底部穿孔土器群の使用という複数次の土器の使用があったことを示している。

前述のように、井沼方遺跡においては溝底、中層、上層から確認面という三つの土器使用の段階を確認できた。器種も溝底のものが甕、片口鉢、広口壺、中層以上が中型以上の壺を中心としており、対照的であった。

こうした状況は、溝底のものが小型器種ではないものの、立花氏が指摘した様相と相通ずるものと考えられ、個々の周溝墓では段階的な土器使用が行われた可能性が高い。

同時に、異なる周溝墓間で共通する土器が用いられ、その使用段階も共通すると考えられることは両方の方形周溝墓の築造にそれほど時間差がないことを示している。

(2) 土器から見た土器使用の段階

前述のように各遺跡の周溝墓間で共通の土器が配置されていたことは、方形周溝墓出土土器の製作と使用について、いくつかのことを示している。

周溝墓出土土器は、一基の周溝墓から出土する土器相互において、また異なる周溝墓の出土土器との間にも共通点が認められることから、墓専用の土器として製作された可能性が高い。

では、そうして製作された土器はいつ周溝墓に配置されたのであろうか。器高が30cm前後、あるいはそれ以上の土器は、枯土の乾燥と積み上げの工程が必要であることから、制作に数週間を要するという[5]。また、出土土器が優品揃いであることは、製作に相応の時間を費やした結果とも考えられる。そうすると死後すぐにつくり始めたとしても実際に使用できるまでには相当の期間が必

要ということになる。

　片や埋葬のハードである方形周溝墓本体は、死後すぐに造営を始めればおそらく数日でできてしまうであろう。そのときにはまだ中型以上の壺はできていない。したがって、埋葬から時間を置かずに配置することはむずかしい。先に見た、より製作時間がより必要と考えられる中型以上の壺がほとんど中層以上からしか出土しないことも、間接的にこの物理的時間の必要性を示しているのではないだろうか。

　このように溝底と上層・確認面における使用土器の違いは、行われる土器使用行為の性格の違いを示すものと考えられるが、出土土器の共通性が示すように、この段階が製作する姿勢や土器のでき上がりといった土器製作の上からも必要であったことを示している。こうした物理的側面も道具立て一器種構成に影響しているのではないだろうか。こうして、時間をかけて製作された秀麗な壺が配置されたと考えられる。

(3) 方形周溝墓における土器使用の段階

　ここまで、各方形周溝墓の土器使用に段階があること、上層から出土する壺類が各周溝墓ごとに共通する様相から土器の製作に一定の期間が必要であったこと、その結果が使用する土器の器種構成にも現れていること、複数の周溝墓の土器がほぼ同時に周溝墓群にもたらされたものである可能性が高いことを確認した。当然のことながら周溝墓群の造営には一定の時間的な幅があると考えられる。これらをまとめると、単位となる方形周溝墓群においては、図13のような階段状の土器使用を想定することができる。

　ここで問題となるのが、共通する土器の出土層位が周溝墓間でそれほど異なるわけではないことである。こうした土器はいうなれば周溝墓を飾り直すような行為と考えられるが、本来周溝墓の造営に大きな時間差があれば、出土層位が大きく異なることが想定される。ところがそれほどの差異が認められないのであるから、前述のように共通する段階で周溝にこれらの土器が配置されたも

178　第2章　弥生時代の祭祀

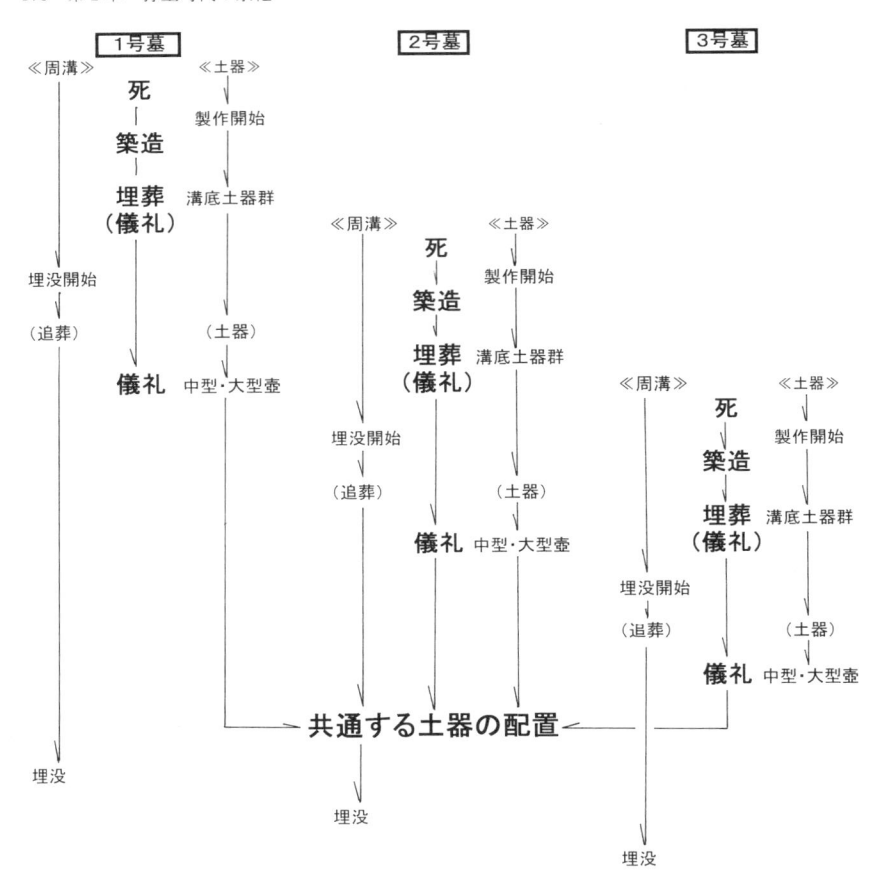

図13　方形周溝墓の土器配置の段階

のと考えられる。このことは、方形周溝墓群が造営される時間幅がそれほどないことを示している。方形周溝墓は家族墓と評価されることが多く、その築造の契機は次の世代の死者の埋葬に求められることが多い。しかし、これまで述べてきたような出土状況と土器の様相からすると、各周溝墓の造営の契機に親子関係ほどの時間幅は認められないことになる。こうした視点に立てば、よく見られる、方形周溝墓群から出土する土器が、想定される造営順序と対応しな

いという状況も理解しやすくなると考えられる。
　では、方形周溝墓の造営はどのようにして行われるのであろうか。この問題は方形周溝墓の歴史的位置そのものにかかわることであるため、次にやや詳しく見ることにしたい。

6. 出土土器と周溝墓の群構成過程

　駒見佳代子氏は方形周溝墓に明確な規格を考え、寿墓としての造営を推定している（駒見 2005）が、本稿でもみられるように、方形周溝墓には一般的に築造順序が認められ、平面的にも周溝を避けてつくるという状況が認められることから、俄かには賛同しがたい。やはり、一基の方形周溝墓には築造される契機があり、それが累積していると考えた方が自然である。
　方形周溝墓が築造される契機によって、その評価は累代墓であるのか、累世墓であるのか決まることになり、とりも直さずその評価は方形周溝墓に示される当時の社会状況の推定に直結する。そのため、この問題については長い議論の蓄積があるが、近年では都出比呂志氏が関東地方の方形周溝墓を例にして打ち立てた、有力世帯の「家族墓」という性格付け（都出 1984）をもとに、ほとんどの場合「家族墓」であり、その築造の契機は次の世代の死者の埋葬に求められると考えられている。それを前提に社会論のような議論がなされる場合がほとんどである。筆者もほとんど疑いもなく、それを前提に論を進めてきた。しかし、本稿の内容はその安直な前提を困難にするもので、筆者自身の前提に、じつは何の根拠もないことを露呈することとなった。
　関東地方では、この「家族墓」をめぐって、大村直氏と伊藤敏行氏の議論があるため、それを見ることによって問題点が浮き彫りになると考えられる。
　大村直氏は当時半ば定説化しつつあった方形周溝墓＝「家族墓」という前提にあえて挑んだ（大村 1991）。千葉県東金市道庭遺跡、同佐倉市寺崎向原遺跡、同市原市天神台遺跡にみられる弥生時代中期の、一基を起点とする列状構成を

「夫婦関係、あるいは直接的な親子関係を横断した集合原理」（大村 1991：62頁）すなわち「弥生時代に推定される緊密な血縁集団も、おそらくは兄弟姉妹といった同世代的なつながり」である「血縁原理」を示すものととらえる。加えて東京都八王子市神谷原遺跡における列状構成から、首長墓の構築を契機とする小群の構築とその移動という群構成の変化に見られる「一基複数埋葬あるいは小群による個別化」、すなわち弥生時代後期から古墳時代前期の小群による個別化を、「親子関係を含む塁世代間のつながり以上に、首長個人を基点とした、各々の世代のつながりが強調されている」「夫婦関係を基点とする居住原理」を示していると評価した。いずれにせよ複数の世代に跨る家族が埋葬されている「家族墓」という考え方は否定されている。大村氏の方形周溝墓群の被葬者像は、同世代の「世代墓」すなわち「集団墓」なのである（大村 1991）。

　また、大村氏の主張のなかには家族墓の前提である溝中埋葬に対する批判が含まれている。この問題については、千葉県市原市草刈遺跡の成人人骨と土器棺の出土などから解決済とされる場合も多い。しかし、かつて指摘したように、その様態は多様で埋葬施設としてのみの機能を考えることはできないのは確かであり（福田 1991）、大村氏の主張も首肯できる部分がある。

　大村氏の結論と筆者の見解は、群構成のあり方をどうとらえるかについては異なるが、方形周溝墓の 2～3 基を単位とする小群を「集団墓」とする点では一致する。

　この大村の群構成論については、批判的な向きが多い。なかでも伊藤敏行氏の批判が最も具体的で、批判としても妥当性をもっている（伊藤 1996・2004）。

　伊藤氏の批判は、とくに大村氏の立論の重要な論拠である弥生時代中期の一基を基点とする列構成や、神谷原遺跡の群構成の変遷について重点が置かれている。

　伊藤氏は関東地方全体の方形周溝墓の群構成を検討するなかで、「方形周溝墓は、一見切り合い関係を有する群集状況を基本とするかのように考えられていたが、実際にはごく少数（2～3 基）の切り合いを有するグループを含んだ、

単独墓を基本とした構築がなされている」（伊藤 1996：337頁）ことを確認している。大村氏があげた天神台遺跡も、「よく見ると2～3基程度の規模・方向の同じグループで構成されていることは明らかであり、累積結果としての列構成を当初から想定することはできない。」（伊藤 1996：338頁）として、大村の群構成のとらえ方を批判している。

　神谷原遺跡についても、列状構成や首長墓を契機とする群の構築とその移動が困難であることを示し、「全体としてはⅡ期（前野町式：福田註(2)）に構築されたと考えられるＳＸ17同様にⅢ期に位置する各群の周溝墓群の中の幾つかはⅡ期に構築がはじまり、大形の周溝墓を中心とした各群が同時並行で存在した可能性が指摘できる。その姿は、山梨県上の平遺跡などのブロックごとのあり方と大差ない」（伊藤 2004：58頁）。

　このように、伊藤氏は大村氏が論拠とする群構成の把握そのものを否定している。伊藤氏がいうように、大村氏が示した数十基にも及ぶような列構成は、やはり2～3基を一単位とするものと考えられることから、現象面の把握としては大村氏の説は妥当ではない。また神谷原遺跡については筆者も未だ検討を行っていないため、どちらかの是非は問えないが、本稿で取り上げた井沼方遺跡で、規模、出土土器、副葬品が他の周溝墓に優る9号が周溝墓群の起点ではないことからも、やはり伊藤氏の現象面の把握が妥当と考えられる。

　ただ、伊藤氏は大村氏への批判のみをもって、ただちに単体として、あるいは2～3基を単位とする小群を「家族墓」としているわけではない点には留意する必要がある。その詳しい手続きについては触れないが、「1基ずつの単独墓の死亡順の列構成ではグループ化は説明できず、集落成員に対応した死亡数に見合った数の方形周溝墓の構築は存在しない。あくまでも家長世帯（夫婦と直系家族）の死を契機として方形周溝墓が構築され、そこに家長夫婦の直径以外の家族を加えた3～4軒程度の単位が埋葬され、2～3代（かならずしも"家長"の死亡順ではない）の世代のグループが形成されると考えられる。さらに広い範囲の家族でブロックを形成し、そこには他の婚入者・地縁者も含まれ得る。」と

して、「家族墓」であることを結論としている（伊藤 1996：344-345 頁）。大村氏の見解の対極にあり、また説得力もある。

　ところで両氏の論は平面的な構築状況からのアプローチであり、一つ一つが累積した結果として形成された群全体がはたして当時どのようなものとして認識されていたか、あるいはどのように見えていたかという景観全体への評価、群全体に対する評価が欠けているように思える。その点について本稿での成果が認められるものであれば、また違った評価が与えられるのではないだろうか。

　本稿で検討したような、数基を一単位とする周溝墓群（単位墓群）で共通する土器が用いられることと、その出土状況が周溝墓間で大差がない（片方が溝底で片方は上層、片方が転落や据え置きで片方は破砕 etc ではない）ことはそれらの埋没に時間差がないことを示している。親子ほどに埋葬される時間差があるとしたら、共通する土器を入れる際に出土層位に大きな差が見られるはずだが、実際には大差ないのである。したがって、異なる世代を含む親子関係を小群内の構築の軸とするような「家族墓」、「累代墓」とすることはできないであろう。単位墓群の被葬者はほぼ同世代と考えられ、「累世墓」、仮に溝中土坑に埋葬が行われたとしても、中心埋葬施設に埋葬される被葬者間は同世代の「累世墓」という性格が与えられる。その造営は大村氏がいうように親子関係を軸としないルールによって行われると考えられることから、「集団墓」と呼称するのが適当であろう。

　この親子関係を軸とした「家族墓」と、世代を軸とした「集団墓」という評価の違いは、古くて新しい問題であるが、同様に方形周溝墓が塋代墓であるのか、累世墓であるのかも、定説化にはいたっていない。

　この両方の問題は、基本的な問題であるはずなのに等閑に付される場合が多い。それにも関わらず、累代墓である家族墓という評価を前提に、社会構成的な側面が語られ、多くの成果が挙げられているように見える。しかし、じつは最も基本的な問題であるはずの、この評価に対する検討が尽くされていないこ

とから、導き出される多くのモデルの危うさを感じているのは筆者のみではないだろう。

この問題については多くの課題があり、とても本稿のみで語りつくせるものではない。ここでは筆者が方形周溝墓を「集団墓」と考えることのみを確認して別稿を期することにしたい。

7. まとめにかえて

これまで見てきたように、一つの周溝墓群で共通した土器の配置が認められることは、一つの周溝墓群がその一括配置によって儀礼的な土器使用が終了し、ある方向から見た一体の視覚的な効果のあるまとまりに変更されたと評価できる。一体化という象徴化が行われたともいえるだろう。

群、あるいはグループに対する（儀礼的な）土器配置が行われている方形周溝墓群は、その平面的な遺構分布のみではなく、土器を用いて具体的、可視的にもグループのまとまりを示し、象徴化した集団墓であるといえよう。

遺構の上からも、遺物の上からも、集団墓を象徴化することによって集団を表示する。このいかにも弥生時代らしい墓の使用方法が、方形周溝墓という墓制の特徴なのではないだろうか。

こうした集団墓としての群構成と土器配置が、どの程度の継続性と地域的な広がりがあるかはこれから検討を進めなければならないものの、方形周溝墓における土器配置は、弥生時代中期の各地における方形周溝墓の導入期から、全国的に一般化されていると考えられる（福田 2005）。各時期、各地の土器配置と土器の製作の様相が、本稿で示したものと一致するかはまだ明らかでないが、仮に一致するものであるとすれば、当然各地の地域社会の様相は異なるものの、方形周溝墓という時代を代表する墓制は共通する一側面をもつととらえられるであろう。

ところで、2で述べたように墓に土器等の器物を納める行為は弥生時代に始

まったものではない。縄文時代のそうした行為については、中村大氏（中村1998ほか）、金子昭彦氏（金子2004ほか）の研究をはじめとして、縄文時代の階層性を示すものとして多くの研究が展開している。しかし、そこでは方形周溝墓群に見られるような集団としての象徴化は判然とせず、方形周溝墓への継続性については慎重に検討する必要がある。

一方、古屋紀之氏の一連の研究に示されているように、古墳はそのためだけに他で使用されている土器とはまったく異なるものを使用し、特定の配置方式をとる。古墳単体の「個」を重視した単独墓であるといえるだろう。単独の者を象徴化することによって、集団を表示するという墓の使用方法をとるのが「古墳」なのではないだろうか。

柿沼幹夫氏が示すように、古墳時代の方形周溝墓にはたしかに明瞭な格差があるが、それは古墳の隔絶性とは一線を画している（柿沼1996）。

集団の象徴化と個人の象徴化が、弥生時代、古墳時代の対照性をよく示していると思われる。

しかし、古墳の導入をもって当時の社会、具体的には前期の社会がドラスティックに変化したわけではないのも、また一方の事実である。それは、たとえば長野県更埴市の森将軍塚古墳のように100メートルクラスの古墳においてさえ、周辺に多くの集団墓を形成することからもうかがえる。隔絶性のみではない、いわば「飛躍しきれない首長」の姿がそこにはある。関東地方の古墳時代前期後半に本格化する土地開発とムラの関係などとあわせて、まさに変化する複雑な地域の歴史像をよく現しているといえるだろう。

弥生時代を代表する墓制である方形周溝墓は当時の社会の鏡である。『方形周溝墓の再発見』で掲げた「方形周溝墓とは何か」という問いに答えることは、弥生時代という時代の社会像、歴史像を描くことに他ならないと考えている。そのための試みを継続することを期して、ひとまず稿を閉じることにしたい。

註

（1） 丸山東遺跡の資料については、練馬区教育委員会、小金井靖氏の御厚意により実見させて頂いた。
（2） 時期区分についは『関東の方形周溝墓』と同様とした。Ⅲ期は弥生時代後期（久ケ原・弥生町式）、Ⅳ期は弥生時代終末（前野町式）、Ⅴ期は古墳時代前期（五領式）を指す。
（3） 井沼方遺跡の資料については、さいたま市教育委員会、笹森紀巳子氏の御厚意により実見させて頂いた。
（4） 9号3と11号1は別の場所に収蔵されているため、並べた状態での撮影はできなかった。
（5） 土器作りについては菊地有希子氏にご教示いただいた。

参考文献

伊丹　徹　1996「神奈川県の方形周溝墓」『関東の方形周溝墓』33-56頁、同成社。
伊藤敏行　1986「東京湾西岸流域における方形周溝墓の基礎的研究」『研究論集Ⅳ』43-89頁、東京都埋蔵文化財センター。
伊藤敏行　1988「東京湾西岸流域における方形周溝墓の基礎的研究」『研究論集Ⅵ』1-69頁、東京都埋蔵文化財センター。
伊藤敏行　1996「群構成論」『関東の方形周溝墓』331-347頁、同成社。
伊藤敏行　2004「神谷原遺跡方形周溝墓群の再検討」『専修考古学第10号』43-59頁、専修大学考古学会。
伊藤敏行　2005「宇津木向原遺跡と関東の方形周溝墓」『方形周溝墓研究の今』60-94頁、雄山閣。
伊藤敏行・及川良彦　1996「東京都の方形周溝墓」『関東の方形周溝墓』57-74頁、同成社。
及川良彦　1996「「方形周溝墓」出土の土器　南関東②東京都」『関東の方形周溝墓』209-228頁、同成社。
大庭重信　1992「弥生時代の葬送儀礼と土器」『待兼山論叢　第26号史学』89-113頁、大阪大学。
大村　直　1981『神谷原Ⅰ』八王子市椚田遺跡調査会。
大村　直　1982『神谷原Ⅲ』八王子市椚田遺跡調査会。
大村　直　1991「方形周溝墓における未成人中心埋葬について―家族墓・家長墓説批判」『史館第23号』25-79頁、史館同人。

大村　直　1996「ムラと方形周溝墓」『関東の方形周溝墓』349-364 頁、同成社。
小倉　均　1986『井沼方遺跡（第 8 次）発掘調査報告書』浦和市遺跡調査会報告書第 58 集、浦和市遺跡調査会。
小倉　均　1998『大古里遺跡・井沼方遺跡・井沼方南遺跡』浦和市内遺跡発掘調査報告書第 26 集、浦和市教育委員会。
小倉均・中村誠二・大塚和夫ほか　1981『大北遺跡・井沼方遺跡発掘調査報告書』浦和市遺跡調査会報告書第 15 集、浦和市遺跡調査会。
小倉均・桝田博之　1998『井沼方遺跡（第 13・14・15 次）・井沼方南遺跡発掘調査報告書』浦和市遺跡調査会報告書第 241 集、浦和市遺跡調査会。
小倉均・桝田博之・駒見佳容子　2000『井沼方遺跡発掘調査報告書（第 17 次）』浦和市遺跡調査会報告書第 280 集、浦和市遺跡調査会。
小倉均・桝田博之・駒見佳容子　2000『井沼方遺跡発掘調査報告書（第 19 次）』浦和市遺跡調査会報告書第 285 集、浦和市遺跡調査会。
柿沼幹夫　1996「「方形周溝墓」出土の土器　北関東①埼玉県」『関東の方形周溝墓』247-318 頁、同成社。
柿沼幹夫　2006「大きな方形周溝墓出土の超大型壺」『埼玉の考古学Ⅱ』261-284 頁、埼玉考古学会。
金子昭彦　2004「東北北部縄文晩期における副葬品の意味（予察）―階層化社会を読みとることはできるか―」『縄文時代 15』95-116 頁、縄文時代文化研究会。
合田芳正　1995「「対」の土器」『海老名本郷Ⅹ-Ⅳ』1027-1032 頁、富士ゼロックス株式会社・本郷遺跡調査団。
駒見佳容子　2005「方形周溝墓の築造規格―規模と規格について―」『方形周溝墓研究の今』226-250 頁、雄山閣。
惟村忠志・新堀　哲　1995『丸山東遺跡Ⅲ　第 6 分冊』東京外かく環状道路遺跡調査会。
椙山林継・山岸良二編　2005『方形周溝墓研究の今』226-250 頁、雄山閣。
立花　実　1996「「方形周溝墓」出土の土器　南関東①神奈川県」『関東の方形周溝墓』179-208 頁、同成社。
立花　実・秋田かな子　2000「方形周溝墓の分析」『王子ノ台遺跡　弥生・古墳時代編』628-653 頁、東海大学。
都出比呂志　1984「農耕社会の形成」『講座日本歴史 1　原始・古代 1』東京大学出版会。
東京都教育委員会　2005「丸山東遺跡方形周溝墓出土品」『文化財の保護第 37 号』57-

61頁。

中村　大　1998「亀ヶ岡文化における葬制の基礎的研究（1）―東北北部の土壙墓について―」『國學院大學考古学資料館紀要第 14 輯』177-209 頁、國學院大學考古学資料館。

福田　聖　1995「方形周溝墓と土器Ⅰ」『研究紀要第 11 号』1-54 頁、（財）埼玉県埋蔵文化財調査事業団。

福田　聖　1996「方形周溝墓の死者儀礼」『関東の方形周溝墓』395-412 頁、同成社。

福田　聖　2000『方形周溝墓の再発見』同成社。

福田　聖　2001「埼玉県における低地の周溝墓と建物跡（5）」『埼玉考古第 36 号』37-66 頁、埼玉考古学会。

福田　聖　2002「大宮台地における環濠集落の基礎的研究（1）―井沼方遺跡―1―」『研究紀要第 17 号』61-90 頁、（財）埼玉県埋蔵文化財調査事業団。

福田　聖　2004「方形周溝墓と土器Ⅱ」『研究紀要第 19 号』1-54 頁、（財）埼玉県埋蔵文化財調査事業団。

福田　聖　2005 a「方形周溝墓と土器Ⅲ」『研究紀要第 20 号』57-76 頁、（財）埼玉県埋蔵文化財調査事業団。

福田　聖　2005 b「方形周溝墓における資料の記述と文脈―儀礼論のための基礎的な問題―」『方形周溝墓研究の今』251-277 頁、雄山閣。

福田　聖　2005 c「方形周溝墓における共通性」『考古学ジャーナル』第 534 号、22-25 頁、ニューサイエンス社

藤井　整　2004「第 1 節弥生時代中期の下植野南遺跡」『下植野南遺跡Ⅱ＜本文編＞』143-157 頁、京都府遺跡調査報告書第 35 冊、（財）京都府埋蔵文化財調査研究センター

古屋紀之　1998「墳墓における土器配置の系譜と意義」『駿台史学第 104 号』31-82 頁、駿台史学会。

古屋紀之　2002「墳墓における土器配置から古墳時代の開始に迫る」「弥生の『ムラ』から古墳の『クニ』へ」学生社。

古屋紀之　2002「古墳出現前後の葬送祭祀―土器・埴輪配置から把握される葬送祭祀の系譜整理」『日本考古学第 14 号』120 頁、日本考古学協会。

古屋紀之　2004「北陸における古墳出現前後の墳墓の変遷―東西墳墓の土器配置系譜整理の一環として―」『駿台史学第 120 号』107-135 頁、駿台史学会。

古屋紀之　2004「底部穿孔壺による囲繞配列の展開と特質―関東・東北の古墳時代前期の墳墓を中心に―」『土曜考古第 28 号』81-99 頁、土曜考古学研究会。

古屋紀之 2005「弥生墳墓の土器配置にみる祭祀」『季刊考古学第 92 号』91-94 頁、雄山閣。

村田健二 1990『広面遺跡』埼玉県埋蔵文化財調査事業団報告書第 89 集、(財) 埼玉県埋蔵文化財調査事業団。

桝田博之・小倉均 1994『井沼方遺跡発掘調査報告書 (第 12 次)』浦和市遺跡調査会報告書第 185 集、浦和市遺跡調査会。

山川守男・坂本和俊・福田　聖 1986「埼玉県の方形周溝墓」『関東の方形周溝墓』97-120 頁、同成社。

山岸良二編 1996『関東の方形周溝墓』同成社。

「境界」埋納の思考
―武器形青銅器埋納の世界観―

片岡　宏二

　本論は、考古学的に発見された青銅器埋納を神話・民俗学その他の事例から検討し、異界との交渉という観点からその動機をもとに考察した。

　この問題を考えるきっかけは、先年青銅器埋納遺構の発掘にかかわる機会があったからである。私は直接の担当者ではないが、同僚が掘り当てたもので、それをじっくり観察するきっかけをもった（片岡 2006a）。それから、考古学をはじめ比較文学、民俗学、人類学などの研究者から、埋納の思考について教えていただく機会をもった。そしてこの機会にそれをまとめることにした。青銅器埋納遺構とは、弥生時代の青銅器である、銅剣・銅矛・銅戈などの武器形青銅器や銅鐸が地中に埋められて発見されたものである。本論で扱うのは、おもに武器形青銅器である点を最初にご了解願いたい。

　青銅器埋納（以下「埋納」とする）研究には、大きく二つの方法があるといえるだろう。埋納遺構とその遺物が考古資料であることから、考古学による実証的な研究が一つの方法論である。研究の主体者となるのは考古学研究者である。もう一つは、歴史学・民族学・文化人類学・民俗学などの周辺領域から研究する方法論である。考古学の限界を補うだけでなく、一部ではそれによってしか解決できないものもある。とくに、埋納の理由（動機）などとなると、考古学的な研究には限界がある。研究主体者は考古学研究者だけではなく、民俗学・民族学・文化人類学・文献史学研究者などである。本論は、後者の方法を援用しながら、とくに埋納の動機について検討したものである。

1. 埋納研究にあたって

(1) 研究抄史

　埋納研究の初期には、研究分野が細分化されることはなかった。大場磐雄は埋納を原始社会における祭祀行為として、神道的祭祀儀礼の体系のなかでとらえた（大場 1970）。また、三品彰英は文献や日本神話との関連から埋納動機を考察した（三品 1954）。一方で、喜田貞吉らにより埋納行為を隠匿とする説などその物質的価値の保管を重視する意見も提唱された。考古学的な研究には、初期から最近までのさまざまな考えがあったことは、岩永省三により紹介されたもの（岩永 1997）があり、また島根県荒神谷遺跡発見によって埋納が活発に論議され始めた以後の埋納研究は、松本岩雄らによって詳細にまとめられたものがある（島根県埋蔵文化財調査センター 2006）。

　考古学による実証的研究では、埋納の諸法則から見た弥生社会の復原が多くの成果を上げている。武末純一による銅矛埋納の研究（武末 1982）は、埋納方法における一定のルールから、その背景にある地域の政治・経済的関係を明らかにした。海外の埋納（デポ）についての研究が、日本の埋納を強く意識した視点で佐原真（1985）・岩永省三（1998）・桑原久男（2000）らにより紹介・批評されている。その理論は、日本における埋納研究に強く影響し、その応用で日本の埋納の理解が進展しているが、一方でその考えが、日本独自の見解と誤解される点も指摘されている。

　文献史学からの言及もある。1970年代までの研究の多くは、神との関係や地名・神社名などを駆使して述べられたものも多いが、実証性に欠けるものも多かった。最近の研究には、荒神谷遺跡や同じ島根県加茂岩倉遺跡と出雲神話に関する研究（錦田 2006）のように、個別の地域・遺跡を対象とするものに成果が上がっている。日本民俗学からの視点はほとんどない。民俗事例には青銅器埋納を考える上で参考になるものが多くあるが、民俗は、時代を特定できない

という点で、科学的・実証的に不利だとされてきた。いつも問題になるのは、民俗・民族事例が、日本の弥生時代との空間的・時間的隔たりをどう証明するかである。佐原のようにそれに目を向ける研究（佐原 1985）もあったが、大概の考古学的研究では、埋納の動機などは観念的にすぎるため、民俗学など周辺領域の成果に触れない傾向が強い。しかし、民俗はモノから類推するのに限界のある考古学を補い、ある部分では主体的に解明することが可能なこともある。民俗事例は、時代を超えて累積する日本（民族）の思想・行動である。決して軽視すべきではないと考える。

（2）埋納という用語について

「埋納」という一般になじみのない用語について確認しておきたい。考古学の世界では通用する「埋納」という言葉は、どの国語辞典にも載ってない。一般的には「埋蔵」という意味である。「埋蔵文化財」というように、遺構が意図的であれ、自然であれ埋まってしまったものも「埋蔵」と表現するが、私たちが日常使うときには、自然に埋まったものを「埋没」といい、意図的に埋めたものを「埋蔵」という。おそらく、その言葉を最初に使ったであろう佐原は、ヨーロッパ考古学における「デポ」を「埋納」と訳し、「意識的に遺物を埋め納めること、その遺跡、遺物。墓への副葬は除く。」と定義した（佐原 1985）。

弥生時代青銅器には「埋納」という言葉しか使わないが、地中に銭を埋めることが流行した中世の研究では、信仰的埋蔵には「埋納」を、また信仰以外の理由（おもに経済的理由）による埋蔵には、「備蓄」を使う（鈴木 2002）。備蓄は、再掘してその価値を再度世に出すことから、一時的保管の意味が強い。弥生時代青銅器埋納における一時保管説でも、祭りのときまで地中に一時保管するという三品彰英の考えは、多くの支持を得てきた（三品 1968）。しかし、後述するように、かならずしも埋納の動機は一貫しているわけではない、という意見が強くなっている。筆者も同感である。ここではすべて「埋納」という言葉でまとめて表現することにする。

(3) 埋納行為の本質

　埋納は、狭義には青銅器を土に埋める行為であるが、広義にはそれに関連するすべての行為を含む。つまりマツリである。北九州市重留(しげとめ)遺跡（(財)北九州市教育文化事業団 1999）や小郡市寺福童(てらふくどう)遺跡（小郡市教育委員会 2006）では、複数回に及ぶ出し入れの痕跡が確認できているが、一度埋めたものをふたたび掘り出す行為も、当然、広義の埋納行為＝マツリのなかに含まれる。

　埋納遺構は人里離れた場所であることが多い。その場所まで、青銅器を運ぶこと、あるいはもち帰ることがあればその過程もマツリの一つである。さらにその青銅器を使ったムラの集いがあったとすればそれもマツリの一つである。埋めるという一行為は、考古学的にはいちばん注目されるところであるが、それはマツリの一部にすぎないことはいうまでもない。

　出雲地方には、神在月（出雲以外では神無月）の終わりに全国から集まった神様を送る神等去出（からさで）神事がある。松江市（旧鹿島町）佐太神社では11月25日の夜中神の宿るヒモロギをもった神主・氏子たちが、神社から西北に2kmほど離れた神目山(かんのめやま)の細い山道を粛々と登り、小さな窪んだ池に小さな木船を浮かべ、そこにヒモロギを置いて神様を送り出す神事を行う（朝山 1997）。後世、この祭事を考古学的な発掘で知る可能性があるとすれば、物質的に証明できるものは池に沈んだ木船だけである。それ以外の行事の大部分を占めるマツリを考古学的に復元することは、ほとんど無理だと言える。

2. 埋納の諸形態とその動機

(1) 埋納形態からみる埋納動機

　埋納は偶然の機会に見つかることが多かった。最近は、考古学への感心の高まりや開発への対応充実によって、埋納遺構を発掘する機会が増加してきた。そうすると、埋納にも多様な形態、たとえば埋められた場所、集落や他の遺構との関係、数と器種の組み合わせなどさまざまな形態があることがわかってき

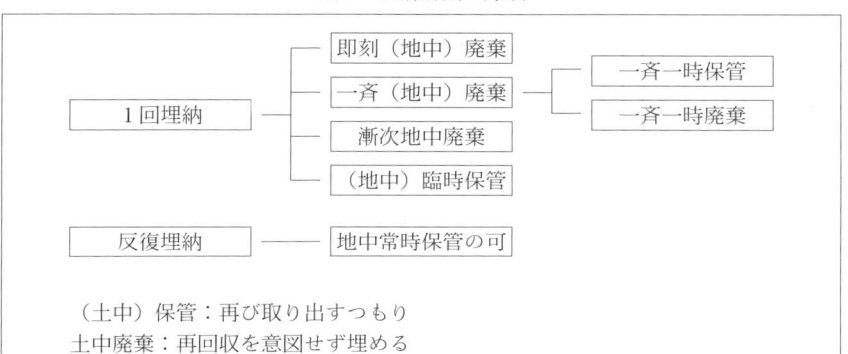

表1　埋納動機の分類

```
                    ┌─ 即刻（地中）廃棄
                    │                      ┌─ 一斉一時保管
    ┌ 1回埋納 ──────┼─ 一斉（地中）廃棄 ───┤
    │               │                      └─ 一斉一時廃棄
    │               ├─ 漸次地中廃棄
    │               └─ （地中）臨時保管
    │
    └ 反復埋納 ────── 地中常時保管の可
```

（土中）保管：再び取り出すつもり
土中廃棄：再回収を意図せず埋める

た。集落内部・住居跡の埋納や出雲地方における多量の埋納など、埋納形態の多様性は、青銅器埋納が、かならずしも一貫した約束ごとのなかで行われているのではない、という可能性を示している。

　形態の違いは動機の違いを反映している。佐原は「デポ」の概念を通して、表1のように整理している（佐原 1986）。

　回収を前提としながら、何かの理由で掘り出さなかったものは、多くの場合「掘り出さなかった」のではなく「掘り出せなかった」結果であろう。掘り出せない理由には、戦争や疫病の流行などが考えられるが、その具体的なできごとを証明することはむずかしい。このなかには、戦いの緊張のなかで、敵方の収奪を阻止するために埋めるいわゆる隠匿説がある。しかし、銅矛の埋納には埋め方に「うちちがえ」などのような共通する埋納様式が認められる（武末 1982）ことから、あわてふためいて埋めたものはないことは明らかである。戦いによる隠匿は基本的には成り立たない。

　一時的にせよ、地中に埋める行為のなかに、まったく信仰的なものがなかったとはいい切れない。が、これを考古学的調査のなかで証明することはむつかしい。回収を前提とせず、意図して埋めたままにするもの（永遠の放棄・土中廃棄）がある。そのほとんどが青銅器をマツリの中心に据えた祭祀といってよ

194　第2章　弥生時代の祭祀

表2　埋納遺構の諸形態と埋納動機の関係

	忘却型埋納	祭祀型埋納
立地	埋めた場所がすぐにわかる場所	埋めた場所がすぐにわからなくなってしまう場所かわかっていても掘り出せない場所
集落・目標物	集落の近辺で、埋めた場所との関係がわかる目標がある	集落から離れていたり、集落近辺でも目標物がない
埋納の深さ	浅い	極端に深いものもある
本数・配置	少数で取り出しやすく、時には容器入りのものもある	多数のものが平面的に広がって、整然と配置される
回収痕跡	回収された痕跡があるものがある	回収された痕跡は発見されていない
	↓	↓
動機	再度掘り出す意思はあったが、何かの理由で掘り出せなかった	再度掘り出す意図がなく、結果的に掘り出されたなかった

いだろう。三品は弥生時代の地的祭儀から古墳時代の天的祭儀への転換が、青銅器を埋めた状態のままに永遠に放棄した、というスケールの大きな考えを述べた（三品 1954）。この考えは、その後荒神谷遺跡の埋納青銅器を解釈する際にも受け継がれている。時代の変化を契機にするばかりでなく、信仰として異界との交渉などの理由も考えられることは後で述べる。

　本論では、前者の（掘り出せなかった）埋納を「忘却型埋納」、後者の（回収を前提としない）埋納を「祭祀型埋納」とよんで分けて考えることにした。

　分類した埋納遺構の状態と埋納動機の関連をまとめると、表2のようになる。

(2)　忘却型埋納

　青銅器埋納のマツリを執り行っていた集落が、敵の襲撃を受けたり、突然の病気で集落全体が消滅して、その所在を知っていた人が、いなくなるとその所在がわからなくなる。あるいは意図的にそれを埋めたままにして、集落を移動・放棄したものもあるかもしれない。

　埋納された青銅器がそのまま置き去りにされる点について、佐原は、松本清張らが銅鼓の埋納例に注目していたことを紹介するが、高倉洋彰も中国広西壮族自治区瑶族の興味ある儀礼を報告している（高倉 1996）。それによると、瑶

族は銅鼓を集落外に埋めて保管し、必要に応じて長老の指揮で掘り出すが、その長老に急変があると保管場所がわからなくなるという。

　忘却と考える根拠は、立地と埋納状態による。集落内や集落から比較的近い場所にあって、その位置を記憶することが、容易であるにもかかわらず回収されていない例や、比較的浅く、容易に取り出すことができる埋め方をしているにもかかわらず回収されていない例がある。このような埋納は、その埋納位置、集落・住居との関係などによって、さらに三つに分類することができる。

　まず最初に、集落内の中心・中枢の建物近辺や広場に埋められた例がある。（例：鳥栖市本行（ほんぎょう）遺跡、うきは市浮羽町日永（ひなが）遺跡）これを「集落内型埋納」とよんでおこう。本行遺跡では中広形銅矛１点が集落のなかから刃を立ててきちんと埋納された状態で出土している（鳥栖市教育委員会 1997）。横に大型の竪穴住居がある。また、日永遺跡でもとくに大きな掘立柱建物の近くから広形銅矛・広形銅戈が２本揃って出土し（福岡県教育委員会 1994）、それらを箱に入れた状態が復元・確認できた（佐々木 1997）。掘立柱建物は４間×７間以上という巨大なものである。両方の大型建物をムラ経営にかかわった特定集団の住居と見るか、あるいはムラ構成員の集会場所と見るかによって、青銅器を用いたマツリが、弥生社会の階層分化とどのようにかかわるのか、という問題につながってくるが、ここでは主旨から離れるので割愛する。(2)

　次に住居のなかに埋納された例がある。（例：北九州市重留遺跡）これを「住居内型埋納」とよんでおこう。重留遺跡では、大きな竪穴住居の壁際床面に掘られた長さ100cm、幅22cmの穴のなかから広形銅矛が１本出土した。銅矛に埋められた穴は、７回以上掘り返される（（財）北九州教育文化事業団 1999）。つまり、出し入れの作業がくり返されているらしい。埋納した穴の上には白色粘土を貼った痕跡がある。その意図ははっきりしないが、行橋市大字天生田（あもうだ）字大将陣出土の広形銅矛の表面にも片側だけ白色粘土がこびりついていた（片岡 2006b）。表面の湿気を防ぐ目的だろうか。広形銅矛がこの住居の住人と密接な関係をもつことは明らかである。(3)

196　第2章　弥生時代の祭祀

図1　寺福童遺跡の銅戈埋納遺構

2004年、小郡市寺福童遺跡から9本の中広形銅戈が出土した。埋納銅戈は、土壙に規則正しく埋納され、その土壙は別の土壙に壊されているので、9本以上あったことは間違いない。銅戈は、いずれも刃を立てた状態で埋納され、その方向は、北東に鋒を向けたもの2本、南西に鋒を向けたもの7本である。中広形銅戈と同時期の弥生時代中期末〜後期の遺構は確認できない。銅戈を埋納した段階以前に埋め戻された土の中に、その銅戈群の一部と考えられる銅片が発見されて、複数回にわたって埋納行為が繰り返されたと考えられる証拠となった。

　最後に集落近辺に埋納するものがある。(例：小郡市寺福童遺跡)これを「集落周辺型埋納」としておこう。再度掘り出すことを目的にしたと思われるが、やはりなんらかの理由で忘却されたものである。集落を遠方に見渡せる位置であり、しかし、その場所を忘れ去るようなことがない場所であり、寺福童遺跡では実際掘り出された痕跡もある（詳細は図1を参照）。

(3) 祭祀型埋納

　祭祀型埋納には、人里遠く離れた場所に埋めるもの（例：筑前町ヒエデ遺跡、島根県斐川町荒神谷遺跡）と、集落内部でも地中深く埋めて取り出すことを意図しないもの（例：佐賀県吉野ヶ里遺跡）がある。前者を「遠方祭祀型埋納」、後者を「内部祭祀型埋納」とする。

　遠方祭祀型は、ほとんどが、通常遺跡があると考えられない、人里はなれた場所から偶然に発見されたものである。これらの個々の遺跡の詳細については割愛するが、祭祀による埋納を裏づけるものは、埋納遺構の立地と状態である。人気のない山中に、取り出すことを考えない整然とした個体の配列を見ると、再度掘り出すことを目的としたものではないと考えられる。荒神谷遺跡では、358本の銅剣が整然と並べられ、それを部分的にでも摘出した痕跡はない。

　地域によってこの遠方祭祀型は、盛行する時代が異なる。北部九州では弥生時代中期後半から後期前半までで後期後半は衰退する。一方、対馬や高知では後期後半が中心となる。

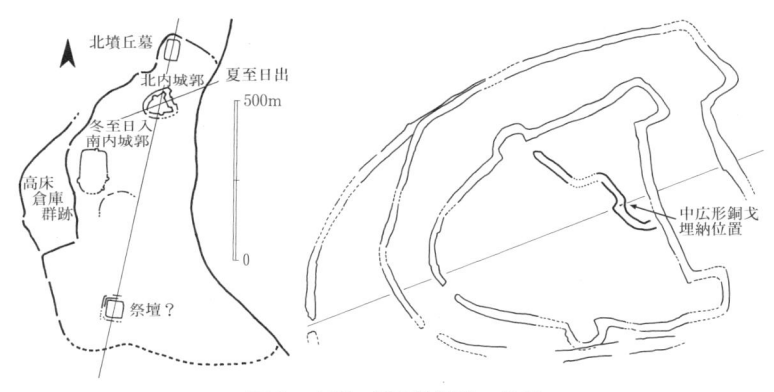

図2　吉野ヶ里遺跡銅戈の位置

（4）内部祭祀型埋納

　内部祭祀型の典型は、吉野ヶ里遺跡出土銅戈に見られる。

　吉野ヶ里遺跡では北内郭のほぼ中心部の溝の中に、埋まりかけた溝を掘りこんで、深いところから銅戈が発掘されたが、報告書では北内郭の大型建物を造る際の鎮壇具とされた（佐賀県教育委員会 1997）。このような鎮壇的祭祀のあり方は、吉野ヶ里遺跡でしかわかっていない。銅戈の出土位置とその埋納の方角は示唆的である。吉野ヶ里遺跡のA字形をした北内郭が、その中心軸を夏至日出―冬至日入を向くとされている（七田 2005）が、銅戈の出土位置はまさにその主軸上であり、あわせてその鋒方向は、夏至日出方向を向いている。銅戈は、北内郭の二重環濠が掘られる以前の環濠を埋めるか、埋まる途中の段階に埋納されたもので、銅戈は大型建物だけでなく、北内郭全体の造営に当たる地鎮の意味があった可能性がある。

　地鎮的埋納事例は、周辺にそれ以外の埋納行為の増加があって、その一つの行為として成立したのではないだろうか。中世には銅銭備蓄が盛んに行われたが、明らかな鎮壇としての埋納例は例外（京都府福知山城天守閣例など）である。吉野ヶ里遺跡に見られる地鎮的埋納事例も、弥生時代に青銅器が大量に生産された社会背景のなかで、例外的なものと考えられる。しかし、集落から出

土した青銅器破片にはまだ解釈できないものもある。平塚川添遺跡の集落中心部から出土した広形銅矛耳（甘木市教育委員会 2001）なども、地鎮との関連では、今後注意しておく必要がある。

3. 埋納周辺の世界観

(1) 民俗学的にみる水平的「境界」への埋納

　かつて、春成秀爾は銅鐸埋納を「境界」における守護の意味でとらえた（春成 1982）。筆者は、祭祀型埋納を民俗学的に考え、その思想の説明を試みてみよう。確認された埋納遺構の立地環境を見てみよう。広形銅矛13本を出土した福岡県広川町天神浦遺跡は、記録（「家勤記得集」）によると、丘陵が入り組んだ谷の一つに築かれた人工池の堤をつくる際に発掘された（片岡 2001）。この丘陵は耳納山系西側の洪積台地である高良台南側斜面から派生する。南側に矢部川の沖積平野が広がる谷の奥に埋納されていることになる。先述した荒神谷遺跡も検見谷遺跡も同じような地形で、多くの遺跡に共通することは多くの先学が指摘している。そしてそこが、「境界」であることも述べられているが、その境界のとらえ方は、実際のムラ境であったり、現世と異界の境であったりさまざまな考え方がある。対馬の出土事例からは、いったん航海の祭祀としてもち込まれたものが、結果的には対馬の各集落の祭祀に転化し、その領域の境に埋められる状況が見受けられる（永留 1985）。

　それでは、このように谷奥の斜面に埋納するということは、民俗学的にはどのような意味があるのだろうか。

　川淵や岩の窪みなど3方が閉じて一方が開く谷地形は各地で呼び名がある。「カマ」と呼ぶ地方がある。カマは、川の淵や岩の窪み、洞窟、噴火口、滝壺などをいうことがある。そこは現世と異界の接点、境界、出入口である。また、狩野敏次は、カマ地形こそ、女陰のシンボルであり、そこは太古の地母神の陰門に他ならないという（狩野 2004）。ふところの広い谷をヤツ・ヤト・ヤチな

どと称すことがある。ここにいる夜刀神（やとのかみ）は神話で蛇として登場する。ヤトは、湿地で農業には不適当な場所であるが、そこから流れ出るヤトの水は谷をつたってその出口の水田に供給される。そこで夜刀神は、水田経営には欠かせない水の神となり、水田稲作農耕民に、豊穣・土地の神として信仰される。関和彦は『播磨国風土記』賛容郡条にある地中発見の剣が蛇のごとく動いたという伝承をもとに、剣＝蛇、蛇＝農耕神の化身というつながりを考え（関1994）、ヤトの川・谷筋を神々の交通路と解釈し、そこに青銅器を「埋める」意義を見出した（関2000）。

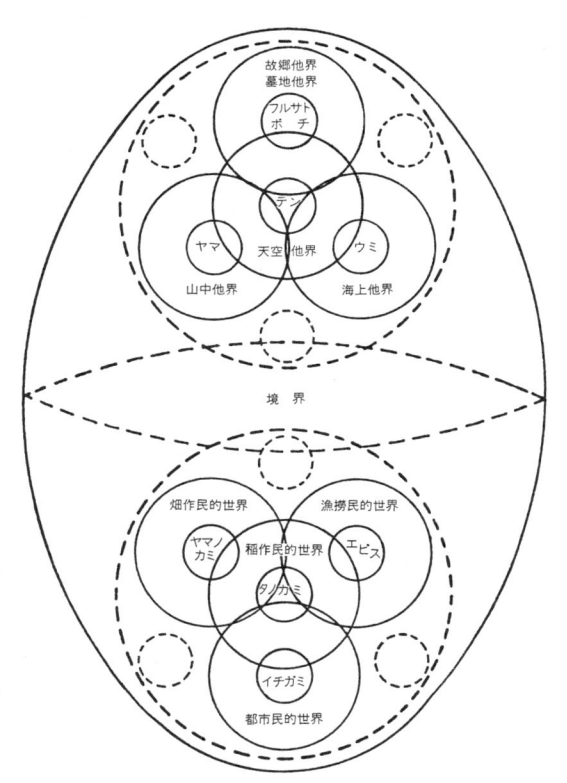

図3 坪井洋文が示した他界観の図式（坪井1982より）

　坪井洋文は民俗学的他界観（ここに使われる「他界」という用語は、生死観の強い「他界」とは若干意味を違えている）を図のように対比させて考え、その接点に境界を考えたが（坪井1982）、視覚に写る具体的な地形として、山（異界）への入口、谷などがそれにあたると考えられたこともあるだろう。須佐之男命が櫛名田比売を八俣の大蛇から救う神話では、箸が川の上流から流れてきたので、須佐之男命がそこを訪ねるところから始まる（『古事記』上巻「八俣の大蛇退治」）。川の上流に谷奥から流れてくる川が、異界からの贈り物を運ぶ

200　第2章　弥生時代の祭祀

図4　ヒエデ遺跡埋納遺構付近から谷出口を望む写真（正面に「神奈備」型の城山（花立山）が見える。）

図5　ヒエデ遺跡の銅戈とそれを入れた容器

例は、『桃太郎』や『瓜姫』の物語など、日本各地に残る説話に見ることができる。桃は、伊邪那岐命が黄泉国から逃げ帰るとき、黄泉比良坂で追ってくる雷神に投げつけて撃退する（『古事記』上巻「黄泉国」）ように、生命の復活と深くかかわるが、流れてくるのが桃ではなく瓜や柿、木株であったり、また桃の中にいるのがこどもではなく犬だったり、その説話形態はさまざまである。こうした説話は、川の上流にある異界との交渉を物語るもので、谷が異界との境界にあることを物語っている。数が足りない茶椀を川の淵に置かれた数だけ借りて、使ったらそれを返すという『椀貸し淵』も、まさに異界との交渉を物語る説話である。

青銅器はその生産地に流れ出す水の源流をさかのぼって発見されることが多い。ここでは、異界との接点に埋められていることをまず注意しておきたい。そしてこの『椀貸し淵』物語が教える重要なことは、茶椀という物質を通して

観念的な世界である異界との交渉を実現していることである。
　弥生時代人は祭器を埋納することによって、異界との交渉を考えたものと思われる。

(2) 民俗学に見る垂直的「境界」への埋納

　銅戈17本を埋納した筑前町ヒエデ遺跡は、三箇山に発して南西に流れる三並川の谷、南斜面にある（伊崎 1999）。三並川は曽根田川に合流し、埋納地点から約5km下流には、同時期の大集落と前漢鏡を副葬した墳丘墓のある峯遺跡があり、この大きな遺跡となんらかの関係があることは間違いない。さらにその先には「神奈備」型の山がある。埋納は俯瞰的に、地形との関係や、そこからの視界が意味づけられてきた。特に「神奈備」型の山との関係は重視されてきた（大場 1967）。山も異界という点では注意しておかなければならない。
　地下に埋めるということも、異界との関係で重要である。異界との境界は水平的に見ると山への入口となる谷などがそれにあたるが、垂直的に見ると山上であったり、地面表層であったりする。「埋める」行為は地下にある異界との交渉でもある。先に取り上げた黄泉比良坂の神話も、伊邪那岐命が死んだ妻の伊邪那美命を地下の黄泉国に訪ねるものである。ここでは黄泉比良坂は黄泉国と葦原中国の境になっているが、黄泉比良坂は根之堅州国との境としても描かれている。須佐之男命に追いかけられた大穴牟遅神（おおなむち）が逃げ果せるところが黄泉比良坂である（『古事記』上巻「根国訪問」）。須佐之男命はその坂で大穴牟遅神に向かって別の世界に行った手向けの言葉を投げかける。坂は傾斜地である。埋納青銅器の多くが傾斜地から発掘されることの関連はないのだろうか。民話でも地下に異界があるのは、『鼠の浄土（おむすびころりん）』などの説話に多くみられる。猫の鳴きまねをして穴に入った悪い爺は地中の世界に閉じ込められてしまう。今も人びとの心のなかに地下の別世界が息づいている。
　先に述べた筑前町（旧夜須町）ヒエデ遺跡や筑紫野市隈西小田遺跡の調査では銅戈を入れたと考えられる壺もいっしょに発見され、銅戈が壺に入って埋納

された状況も明らかにされた。信仰としての生殖器崇拝が農耕儀礼と密着したものであることはよく知られているが、女陰に例えられる壺と男根に例えられる剣との組み合わせは、子孫繁栄や大地の豊穣へつながる。

　吉野裕子によると女陰の作用は、単に生産を願うための象徴というだけでなく、「入れて、出す」ということによって、信仰の対象にまで昇華させるとする。①男根との関係において、入れて出す（性交）、②子種を入れて、新生命を生み出す（出産）という2種類の行為によって、女陰が重要な呪物になるとする（吉野 1985）。一時保管説では、マツリにあわせて掘り出すとするが、忘却型埋納は単なる一時保管ではなく、地下に埋めるという行為を通して、ふたたび取り出すまでの間の期間には、青銅器に呪的力を宿らせる意味があったと考えるべきであろう。

　忘却型祭祀を民俗学的に説明することはむずかしい。もともと埋めて忘れることを前提としないからであろう。だから偶然に発見されると、霊験あらたかな神物にされるのである。集落近隣に物を埋める民俗例はさほど多くはない。佐原は沖縄国頭村字浜の神鉦埋納を紹介しているが、筆者も数少ない例として、新潟県中魚沼郡津南町の赤沢地区の例（東京女子大学民俗調査団 1996）を紹介する。ここには60年に一度、庚申の年に庚申供養塔の下に埋めてあるお神酒を掘り出し、あけて飲むという祭がある。60年後のために、ふたたび酒に封をして埋めるが、60年という歳月は、人によってはその一生よりも長い長さで、その年月のなかでも、酒が埋めてある場所が伝承されるのは、石祠という目標物をもって示しているからである。大場磐雄は埋納と巨石との関係を指摘した（大場 1967）が、石でも長い年月の間にどうなるかわからないし、まして目標物が樹木などであれば、埋納との関係を考古学的に証明することはむずかしい。集落近くに取り出しやすい状態で埋めるのは、回収することを前提としたであろうが、それでも埋めるという行為に信仰的な意味があった可能性は、前述のとおりである。

(3) 海中への埋納

　福岡市唐泊沖海底から引き上げられた広形銅矛のように、海に沈められた青銅器は、海中が地中と同様に扱われた例かもしれない。ヨーロッパでは湖沼への青銅器埋納が多く発見され、デポの1形態として認識されている。日本でも唐古池、飛鳥池の発掘調査などにより、身近な水中への投棄が明らかになっているが、水中への投棄物を埋納のなかで扱う研究はあまり盛んではない。とくに、外洋や深い湖沼となると発見例も少なく、あまり問題にされないのであろう。

　海中にものを投棄し、あるいは時に『魏志倭人伝』の持衰(じさい)のように、自ら犠牲になって航海の安全を図る行為は文献にも見られる。万葉集巻20の4408番には、防人が航海に旅立つ短歌がある。そこには「住吉のあが皇神に幣（ぬさ）奉り祈り申して難波津に船を浮け据ゑ」と、航海の安全を祈って海の神である住吉神に幣を捧げたとある。幣が具体的にいったいどのようなものを指すのかは不明である。天平12（740）年、乱を起こした藤原広嗣は、朝廷軍に追われ済州島近くまで逃げたが、逆風が吹き、風が止むようにと神力を頼って「鈴を以て海に投ず」とある。この鈴は駅鈴である（『続日本紀』巻十三聖武天皇天平十二年十月）。また遣唐使円仁も承和14（847）年、唐の帰路、やはり順風を得るために「鏡等を捨（寄捨）して神を祭り風を求む」ことをしている。(5)

　海中を異界と考え、そこにある尋常でない力を得るためである。海中の異界は、万葉集の「浦島の子」の物語や各地の民間に伝わる『浦島伝承』にも見ることができる。(6)外海がすぐに異界となるわけではないようだ。万葉集では浦島の子は堅魚や鯛を釣って心勇んで7日も帰らず「海境」を越えて神女に出会って常世に行くことになった。「海境」は海における境界であるが、唐泊(からどまり)は博多湾の内海から玄界灘に漕ぎ出る港であり、これからの航海の安全が祈られるに相応しい場所である。万葉集には、唐泊の港で遣新羅使船が立ち寄り、潮待ちをしているときに詠まれた歌がある。海境を博多湾と玄界灘を分ける唐泊に重ね合わせてみることができないだろうか。

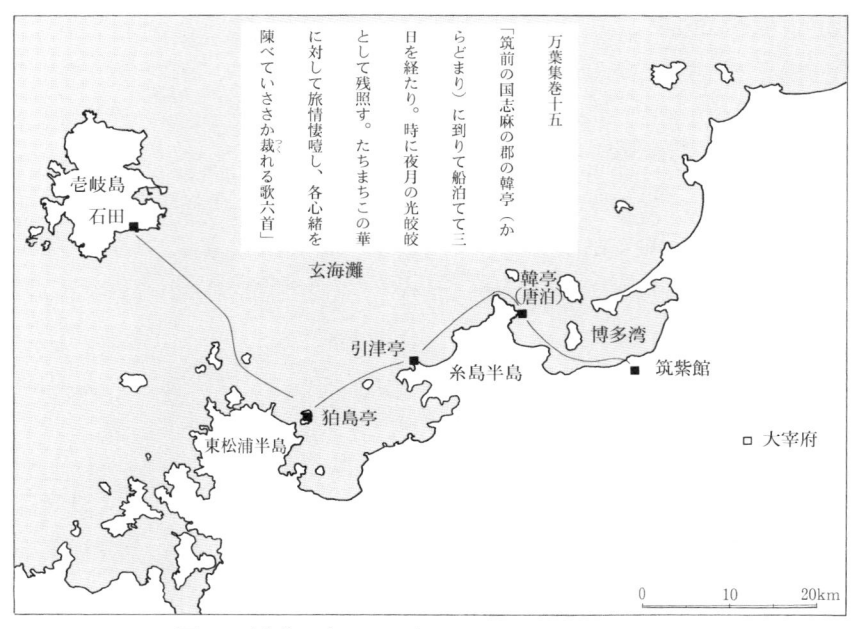

図6 万葉集に書かれた遣唐使の停泊地と唐泊の位置

> 万葉集巻十五
> 「筑前の国志麻の郡の韓亭（からどまり）に到りて船泊てて三日を経たり。時に夜月の光皎皎として照す。たちまちこの華に対して旅情悽噎し、各心緒を陳べていささか裁れる歌六首」

海のなかに常世につながる道があることは、有名な海幸彦・山幸彦の神話に見られる。山幸彦が兄海幸彦の釣り針をなくしてそれを探しに、「味し御路」すなわち潮の道をたどっていく綿津見神（わたつみ）の宮に行くことができた。

海の異界をニライカナイ的に水平に見る思考と、海底・海中・海表と垂直的に見る思考がある。神功皇后は、豊浦の港に停泊した際「如意玉を海中に得たまう」とある。これも海中の異界との交渉の産物である。海中の異界から帰還する伝承は『竜宮童子』など多くの伝説にも見られる。

ただし、唐泊出土銅矛は、信仰的な意味で沈められたのではなく、運搬航海の途中に遭難したとする考えもある点を付け加えておく。海中に納められたものは発見がきわめてむずかしく、海中における青銅器「喜捨」物が、ふたたび海中から引き上げることを前提としない祭祀であれば、それは地中における祭祀型埋納と同義である。

「境界」埋納の思考　205

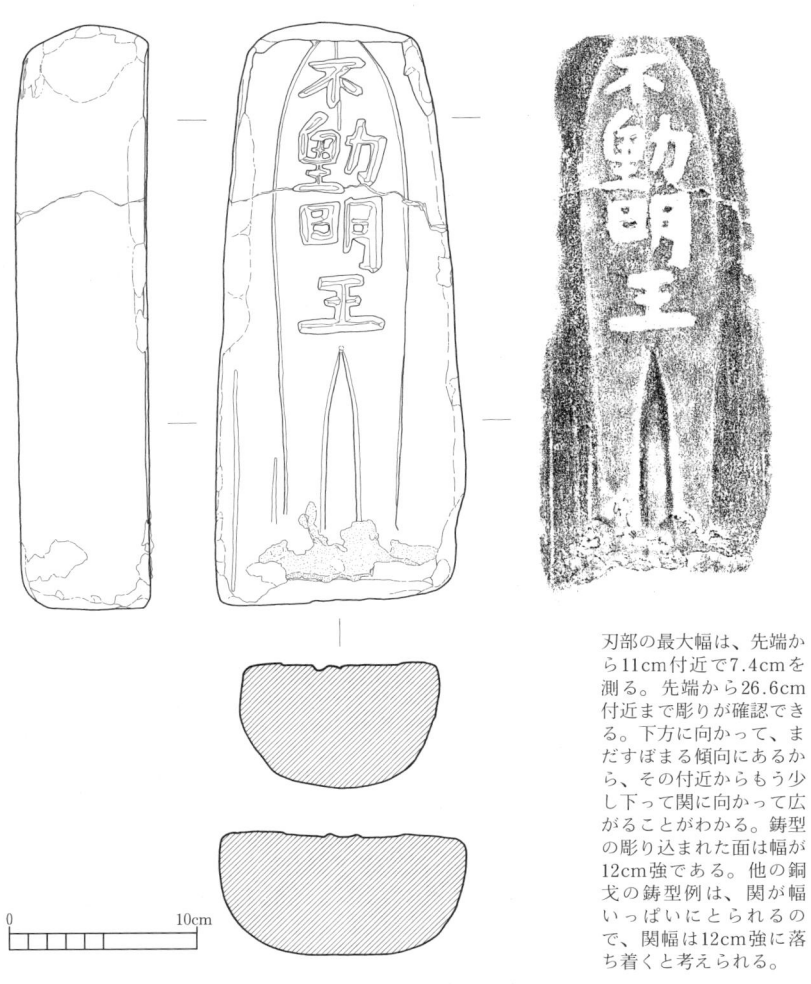

刃部の最大幅は、先端から11cm付近で7.4cmを測る。先端から26.6cm付近まで彫りが確認できる。下方に向かって、まだすぼまる傾向にあるから、その付近からもう少し下って関に向かって広がることがわかる。鋳型の彫り込まれた面は幅が12cm強である。他の銅戈の鋳型例は、関が幅いっぱいにとられるので、関幅は12cm強に落ち着くと考えられる。

図7　筑前町中原前遺跡出土銅戈（1/4）

（4）忘れ去られた青銅器・鋳型を祭る

　最後に弥生時代の産物である青銅器が、地中から発見されて、ほんらいの役割を忘れ去られて、別の信仰の対称になった例について見ておく。神社の祭神あるいは神物として祭られる例は数多い。何かわからないが地中から出土し

図8 中原前遺跡出土銅戈鋳型

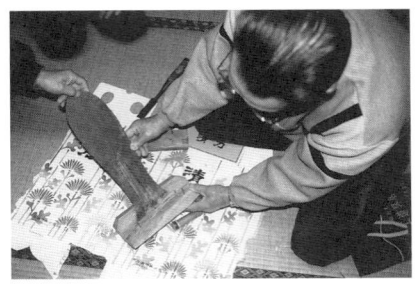

図9 大川市鐘ヶ江天満神社に祭られた広形銅戈（台座をはずしている様子）

図10 鳥栖市江島発見の広形銅戈鋳型

て、それが霊験あらたかなものとして祭られるものは多いが、北部九州でもとくに筑紫平野では銅戈が観音信仰などと結びつく例がいくつか見られる。この地域でそういう例が見られる背景には、銅戈が盛行する地域が、銅矛を青銅器祭祀の中心にした福岡平野の周辺に当たるということ（下條 1991）と、関に向かって裾が広がる銅戈独特の形状が、裾を広げる観音像を想起させる（藤瀬 1997）からである。

福岡県朝倉郡夜須町中原前遺跡出土の「不動明王」と刻まれた銅戈鋳型（図7・8）は、以前、松本憲明により報告されたもので（松本 1966）、その後、筑前町立夜須中学校に保管されていた。[9] 全体の長さや関の幅からみて、銅戈の形式は中広式銅戈である。

鋳型ではないが、大川市鐘ヶ江天満神社に『高良玉垂命』と刻み、木で台座をつくった広形銅戈がある。人形に見立てて祭られる（図9）。詳細は以前まとめた（片岡 2001）が、完形品ではなく胡の縁にある2カ所の穿のところで折れ

ている。

　鳥栖市江島発見の広形銅戈鋳型は、民家に弁財天として祭られてあったものである（図10）。中央より鋒側は折れてなくなる。広がった関の部分が衣裾に見られ、下にとび出た茎が足と見なされたものである。

　もともと筑後近辺では観音信仰が盛んで、寛政期頃には久留米藩でも西国三十三カ所巡礼や四国四十四カ所巡礼などを許可した。本来は観音信仰にもとづくものであるが、現世御利益を願う民間信仰として流布し、久留米藩内にも宝暦年間から安永年間にかけての18世紀中ごろには、地域的な札所が相次いでつくられている（古賀 1982）。それぞれ鋳型・青銅器の発見年代は不明であるが、こうした庶民の信仰が、地中から発掘される銅戈を仏像に見立てて信仰することにつながったのであろう。

4.　まとめ―民俗学による埋納解釈の可能性

　武器形青銅器埋納を神話・民俗事例などに見る異界との交渉という観点から考えてみた。埋納行為は何か一つの目的をもって行われたものではなく、さまざまな動機のなかで行われたのではないかという点は、先学の多くの研究がある。それらを参考に、埋納の諸形態を分類し、さらに状況に応じて細分した。そして、その埋納の背景を民俗学的思考に追い求めてみた。

　それを考古学における埋納に応用することには、まだ慎重な姿勢をとる向きも多いであろう。しかし、民俗学はその前提として、時代を超えて累積する思考と行動を研究対象としている。そうした点では、考古学的に解釈できない部分を補う点で、民俗学をもっと活用できればよいと思っている。埋納、特に「祭祀型埋納」は、個人の権力を背景としない共同体あるいは弥生社会全体がもっている社会規範に規制されている。その社会規範に基づく埋納の方法が、異界との交渉を表わしているのではないだろうか。そのため、異界との「境界」である谷や地表に埋納された、というのが本論の結論である。「忘却型埋納」にし

ても、回収されることが前提ではあるが、単に取り出すまでに保管するというのではなく、地中にある段階には、異界のものとして扱われ、その期間に呪力が宿ると考えられるのではないか、とも考えた。

　武器形青銅器を中心にその分析を行ったが、もう一つ重要な青銅器である銅鐸については、まだ勉強不足で武器形青銅器とどこが共通し、相違するか整理できていない。今後の課題としたい。弥生時代の細かな時間経過のなかで、埋納の動機も変わることもあるだろう。民俗学的観点で用いた資料が弥生時代の祭祀を扱うのに、最初から限界があると考えずに、その可能性を探して今後の課題として深めていきたい。

註
（１）　神話や民俗事例など筆者の不得手な箇所を、福岡女学院大学吉田修作氏、東茂美氏、行橋市歴史資料館館長山中英彦氏に、ていねいに御指導をたまわった。
（２）　埋納行為の主体者は共同体と考えられてきたが、桑原は、埋納もその製品流通過程から取り除く点で個人の権威を高めるとするブラッドレーの理論を紹介し、自らもそれに同調する。しかし、この考えには、佐原・岩永らの批判もあり、今でもその主体は共同体とする見解が強いようである。
（３）　第135回北九州古文化研究会例会（2005年7月）における小田富士雄「弥生時代の祭祀儀礼―西日本を中心に―」において、小田富士雄は民族例などからこの祭祀の主催者を首長と対を成す巫女的な性格という考えを述べた。
（４）　七田忠昭氏のご教示による。
（５）　円仁の記事は『入唐求法巡礼行記』2（東洋文庫442、1985年、平凡社）の第23章、承和14年9月8日の項。
（６）　万葉集巻9の1740番「水の江の浦島の子を詠める一首」。
（７）　『日本書紀』巻第8の仲哀天皇元年秋七月条。
（８）　平成7年12月、福岡市立博物館「博多湾出土品展」の福岡市唐泊海中出土広形銅矛説明には「弥生時代の「奴国」から対馬に運搬中、唐泊沖で沈んだものと考えられる。」とある。
（９）　鋳型の調査と掲載に係り、筑前町立夜須中学校校長江藤雅博氏、筑前町教育委員会佐藤正義氏にご配慮いただいた。

(10) 鋳型の調査と掲載に係り、鳥栖市教育委員会藤瀬禎博氏にご配慮いただいた。

参考文献

朝山芳圀 1997「佐太神社の祭祀」『重要文化財　佐太神社—佐太神社の総合的研究—』
　　　　鹿島町立歴史民俗資料館。
甘木市教育委員会 2001『平塚川添遺跡Ⅰ』甘木市文化財調査報告書第 53 集。
伊崎俊秋 1999「福岡県夜須町出土の銅戈」『甘木歴史資料館報』第 1 集。
岩永省三 1997『青銅器登場』歴史発掘⑦、講談社。
岩永省三 1998「青銅器祭祀とその終焉」『日本の信仰遺跡』雄山閣。
大場磐雄 1964「神道考古学の体系」『国体編纂』下巻。
大場磐雄 1967『まつり』学生社。
大場磐雄 1970『祭祀遺跡—神道考古学の基礎的研究—』角川書店。
小郡市教育委員会　2006『寺福童遺跡 4　発掘調査概報』小郡市文化財調査報告書第
　　　　206 集。
片岡宏二 2001「天神浦・田代堤出土銅矛をとりまく筑後の青銅器文化　付、筑後地方
　　　　青銅器発見地名表」『天神浦出土銅矛　附筑後地方出土の青銅器資料』。
片岡宏二 a 2006「Ⅴ．寺福童遺跡出土銅戈埋納をめぐる諸問題」『寺福童遺跡 4　発掘
　　　　調査概報』小郡文化財調査報告書第 206 集。
片岡宏二 2006b「4　豊前の青銅器—伝世品の再調査を中心にして—」『行橋市史』資
　　　　料編　原始・古代。
狩野敏次 2004『ものと人間の文化史 117　かまど』法政大学出版局。
錦田剛志 2006「荒神谷遺跡・加茂岩倉遺跡の青銅器埋納をめぐる文献史学の主要な
　　　　解釈」『青銅器埋納地調査報告書Ⅱ（武器形青銅器編）』島根県古代文化セン
　　　　ター調査研究報告書 32。
桑原久男 2000「青銅器の副葬と埋納」『考古学研究』47-3。
古賀正美 1982「第 7 章　第 1 節　久留米藩と寺社」『久留米市史』第 2 巻。
（財）北九州市教育文化事業団 1999『重留遺跡第 2 地点』。
佐賀県教育委員会 1997『吉野ヶ里遺跡—平成 2 年度～7 年度の発掘調査概要—』佐賀
　　　　県文化財調査報告書第 132 集。
佐々木隆彦 1997「日永遺跡出土の銅矛・銅戈」『九州歴史資料館研究論集』22。
佐原　真 1985「ヨーロッパ先史考古学における埋納の概念」『國立歴史民俗博物館研
　　　　究報告』7。
佐原　真 1986「第四章　出雲荒神谷の弥生青銅祭器—埋納と一括遺物と—」『銅剣・

銅鐸・銅矛と出雲王国の時代』日本放送出版協会。
七田忠昭 2005『吉野ヶ里遺跡』日本の遺跡2、同成社。
島根県埋蔵文化財調査センター 2006『青銅器埋納地調査報告書Ⅱ（武器形青銅器編）』島根県古代文化センター調査研究報告書32。
下條信行 1991「青銅器文化と北部九州」『新版古代の日本』3、角川書店。
鈴木公雄 2002『銭の考古学』歴史文化ライブラリー140、吉川弘文館。
関 和彦 1994「古代人と「埋める」」『日本古代社会生活史の研究』校倉書房。
関 和彦 2000「加茂岩倉遺跡の史的発掘」『祭祀考古学』第2号。
高倉洋彰 1996「青銅製祭器の埋納」『考古学ジャーナル』No.406 特集青銅器祭器の埋納遺構。
武末純一 1982「埋納銅矛論」『古文化談叢』9。
坪井洋文 1982「民俗的世界の構図」『稲を選んだ日本人 民俗的思考の世界』未来社。
東京女子大学民俗調査団 1996『赤沢の民俗誌―新潟県中魚沼郡津南町赤沢―』。
鳥栖市教育委員会 1997『本行遺跡』鳥栖市文化財調査報告書第51集。
永留久恵 1985「矛と祭り―銅矛遺跡を中心として―」『古代日本と対馬』日本文化叢書4、大和書房。
春成秀爾 1982「銅鐸の時代」『国立歴史民俗博物館研究報告』1。
福岡県教育委員会 1994「日永遺跡Ⅱ」一般国道浮羽バイパス関係埋蔵文化財調査報告第7集。
藤瀬禎博 1997「付編 伝江島出土銅戈鋳型」『本行遺跡』鳥栖市文化財調査報告書第51集。
松本憲明 1966「福岡県夜須町出土の銅戈鎔范」考古学雑誌52-2。
三品彰英 1954「天ノ岩戸がくれの物語」『神道史研究』第3巻第1-3号。
三品彰英 1968「銅鐸小考」『朝鮮学報』第49輯。
吉野裕子 1985「呪術と女陰」『増補 日本古代呪術』大和書房。

第 3 章　古墳時代の祭祀

古墳造営にともなう祭祀行為
―横穴式石室墳における葬送儀礼・埴輪祭祀をめぐって―

小林　修

1. はじめに

　横穴式石室を埋葬施設とする後期古墳をめぐる祭祀・儀礼行為については、追葬という行為を含め、古墳時代の葬送儀礼の復原やその観念を考えるうえで重要な課題である。古墳の構築と遺体の埋葬過程においては、その段階ごとに儀礼があったことが推定されており、戦後の考古学においては小林行雄氏（小林 1949）、そして昭和50年代以降、白石太一郎氏（白石 1975・1983）や都出比呂志氏（都出 1986）、和田晴吾氏（和田 1989）らによって葬送儀礼の具体的な復原が試みられてきた。平成に入り、それまでの研究業績にもとづき、土生田純之氏によって古墳の墳丘構築にいたる各段階での儀礼や葬送儀礼の伝播などについて、より具体的な整理が試みられ（土生田 1995・1996）、金子彰男氏（金子 2004）や小林孝秀氏（小林 2005）にその研究が引き継がれている。

　日本列島において確認できる古墳の大多数を占めるのは、古墳時代後期（6・7世紀代）に営まれた群集墳を構成する中小規模の円墳で、横穴式石室を埋葬施設とするが、各地において多様な地域性をともなうことがわかっている。本稿では、古墳の大半を占める村落内首長および村落有力構成員層の墓と考えられる中小規模の円墳を対象として、その造営にいたる祭祀・儀礼行為について考えていきたい。また、列島各地において多様な地域性をともなうことが考慮されることから、本稿では東国の上野において6世紀代を主体として築造された円墳を対象として論じていきたい。とくに榛名山の噴火爆発による榛名伊香

保軽石（Hr-FP）によって墳丘のほとんどが埋没していた渋川市津久田甲子塚古墳の調査事例にもとづき、古墳造営にともなう祭祀・儀礼行為の検証を行っていきたい。

2. 津久田甲子塚古墳の概要

　津久田甲子塚古墳は、平成16（2004）年に旧赤城村営簡易水道小池原配水池建設事業の着工にともない、旧赤城村教育委員会によって発掘調査が実施された古墳である（小林 2005a・b）。群馬県渋川市赤城町津久田地内に所在し、ＪＲ上越線敷島駅から東へ約850mの地点、赤城山西麓に発達した急峻な断崖の中腹、枇杷山の西斜面地に立地している。標高は約300mで、眼下に津久田小池原の集落をのぞみ、子持山、小野子山、榛名山の優美な姿をのぞむことができる。北側は枇杷久保の谷地、南側は諸田川の渓谷によって遮られ、その流れは眼下の利根川へと合流している。山紫水明豊かな環境で、現在は住宅の散在する居住域との間で、果樹の栽培等が盛んに行われており、古墳の現況も果樹園であった（図1）。

　昭和13（1938）年刊行の『上毛古墳綜覧』（群馬縣 1938）では、敷島村「古墳番號：第2號、古墳名稱：甲子塚、形状：前方後圓、現状：畑、發掘ノ有無：有・明治30年頃、所在地：大字津久田字枇杷久保甲3894ノ1・2番地、地目：山林、面積：3畝22歩、規模：大サ全長150尺、高サ前18尺・後25尺、所有者：須田押造・関東水電、出土品：曲玉・管玉・鎧・脛當・埴輪等、備考：石槨現存」と報告されている。発掘調査の結果、小型円墳（推定径12.5m）ではあるが、榛名山の噴火爆発による榛名伊香保軽石（Hr-FP：6世紀中頃降下）によって墳丘のほとんどが埋没していた古墳であることが判明した。

　榛名山の噴火による榛名伊香保軽石（Hr-FP）の降下でも墳頂部は埋まらず、耕作中の埴輪の出土等によって、明治年間頃より古墳として認識されていたようである。明治・大正年間頃に墳頂部から盗掘を受けたようで、閉塞部か

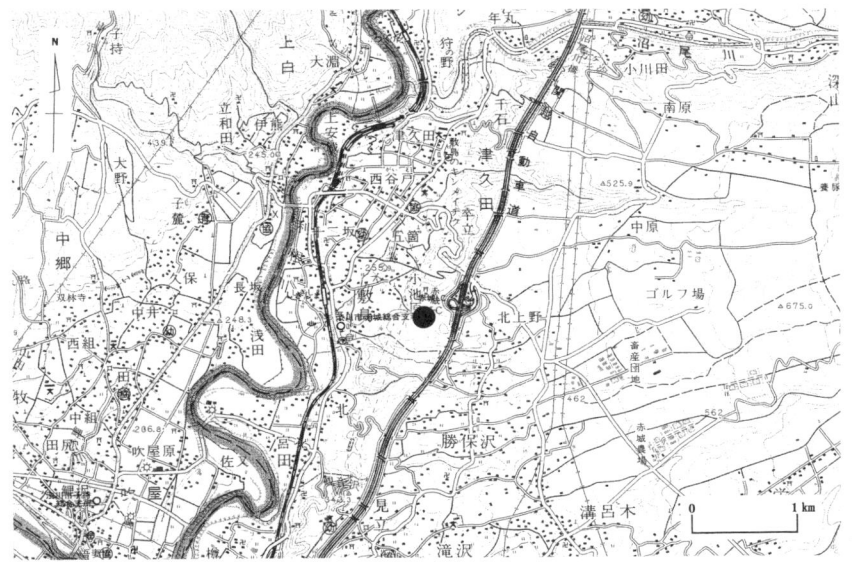

古墳造営にともなう祭祀行為　215

図1　津久田甲子塚古墳の位置

図2　軽石下から表れた津久田甲子塚古墳

ら埋葬部の前面にかけての天井石とその覆土が取り除かれていた。また、西側から北側の約3分の1程度がすでに削平されていた。発掘調査の結果、墳形は円形で、テラス面を含めた推定径は12.5m、墳丘径は推定8.5m、高さは約1.2mであることが判明した。墳丘のまわりに幅2mのテラス面があり、そのまわりを幅2.4mの周溝が全周することが推定される。西傾斜の地形に沿って、周溝は深さ約30〜40cmまで掘られ、テラス面は旧地形に沿って若干の盛土が施されていた。墳丘は斜面のみ葺石が巡り、墳頂部は黄褐色土（ローム土混入）を積み上げて、平坦になるように成形されている。葺石には赤城山産出の輝石安山岩の塊石が使用され、最も低い東側斜面では高さ30cmほどの3段程度の葺石であるが、南側や北側斜面では徐々に高さと段数が増していき、西側斜面では1m程度の高さがあったものと推定される。周溝の底面には掘り方は認められず、なだらかな断面U字形である。周溝掘削中に出土した地山中にあった大きな塊石は、取り除かずにそのまま放置されていたようである（図2）。

　本古墳の築造は、諸要素から6世紀初頭（MT15型式）段階と考えられ、上野における横穴式石室の受容初期段階に位置づけられる古墳である。周辺には前方後円墳の成立は認められず、利根川上流域の山間地域において、横穴式石室が受容された状況を具体的にうかがい知ることができる好例でもある。また、榛名渋川火山灰（Hr-FA）・榛名伊香保軽石（Hr-FP）といった火山堆積物の状態から、古墳の構築過程と埴輪樹立の具体的な様相が確認でき、古墳構築にかかわる多くの事柄を理解することができた。榛名山の噴火直後に築造された津久田甲子塚古墳は、その数十年の後、榛名山の噴火爆発によって軽石の下に埋没したのである。大型前方後円墳（首長墓）の派手さこそはないが、そこには古墳時代後期の景観を見ることができ、多くの研究課題を提供してくれたのである。

3. 古墳構築にともなう葬送儀礼の展開

古墳構築過程における儀礼については、和田晴吾氏（和田 1989）、そして土生田純之氏（土生田 1995）によって古墳築造の各段階に沿って各種の儀礼が執り行われていた過程について具体的な論及がなされている（図3）。さらに、土生田氏の研究を基本として近年、金子彰男氏（金子 2004）が古墳築造過程における儀礼の痕跡について、埼玉県神川町青柳古墳群の調査事例にもとづいた具

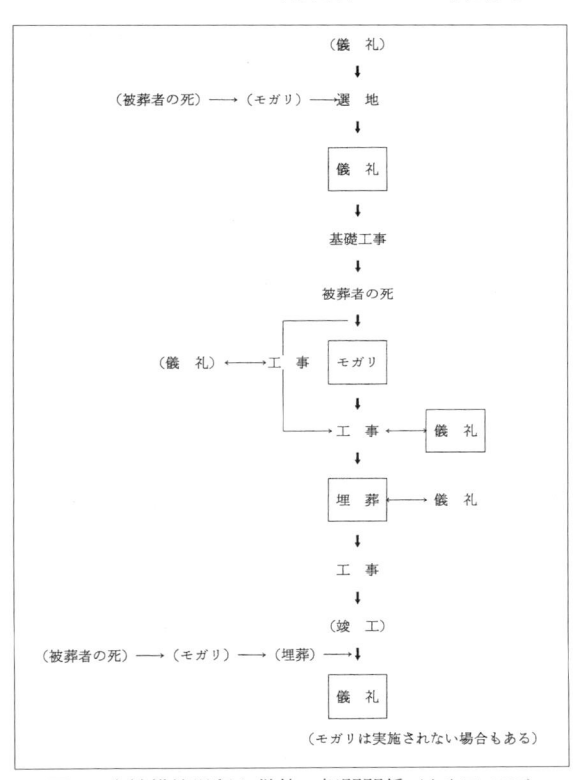

図3 古墳構築過程と儀礼の相関関係（土生田 1995）

体的な検証を試みている。古墳築造過程における儀礼の初段階は、「古墳築造前の儀礼」から「古墳築造途上の儀礼」、そして「主体部構築に伴う儀礼」が考えられており、「古墳築造前の儀礼」は「土地神に対する祭祀・儀礼」と「築造に先立つ清浄行為」として考えられている（土生田 1995）。とくに「築造に先立つ清浄行為」としては、神川町青柳古墳群南塚原70号墳で確認できたような墳丘下での焚火の痕跡（焼土・炭化物）などが具体的な事例として考えられている（図4）。

津久田甲子塚古墳では、工事によって裁断されていた西側から北側の墳丘断

218　第3章 古墳時代の祭祀

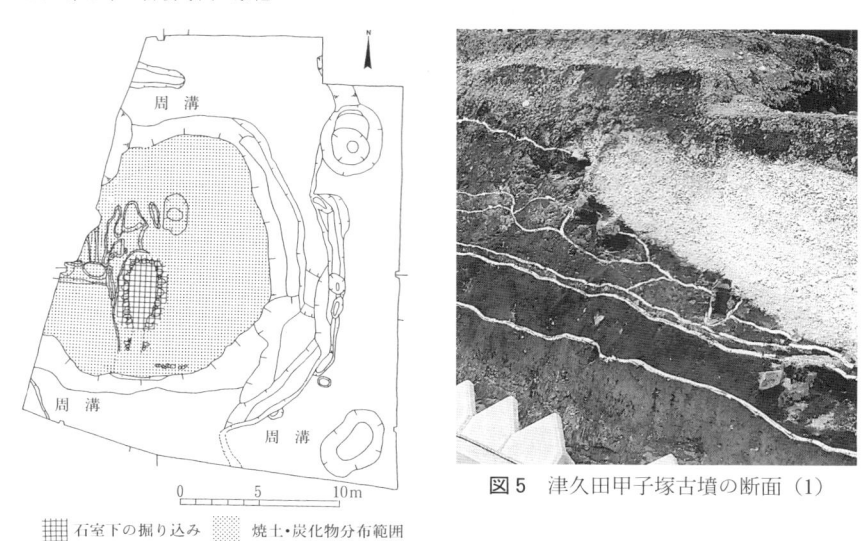

南塚原70号墳

図4　墳丘下における儀礼の痕跡（金子 2004）

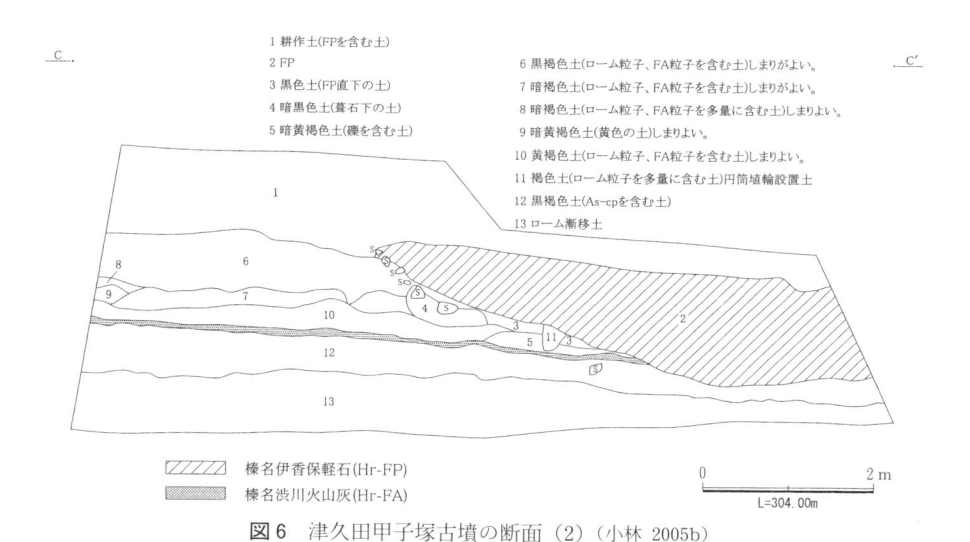

凡例：石室下の掘り込み　焼土・炭化物分布範囲

図5　津久田甲子塚古墳の断面（1）

1　耕作土(FPを含む土)
2　FP
3　黒色土(FP直下の土)
4　暗黒色土(葺石下の土)
5　暗黄褐色土(礫を含む土)
6　黒褐色土(ローム粒子、FA粒子を含む土)しまりがよい。
7　暗褐色土(ローム粒子、FA粒子を含む土)しまりがよい。
8　暗褐色土(ローム粒子、FA粒子を多量に含む土)しまりよい。
9　暗黄褐色土(黄色の土)しまりよい。
10　黄褐色土(ローム粒子、FA粒子を含む土)しまりよい。
11　褐色土(ローム粒子を多量に含む土)円筒埴輪設置土
12　黒褐色土(As-cpを含む土)
13　ローム漸移土

榛名伊香保軽石(Hr-FP)
榛名渋川火山灰(Hr-FA)

図6　津久田甲子塚古墳の断面（2）（小林 2005b）

面の観察結果、まず6世紀初頭降下の榛名渋川火山灰（Hr-FA）層の直上において古墳造成のための土の動きを認識することができた。テラス面の部分にまず若干の暗黄褐色土を盛土し、墳丘本体の部分に黄褐色土、暗褐色土、黒褐色土と三段階程度の盛土が実施され、墳丘本体が構築されたことが理解される（図5・6）。さらに、榛名渋川火山灰（Hr-FA）層を深く掘り込んで埋葬施設が構築されていたことから、墳丘構築の初期の段階に、埋葬施設部分の掘り込みが実施されたものと推定される。埋葬施設と墳丘の大半が地中保存されることになったため、墳丘下の調査は行われていないが、榛名渋川火山灰（Hr-FA）層の直上にて古墳構築のための初期作業が実施されたことが理解され、古墳築造前の儀礼行為が行われたことも想像されよう。

　つぎに、遺体となった被葬者自身を主として執り行われたと想定される「モガリ」について若干記しておきたい。「モガリ」とは一般的に、遺体が埋葬されるまでの間、喪屋に遺体を安置して執り行われた儀礼と考えられている。『魏志倭人伝』では「其の死には棺有るも槨なく、土を封じて家をつくる。始め死するや停喪まで、十余日、当時肉を食わず、喪主哭泣し他人は就きて歌舞・飲酒す。已に葬れば家を挙げて水中に詣り澡浴し、以て練沐の如くす」、『隋書倭国伝』では「死者は斂むるに棺槨を以てし、親賓、屍について歌舞し、妻子兄弟は白布を以て服を製す。貴人は三年外に殯し、庶人は日を以て卜して瘞む。葬に及んで屍を船上に置き、陸地これを牽くに、あるいは小轝を以てす」と記されており、倭国では、被葬者の死から埋葬までの一定の期間、歌舞・飲酒して死者のために執り行った儀礼（殯）があったことが推察され、これが「モガリ」であったと考えられている（川村 1995）。また、『古事記』では、死者に間違われた友人の神が天若日子の眠る喪屋を破壊する様が「喪屋を切り伏せ、足以ちて蹶ゑ離ち遣」れるとあり、喪屋は簡易な建物であったことが想定されている（土生田 1995）。一般的に「モガリ」は、古墳築造場所とは別の場所で行われたと考えられており、『隋書倭国伝』によれば、首長層と考えられる貴人は3年もの期間に及び、庶人は卜占によって日を決めて埋葬されたようである。また、

「モガリ」は権力者の儀礼として整備され、長期・盛大化していったことが論及されており（和田 1973）、村落内首長および村落有力構成員層が被葬者と考えられる群集墳の場合では、「モガリ」が長期・盛大化することもなかったと想定でき、「モガリ」そのものが執り行われたかどうかも不明である。

4. 横穴式石室の伝播と埋葬儀礼の実践

　横穴式石室は、中国大陸の墓制が朝鮮半島を経由して伝わり変化したものと考えられており、日本列島では、古墳の埋葬施設として横穴式石室が採用されたのは5世紀前半代と考えられている。まず九州地方の古墳の埋葬施設として採用され、中・北部九州を主体とした墓制として地域色のある展開をすることが理解されている。この九州系石室は、5世紀代において、東海地方を北限とした本州・四国の各地に点的に伝播したようで、九州系石室の系譜下において構築されたと考えられる横穴式石室の存在が各地で確認されている。しかしながら、九州系石室の採用は単発的で、各地の墓制の変革にはならなかったようである（土生田 1991）。5世紀後半～末葉（TK23～TK47型式）段階になると、畿内における古墳の埋葬施設として横穴式石室が定着化し、以後、列島各地においてその普及が一般化していくようになる。畿内における横穴式石室（畿内型石室）墓制は、その成立段階から玄室内に須恵器を埋納する行為が認められることから、黄泉国思想の理解と受容が、横穴式石室という新たな墓制と一体となって、各地に普及・展開していった様相が理解される。葬送墓制の一体となった畿内型石室は、6世紀初頭（MT15～TK10型式）段階には、東国ではいち早く上野において首長墓（大型前方後円墳）の埋葬施設として採用されるとともに、ほぼ並行して村落内首長および村落有力構成員層の墓（中小規模の円墳）の埋葬施設としても拍車がかかるように採用されている。葬送墓制の一体となった畿内型石室という新来墓制の急速な伝播・受容とその展開の背景には、畿内と上野の間にあった政治的な関係が示唆され、この新たな葬送墓制の

定着が、6～7世紀代にかけての上野における爆発的な古墳造営の要因としても理解される。

　津久田甲子塚古墳では、6世紀初頭降下の榛名渋川火山灰（Hr-FA）層を掘り込んで、埋葬施設である横穴式石室が構築されていた。石室は、地元の赤城山産出の輝石安山岩の塊石を使用した無袖型石室で、開口方向はS—48°—W、平面プランは撥形であった。石室の全長は4.00m、埋葬部長は2.40m、奥壁幅は1.30m、入口部幅は0.60mを計り、奥壁は多石構成で、壁面構成は乱石積である。奥壁から側壁、天井、床面にかけて鮮やかな赤色顔料の塗彩が施されており、とくに壁面奥の方まで石材に赤彩が施されていたことから考えて、赤彩された石材を一石ずつていねいに積み上げていったものと推定される。石材にはとくに加工を施さずにそのまま使用しており、根石には大振りの石を用いている。壁面では、主体となる石材の隙間に小形石を充填して壁面を補い、壁面は天井に向かって基本的には直に立ち上がる構造であるが、東壁では転びが見られ、埋葬部にくらべて閉塞部の壁面では、積み方のていねいさに欠けるようである。床面は入口部から粘土床によるスロープを下って、礫敷面を通って框石を境にして段差をもつ框構造となるが、埋葬部床面はほぼ平坦で、硬質な黄褐色土の上に厚さ12cmほどの玉砂利を敷き詰めている。閉塞石として小形の石材が多く使用され、その隙間には粘土が充填されていた。固く閉じられた閉塞部分の側壁では、赤色顔料の塗彩は認められず、入口部分は墳丘斜面の葺石と連動するように閉じられていた。また、奥壁が墳丘中心よりも奥に位置する構造で、裏込めは土によってていねいに埋め込まれていた（図7）。

　前・中期古墳における竪穴式石室や粘土槨などの竪穴系の埋葬施設では、構築過程の節目ごとにベンガラ等の赤色顔料の塗彩が施されていたことが認識されており、埋葬施設の構築過程においても儀礼が行われていたことが推定されている（白石 1983）。上野の6世紀初頭（MT15～TK10型式）段階の横穴式石室では、石室内部壁面における赤色顔料の塗彩がその特徴として認識でき、前・中期に盛行した赤色に対する特別な思想の継続性が認められる。

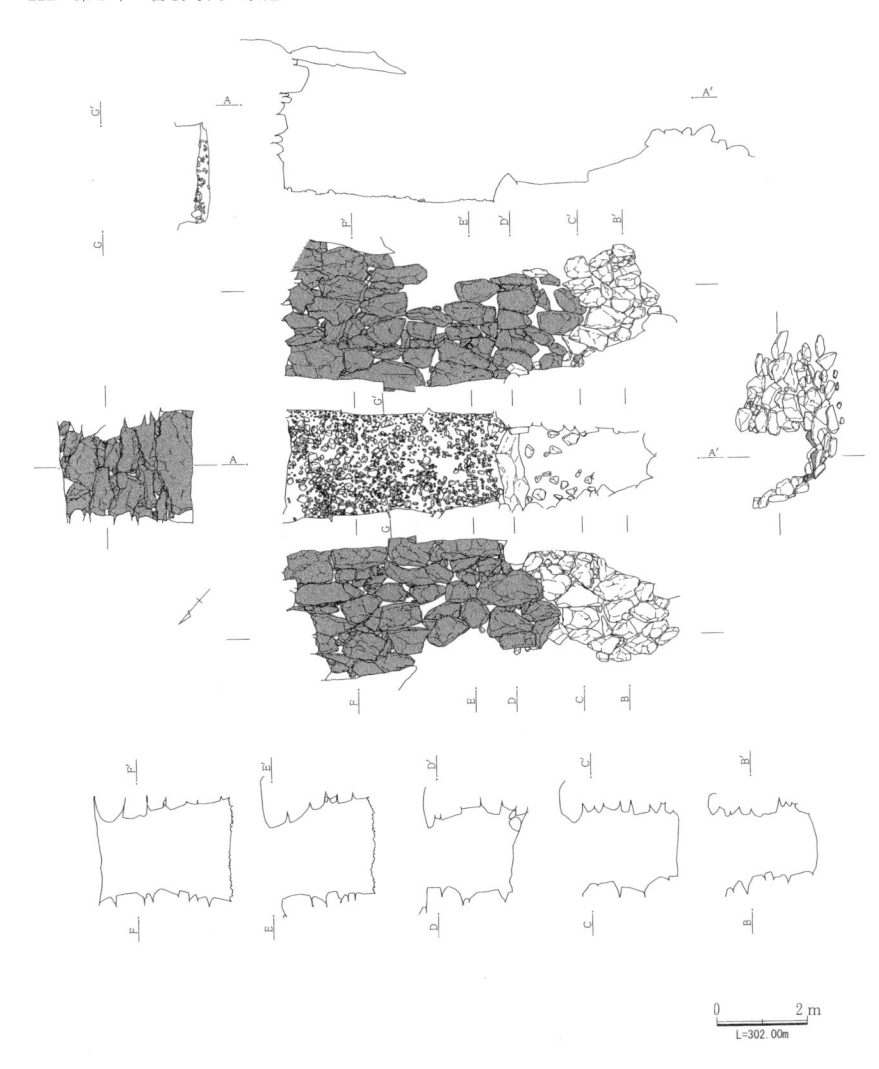

図7　津久田甲子塚古墳の横穴式石室（小林 2005b）

津久田甲子塚古墳では、残念ながら明治・大正年間頃の盗掘によって副葬品を確認することができなかったが、MT15〜TK10型式段階に築造された円墳である渋川市伊熊古墳、前橋市上陽村24号墳、伊勢崎市権現山2号墳、高崎市少林山台遺跡12号墳などの石室内部には須恵器の埋納が確認されている（図8）。上野では、首長墓（大型前方後円墳）のみならず、小型円墳においても新たな来世観である黄泉国思想と横穴式石室墓制といった葬送墓制の一体となった受容が、新来墓制の採用当初から定着していたことが理解される。石室内にて埋納された須恵器類は、死者に黄泉国の食物を供する「黄泉戸喫」の儀礼に使用されるものとして理解されている（小林 1949）。また、津久田甲子塚古墳では、石室開口部に近い位置のテラス斜面から須恵器蓋1点および土師器坏1点が出土している。津久田甲子塚古墳と同様に6世紀中頃降下の榛名伊香保軽石（Hr-FP）によって埋没していた渋川市中ノ峯古墳でも、石室開口部前から須恵器蓋1点および須恵器横瓶1点の出土が確認されている。これらは、閉塞にともなう「現世と黄泉国（生者と死者）の別処の宣言」をする儀礼（白石 1975）に使用されたものと考えることも可能であろう[3]。また、考古学の立場から論及が行われ、明らかにされてきた「黄泉戸喫」や「事戸度」といった儀礼に加えて、追葬過程において、追葬される被葬者をその祖先系譜に結びつける儀礼（都出 1986）などの実践も推定されている。

5. 埴輪祭祀の様相

津久田甲子塚古墳では、墳丘を巡るテラス面の周溝よりの部分と墳頂部に埴輪が樹立されていた。テラス面では、約1mの間隔で2条突帯3段構成の円筒埴輪が均等に樹立し、石室開口部から見て左側の位置に馬1点、鳥2点の形象埴輪が樹立されていた（図9）。テラス面での円筒埴輪は、一本ごとに基底部を完全に埋め込み、内部も粘質ローム土を詰めてていねいにその樹立補強がなされていた。その設置方向は、東側から南側にかけては透孔が東西方向に沿うよ

224 第3章 古墳時代の祭祀

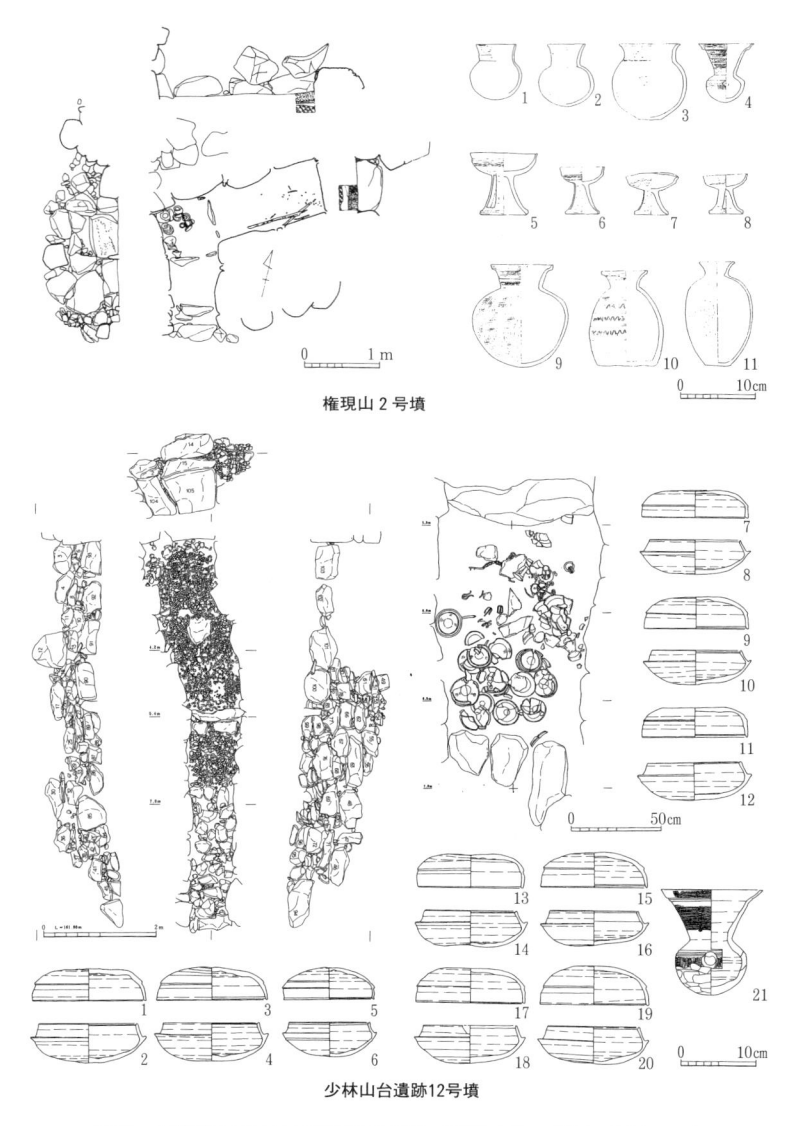

権現山2号墳

少林山台遺跡12号墳

図8 石室内における須恵器の埋納（横澤 1981、飯塚・徳江 1993）

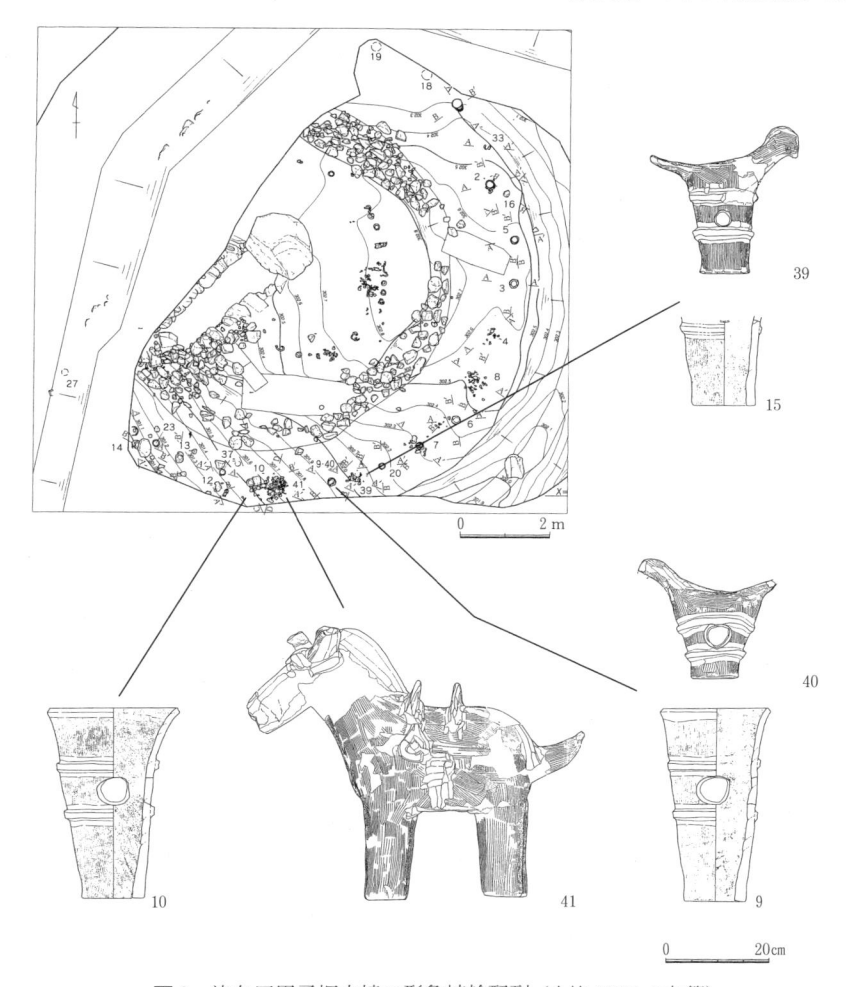

図9　津久田甲子塚古墳の形象埴輪配列（小林 2005b に加筆）

うにも見られるが、石室開口部側では透孔はさまざまな方向を向き、一定の配列方向があるようには思えない。馬形埴輪の脚部は樹立位置を保っていたが、頭部から胴部は破損した状態で出土した。頭や尾の位置から判断して開口部に向いて埋め込まずに置かれていたようである。馬形埴輪に近い位置に鳥（推定

雌鶏）形埴輪、そのすぐ東隣に鶏（雄鶏）形埴輪であった。鳥（推定雌鶏）形埴輪は、円筒埴輪をその台として基底部を口縁部内に突き刺して置かれた状態で出土した。頭は南西を向き、石室の開口軸とほぼ同方向を向いていた。一方、鶏（雄鶏）形埴輪は、頭を北東に向けて墳丘側に倒れた状態で出土した。鶏（雄鶏）形埴輪の下部土中より円筒埴輪が出土しており、本来は円筒埴輪を台として置かれていたものと推定される。墳頂部での埴輪は、菱形に近い円形に墳頂部を巡るように樹立されていた。近接した位置関係で樹立されており、まず溝を掘ってから、そのなかに樹立したようである。出土した埴輪基底部の様相と破片から、墳頂部の北東部分では、器財埴輪の配列があったことも推定される。

　以上の埴輪配列の様相は、右島編年2期（右島 1995）の特徴をよく備えており、右島和夫氏は、この2期（MT15〜TK10型式）の段階に上野において「東国地域特有の埴輪体制の成立の起点となる大きな画期」があったことを指摘しており、この時期に成立した埴輪組成をもって「上野型埴輪」と呼称している。そして、石室の開口部脇を起点として人物・動物埴輪が列状に配置され、最も埴輪の生産と供給が盛況を極めた3期（MT85〜TK43型式）の段階へと継承されていくことが理解されている。津久田甲子塚古墳は、山間部に営まれた小型円墳ながら、馬と鳥といった動物埴輪が円筒埴輪の配列とともにテラス面に樹立され、墳頂部では円筒埴輪とともに器財埴輪が樹立されており、ひととおりの埴輪を備えていた古墳であることが理解でき、埴輪祭祀を考察する上でも、MT15〜TK10型式段階に築造された埴輪をともなう小型円墳の特色とその様相をうかがい知る事ができる好事例といえよう。

　馬形埴輪は、古墳の規模と等しく体長49cm、高さ29.8cmと非常に小型で、脚部が短くて体部が大きく、顔面が扁平であるが、鏡板・引手・鞍・輪鐙といった一通りの馬装の表現を見ることができる。上野では、脚部が短くて体部が大きく、顔面が扁平といった特色を有する馬形埴輪としては、前橋市白藤Ⅴ—4号墳、大泉町古海松塚11号墳、伊勢崎市多田山4号墳からの出土が認められており、周辺地域としては、北武蔵の行田市北大竹遺跡1号墳からも出土し

1　白藤Ⅴ―4号墳
2　古海松塚11号墳
3　北大竹遺跡1号墳
4　多田山4号墳

図10　白藤Ⅴ―4号タイプの馬形埴輪（小島 1989、関本 2002、門脇 1999、深澤 2004）

ている(図10)。いずれも、群集墳を構成する竪穴系の埋葬施設を有する中小規模の円墳からの出土で、周溝内から榛名渋川火山灰(Hr-FA)の堆積が確認されている。小型で、脚部が短くて体部が大きく、顔面が扁平を呈する所謂「白藤Ⅴ—4タイプ」の形態的特徴を有する馬形埴輪は、TK23〜TK10型式段階における村落内首長および村落有力構成員層を被葬者とする群集墳を構成する円墳に樹立されていることから、東国における馬形埴輪の初期段階の特徴であることが指摘できるが、被葬者の階層と古墳の規模に併せた埴輪の生産・供給の体制が、人物・動物埴輪の生産・供給の初期段階からすでに成立していたことも理解できよう。

　また、津久田甲子塚古墳では、テラス面に樹立された円筒埴輪列内における馬形埴輪の東側において、円筒埴輪をその設置台として使用した状態で、鳥(推定雌鶏)形埴輪の出土が確認されている。円筒埴輪は、基底部を完全に土中に埋め込み、内部にも粘質ローム土を詰めてていねいにその樹立補強がなされていたにもかかわらず、馬形埴輪はテラス面に置かれていただけの状態であったが、鳥形埴輪の場合、円筒埴輪を設置するための台として使用し、つねに移動可能な状態で置かれていたのである。このような状態から考えれば、祭祀・儀礼行為に使用する際には、手でもった状態で祭祀・儀礼に使用したことも想像できる。

　つぎに、上野において最も埴輪祭祀の盛行する右島編年3期(MT85〜TK43型式)の段階における形象埴輪の樹立の様相について確認しておきたい。横穴式石室を埋葬施設とする中小規模の円墳において、形象埴輪樹立の様相が確認できる上野における事例としては、富岡市富岡5号墳、吉井町神保下條遺跡2号墳、吉井町中原Ⅱ遺跡1号墳、前橋市内堀4号墳、太田市オクマン山古墳などがあげられよう。富岡5号墳、内堀4号墳、オクマン山古墳では、石室開口部の右側の墳丘テラス面、神保下條遺跡2号墳、中原Ⅱ遺跡1号墳では石室開口部の左側の墳丘テラス面において人物埴輪、そして馬形埴輪が列となって展開している様子がうかがえる。とくに中原Ⅱ遺跡1号墳では、冠帽を被る男子、

大刀形埴輪、島田髷の女子、形象埴輪3、大刀形埴輪、馬飼男子と馬形埴輪の2セットといった内容の人物・動物埴輪が列状に配置されている様子が明らかになっている。また、隣接する北武蔵でも横穴式石室を埋葬施設とする円墳において、形象埴輪樹立の様相が確認できる事例として、神川町諏訪ノ木古墳、美里町猪俣南2号墳、嵐山町屋田5号墳などがあげられる。いずれも上野における埴輪配列の状況とほぼ同様の傾向を呈することが認識でき、諏訪ノ木古墳と屋田5号墳では石室開口部の左側の墳丘テラス面において人物埴輪、馬形埴輪が列となって展開している様子がうかがえる（図11）。いずれの古墳においても人物埴輪は巫女、武人、馬飼の存在が顕著に認められ、正装した巫女や武人につづいて馬飼が飾馬を曳いて首長の葬儀に参列している様子がうかがえ、日本古代の伝統的な葬送儀礼であるモガリの様子を表現しているものとも考えられる（若松・日高 1992・1993・1994）。器財埴輪については、本来、埋葬施設上の墳頂部に配置され、円筒埴輪とともに首長の眠る聖域を守護する役割を果たしたものと考えられており、内堀4号墳、諏訪ノ木古墳などの出土状況からは人物埴輪、馬形埴輪とは同一に配列されない様相を呈しているが、中原Ⅱ遺跡1号墳や屋田5号墳のように墳丘テラス面に器財埴輪を配置する場合もある。家形埴輪についても器財埴輪と同様の理解で、本来は墳頂部において配置されたものと考えられる。

　MT85～TK43型式段階にかけての埴輪祭祀では、右島編年3期の「人物・動物埴輪群が横穴式石室の開口部脇を起点として、それぞれの埴輪の正面（馬は側面）を墳丘外側に向けて列状に配置される。家・器財は2期を踏襲して墳頂部に配される」様相であったことが理解される。上野では、この段階において最も埴輪祭祀が盛行し、小型円墳においても前方後円墳の小型版ともいうべき埴輪祭祀が華やかに執り行われ、ひととおりの埴輪群が墳丘に配置されたのである。

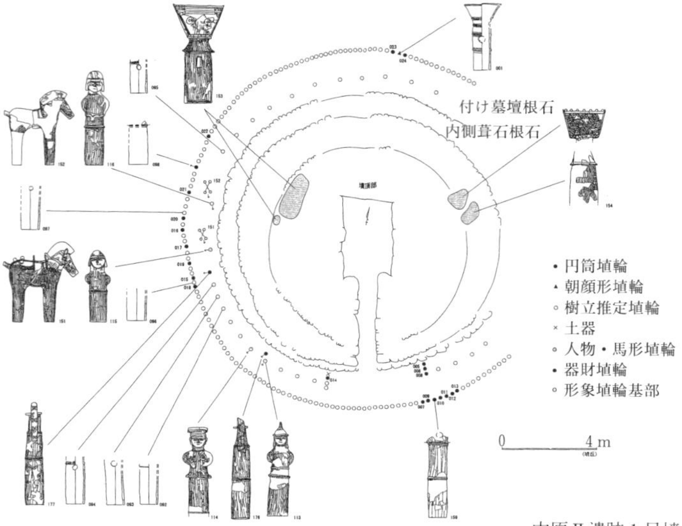
付け墓壇根石
内側葺石根石
・円筒埴輪
▴ 朝顔形埴輪
◦ 樹立推定埴輪
× 土器
◦ 人物・馬形埴輪
・器財埴輪
◦ 形象埴輪基部
0 4 m

中原Ⅱ遺跡1号墳

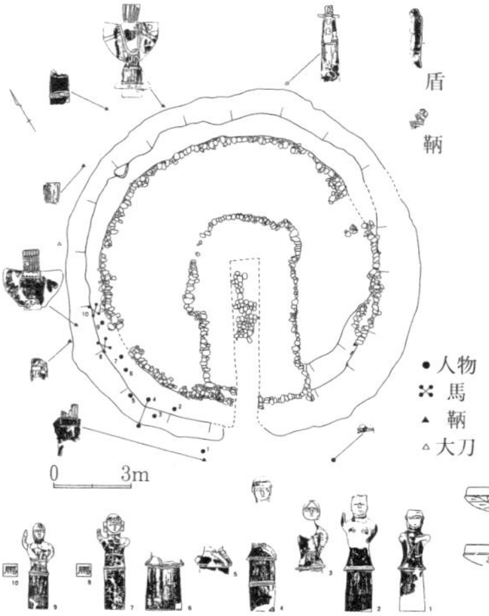
盾
鞆
● 人物
✕ 馬
▲ 鞆
△ 大刀
0 3m

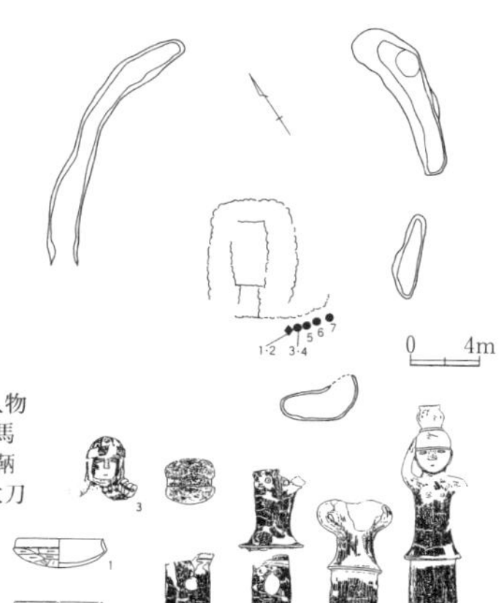
0 4m

諏訪ノ木古墳

猪俣南2号墳

図11 6世紀中頃～後半の埴輪配列（入澤 2004、大谷 2000）

6. おわりに

　古墳時代は、土を盛って高塚として営まれた古墳とよばれる記念物である「墓」が時代の象徴とされている。イザナギノミコトは、火の神を生んで全身に大火傷を負って亡くなった妻のイザナミノミコトのことが忘れられずに、死者の国（黄泉国）に追って入り、イザナミノミコトが現世に戻ってくるように懇願するが、すでに黄泉国の食べ物を口にしてしまい戻ることができないという、『古事記』に描かれたこの日本神話の情景については、早くから横穴式石室の内部構造を表したものとして理解されてきた。とくに考古学の立場からの、小林行雄氏（小林 1949）や白石太一郎氏（白石 1975）の研究によって、日本神話と考古学の有機的関係が論及され、古墳の遺体埋葬施設である横穴式石室において実践されたと考えられる葬送儀礼の具体的な復原が可能となってきた。遺体埋葬後に執り行われた「黄泉戸喫」や「事戸度」といった儀礼は、黄泉国思想の観念にもとづき実践された儀礼と理解される。横穴式石室内において、須恵器埋納といった具体的な行為が認識され、定着化されるのは、畿内において畿内型石室の構築が定着化するTK23〜TK47型式段階の頃と考えられている。東国の上野では、畿内型石室の定着・普及によって、葬送墓制の一体となった受容がMT15〜TK10型式段階の頃に成されている。黄泉国思想と新来墓制である横穴式石室とが一体となって墓制の大変革が成されていったのである。

　古墳時代の研究は、古墳を媒介とした政治的・社会的性格の解明がもっぱら研究の主体ではあるが、古墳時代の死生観を媒介とした宗教的・精神的性格の解明あってこそ、古墳（墓）を時代の象徴とする古墳時代が理解されるものと考えられる。

註
(1) 榛名山の噴火による伊香保軽石層（Hr-FP）によって埋没していた遺跡では、古墳時代後期の農村集落の景観がそのまま埋没していた渋川市黒井峯遺跡（国指定史跡）や西組遺跡が有名であるが、古墳では同市中ノ峯古墳（群馬県指定史跡）、田尻遺跡第3地点2号墳、浅田古墳群、宇津野・有瀬古墳群（伊熊古墳、有瀬1号墳・2号墳）が、群馬大学や旧子持村教育委員会によって発掘調査が実施されており、古墳時代の旧地表面が軽石層によってパックされた状態で保護されるため、古墳時代の景観がそのままである特色を有する。

(2) 津久田甲子塚古墳の周辺では、昭和22（1947）年に群馬大学尾崎喜左雄博士による住居跡（小池原遺跡）の調査が実施されている。また、赤色顔料の入った小形甕が出土した猫仲谷戸遺跡、円筒埴輪の樹立が確認されている猫寄居古墳が所在し、小池原地内からはB種ヨコハケ埴輪の破片も採集されている。周辺一帯に集落および古墳が良好な状態で埋没していることが推定されるが、未調査の遺跡が多くその内容は不明である。また、渋川市赤城町宮田地内では、数多くの祭祀跡のほか、生産・居住・墓域といった古墳時代の社会景観を構成する諸要素のほぼ全般が良好な状態で埋没していると推定される。

(3) 白石太一郎氏は、追葬の度に開閉される閉塞装置の実態について考察を進め、『記紀』の「ことどわたし」の「ことど」を「別処」と理解して、閉塞にともなう「死者に対し現世との別処を宣」する儀礼と考察した。

参考文献

飯塚　誠・徳江秀夫　1993『少林山台遺跡』群馬県埋蔵文化財調査事業団。
今井　宏ほか　1984『屋田・寺ノ台』埼玉県埋蔵文化財調査事業団。
入澤雪絵　2004『中原Ⅱ遺跡』吉井町教育委員会。
大谷　徹　2000「北武蔵における形象埴輪の一様相」『考古学論究』第7号。
尾崎喜左雄　1981「伊熊古墳」『群馬県史』資料編3。
賀来孝代　2002「埴輪の鳥」『日本考古学』第14号。
門脇伸一　1999『北大竹遺跡（8次）』北大竹遺跡（第八次）発掘調査会。
金子彰男　2004「古墳築造にともなう儀礼について」『幸魂』。
川村邦光　1995「モガリ（殯）と他界観」『古墳文化とその伝統』勉誠社。
群馬縣　1938『上毛古墳綜覧』。
木暮仁一　1981「オクマン山古墳」『群馬県史』資料編3。
小島純一　1989『白藤古墳群』粕川村教育委員会。

小林　修　1998『赤城村考古資料図録Ⅱ』赤城村教育委員会。
小林　修　2005a「榛名山噴火軽石に埋没した初期横穴式石室古墳」『日本考古学協会第71回総会研究発表要旨』。
小林　修　2005b『津久田甲子塚古墳』赤城村教育委員会。
小林孝秀　2005「上野における横穴式石室葬送儀礼の変化」『古文化談叢』第52集。
小林行雄　1949「黄泉戸喫」『考古學集刊』第2冊。
坂本和俊　2004「古墳時代の葬制をめぐって」『幸魂』。
白石太一郎　1975「ことどわたし考」『橿原考古学研究所論集』創立35周年記念。
白石太一郎　1983「古墳築造にかかわる祭祀・儀礼」『季刊考古学』第3号。
菅谷文則　2003「神話成立を考古学から考える」『三輪山の考古学』学生社。
関本寿雄　2002『古海松塚古墳群』大泉町教育委員会。
田村　誠・金子彰男　1994『庚申塚遺跡・愛染遺跡・安保氏館跡・諏訪ノ木古墳』神川町教育委員会。
土生田純之　1991『日本横穴式石室の系譜』学生社。
土生田純之　1995「古墳構築過程における儀礼」『古墳文化とその伝統』勉誠社。
土生田純之　1996「葬送墓制の伝来をめぐって」『古代文化』第48巻第1号。
土生田純之　1998『黄泉国の成立』学生社。
都出比呂志　1986「墳墓」『岩波講座日本考古学』4　集落と祭祀、岩波書店。
戸所慎策・足立聡　1998『内堀遺跡群Ⅹ』前橋市埋蔵文化財発掘調査団。
外山和夫　1972『富岡5号古墳』群馬県立博物館。
長井正欣・小林修　2001「群馬県　中期古墳から後期古墳へ」『第6回東北・関東前方後円墳研究会大会　中期古墳から後期古墳へ　発表要旨資料』。
南雲芳昭　1991「群馬県における馬形埴輪の様相」『成塚石橋遺跡Ⅱ』群馬県埋蔵文化財調査事業団。
深澤敦仁ほか　2004『多田山古墳群』群馬県埋蔵文化財調査事業団。
古谷　毅　1991「後期古墳の問題点」『原始・古代日本の墓制』同成社。
松本浩一・桜場一寿ほか　1980『中ノ峯古墳発掘調査報告書』子持村教育委員会。
丸山陽一・中沢良一　1996『猪俣南古墳群・丸山遺跡』美里町教育委員会。
右島和夫　1989「東国における埴輪樹立の展開とその消滅」『古文化談叢』第20集。
右島和夫　1994『東国古墳時代の研究』学生社。
右島和夫　1995「「上野型埴輪」の成立」『研究紀要』第12号　群馬県埋蔵文化財調査事業団。
横澤克明　1981「権現山2号古墳」『群馬県史』資料編3。

若松良一・日高慎 1992・1993・1994「形象埴輪の配置と復原される葬送儀礼」『調査研究報告』第5・6・7号　埼玉県立さきたま資料館。
和田　萃 1973「殯の基礎的考察」『論集終末期古墳』塙書房。
和田晴吾 1989「墳墓と葬送」『古代史復元』6　古墳時代の王と民衆。

三輪山麓出土の子持勾玉祭祀とその歴史的背景

大平　茂

1. はじめに

　奈良盆地の東南部、桜井市街地の北東方向に位置する三輪山は円錐形の秀麗な山容（神奈備形）を呈し、古来よりその山容を仰ぐ地域（ヤマト）の人びとに神が籠られる処として崇拝されてきた聖なる山（三輪山を御神体として大物主神を祀る大神神社）なのである。現在の三輪山神域には、山頂から山麓にか

図1　巻向川と初瀬川合流地点から見た三輪山

けて残る幾多の磐座（奥津磐座・中津磐座・辺津磐座など）、そして三ツ鳥居の奥（神庫）に拡がる禁足地が残されている。

　さて、古墳時代の三輪山を対象とした祭場範囲は、三輪の水垣内と呼称される三輪山西麓の巻向川と初瀬川に挟まれた三角域が想定でき（図1・図6）、この祭祀を最も特徴付ける遺物が、禁足地などから出土した滑石製の子持勾玉と陶邑産の須恵器である。

　子持勾玉については、かつて型式分類と年代比定を試みた（大平 1989）。その後、種々批判（森 1990、古賀・佐田 2003 など）も頂戴しているが、子持勾玉と三輪山祭祀の先学である佐々木幹雄氏の勇気づけもあり、今回もこの方法を踏襲し、三輪山麓および周辺出土のものを年代比定してみよう。あわせて、三輪山祭祀の歴史的背景も探ってみたい。

2. 子持勾玉の型式分類私案

　子持勾玉とは大型の弧状を呈した勾玉形の本体（親勾玉）に、突起物（子勾玉）を胴部（腹部と背部および脇部）に付帯するものである。名称の特徴である子勾玉（突起）の部分は、独立したもの（勾玉形）と連続したもの（突起形）があり、独立したものには発達したものから退化したものまで存在し、連続したものにも波長の長い山形突起で範囲の広いものから波長の短い山形突起で範囲の狭いものまで認められる。

　当然、これらの変化も年代差を示すものととらえられるが、型式分類の研究史を繙くと親勾玉の胴部截断面形態で編年していくのが正当な方法と判断できる。この点、石製模造品の勾玉が断面の丸みのあるものから扁平な形態に変化していくことが参考となろう。親勾玉截断面の形態は円形、楕円形、そして厚板状の長方形、扁平な長方形のものがあり、変遷はこの順序で徐々に扁平化していったと考えられる。また、親勾玉の反りは年代が新しくなるほど小さくなるようである。

表1　三輪山麓出土子持勾玉の断面厚み比率と反り比率

No.	出土地点名称	厚み比率	反り比率	私案分類	No.	出土地点名称	厚み比率	反り比率	私案分類
①	禁足地1	0.39	0.57	Ⅶ　7中	⑤	山ノ神	0.63	—	Ⅲ　6前
②	禁足地2	0.42	—	Ⅵ　7前	⑥	茅原源水	0.60	—	Ⅲ　6前
③	禁足地3	0.53	0.52	Ⅴ　6後	⑦	芝(1次)	0.84	0.51	Ⅱ-1 5後
④	三ツ鳥居	0.59	—	Ⅳ2 6中	⑧	茅原(3次)	0.81	0.51	Ⅱ-1 5後

　そこで、私案の分類法（図2）は、親勾玉の胴部截断面の厚み比率と弓形（反り）の比率を数字化して組み合わせ、これに年代の明らかなものを当てはめて型式編年としたのである。

0型式—断面比率0.90以上、反り比率0.50以上あるもの（5世紀前葉？）。
Ⅰ型式—断面比率0.85〜0.89、反り比率0.50以上あるもの（5世紀中葉）。
Ⅱ-1型式—断面比率0.70〜0.84、反り比率0.40以上あるもの（5世紀後葉）。
Ⅱ-2型式—断面比率0.60〜0.69、反り比率0.60以上あるもの（5世紀末葉）。
Ⅲ型式—断面比率0.60〜0.69、反り比率0.45〜0.59のもの（6世紀前葉）。
Ⅳ-1型式—断面比率0.60〜0.69、反り比率0.44以下のもの（6世紀中葉）。
Ⅳ-2型式—断面比率0.55〜0.59、反り比率0.59以下のもの（6世紀中葉）。
Ⅴ型式—断面比率0.50〜0.54、反り比率0.59以下のもの（6世紀後葉）。
Ⅵ型式—断面比率0.40〜0.49、反り比率0.50以下のもの（7世紀前葉）。
Ⅶ型式—断面比率0.35〜0.39、反り比率0.50以下のもの（7世紀中葉）。
Ⅷ型式—断面比率0.30〜0.34、反り比率0.50以下のもの（7世紀後葉）。

　なお、実年代についてはⅠ型式を須恵器の出現時期ととらえ、5世紀中葉を設定したため、須恵器の初源がさかのぼるのであれば当然0・Ⅰ型式、そしてⅡ—1・2型式までは古くする必要があると考えている。

238　第3章　古墳時代の祭祀

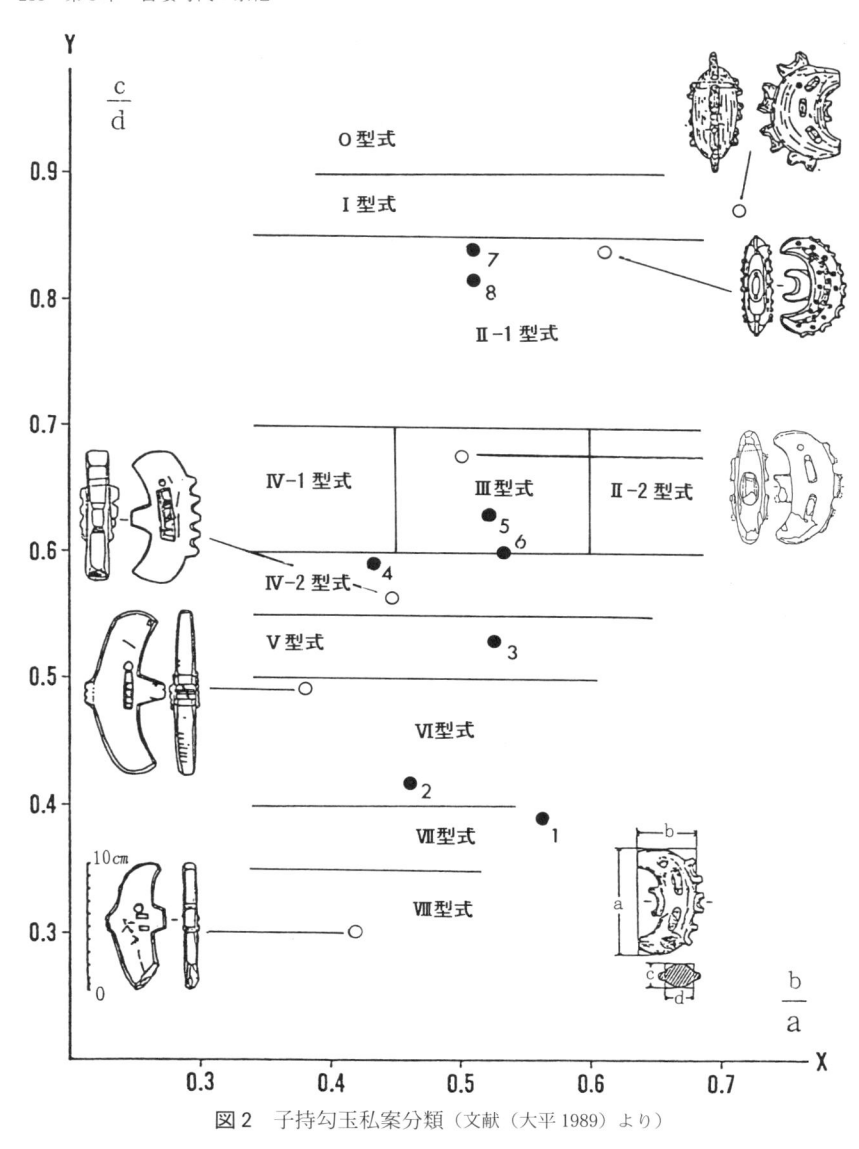

図2　子持勾玉私案分類（文献（大平 1989）より）

3. 三輪山麓および周辺出土の子持勾玉

　三輪山麓（三輪山西麓の巻向川と初瀬川に挟まれた水垣内）からは、所在の明らかなものとして8例（図3・4参照）、そして所在の不明なもの9例（8例は大神神社禁足地出土、1例が巻向川と初瀬川の合流点付近出土（寺沢 1984））と確認できる。以下、明らかなものについて前記の分類法（表1）で1例ごとに年代を比定していきたい。

① 　大神神社禁足地1　桜井市三輪・禁足地南縁（岡 1963、寺沢 1984）
　1961（昭和36）年、大神神社防災用配水管敷設工事中の発見である。出土地点は拝殿から東南約20mのオオミワ谷左岸の北斜面で、神宝社裏方にあたる。共伴関係は明らかでないが、かなり大形の臼玉が散乱していたということである。本品は滑石製の完形品で、全長10.5cmを測る。形状は本体の両端が尖り、背部の突起（子勾玉）は中央にまとまった連続式である。突起の数は背に4個、腹に1個、脇部にそれぞれ3個を有している。本体胴部截断面の形態は、扁平な長方形を呈している。筆者分類では、Ⅶ型式（7世紀中葉）に当たる。禁足地内出土品のいちばん新しい型式であり、奈良県内ではこの後に藤原宮出土品がつづき、子持勾玉を採用する祭祀も終了する。

② 　大神神社禁足地2　桜井市三輪・禁足地南縁（岡 1963、寺沢 1984）
　1961年、前記のものと同じ工事中に、ほぼ同地点から出土したものである。
　当該遺物は滑石製で頭部が欠けており、現存長10.9cmを測る。形状は尾部が尖り、背部・両脇部の突起は中央に比較的数多く連続する波長の短いタイプである。突起の数は背に6個、腹に1個、両脇部に5個を有している。なお、背部の突起は本体を少し削りこむ形で製作している。本体胴部截断面の形態は長方形を呈し、筆者分類ではⅥ型式（7世紀前葉）となる。

③ 　大神神社禁足地3　桜井市三輪・禁足地南縁（寺沢 1984）
　1983（昭和58）年、防災施設配水管取替工事中の不時発見である。出土地点

は拝殿から東南東100mのオオミワ谷右岸の禁足地南縁部分である。

　本品も滑石製の完形品で、全長10.7cmを測る。形状は本体の両端が尖り、背部・両脇部の突起は中央にまとまった波長の短い連続式である。突起の数は背に6個、腹に1個、両脇部に5個を有している。なお、背部の突起は本体を削りこむ形で製作している。本体胴部截断面の形態は長方形を呈し、筆者分類ではV型式（6世紀後葉）に当たる。なお、調査担当者の寺沢薫氏はこれを6世紀前半と考えている。

　共伴遺物は明らかでないが、ごく近くの工事地点の再立会により布留式の甕や、子持勾玉と同時期に考えてよい須恵器の甕が採集されている。寺沢氏はこれら遺物を禁足地からの二次堆積物ととらえ、禁足地での祭祀開始年代を布留式（4世紀中頃）までさかのぼると報告された。三輪山祭祀を考える上で、注目すべき調査であった。

④　大神神社三ツ鳥居下　桜井市三輪・三ツ鳥居（日名子ほか 1960）

　1958（昭和33）年、禁足地の西端、拝殿奥にある重要文化財三ツ鳥居の解体修理工事中に、東北隅の敷石下から単独で発見されたものである。

　当該遺物は滑石製で本体上半部が欠けて、現存長5.4cmを測る。形状は尾部が尖り、背部・脇部の突起の一部が残存している。本体胴部截断面の形態は、厚板状の長方形を呈す。筆者分類では、Ⅳ－2型式（6世紀中葉）となる。

⑤　山ノ神遺跡　桜井市馬場字山ノ神（樋口 1928・1972・1975、寺沢 1984）

　1918（大正7）年、狭井神社の北東、狭井川沿いに神社から約300m入った神体山の舌状扇状地の一部を、蜜柑山に開墾しようとして発見されたものである。子持勾玉は巨石（磐座）周辺から小形素文鏡、碧玉製勾玉、水晶製勾玉、剣形鉄製品、そして大量の滑石製模造品（勾玉・管玉・臼玉・有孔円板・剣形品など）と高杯・竪臼・竪杵・杓・匙・案などの形を模した土製模造品とともに出土した。須恵器は確認されていないが、各遺物の出土状況がよくわからないため、古墳時代の祭祀遺跡としては明らかに新（滑石製模造品・土製模造品など）旧（小形素文鏡・剣形鉄製品など）のものが混じった様相になっている。

三輪山麓出土の子持勾玉祭祀とその歴史的背景　241

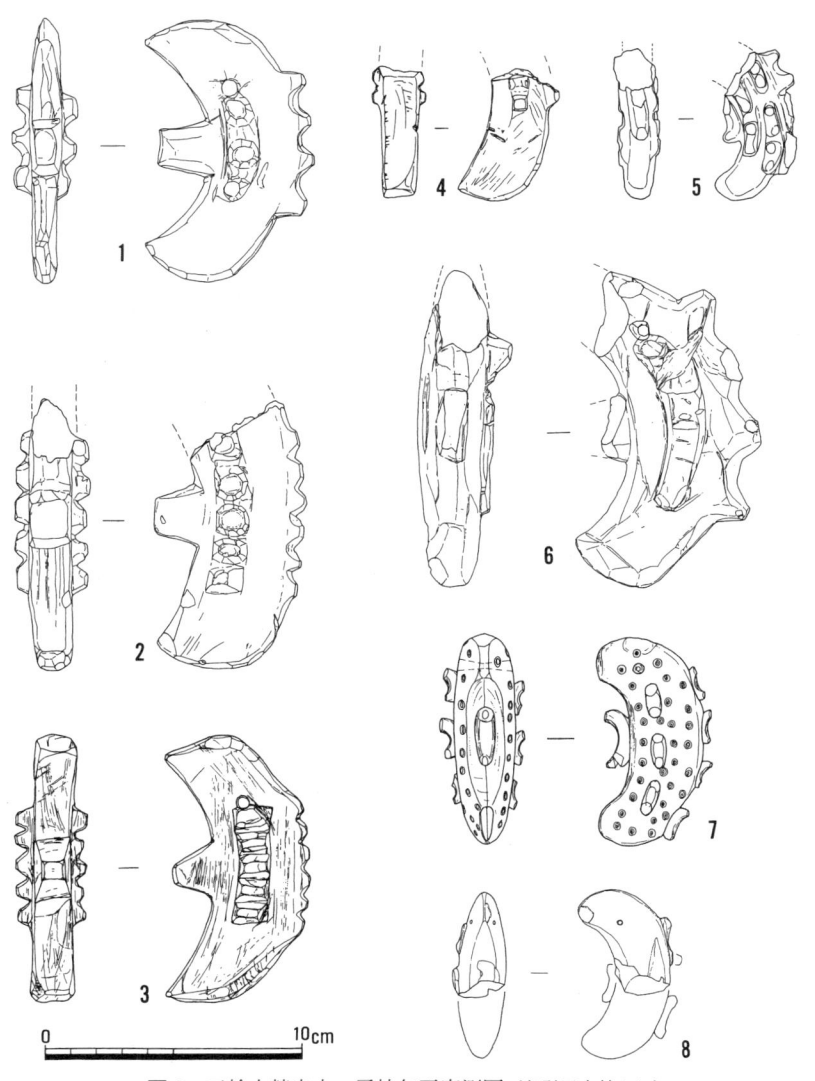

図3　三輪山麓出土の子持勾玉実測図（各引用文献より）

本品は滑石製で頭部が欠けており、現存長 6.0cm を測る。形状は全体にまだ丸みを残し、子勾玉もまだ独立式といえよう。なお、背部の子は中央部にまとまる。子の数は背に 3 個、腹に 1 個、両脇部に 2 列 5 個を有している。本体胴部截断面の形態は、長楕円形を呈している。筆者分類ではⅢ型式（6 世紀前葉）にあたり、土製模造品がともなうかどうかは明らかにし難いが、滑石製模造品は勾玉（断面形板状のもの）などの形態を見ると共伴でも問題ないと考える。なお、筆者は山ノ神遺跡磐座祭祀の開始時期を、小形素文鏡と剣形鉄製品・碧玉製勾玉など古い遺物の年代観から 4 世紀後半ととらえている。

⑥　茅原・源水　桜井市茅原字源水箕倉山（土井 1941、寺沢 1984）

1941（昭和 16）年、皇紀 2600 年記念の神武天皇聖跡碑への道路取付工事中に、箕倉山麓の狭井川北岸の河畔で不時発見したものである。したがって、出土状況を始め伴出遺物も明らかではない。

当該遺物は滑石製で頭部の先端が欠けており、現存長 12.8cm を測る。形状は全体にまだ丸みを残すが、背部の子勾玉（突起）は波長の長い連続式である。突起の数は背に 4 個、腹に 1 個、そして両脇部には不明確ながら 4 個を有していたものと考えられる。本体胴部截断面の形態は長楕円形を呈し、筆者分類のⅢ型式（6 世紀前葉）となる。

⑦　芝（大三輪中学校）　桜井市芝字廻り塚（清水 1987）

1984（昭和 59）年、三輪山西麓の扇状地に立地する芝遺跡の東端から、市立大三輪中学校の校舎改築にともなう事前調査により発見された。子持勾玉は遺構にともなわず、古式の須恵器などを包含する層からの出土であった。

本品は滑石製の完形品で、全長 8.1cm を測る。形状は頭尾とも丸みをもち、子勾玉は独立式である。子の数は背に 4 個、腹に 1 個、両脇部に 3 個を有している。本体胴部截断面の形態は、楕円形を呈している。筆者分類では、Ⅱ－1 型式（5 世紀後葉）に当たる。現在のところ、三輪山麓出土品では最古型式のものであり、本体部分に 61 個の円圏文を施しているのが特徴である。

なお、この遺跡では 5 世紀代の柵で囲まれた水田遺構も検出され、調査担当

三輪山麓出土の子持勾玉祭祀とその歴史的背景　243

者の清水真一氏はこの特異な水田を旧地名である岩田から、大神神社（三輪山祭祀）の神饌田（祝田）ではないかと考えられている。その可能性は、きわめて高いといえよう。

⑧　茅原遺跡（第3次調査）　桜井市芝字丸太・廻り塚（橋本 1994）

1991（平成3）年、芝字丸太・廻り塚地区の圃場整備事業に先立つ調査で出土したものである。遺構には古墳時代中期の掘立柱建物跡と井戸を確認しているが、残念ながら子持勾玉は遺構にともなうものではないという。

当該遺物は滑石製で胴部の下半が欠けており、現存長4.5cmを測る。形状は丸みをもち、子勾玉は独立式である。子の数は現状で背に1個、腹部に1個、脇部は片側に

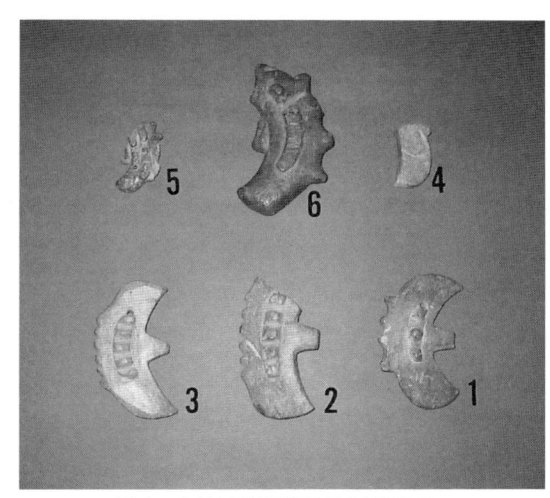

図4　大神神社所蔵子持勾玉写真

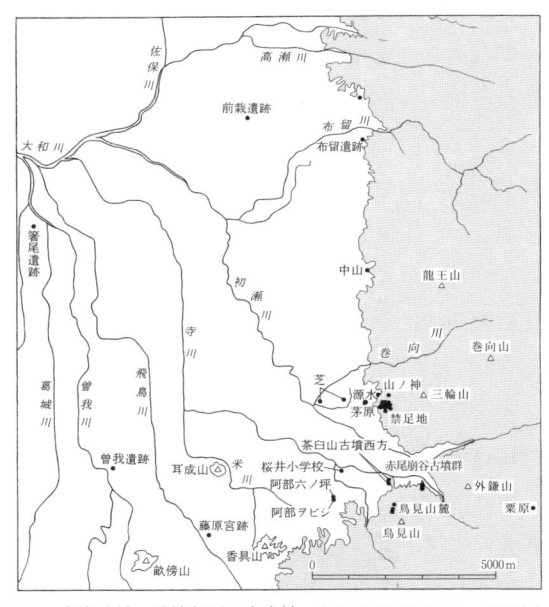

図5　奈良盆地の子持勾玉の出土地（文献（寺沢 1988）より一部追加）

のみ 2 個を有している。本体胴部截断面の形態は、楕円形を呈す。筆者分類では、Ⅱ－1 型式（5 世紀後葉）に当たる。

　以上、現段階で三輪山出土の子持勾玉を単純に年代順および出土位置から見ていくと、子持勾玉の出現は最古型式（福岡県沖ノ島 21 号遺跡、兵庫県小山遺跡Ⅴ地点、京都府山開古墳出土品など）より一型式遅れ、最初（5 世紀後葉）は三輪山に対して少し離れた集落から遥拝する位置の芝周辺で祭祀が執り行われている。ついで、6 世紀前葉になると山麓に位置する馬場・茅原（磐座祭祀）で行われる。そして、6 世紀中葉以降には、現在の禁足地である三ツ鳥居奥のかぎられた範囲を祭場とし、途切れることなく 7 世紀中葉まで実修されたと理解できるのである。前記した寺沢薫氏も、三輪山麓の祭祀遺跡・遺物を概観し、こうした祭場の変遷を指摘（寺沢 1988）している。

　次に、周辺にあたる外山・桜井・阿部・栗原地域にも、最近の赤尾崩谷古墳群出土の 2 例（橋本 2005）を含め 11 例（うち鳥見山麓の 3 例と栗原の 1 例が不明（清水 1986））があるので、これを見てみよう。とくに、栗原以外の各遺跡は三輪山の山容を視野に収めうる地点に位置している（図 5）。

　このなかでは、いちばん古いのが⑨旧桜井小学校出土（梅原 1922、後藤 1930）のものであろう。後藤守一氏の図（平面図のみ）でしか判断できないのであるが、本体断面は楕円形と見えるものの、背の子勾玉が連接する形態は最古型式のⅠ型式と考えられず、Ⅱ型式かⅢ型式であろう。次いで、⑩桜井茶臼山古墳西濠出土 1（小島 1963）、⑪安倍寺遺跡ヲビシ地区（清水 1986）のⅢ型式（6 世紀前葉）のものととらえる。そして、Ⅴ型式（6 世紀後葉）の⑫阿部六ノ坪遺跡（関川 1983）・⑬赤尾崩谷古墳群出土 1、Ⅵ型式（7 世紀前葉）の⑭茶臼山古墳西濠出土 2（千賀 1977）・⑮赤尾崩谷古墳群出土 2 へとつづくようである。問題は、⑬⑮が同一の土坑から出土しているにもかかわらず年代差を認めることである（共伴の須恵器は 6 世紀後半である）。

　いずれにしても、年代は最古のものが見当たらず、形態的には背の子勾玉が連続する型式で、6 世紀代以降のものは三輪山麓のものと基本的に同タイプ

（トビが羽根を拡げ大空を飛んでいる形態）である。問題は、祭祀の対象として桜井茶臼山古墳西濠や赤尾崩谷古墳群のように、明らかに古墳の築造時期とも異なる古墳出土のものをどう考えるかであろう。筆者は墳墓にかかわる祖先祭祀的なものととらえ、三輪山を対象にした祭祀とは考えない。地元の豪族安倍氏（塚口 2003）が、6世紀前葉以降に茶臼山古墳の被葬者を自分達の祖先として祀ったものであろう。また、旧桜井小学校出土品も発見地が初瀬川流域とは別の水系に属することから、三輪山を対象とした祭祀に含めない。なお、千賀久氏はこれらを墳墓関係もしくは鳥見山が対象にされた可能性もあると指摘（千賀 1977）している。

　子持勾玉は、これまで単独で発見されることが多かった。しかし、最近の発掘調査例は単独で祭祀に使用するものでないことを教えてくれる。たとえば、大半が石製模造品や須恵器と共伴するのである。また、その出土地は大きく集落・古墳・祭祀遺跡に分別される。集落や祭祀遺跡の場合は、出土地点が祭祀の場もしくは祭祀使用後の廃棄場所となろう。対象は、各地域の山神・磐神・水神などの自然神にかかわるものが多い。なお、島嶼や海岸部に立地する場合は、宗像沖ノ島遺跡を始め海上交通、航行安全にかかわるものととらえてよい。一方、古墳の場合では、副葬品ならば「鎮魂儀礼」となり、墳丘や周濠出土のものは築造時期より新しいものが多く、祖先祭祀を含む「古墳祭祀」となろう。

　三輪山麓において、子持勾玉の年代と祭場の範囲が明らかになると、5世紀後葉に出現する事実（ちなみに、生産遺跡である曽我遺跡出土の子持勾玉もⅡ－1型式5世紀後葉）は、単にヤマトの自然神・土地神を祭るだけではなく、王権との関係が見えてくる。佐々木幹雄（佐々木 1980・1986）、和田萃（和田 1985）、寺沢知子（寺沢 2004）ほかの各氏が指摘するようにヤマト王権の第2次東国進出（東国経営の北進時期）に際し、磯城での祭祀遺物（⑦芝遺跡と⑧茅原遺跡出土の子持勾玉）としてとくに注目しなければならない。そして、伊勢からは海上ルート沿い（伊勢→尾張・三河→駿河→相模→下野→常陸）に古いタイプの子持勾玉祭祀が波及していることがうかがえるのである。

また、最古期のものは河内から朝鮮半島進出の際に、西への拠点集落もしくは墳墓、そして最終拠点の沖ノ島遺跡で使用しているのである。最近、佐田茂氏は腹の子が山形ないし台形となるものを三輪型と呼称し、この型が三輪山麓と沖ノ島にのみ複数存在することをもって、ヤマト王権直轄の祭祀が行われた根拠と考えた（佐田 2006）。発想はすばらしいが、三輪山には現在のところ5世紀代のこの型が未発見である。なお、東国経営に関しては第1次進出に際しても、後の東山道ルートないし東海道ルートを利用した剣形品・有孔円板など石製模造品祭祀の波及・拡散があった（椙山 1965）。

4. 三輪山祭祀の変遷とその画期

　ここで、三輪山祭祀の成立と変遷について子持勾玉だけでなく、山麓および水垣内に所在する祭祀遺跡全体から考えてみよう。橋本輝彦氏（図6）によれば、山頂・中腹に所在する磐座群を含めて26遺跡（橋本 2002）が確認される。

　まず、三輪山を対象とした祭祀は子持勾玉以前にどこまでさかのぼれるのか。

　その資料が、1965年の温泉地開発により、奥垣内遺跡（狭井神社西方社有地・狭井神社下開墾地）（樋口 1972・1975）から巨石（磐座）にともなって、滑石製模造品や須恵器とともに発見された4世紀末～5世紀初めの土師器や新羅系陶質土器である。そして、前記した山ノ神遺跡出土の小形素文鏡、碧玉製勾玉や水晶製勾玉、剣形鉄製品である。これらの遺物は、明らかに4世紀後半から5世紀前半の年代に位置づけられる。また、江戸時代（藤井貞幹の『集古図』、木内石亭の『雲根志』）に禁足地や大神神社周辺から出土したとされる車輪石や琴柱形石製品がある。こうした事実を含め、石野博信氏は桜井市上之庄遺跡出土の玉造関連遺物（4世紀後半）を重視する（石野 2001、橋本 2002）。さらに、寺沢薫氏が調査した前記大神神社境内第2次調査発見の布留式（4世紀中頃）の土師器（禁足地からの2次堆積物）が存在するのである。

　これ以前については、筆者は磐座祭祀や山神祭祀は弥生時代までさかのぼる

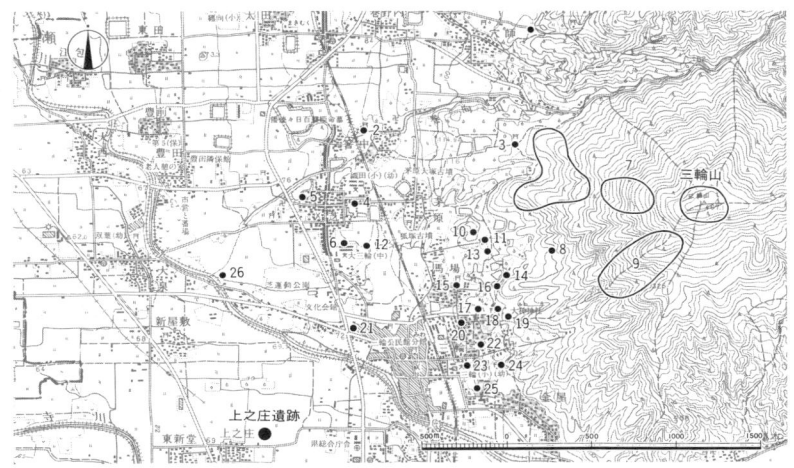

三輪山麓出土の子持勾玉祭祀とその歴史的背景　247

番号	所在地・名称	祭祀関係遺物
1	桜井市穴師 カタヤシキ	滑石製模造品（臼玉）
2	桜井市箸中 国津神社付近	有孔石製品 土製模造品（高坏）土器 須恵器
3	桜井市三輪 檜原神社付近	〔磐座〕土製模造品（盤 高坏等）土師器
4	桜井市芝 織田小学校付近	滑石製模造品（臼玉）
5	桜井市芝 九日社境内	〔磐座〕陰陽石
6	桜井市芝 大三輪中学校内	子持勾玉 土器 須恵器 水田跡（神饌田か？）
7	桜井市三輪 オーカミ谷 磐座群	〔磐座〕奥津磐座 中津磐座 辺津磐座
8	桜井市三輪 山ノ神遺跡	〔特座〕小型素文鏡3 滑石製勾玉5 水晶製勾玉1 滑石製模造品（子持勾玉1 勾玉100余 管玉100余 数百個の有孔円板 無数の臼玉 数百個の剣形）土製模造品（高坏 盤 坏 臼 杵 匙 箕 案 円板）須恵器 鉄片（剣形鉄製品か？）等
9	桜井市三輪 禁足地裏磐座群	〔磐座〕
10	桜井市茅原 箕倉山祭祀遺跡	土製模造品（高坏）石製模造品（臼玉）土馬
11	桜井市茅原 源水・堀田	子持勾玉
12	桜井市茅原 丸田・廻り塚	子持勾玉
13	桜井市三輪 奥垣内祭祀遺跡	〔磐座〕滑石製模造品（双孔円板 臼玉）土製模造品（高坏等）陶質土器 須恵器 土器
14	桜井市三輪 鏡池周辺	土師器 須恵器
15	桜井市三輪 若宮社境内	〔磐座〕滑石製模造品（臼玉）須恵器
16	桜井市三輪 磐座神社境内	〔磐座〕
17	桜井市三輪 祓戸神社境内	〔磐座〕
18	桜井市三輪 大神神社三ッ鳥居下	子持勾玉
19	桜井市三輪 禁足地	〔磐座〕子持勾玉 滑石製模造品（勾玉 臼玉等）土器 須恵器
20	桜井市三輪 二ノ鳥居付近	〔磐座？〕子持器台 製塩土器 土師器 須恵器
21	桜井市三輪 綱越神社境内	〔磐座〕
22	桜井市三輪 素盞嗚神社境内	〔磐座〕滑石製模造品（勾玉 管玉等）土器
23	桜井市三輪 三輪小学校付近	土製模造品 滑石製模造品（臼玉 勾玉等）土師器 須恵器
24	桜井市金屋 志貴御県坐神社境内	〔磐座〕
25	桜井市金屋 天理教敷島大教会付近	滑石製模造品（勾玉 臼玉 有孔円板）
26	桜井市芝 初瀬川・巻向川合流地点付近	子持勾玉

図6　三輪山麓の祭祀遺跡と上之庄遺跡（文献（橋本2002）より一部修正）

ととらえているが、如何せん三輪山祭祀遺跡にはこれを物語る資料が見当たらない。単に弥生時代の土器や石器が出土するだけでなく、祭祀遺構や祭祀遺物をともなうことが必要なのである。山中の磐座祭祀遺跡または山麓から、銅鐸など弥生時代の青銅器が出土しないと何ともいえない。なお、寺沢薫氏や橋本輝彦氏は、纏向遺跡の動態や3～4世紀の前期古墳が三輪の地を回避して造営されたことから、間接的とはいえ三輪の水垣内が古墳時代の初めから聖なる地として意識されていたとも推測している。

これらを総合すると、三輪山型祭祀は以下のように考えられよう。
第一段階（4世紀中葉～5世紀前半）、祭場は三輪の水垣内全域。
① 祭祀の初源は、車輪石・琴柱形など石製品を祭祀具とした4世紀中葉頃までさかのぼる可能性がきわめて高く、この時期が成立期と考えてほぼ間違いないところであろう。沖ノ島遺跡の祭祀の始まりと同時期であることを注目したい。これが、第1の画期である。
② ついで、4世紀の後半からは、滑石製勾玉・管玉など剣・玉・鏡を模造したいわゆる石製模造品も祭祀具として登場するのであろう（この点、前記したように平成8年の上之庄遺跡第4次調査の車輪石を始めとする玉造関連遺物が大いに参考となる（橋本 2002））。
③ そして、5世紀の中葉段階には最古型式の子持勾玉と須恵器が見当たらないことから、断絶といわないまでも空白期間があったことが想定されよう。
第二段階（5世紀後葉～6世紀前葉）、祭場は三輪の水垣内から山麓部に遷祀。
④ 5世紀後葉になると、これまでの石製模造品に加え奥垣内遺跡に見られる新たに須恵器を祭器としたり、芝遺跡のように子持勾玉を取入れたりして、祭祀が再編される。山ノ神遺跡では土製模造品・手捏土器も出現している。そして、三輪遺跡の第8次調査では子持器台や多数の須恵器とともに製塩土器が出土する。周辺に存在する巨石から、調査担当者は磐座祭祀と考えられている（橋本 1994）。これが、第2の画期である。なお、祭場の範囲は5世紀代は第一段階と同様であるが、6世紀前葉には山麓部に遷る。

第三段階（6世紀中葉～7世紀中葉）、祭場は禁足地内。
⑤　6世紀の中葉からは、石製模造品は臼玉と子持勾玉のみとなり、おもに須恵器・土製模造品・手捏土器が使用される。祭場も、大神神社禁足地内に限定されてくる。これが第3の画期である。

第四段階（7世紀後葉～）、祭場は禁足地内の御主殿跡。
⑥　7世紀後葉頃からは、禁足地内の御主殿跡と称する長方形土壇において祭祀が執り行われる。出土遺物がきわめて少ないため明らかにし難いが、須恵器とともに律令制木製祭祀具なども存在したであろう。なお、石製模造品の使用は第三段階で終了している。

このように祭場の変遷と祭祀遺物の組み合せが明らかになり、そして佐々木幹雄氏の指摘した祭器である須恵器の年代および産地（佐々木 1975・1979）比定を確認すると、あらためて三輪山祭祀における5世紀後半以降の隆盛（第2の画期、ヤマト王権とのかかわり）が注目され、とくに陶邑産須恵器を巡るオホタタネコ（大田田根子）伝承が大きくクローズアップされてくるのである。

5. 三輪山祭祀画期の歴史的背景

『紀・記』の崇神天皇紀5年、6年、7年、8年の条（小島ほか 1994）に見える大田田根子伝承、その要点は以下のとおりである。
①　飢饉・疫病が起こり、人民の半ばが死亡し、あるいは流亡離散し、背くものもあった。その勢いは皇徳をもってしても治まらなかった。
②　そこで、天皇は神浅茅原にて亀卜された。このとき、倭国のうちにいる大物主神が叔母の倭迹迹日百襲姫命に乗り移って、我を敬い祭れば平穏になるという。そこで、教えに従って祭ったが、効果はなかった。
③　さらに、沐浴斎戒して祈願すると、夢枕に大物主神が現れ、我が子の大田田根子に我を祭らせたならば平穏になり、海外の国々も帰伏するという。
④　ついで、三人の臣下が天皇のもとにやってきて同じような夢を見たと報告

する。さらに、市磯長尾市に倭大国魂神を祭らせれば、かならず天下は太平になるだろうと加えて奏上した。

⑤ 天皇は大田田根子を茅渟県陶邑（古事記では河内美努村）で探し出し、神浅茅原へ迎えた。出自を尋ねると、父は大物主神、母は陶津耳の娘で活玉依姫と答える。

⑥ 物部連の祖伊香色雄に命じて、物部の人びとがつくった祭具を使い、大田田根子は大物主神、市磯長尾市は倭大国魂神のそれぞれ先祖の神を祭る神主とされた。

⑦ さらに、別に八十万の神々を祭り、天社・国社と神地・神戸を定められた。

⑧ こうして疫病が途絶え、国内は平穏を取り戻し、五穀が稔り百姓も豊饒となった。

⑨ 次に、高橋邑の活日を大神の掌酒とした。「この神酒は　我が神酒ならず　倭なす　大物主の　醸し神酒　幾久　幾久」

⑩ 大田田根子は三輪君らの始祖である。

ここには、三輪山祭祀の断絶（大物主神の祟り）とヤマト王権による復興、そして三輪氏による祭祀の継承が描かれているのである。

この断絶・復興・継承の時期を、佐々木幹雄氏は三輪山出土須恵器の検討から、欠落を認める6世紀前半の頃（欽明朝）とした（佐々木 1980・1986）。一方、寺沢薫氏は須恵器を祭祀に使用して以降、祭祀の断絶はないととらえ、陶邑に須恵器生産が定着し、その生産品が地方に搬入される5世紀後半（雄略朝）がこの伝承の原像と考えた（寺沢 1988）。また、清水真一氏は三輪山信仰がいつまでさかのぼるのかという森浩一氏の疑問に答える形で、纏向遺跡の土坑祭祀を三輪山祭祀の初源ととらえた。ついで、筆者の言う三輪山型祭祀の第一段階に当たる上之庄玉作遺跡の発見から、三輪山祭祀の変化による大量の玉製品の需要をこの大田田根子伝承に結び付ける（清水 1998）。さらに、水野正好氏は大和における大物主神（三輪山）の出雲性を主張し、纏向遺跡を崇神朝の祭政施設（磯城瑞籬宮、官営の太市、神館、神庭、斎館、社務館など）の一連遺

跡ととらえる。大田田根子伝承もこの時期と考え、陶邑で発見されたのは母方の家に在ったからで、現在も地名の残る「太田」に出自する出雲氏の一人という（水野 1991・1997）。このなかでは佐々木氏と寺沢氏が、断絶の時期は異なるものの陶邑産の須恵器を三輪山祭祀に取り入れた事実を重視するのである。

　筆者は、先の三輪山祭祀の変遷で見たように、第二段階から第三段階にかけて子持勾玉も時期的な欠落がないことから、祭祀を再編し子持勾玉が使用された段階（5世紀後葉）を復興期ととらえている。

　第2の画期で注意すべきは、三輪と和泉（河内）との関係（森 2001）、そして墳墓を河内に造営した雄略大王の泊瀬朝倉宮伝承地（発掘調査によって、脇本遺跡と朝倉遺跡に掘立柱建物跡や石組溝を発見している）が三輪山南麓に所在することである（白石太一郎氏は大和・河内は同一の政治的領域と考える（白石 2000））。さらに、大田田根子伝承が雄略朝のことを示しているならば、この王権が三輪山祭祀の主体者である可能性はきわめて高い。そして、その性格はヤマト王権の第2次東国進出（東国経営の北進）にかかわるものととらえるべきなのである。

　次に、弓場紀知氏は三輪山麓山ノ神遺跡の性格（遺物内容）について、考古学的手法のみで沖ノ島祭祀遺跡の遺物と比較し、国家祭祀とはかかわりのない農耕祭祀との説（弓場 1999）を提示された。

　しかし、この遺跡の遺物は、最初にも記したように明らかに新旧の遺物が混じり、廃棄時のものを取り纏めたのならこの状況は有り得るが、使用時での組み合せとは考えられないものである。舶載品や仿製品の銅鏡はないものの、遺跡の在り方は沖ノ島17・18号遺跡などの岩上祭祀に近いし、小形素文鏡は21号遺跡にも出土しているのである。大神神社周辺ではこれまでに車輪石も出土（樋口 1972）しており、発見の経緯を考えると鏡鑑類がもち出された可能性も有り得る。なお、山ノ神遺跡を6世紀前半の一括と見れば、古墳副葬品に存在する馬具関係や須恵器が認められないのは事実である。

　また、弓場氏は三輪山麓奥垣内遺跡を須恵器生産にかかわる人びとの祭祀と

も認識された。ならば、この時期に陶邑の須恵器生産を間接的かつ最終的に掌握していたのはヤマト王権ではないのか。いずれにしても、この説は再検討が必要であろう。

　大田田根子を祖とする三輪氏の居住地は、茅原遺跡第3次調査地（掘立柱建物群と井戸を発見）一帯の微高地が想定されよう。これが正しければ、芝遺跡や茅原遺跡の子持勾玉は三輪山を対象とした集落内祭祀ととらえられる。また、三輪氏の墳墓にはツヅロ塚古墳（5世紀後半）や、毘沙門塚古墳（6世紀前半）などが相当するのである。

　第3の画期は欽明朝の頃であり、それまでの王権が執行した三輪山祭祀を三輪君が肩代りできるまでに抬頭してきたことを物語るものであろう。ただし、この期の祭祀の性格は東国進出の守護神的なものではなく、王権そのものを象徴する聖なる山としての崇拝である。三輪氏の居館は、大神神社摂社大直禰子神社（若宮社）下層で発見された遺構がこれに当たると考えられる。その奥津城が、馬塚古墳（6世紀後半）や狐塚古墳（6世紀末～7世紀初頭）などである。

　最後に第1の画期、三輪山祭祀の成立期についても推考してみよう。

　清水真一氏は、3世紀に成立した纏向遺跡の土坑祭祀を三輪山祭祀の初源と指摘（清水 1998）するのである。

　たしかに、纏向遺跡が成立してからは、三輪の水垣内に居住地と墳墓が営まれることはなかった。古墳時代の初めから、水垣内は聖なる地としての規制が働いていたのであろう。近年、纏向型祭祀の辻土坑を鈴木敏弘氏が「地的宗儀」から「天的宗儀」への変革（大和での磐座祭祀の始まり）ととらえる見解（鈴木 1994）を提示しているが、問題は三輪山祭祀（磐座祭祀）と前段階の纏向遺跡の土坑祭祀がどう関係したのかであろう。年代的には纏向遺跡の廃絶と三輪山祭祀の開始期はほぼ一致しているものの、石野博信氏の命名した纏向型祭祀（湧水点に達するまで穴を掘り、時にはその隣接地に建物を建てる。穴のなかに廃棄された容器・煮沸具・盛付具・焼木・水鳥形木製品・舟形木製品・箕・籠・竪杵・稲籾・機織具などの遺物群から推測したマツリの内容は、稲籾を脱

穀し、炊飯し、盛付け、儀礼の後共食する過程が考えられる（石野 1977・1983））は纏向遺跡で始まったものではなく、藤田三郎氏は弥生時代中期後半の唐古・鍵遺跡までさかのぼる（藤田 1983）としている。とすれば、三輪山祭祀の初源はさらにさかのぼることになり、同時代の山麓に位置する芝遺跡にこの遺構が存在しなければ、山麓を離れた唐古・鍵遺跡の祭祀遺構は三輪山を対象としたものと考えるには無理があろう。また、小池香津江氏も纏向遺跡の土坑祭祀と三輪山祭祀の間には断絶があるととらえている（小池 1997）。

次に、比田井克仁氏も纏向遺跡の土坑祭祀を「磐境」の最古例、三輪山祭祀を「磐座」の始まりと（比田井 2005）し、纏向型を三輪山の外観を対象とした山の外で行われる祭祀、三輪山型を山中に踏み込み山全体と磐座を対象とした祭祀と指摘した。筆者は辻土坑の一部に存在した自然石は湧水を汲み上げるための足場ととらえ、磐座・磐境と考えること自体に疑問を感じる。纏向集落の人びとが三輪山を王権のシンボルと認識していたとしても、かならずしも辻土坑祭祀が三輪山を対象としたものにはならないと考える。なお、纏向祭祀は都宮と一体になった居住区内の祭場であり、注意すべきはこれよりも後につづく木製導水施設の祭祀であろう。

さて、先に記した『日本書紀』崇神天皇紀6年の条（①と②の間）には前段があった。「これより先に、天照大神・倭大国魂の二神を、同じように天皇の御殿の内にお祭りしていた。ところが、その二神の神威を恐れて、二神と共に住まわれることに不安があった。そこで、天照大神を豊鍬入姫命に託して、倭の笠縫邑に祭り、そして堅固な神域を立てた。また、日本大国魂神を渟名城入姫命に託して祭らせた。しかし、渟名城入姫命は髪が抜け落ち身体が痩せ細って、祭ることができなかった。」というのである。

寺沢薫氏は、纏向遺跡での祭祀がこの天照大神と倭大国魂の並祀に象徴され、別祀が三輪山祭祀の始まりを意味することを指摘（寺沢 1988）した。蓋し、卓見である。遅れて、水野正好氏もこの点を強調する（水野 1991）。

三輪の地に別祀したとされる二柱の神は、いずれも三輪山麓を祭場として祀

られた三輪山の神であったととらえられるのである。おそらくこれらが王家の祖神となるオホヒルメを原像とした天津神太陽神（檜原神社）と、出雲に繋がる国津神オオナムチの原形となる土地神（狭井神社）であろう。ここ三輪山には王権の最高守護神である太陽神と、地域守護神である土地神の二柱を祀っていたのである。そして、この神々の祭祀に、古墳に副葬された腕輪形石製品と滑石製模造品を使用し始めるのである。筆者はこれを以って、三輪山型祭祀の始まり（国見儀礼を含む）ととらえている。また、この祭祀実修者の墳墓が、初めて水垣内に築かれた茅原大墓（5世紀前半）であろう。

そして、5世紀後葉の雄略朝になり第2の画期とのかかわりでは、宮中で王権の始祖神タカミムスヒを祀り始めると、三輪山麓で女性祭主（豊鍬入姫命）によって祀られていた太陽神（天照大神）は倭姫をつけられ、三輪から伊勢の地に遷祀したと考えられる（山尾2003）。山尾幸久氏によれば、祭主の機能が「后」と「斎王」に分化する契機である。もう一方の神はオホモノヌシ（ヤマト王権の祟り神であり、王権の軍神）となり、三輪君の前身（大田田根子）が奉仕するのもこの時代のことと考えられる。

このように、ヤマト王権は大物主や倭大国魂というレベルの神々の上に立つ神話を徐々に構築しながら、地域の土地神を押さえ、律令国家への道程を邁進してきたのである。しかし、5世紀の後半から末の雄略朝でも、『日本書紀』雄略天皇7年の条（三諸山の神）や『古事記』雄略天皇の条（葛城の一言主神）に見られるように、完全に地域の土地神を配下に治める段階にはいたっていなかったのである。

参考文献

石野博信 1977「四・五世紀の祭祀形態と王権の伸張」『ヒストリア』第75号、大阪歴史学会。

石野博信 1983「講座古墳時代史2. 祭祀と王権」『季刊考古学』第2号、雄山閣出版。

石野博信 2001「大和・纏向遺跡と三輪山信仰」『大美和』創刊100号記念特集号、大神神社。

梅原末治 1922「本邦各地発見子持勾玉集成図」『鳥取県史蹟名勝地調査報告』第1冊、鳥取県。
大平　茂 1989「子持勾玉年代考」『古文化談叢』第21集、九州古文化研究会。
岡幸二郎 1963「桜井市三輪大三輪神社禁足地出土子持勾玉」『奈良県文化財調査報告書』第6集、奈良県教育委員会。
小池香津江 1997「三輪山周辺の祭祀遺跡」『神奈備 大神 三輪明神』三輪山文化研究会編、東方出版。
古賀寿子・佐田　茂 2003「九州出土の子持勾玉」『研究論文集』第8集第1号、佐賀大学文化教育学部。
小島俊次 1963「大和桜井市外山出土の子持勾玉」『古代学研究』第35号、古代学研究会。
小島憲之ほか 1994『日本書紀①』新編日本古典文学全集2、小学館。
後藤守一 1930『考古学講座　石製品』国史講習会・雄山閣。
佐々木幹夫 1975「三輪と陶邑」『大神神社史』大神神社。
佐々木幹夫 1979「三輪山出土の須恵器」『古代』第66号、早稲田大学考古学会。
佐々木幹夫 1980「三輪山祭祀の歴史的背景」『古代探叢』瀧口宏先生古稀記念考古学論集、早稲田大学出版部。
佐々木幹雄 1986「三輪山およびその周辺出土の子持勾玉」『大美和』第71号、大神神社。
佐田　茂 2006「三輪山周辺と沖ノ島出土の子持勾玉」『喜谷美宣先生古稀記念論集』同刊行会。
清水真一 1986「研究ノート奈良県内出土の子持勾玉」『安倍寺遺跡ヲビシ地区発掘調査報告書』桜井市教育委員会。
清水真一 1987『芝遺跡大三輪中学校改築に伴う発掘調査報告書』桜井市教育委員会。
清水真一 1998「三輪山祭祀と考古学」『古代探求』中央公論社。
白石太一郎 2000「古市古墳群の成立とヤマト王権の原領域」『古墳と古墳群の研究』塙書房。
椙山林継 1965「古代祭祀遺跡の分布私考」『上代文化』第35輯、国学院大学考古学会。
鈴木敏弘 1994「集落内祭祀の出現（Ⅱ）」『和考研究』Ⅰ、和考研究会。
関川尚功 1983「桜井市阿部六ノ坪遺跡」『奈良県遺跡調査概報』1982年度（第1分冊）橿原考古学研究所。
千賀　久 1977「桜井市茶臼山古墳西側出土の子持勾玉」『青陵』No.33、橿原考古学研究所。

塚口義信 2003「初期ヤマト政権と桜井茶臼山古墳・メスリ山古墳の被葬者」『三輪山の古代史』学生社。

寺沢　薫 1984『大神神社境内地発掘調査報告書』大神神社。

寺沢　薫 1988「三輪山の祭祀遺跡とそのマツリ」『大神と石上』筑摩書房。

寺沢知子 2004「王権の祭祀とマツリ」『考古資料大観』第10巻、小学館。

土井　実 1941「子持勾玉の新例」『大和志』第8巻8号。

橋本輝彦 1994「近年の調査成果から見た三輪山祭祀・三輪氏について」『大美和』第91号、大神神社。

橋本輝彦 2002「三輪山麓の玉造遺跡」『東アジアの古代文化』113号、大和書房。

橋本輝彦 2005「三輪山周辺出土の子持勾玉の新例」『大美和』第108号、大神神社。

樋口清之 1928「奈良県三輪町山ノ神遺跡研究」『考古学雑誌』第18巻10・12号、考古学会。

樋口清之 1972「三輪山」『神道考古学講座』第5巻、雄山閣出版。

樋口清之 1975「神体山信仰の考古学的背景」『大神神社史』大神神社。

比田井克仁 2005「東日本における磐座祭祀の淵源」『古代』第118号、早稲田大学考古学会。

日名子元雄ほか 1960『重要文化財大神神社拝殿および三ツ鳥居修理工事報告』奈良県教育委員会。

藤田三郎 1983「弥生時代の土坑について」『田原本の歴史』1、田原本町。

水野正好 1991「『三輪山』の考古学」『大美和』第80号、大神神社。

水野正好 1997「大神神社成立前後史」『神奈備　大神　三輪明神』三輪山文化研究会編、東方出版。

森　浩一 2001「三輪と和泉」『大美和』創刊100号記念特集号、大神神社。

森　浩一ほか 2003『三輪山の考古学』学生社。

森　泰通 1990「上ノ段遺跡採集の子持勾玉について」『三河考古』第3号、三河考古刊行会。

山尾幸久 2003「ヤマト王権の完成と王権による倭人種族の統合」『古代王権の原像』学生社。

弓場紀知 1999「三輪と石上の祭祀遺跡」『古代を考える山辺の道』吉川弘文館。

義江彰夫 1993「『記紀』の神々と戦うもうひとつの神々」『神道を知る本』別冊宝島EX、宝島社。

和田　萃 1985「三輪山祭祀の再検討」『研究報告』第7集、国立歴史民俗博物館。

イミテーションと祭祀空間

河内　一浩

1. 序章—イミテーション

　権威の象徴として築かれた古墳を舞台に繰り広げられる祭りは、武器・武具の類や土器、あるいはミニチュアの土製品や石製品などの祭器を用いて、古墳の決められた空間、たとえば棺内、槨内、槨外、墳頂、造出し、周濠、外堤において挙行される。

　埴輪もまた、"まつり"の道具として使用され、その意味するところは『日本書紀』の垂仁天皇32年の条にあるように、人物形埴輪は殉死者の代用品であり、「ヒト」のイミテーションとして製作されたことが読みとれる。言い換えればイミテーションである埴輪にはかならず原形があり、たとえば盾形埴輪や靫形埴輪も本来の武器としての実物が存在する。したがってそこにはイミテーションにするなんらかの意図をもって製作されているはずだ。

　ところが、原形の不明な埴輪が存在し、石見型とよばれている埴輪もその一つである。石見型埴輪とは、奈良県磯城郡三宅町にある石見遺跡から出土した図1に提示した埴輪を指し、古くは石見型盾形埴輪と呼称されていた。その形状は長細い筒状の左右に粘土板を貼り付けて中央帯と呼称した細くくびれた上方に上段帯、上段面と呼称する2段の鰭が付き、くびれ部の下方にも下段帯、下段面と呼称する2段の鰭が付いた計4段で構成される。中央帯を境に上下対象にもなっている。上辺の中央にはえぐりが入る。中央帯状は綾杉文、他は直弧文が施され、表面には斜め方向に円孔が貫通している。

258　第3章　古墳時代の祭祀

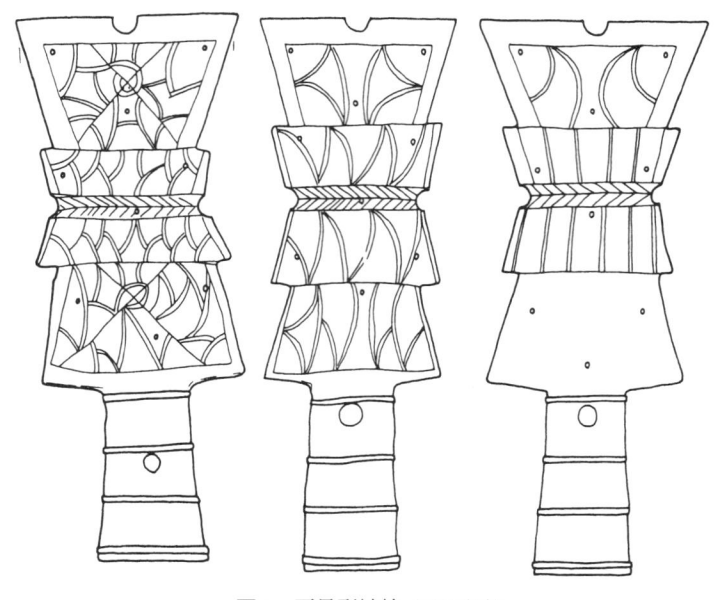

図1　石見型埴輪（石見遺跡）

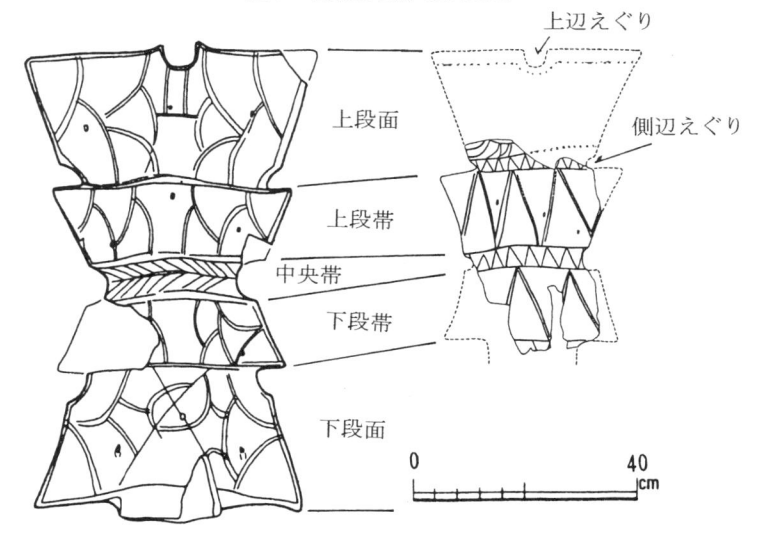

図2　石見型埴輪の部位名称（軽里4号墳）

その形状から盾形埴輪として取り扱われていたが、埴輪中央のくびれた形状は防御を目的とする盾にそぐわない。そのため、最近では杖がその原形とみる研究者が多く、"玉杖形埴輪"や"杖形埴輪"の名称が与えられている[3]。杖以外にもかつては祭祀用の盾とする盾形埴輪分化説（楠元 1985、吉田 1992）が考えられていたほか、靫形埴輪形象説（勝部 1985、櫻井久之 1999）、幡説（河内 2000）などの諸説が見受けられる。

このように石見型埴輪の原形に決定打がなく、推測の域を脱していないのが現状である。冒頭に述べたように埴輪は祭祀を挙行するための道具立てであり、その配置された祭祀空間がいかなる場所なのかを追及しないかぎり、その形態だけをもって論じても研究の進展は望めない。また、木製や石製の石見型を含めての論考に接するが、いずれも原形が確定されていないのが現状である。したがってそこには"石見"という冠称が付くが、石見はあくまでも出土遺跡の名称であって埴輪の性格を表すものでない。

判然としなかった石見型埴輪の原形に解明の糸口となる発見が 2000 年にあった。三重県松阪市の宝塚 1 号墳から出土した船形埴輪である。その船上には大刀形・蓋形のほか 2 個体の石見型の土製品が立てられていた（松阪市教育委員会 2005）。石見型の土製品は、報告書では威杖を表現した土製品としての名称を使っているが、供伴した他の土製品との組み合わせから石見型の原形が絞り込めるであろう。石見型埴輪を体系的にとらえた場合、武具系であれば盾形埴輪や靫形埴輪であるし、威儀具系と捉えると杖状埴輪にそれぞれ分類されよう。

そこで本稿では石見型埴輪にみられる立体視覚の変遷に加え石見型埴輪が配置される位置からその性格を判断し、何のイミテーションなのか検討を加える。そして、地域や年代、あるいは使用方法による変化のあり方から、いわゆる石見型埴輪の意味を読み取ろうとしたい。

2. 二つの石見型

(1) 船上の石見型土製品

　宝塚1号墳から出土した船形埴輪の船体には、前後の甲板に1カ所ずつ、船底に3カ所の合計五つの土製品を樹立させるための穿孔が存在する。石見型の土製品は船首側から二つ目と四つ目の穿孔に挿入されていた。船首前方の石見型土製品は図2の部位名称で説明すると上段帯、上段面、下段帯、下段面で構成される4段タイプである（図3の上段左）。後方の石見型土製品も同じ図2部位名称で説明すると上段帯、上段面、下段面で構成される3段タイプとなる（図3の上段右）。この二つの形態が違う土製品は大きさも異なり、3段タイプにくらべ4段タイプの方が大きい。その比率は、4段タイプは上段面上辺と下段面下辺間の高さが21.4cmで、3段タイプの方は上段面上辺と下段面下辺間の高さが14.3cmなので1.5倍となる。船形埴輪の付属品であるため本来の大きさをどこまで忠実に表しているかは不明であるが、大きさを変えている点は興味深い事実である。

　宝塚1号墳では石見型の土製品のほか、大刀形、蓋形があり土製品は計四つとなる。ところが甲板や船底に穿かれた土製品を立てるための穿孔は5カ所で、土製品が一つ足りない。穿孔された位置は大小の石見型埴輪の間、船底の三つの穿孔のうちの中央部にあたる。報告書では船形埴輪の出土地点や他の立ち飾りの遺存状況から土製品の立ち飾りが紛失したのではなく、有機物であった可能性が高いことが示唆され、それは有機物の幡を推定されている。筆者は、立ち飾りが有機質であれば他の立ち飾りと材質が異なることや船形埴輪の中央に位置することから船の帆（マスト）が挿入されていたと考えている。それは斜め方向に貫通するピットに木製の櫂（オール）が挿入されたと想定されることから材質を変えてリアルに葬送船を表現したに違いない。したがって船上に配列された土製品は本来の形状を忠実にコピーし、二つ石見型の原形の大きさ

イミテーションと祭祀空間 261

4段石見型土製品　3段石見型土製品

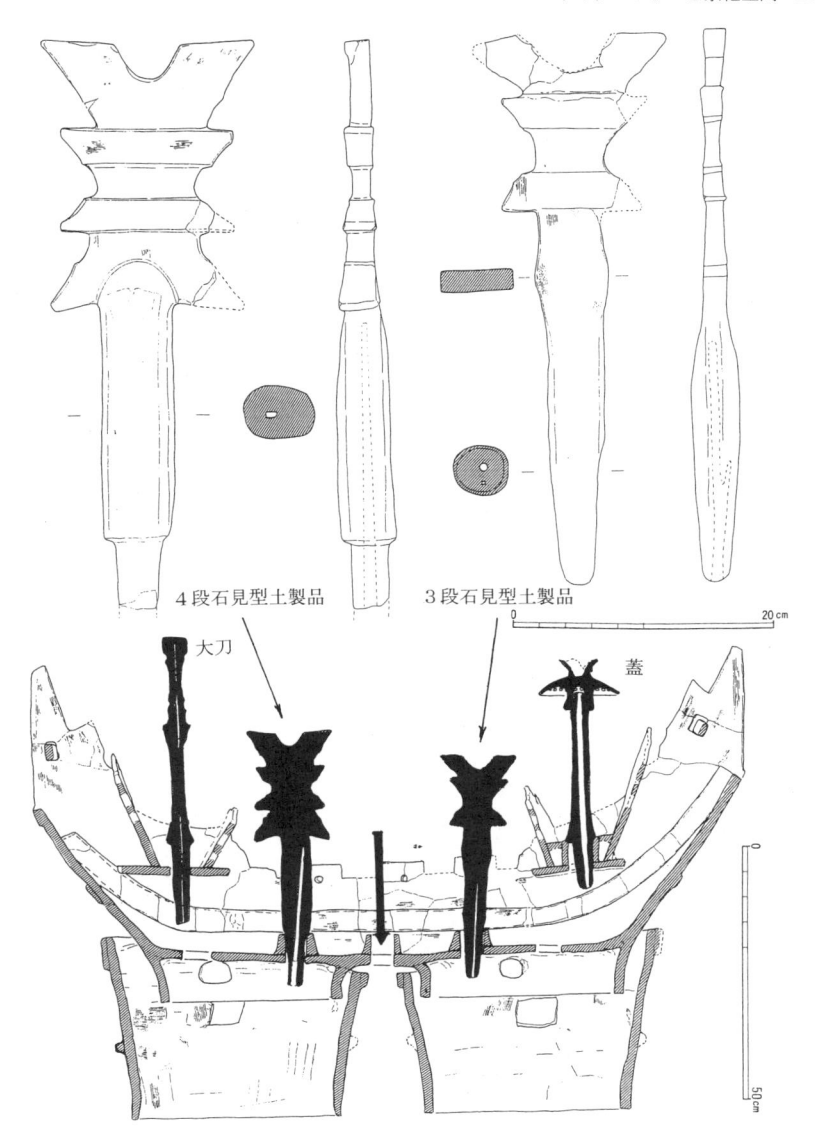

大刀　蓋

図3　船形埴輪と石見型土製品（宝塚1号墳）

の違いを表現したことは想像に難くない。

　報告書では土製品のすべてが威厳を含めた意味合いをもつことが明らかであることを根拠に、二股に先端がわかれた形状を呈する石見型は玉杖を示し、威厳を示すものとして「威杖形」と呼称している（松阪市教育委員会 2005）。したがって二つの威杖形が存在することになる。[(4)]

　この2種類の石見型の形態は、宝塚1号墳が発見される1年前に軽里4号墳で出土した埴輪からその存在を指摘した（河内 1999）。

(2) 二つの石見型埴輪

　軽里4号墳は古市古墳群の一画、大阪府羽曳野市軽里に所在する。いわゆる埋没古墳である（羽曳野市遺跡調査会 1992）。確認された墳丘は西向きの帆立貝式の前方後円墳で、その規模については後円部の3分の2ほどが7世紀に掘削された人工運河である「古市大溝」によって削り取られてはいたが、復原された18.2mの墳丘長は古市古墳群のなかで最小の前方後円墳といえる（図4の上段）。埋葬施設は古市大溝によって破壊されており、周濠から副葬品の一部と考えられる馬具や鉄鏃が出土しているが、石材はまったく確認できない。したがって木棺直葬であった可能性が高い。

　確認された埴輪列は、前方部の墳頂端と後円部のテラスに樹立されていた。前方部はコの字状に円筒形埴輪と石見型埴輪が配列されていた（図4の下段）。石見型埴輪は、前面の両脇に4段タイプのZ13・Z17が正面を向けて置かれ、その間に円筒形埴輪が3本立てられていた。この3本の円筒列には埴輪を据えるための掘り方が存在しない。考えられる可能性は、前方部に正面が開放されていて土器の祭りを終えてから空間を閉ざしたと考えられる。前方部側面の石見型埴輪はZ13とZ17から後円部へ向かって5本の円筒形埴輪が立てられ、6本目に4段タイプのZ7・Z23を据える。さらに後円部に向けて6本の円筒形埴輪が並べられていた。前方部に配列されていた石見型埴輪はすべて4段タイプであった（図2の左）。コの字状に区画された埴輪列の内側には須恵器の蓋杯、

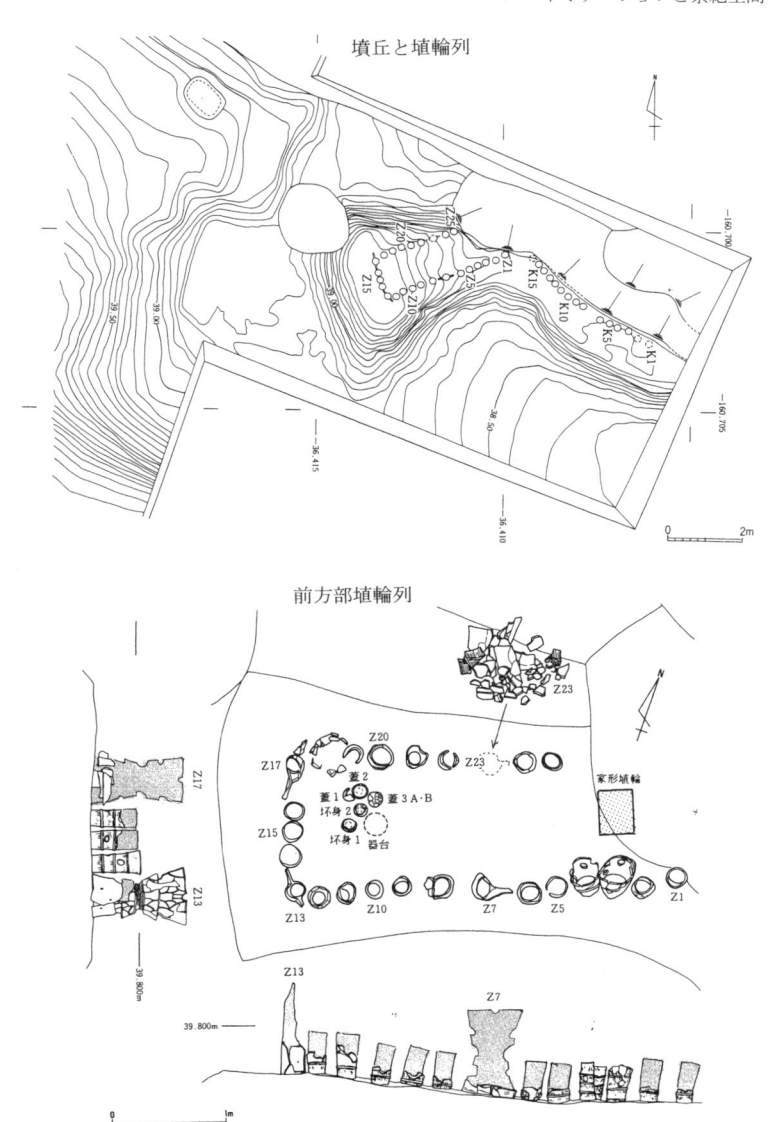

イミテーションと祭祀空間 263

墳丘と埴輪列

前方部埴輪列

図4 石見型埴輪の配列（軽里4号墳）

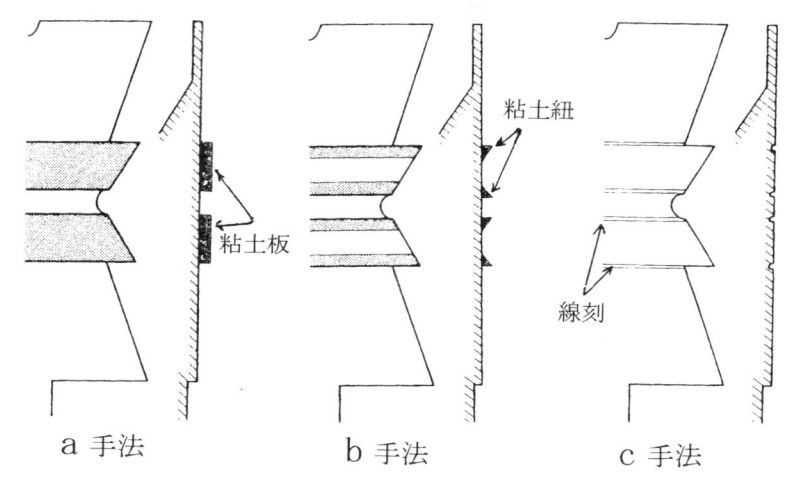

図5 段帯表現方法の手法

杯身、器台、壺や土師器の広口壺、小型壺がまとまって出土した。墓上祭祀と考えられる。須恵器は陶邑編年の高蔵山47型式であった。

　後円部については、テラスに遺存した15本の円筒形埴輪列には石見型埴輪は存在しなかった。前方部での埴輪配列の状況から石見型埴輪は円筒形埴輪6本目に配置されていたことから後円部での配列は考えづらい。

　周濠から複数の石見型埴輪が出土している。出土した石見型埴輪は3段タイプ（図2の右）で、数個体分出土した（河内 2007）。3段タイプの配列は前方部で確認できなかったし、後円部のテラス部でも石見型埴輪の配列は確認できなかった。したがって後円部の墳頂に複数配列していたと思われる。

　軽里4号墳から出土した4段タイプの石見型埴輪を詳細に観察すると、上・下段帯の表現方法に2種類の手法が認められた。すなわち、上・下段帯の部分に粘土板を貼り付けて立体に表現するもの（a手法）、粘土紐を段帯の上辺と下辺に貼り付けて見せ掛けの段差をつけるもの（b手法）である[5]。軽里4号墳の前方部の平坦面から出土した土器群は5世紀後葉と考えられる。

（3）石見型埴輪の萌芽

　数少ない3段タイプの石見型埴輪は、奈良県高取町の市尾今田2号墳で確認されている（高取町教育委員会ほか 1982）。供伴する遺物から5世紀中葉と考えられ、現状の資料のなかでは石見型埴輪の創設期にあたる。

　形状は4段鰭の下に格子状の模様帯を経て方形の鰭部分が付き、5段の鰭となる。また、第1段鰭と第3段鰭に刳りこみが行われている。一番上が上段面、3番目が上段帯、一番下が下段帯とし、筒状になっているところを中央帯とする。上から2段目の張り出しは軽里4号墳の3段タイプの上段面鋸歯文帯の原形と考え、4番目の張り出しは軽里4号墳の3段タイプでは省略されたと考える。段帯表現はa手法による。

　市尾今田2号墳での石見型埴輪の配列方法を見てみよう。古墳は、標高100m程度の丘陵尾根状に築かれた一辺18m、高さ2m以上の方墳である。埴輪は墳頂部縁辺と墳丘北側に隣接する市尾今田1号墳との間にある堀割の墳丘裾に配置されていた。墳頂部縁辺にめぐる埴輪列は2列で、外側に円筒形埴輪、内側に形象埴輪を配置しており、本来の総数は70本を越えるものと推定されている。形象埴輪には家形・盾形・靫形・蓋形のほか大刀形・甲冑形の可能性がある破片も出土している。配列については円筒形埴輪が密接して置かれているのに対して、形象埴輪については約2mの間隔をあけて、方形に置かれている。墳丘裾の埴輪は石見型埴輪の3段タイプが2個体、上部破損の1個体が、それぞれ約5mの間隔で樹てられていた。

　3段タイプの石見型埴輪は4段タイプにくらべ出土点数はきわめて少ない。これは、破片であれば3段タイプであるのか4段タイプであるのかを判断できないからである。

　静岡県磐田市に所在する堂山2号墳も3段タイプか4段タイプか判断できないが、出現時期の石見型埴輪として取り上げよう。堂山2号墳は径16mの円墳で、墳丘長110mの堂山古墳の陪塚とも想定されている。資料の全体は明らかでないが、板状木製品のような形態的特徴をもつ。上辺のえぐりも2段になっ[6]

266 第3章 古墳時代の祭祀

堂山2号墳

市尾今田2号墳

旗塚古墳

木立古墳（石見型木製品）

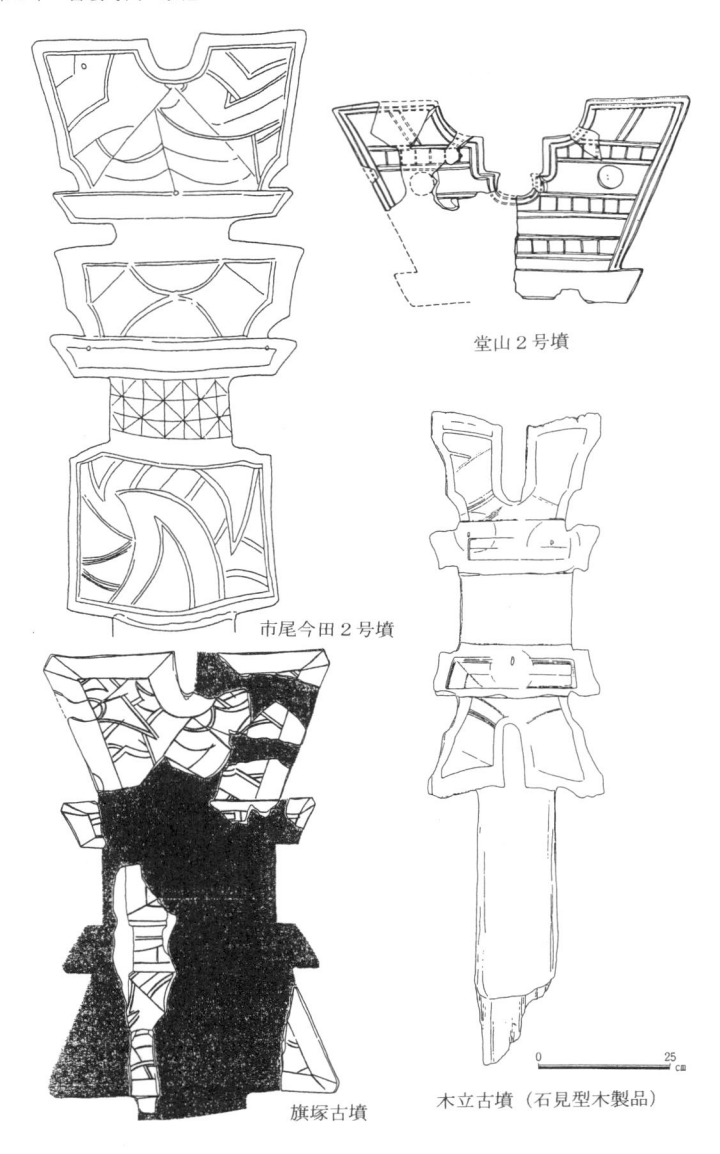

図6 創設期の石見型埴輪

て、表面にみられる線刻や円孔とともにそれが古い型式であることを伝えている（高橋 1995）。段帯表現はａ手法による。供伴遺物では市尾今田２号墳と同時期かやや後出と考えられる。

　４段タイプの石見型埴輪の最古例は大阪府堺市にある旗塚古墳があげられる（堺市教育委員会 1988）。同古墳からは高蔵山 208 型式の須恵器が出土し、古墳時代中期後葉に位置づけられている。

　石見型埴輪は報告書に記載されているのは上段面の破片のみであるが、そのほかの破片資料を検討したところ図６のような４段タイプの石見型埴輪に復原できた（森村健一 1995）。旗塚古墳の特徴は中央帯となる部分が方形となり、奈良県桜井市の木立古墳出土の石見型木製品に類似する。段帯表現はａ手法による。

　樹立方法は周濠からの出土であるため明らかでない。

３．祭祀具としての発展

（１）広がる地域

　５世紀中葉に出現した石見型埴輪の分布は奈良県、大阪府、静岡県のかぎられた地域であった。軽里４号墳が築かれた５世紀後葉になると、分布は大阪府、奈良県から東方へ拡大し、石見型埴輪の発展期を迎える。高蔵山 47 型式の須恵器が確認できる三重県津市の藤谷埴輪窯、愛知県豊橋市の水神２号窯、群馬県前橋市の前二子古墳である。

　東限にあたる前二子塚古墳から出土した石見型埴輪は、３段タイプである。中央帯や上段面鋸歯文帯が表現する。突帯で区画されていた（前橋市教育委員会 1983）。

　愛知県豊橋市の水神２号窯は４段タイプであるが、石見型埴輪の特徴である中央帯が喪失し、上段帯、下段帯、下段面の上下辺に突帯が貼り付けられている。上段面には側辺えぐりが観察される。供給先の古墳は確定されていない

（豊橋市教育委員会　1987）。

藤谷埴輪窯も供給先の古墳が確定されていない石見型埴輪である。破片から4段タイプが復原できる。上段帯や下段帯の上辺や下辺には突帯が貼り付けられていた（津市教育委員会　2000）。

　近畿から東へ波及した石見型埴輪は同時期の軽里4号墳と大きく懸け離れた形態を示すが、いずれも軽里4号墳で観察できた段帯表現のb手法に共通する突帯を貼り付けた表現となる。

(2) 囲繞される石見型埴輪

　石見型埴輪は5世紀末葉から6世紀になるとさらに出土古墳が増え、最盛期を迎える。大阪府や奈良県を中心に兵庫県や滋賀県、和歌山県に出現する。畿外ではその分布は西方へ拡大し、徳島県小松島市の前山遺跡、岡山県津山市の十六夜山古墳や日上・畝山80号墳に見られるが、その形態は畿内の形態と大きな違和感がない（図7）。岡山県津山市の十六夜山古墳も周濠のうちに転落した状況で出土しているが、調査担当者によって石見型埴輪の樹立位置が想定されている（尾上　1998）。

　石見型埴輪の名称となった石見遺跡もその一つで、円筒形埴輪に混じって石見型埴輪が出土する状況は、かつて低地から出土する埴輪の祭祀的要素が強い遺跡とされてきた（森　1961）。しかしながら千賀久氏によって石見遺跡出土の埴輪は、削平された墳丘長35m以上の前方後円墳の周濠からの出土の可能性を指摘された（千賀　1988）。

　出土した石見型埴輪はすべて4段タイプであり、3段タイプは存在しない。段帯は線刻によって表現するためまったく段差表現がないc手法を用いていた（図1）。

　石見遺跡での石見型埴輪の配列方法は周濠からの出土であるため定かではないが、岩室池古墳の調査から次のような報告がある。岩室池古墳は奈良県天理市にあり、石見遺跡同様に墳丘の大方が削平されていた。発掘調査によって前

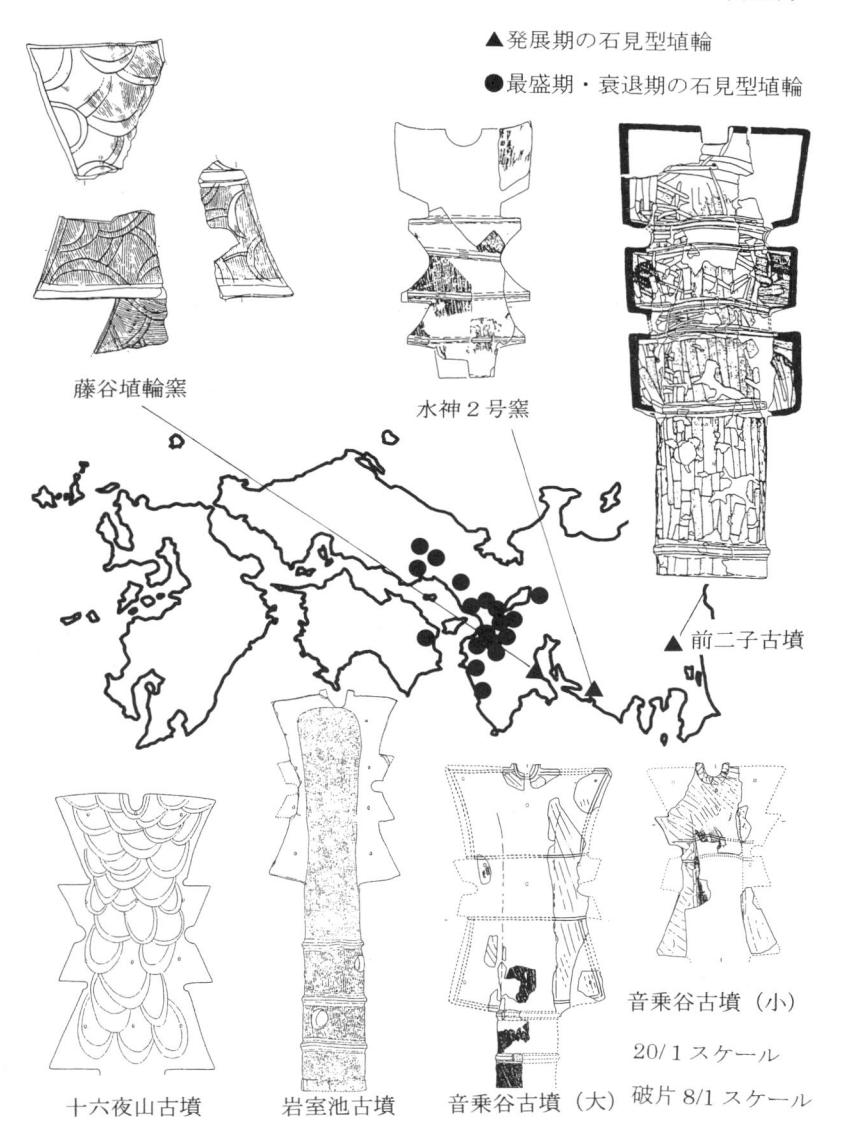

イミテーションと祭祀空間　269

▲発展期の石見型埴輪
●最盛期・衰退期の石見型埴輪

藤谷埴輪窯　　　水神2号窯

▲前二子古墳

十六夜山古墳　岩室池古墳　音乗谷古墳（大）　音乗谷古墳（小）
20/1スケール
破片8/1スケール

図7　発展期から最盛期の石見型埴輪

方後円墳の墳丘裾に、間隔を空けた石見型埴輪の間に円筒形埴輪を配列する方法をとっていたことが明らかとなった（天理市教育委員会 1985）出土した石見型埴輪は4段タイプで、外面は無文であった。

円筒形埴輪の列に石見型埴輪が立てられた確実な例は、和歌山市の雨が谷3号墳で見ることができた（同志社大学文学部文化学科 1973）。5世紀末から6世紀前半の石見型埴輪は墳丘裾に円筒形埴輪と一定間隔で立て並べられているのである。

そのほか、兵庫県西宮市の西宮山古墳では横穴式石室から石見型埴輪の破片が出土した。これは石室の天井石が落下した際に墳頂部に置かれていた埴輪が石室内に落下したものと考えられる（京都国立博物館 1983）。墳頂に配列された例は大阪府岸和田市の三田古墳に見ることができる。径18mの円墳の墳頂部に石見型埴輪を樹立し、墳丘裾には円筒形埴輪を巡らせていた（大阪府埋蔵文化財協会 1993）。

(3) 大小の石見型埴輪の存在

京都府木津町にある音乗谷古墳でも最も多く採用された形象埴輪は石見型であった。破片から復原できたのは4段タイプのみで、上段面上辺と下段面下辺の長さが72cmと55cmの大きさが2種類あることが高橋克壽氏の地道な整理作業によって確認された（奈良文化財研究所 2005）。段帯の表現は衰退し、中央帯は線刻による表現であった。出土した須恵器は高蔵山10型式から高蔵山43型式で、石見型埴輪の終末期と考えられる。

埴輪の配列は、墳頂に小型の石見型埴輪と円筒形埴輪が巡らされていることが判明している。大型の石見型埴輪は人物形や動物形埴輪などの形象埴輪集中域のみに使用されていた。

4. 終章―埴輪の祭祀

　5世紀前半に宝塚1号墳の土製品として明らかとなった二つの石見型は、同時期に3段タイプの木製品が認められる。埴輪に採用されたのはやや遅れた5世紀中葉で、3段タイプと4段タイプの石見型埴輪が存在する。両者とも段帯は粘土板の貼り付けで、その立体的な表現は木製品を意識している。したがって、その原形は特定の器物でなく権威の標徴として成立した木製品のイミテーションと考える。その木製品とは具体的には杖形木製品が最も近い。そういう意味では「玉杖形埴輪」とした高橋克壽氏の呼称に賛同する。[7] 3段・4段の二つのタイプは5世紀後葉においても継続され、この時期に東方へ波及し、その形態が過渡期を迎える。段帯の表現は粘土板による立体視覚の他、粘土紐の貼り付けで段帯縁だけ立体感を表現したものも見出せる。6世紀前葉には3段タイプが消失し、段帯の表現は線刻で表現される共通性が見られ定型化する。一古墳からの出土例が多くなり、畿内の出土古墳の増加と西方へ拡散する。そして終焉は6世紀中葉で、段帯の表現がない埴輪も存在する。以上、石見型埴輪の形態変遷を見ることができる。

　次に樹立方法をみると出現期の類例は乏しいが、石見型埴輪は墳丘裾にある程度の間隔をあけて樹立し、墳頂には樹立されていない。墳頂には家・器財等の埴輪が円筒形埴輪に囲まれたなかに配置されている。ここに石見型埴輪と他の形象、あるいは円筒形埴輪との差異が見出せる。それは、渡来文化の影響による他界観が変質し、墓前祭祀において須恵器を含めた土器を用いることが多くなり、その祭祀の場を結界するための表現と考える。

　発展期とした5世紀後半の石見型埴輪の樹立方法は、墳丘に囲繞された円筒形埴輪列に組み込まれたり、墳頂に他の形象埴輪とともに配置されるようになった。[8] 結界としての形態が後退し、権威の標徴として樹立されたと理解したい。

ところが、古墳の祭祀場である造出しでの石見型埴輪の樹立は確認されていない。これは、墳頂部と造出しの墳丘に見られる二つの場の埴輪配列を比較してみると、前者は閉ざされた空間に対し、後者は開放された空間であることがわかる（河内 2006）。造出しをもつような大型前方後円墳には石見型埴輪が採用されなかった可能性も理由の一つにあげられよう。残念ながら石見型埴輪が出現する5世紀中葉の大型前方後円墳の多くは宮内庁が管理していることもあり、早急な結論はでない。

 最盛期の6世紀になると石見型埴輪は、3段タイプや立体表現が消失しそこには木製品のイミテーションは見て取れない。樹立方法も大量に生産されて墳丘裾に円筒形埴輪と囲繞する。権威の標徴の意味から墳丘の装飾を意識したものと理解される。

 以上、墳丘裾から墳頂部への樹立された時期に、権威標徴の木製品のイミテーションである、石見型埴輪の意味が変様したと考えたい。

註
（1） その他、衝立形埴輪や双脚輪状文形埴輪などがあげられる。
（2） 部位名称は拙稿（河内 1999・2007）で用いた呼称に準じ、図2に提示しておいた。
（3） 高橋克壽氏によって玉杖形埴輪の名称がつけられている。また、車崎氏は石見型埴輪としたなかに「儀杖形埴輪と呼ぶことがあるが、同音で紛らわしい熟語の儀仗は兵杖で装飾的な大刀や長柄の武器の類をいうので適当でない。」とし杖形埴輪を提案している（車崎 2004）。
（4） 筆者は二つの玉杖の存在には否定的で、3段タイプは玉杖のイミテーションの可能性を残したうえで、4段タイプは権威を象徴する「幡」と想定した（河内 2000）。拙稿では幡と特定してしまったが、権威を象徴する意味をもつ広義な性格でとらえたい。
（5） その他、線刻によって段帯を表現するためまったく段差表現がないもの（c手法）がある（河内 1999）。
（6） 高橋克壽氏は板状木製品のような本体構造をもつ堂山古墳の例をもって、木製品を写したものととらえ、その出現を畿内より東海地方のほうがいくらか早いと

（7） 坂靖氏は古墳に樹立された木製品を首長の象徴とし、「王板形立物」の名称をあたえている（坂 2006）。傾聴に値する意見である。
（8） 古墳から出土する埴輪は、円筒形埴輪と形象埴輪に二分できる。筆者は人物や動物の埴輪による物語性をもつ後期形象埴輪群を「ストーリー・ユニット」と総括し、対する円筒形埴輪は物語を演出するステージをつくり出す「セクション・ユニット」とした（河内 2003）。

参考文献

大阪府埋蔵文化財協会 1993『上フジ遺跡Ⅲ・三田古墳都市計画道路泉州山手線建設にともなう発掘調査報告書』。
尾上元規 1998「埴輪の配列について」『十六夜山古墳・十六夜山遺跡県立津山高等学校校舎改築にともなう発掘調査』岡山県教育委員会。
勝部明生 1987「靫形埴輪小考」『文化史論叢』上。
河内一浩 1994「軽里古墳群」『羽曳野市史』第 3 巻。
河内一浩 1999「誉田白鳥埴輪窯出土の石見型盾形埴輪」『埴輪論叢』第 1 号。
河内一浩 2000「紀伊にみる石見型埴輪の様相」『紀伊考古学研究』第 3 号。
河内一浩 2001「石見型埴輪」『古市遺跡群』ⅩⅩⅡ 羽曳野市教育委員会。
河内一浩 2003「古墳時代後期における円筒形埴輪の研究動向と編年」『埴輪論叢』第 4 号。
河内一浩 2006「造出しにおける祭祀」『季刊考古学』第 96 号。
河内一浩 2007「軽里 4 号墳出土の石見型埴輪」『埴輪研究会誌』第 11 号。
京都国立博物館 1983『富雄丸山古墳・西宮山古墳出土遺物』。
楠元哲夫 1985「大和における盾形埴輪の系譜」『岩室池古墳 平等坊・岩室遺跡』。
車崎正彦 2004「総説埴輪」『考古大観』。
堺市教育委員会 1988「旗塚古墳発掘調査報告書」『堺市文化財調査報告』第 39 集。
桜井市教育委員会 2002『磐余遺跡群発掘調査概報Ⅰ』。
櫻井久之 1999「靫飾板の文様」『大阪市文化財協会研究紀要』第 2 号。
鈴木裕明 2005「石見型木製品について」『古代文化』第 57 巻第 7 号。
高取町教育委員会・奈良県立橿原考古学研究所編 1982『高取町市尾今田古墳群発掘調査概報』。
高橋克壽 1998「墓域の護り」『日本の信仰遺跡』雄山閣。
高橋克壽 1995「埴輪から古代をよむ」『埴輪の世紀』歴史発掘⑨、講談社。

千賀　久　1988「石見遺跡資料」『大和考古資料目録』第15集、奈良県立橿原考古学研究所附属博物館。
津市教育委員会　2000『藤谷窯跡群発掘調査報告』。
天理市教育委員会・奈良県立橿原考古学研究所編　1985『岩室池古墳　平等坊・岩室遺跡』。
同志社大学文学部文化学科　1973『雨が谷古墳群調査報告』。
豊橋市教育委員会　1987『水神古窯』。
奈良県　1935「三宅村石見出土埴輪」『奈良県史跡名勝天然紀念物調査報告』第13冊。
奈良文化財研究所　2005『奈良山発掘調査報告Ⅰ』。
橋爪朝子　2004「木製立物の基礎的研究」『古事』天理大学考古学・民俗学研究紀要第8冊。
羽曳野市遺跡調査会　1992『古市大溝（軽里4号墳）発掘調査概報』。
坂靖　2001「近畿地方と関東地方の武器・武具形埴輪」『古代武器研究』Vol.2。
坂靖　2006「石見型立物（王板型立物）」『八条遺跡』奈良県立橿原考古学研究所。
前橋市教育委員会　1983『前二子古墳』。
松阪市教育委員会　2005『史跡宝塚古墳』。
森　浩一　1961「形象埴輪の出土状態の再検討」『古代学研究』29。
森村健一　1995「百舌鳥古墳群と周辺遺跡の発掘成果」『巨大古墳と倭の五王の謎を探る』。
矢野憲一　1998「杖」『ものと人間の文化史』88、法政大学出版局。
吉田野々　1992「石見型盾形埴輪について」『長岡京古文化論叢Ⅱ』。

石製模造品の生産と流通
―群馬県地域の様相にもとづく仮説モデルの提示―

深澤　敦仁

1. はじめに

(1) 目的

　主として古墳時代中期に盛行する「石製模造品」には大別二つの用途がある。その一つは「古墳への副葬」、もう一つは「集落での祭祀」である。
　これら二つの用途をもつ「石製模造品」が、その生産から消費にいたるまでの間、どのようなシステムのなかで動いていたか？　それを推測し、仮説モデルを提示することが本論の目的である。
　まず、詳しく論じる前に、その想定システムの基本形を提示する（図1）。この前提案は次の内容を示している。
　<u>「原料産出地から石材を獲得し、その石材は製作工房で製品化され、その製品は古墳や祭祀の場にもち込まれ消費される。」</u>

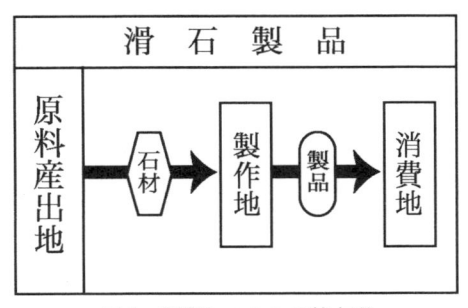

図1　想定システムの基本形

なお、本論で仮説モデルを提示するにあたり、群馬県地域をモデル素材とするが、その理由は三つある。一つめは「主要な原材料獲得地」と想定される「三波川帯」(熊野 1988、女屋 1988、篠原 1994 ほか)がこの地域内に存在し、原材料供給地設定が明確にできるからである。二つめは、帰属時期認定のできる製作工房の調査資料が近年増加したことによって、製作工房の時期別様相が把握しやすく、共通点や相違点の抽出が可能だからである。加えて、三つめは、この地域においては消費地と考えられる遺構(古墳・居館・集落・祭祀・水田など)が多岐にわたり調査され、多様な消費形態を比較検討できるからである。これらのことから、生産から消費までの流れが把握しやすいと考え、群馬県地域をモデル素材と考えた訳である。

(2) 石製模造品研究のなかにおける流通問題

石製模造品研究は高橋健自氏の研究(高橋 1919)以来の長い研究史をもち、今日でも重要な研究領域の一つであり、その研究視点は多岐におよぶ。

古墳副葬品としての視点からは、主として編年と副葬の意義付けに関する研究(白石 1985、中井 2005 など)や技法等の詳細観察にもとづく緻密な研究(北山 2002、河野 2003、清喜 2003 など)が今日的にも盛んである。また、祭祀品としての視点からは、所謂「祭祀遺跡出土品」の調査研究の深化(大場 1943、亀井 1966、椙山 1972、篠原 2001 ほか多数)と、所謂「集落遺跡出土品」への論究(寺沢 1990、篠原 1995 ほか)がある。一方、その生産については、所謂「玉作遺跡」の分析が寺村光晴氏の研究(寺村 1966・1980)を端緒とし、今日まで各地において調査成果にもとづき分析がされている(寺村編 2004)。とくに、関東地方においては千葉県での玉作研究(千葉県文化財センター 1992)が総合的論考として挙げられる。

こうしたなか、これらの事象をつなぐ「流通」論としては、関東地方の様相を展開した研究(熊野 1988)、原産地と消費地との関係を対峙的に論じた研究(篠原 1994)、近畿地方の様相を論じた研究(北山 2004)、全国各地の様相分析

（埋蔵文化財研究会 2005）などがある。こと、その出土が多い関東地方を見たとき、利根川を基幹として展開する流通論はその通りであるといえる。しかし、熊野氏の研究以降、石製模造品関連資料はいちじるしく増加しており、これらを駆使しての、生産・流通のあり方を深めることは、あながち無意味であるとは思えない。とくに膨大な資料が時間の変化とともにそのあり方をどのように変化させるか否かについては不明瞭な点が多く、あらためて論じる余地は大いにあるであろう。

2. 群馬県における製作工房の様相

(1) 製作工房研究の動向

群馬県における製作工房研究は1933年の岩澤正作氏による指摘（岩澤1933）が端緒となるが、本格的な調査研究の先駆は1962年の甘楽郡甘楽町・笹遺跡の調査であり、梅澤重昭氏による調査研究報告を通じて、この地域の製作工房の様相が明らかにされた（梅澤 1963・1966）。その後の研究のなかでは、設楽博己氏による藤岡市・竹沼遺跡の調査にもとづく古墳時代後期の臼玉の製作工程分析と原産地推定（設楽 1978）、女屋和志雄氏による高崎市・下佐野遺跡の調査にもとづく導入期の製作工房の様相分析（女屋ほか 1986）、同じく女屋氏による群馬県の製作工房の時期的変遷や分布変化についての指摘（女屋 1988）、田口一郎氏による製作工房偏在性の指摘（田口 1993）、前原豊氏による頁岩製製作の指摘（前原 1994）、右島和夫・徳田誠一両氏による古墳出土石製模造品を手がかりとした、システム流通論（右島・徳田 1998）、製作工房の再整理（深澤 2001）などがあり、今日にいたっている。

(2) 石製模造品の原料産出地について（図2）

原料となる蛇紋岩・滑石は、それを獲得できる地帯が関東地方全域に視野を広げてみても限定されている（高橋 1992）。そして、とくに群馬県地域の原材

料獲得地と想定される場所は、その最大産出地と目される「三波川帯」と考えられる（設楽 1978、女屋 1988、松村 1989 ほか）。よって本論でもこのことを前提にする。なお、この他の産出地としては群馬県北部の「上越帯」もあるが、原料獲得地としての様相が定かでない。

ところで、本論での「蛇紋岩・滑石の区分」は肉眼観察により、硬質で濃緑青色を呈するものを「蛇紋岩」、軟質で灰白色を呈するものを「滑石」とした。

（3）本論における製作工房の認定

製作工房の認定については、寺村光晴氏による規定条件の設定（寺村 1966）が標準といえる。本論でも寺村氏の規定条件を基準とし、次の六つの規定条件を挙げ、（1）（2）を必要条件とし、（3）～（6）を十分条件とした。

（1）竪穴住居であること。
（2）未成品・石核・剥片が出土していること。
（3）完成品が出土していること。
（4）工具が出土していること。
（5）白色粘土・粉末が出土していること。

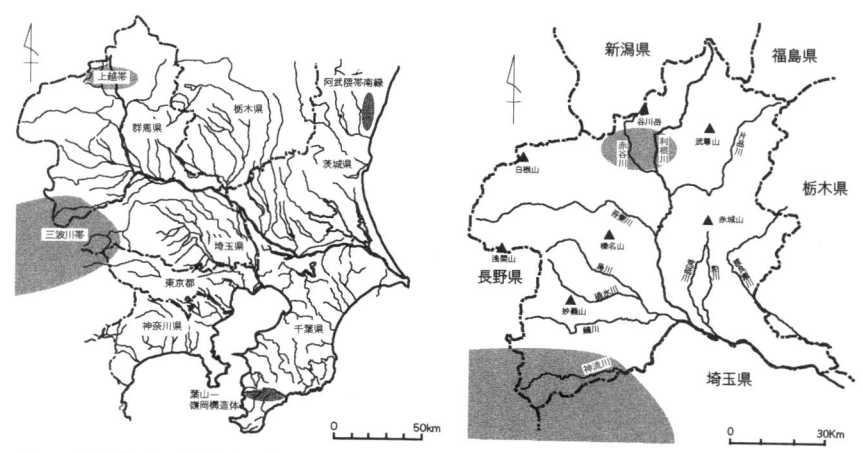

図2　蛇紋岩及び蛇紋岩を含む地質体の分布（左：関東　右：群馬）（高橋 1992を参考に作成）

表1 製作工房を有する遺跡一覧

	遺跡名	所在地	時期					工房件数	種類										石材質					
			I期	II・III期	IV期	V・VI期	VII期以降		石製腕飾品	紡錘車形	琴柱	管玉	刀子	匂玉	剣形	臼玉	有孔円板	模造鏡	紡錘車	その他	碧玉	緑色凝灰岩	珪質頁岩	瑪瑙	蛇紋岩	滑石
1	下佐野	高崎市下佐野町		○				7		○		○									○	○	○	○		
2	*新保田中村前*	高崎市新保田中町		○				?				○										○				
3	*柴崎熊野前*	高崎市柴崎町		○	?			?				○										○				
4	芳賀東部団地	前橋市鳥取町・小板子町		○	?			2				○										○				
5	甘楽条里	甘楽郡甘楽町白倉・金井			○	○	○	12		○					○					子		○				○
6	行力春名社	高崎市行力町			○			2				○										○				
7	松原III	佐波郡玉村町樋越			○			2	○			○					?					○				
8	天引向原	甘楽郡甘楽町天引			○			2				○	○				?					○				
9	下之城村前V	高崎市下之城町			○			1																		○
10	一之宮本宿・郷土	富岡市一之宮			○			3												斧		○				
11	福島駒形	甘楽郡甘楽町福島			?	○		2				?			?		○					○				○
12	福島鹿嶋下	甘楽郡甘楽町福島			○			3				○					○					○				
13	前畑	富岡市蚊沼			○			6									○					○				
14	*古立中村*	甘楽郡妙義町古立			○			?														○				
15	温井	藤岡市岡之郷			○	○		2～				?	?		○	?	?	?				○				
16	笹	甘楽郡甘楽町小川・笹				○		1														○				
17	高鳥井	甘楽郡妙義町下高田			○			1														○				
18	高崎城XIV	高崎市高松町			○			1				○	?									○				
19	竹沼	藤岡市西平井・緑埜				○		9														○				
20	*恵下原*	富岡市宇田				○	?	表採														○				
21	並榎台原	高崎市並榎町				○		1～				○					○					○				
22	上並榎屋敷前	高崎市上並榎町				○		2				○	?									○				
23	八寸大道上	佐波郡東村東小保方				○		1														○				
24	原田篠	富岡市田篠				○		1														○				
25	本郷山根	藤岡市本郷				○		2														○				
26	滝前	藤岡市中大塚				○		1														○				
27	田端	高崎市阿久津町・木部町				○		2				○										○				
28	高崎情報団地II	高崎市中大類町				○		1				○										○				
29	白倉下原	甘楽郡甘楽町白倉				?	○	1				○	?									○				
30	下高瀬上之原	富岡市下高瀬				○		1														○				
31	神保富士塚	多野郡吉井町神保				○		1														○				
32	*長根羽田倉*	多野郡吉井町長根				○		?				○	○		○					馬		○				
33	大屋敷	前橋市総社町				○		1									○			頁						

(6) 工作用ピットや溝が確認できること。

そして、群馬県内において規定条件を満たす遺跡・遺構は、28遺跡73遺構である（表1）。さらに、製作工房は未検出だが、その存在を示唆する遺跡は5遺跡である（表1の斜体文字の遺跡）。そして、これらの遺跡・遺構の明らかな特徴は、その分布が群馬県西部地域に集中しているということである（図3）。この明確な特徴は、原料産出地の存在位置と密接にかかわることと思われる。

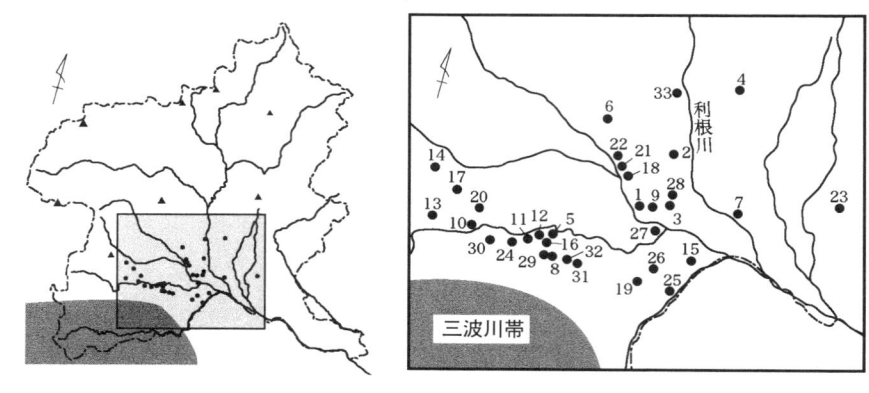

図3　群馬県内における製作工房の分布

(4) 製作工房の時系列的整理

　石製模造品製作工房の場合、先述した「製作工房の規定条件」によって抽出される要素からは、その工房の帰属時期を推定することは困難である。そこで、当該時期の土師器編年を提示し、時系列的整理のための段階設定を行うことは不可欠である。

　なお、本論は土器編年が本旨ではないため、ここでは結論のみを提示することとする。従来の研究（女屋 1988）から考えると、群馬県地域における石製模造品の消長をうかがい知るためには、4世紀後半から6世紀前半までの様相把握がとくに必要である。そこで、ここでもその時期が内包される土器編年を提示することとする（図4）。

　基軸となるものは若狭徹氏の提示した弥生時代後期後葉から6世紀前半までの土器編年である（若狭 2002）。これによれば、その設定は0期から7期まであり、1期のなかに西暦300年、3期の後半に西暦400年、6期の末に西暦500年を想定している。その間の内容は形式消長と、型式変化によって変遷がたどられ、各期は設定されているものである。

　一方、筆者が群馬県内の製作工房の出土土器を用いて試みた段階設定（深澤 2001）は、若狭氏の編年とほぼ同様の内容の段階設定と各段階の構成をしめし

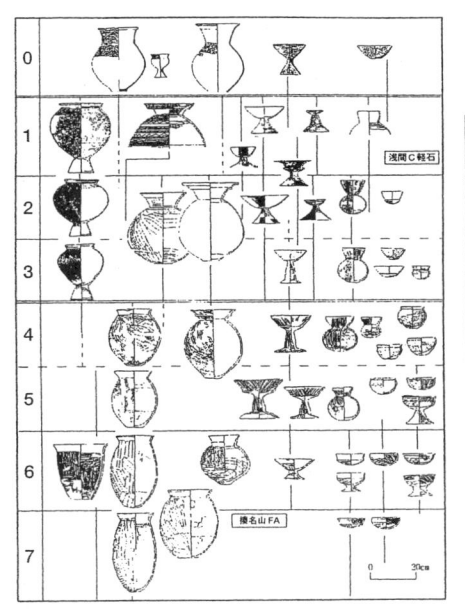

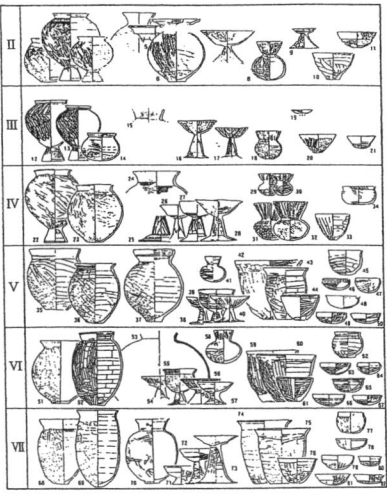

(0期)
　弥生時代後期　樽式3期

(1期)
　伊勢湾岸系を核とした外来系土器の多量流入期。布留0式併行。本期内に西暦300年を求める。浅間C軽石の降下があり。

(2期)
　S字甕と伊勢型二重口縁壺を特徴とする石田川様式の定式化期。

(3期)
　S字甕の長胴化等の小様式変化。本期後半に西暦400年を想定。

(4期)
　S字甕の終焉期。
　平底厚甕。屈折脚高坏を軸とする新様式の成立期。

(5期)
　屈折脚高坏の盛行と丸底内斜口縁坏の成立が指標。

(6期)
　丸底坏3種（内斜口縁坏・内湾坏・模倣坏）の盛行。須恵器TK47型式の伴出。本期末に西暦500年を想定。

(7期)
　内斜口縁坏の衰退。
　6・7期の端境期に榛名山の初回噴火と火砕流が発生（FA）。

図4　本稿で規準となる土器編年（左：若狭 2002　右：深澤 2001）

ている。よって、製作工房の変遷を地域の土器編年のなかで論じることが可能であることになる。このことにもとづき、先に挙げた各遺跡の製作時期を示す（表1）と、時期ごとの遺跡の分布状況はより明らかになってくる（図5）。さらに、製作工房出土資料から導き出される各段階ごとの「製作品・原材料・分布エリア」の推移も明らかになってくる（図6）。

282　第3章　古墳時代の祭祀

【II・III期の分布】　【V・VI期の分布】

【IV期の分布】　【VII期の分布】

※●は該当時期に製作工房が存在する遺跡
　（一部、推定存在も含む）
　番号は表1の遺跡番号に対応

※○は該当時期に製作工房が存在しない遺跡

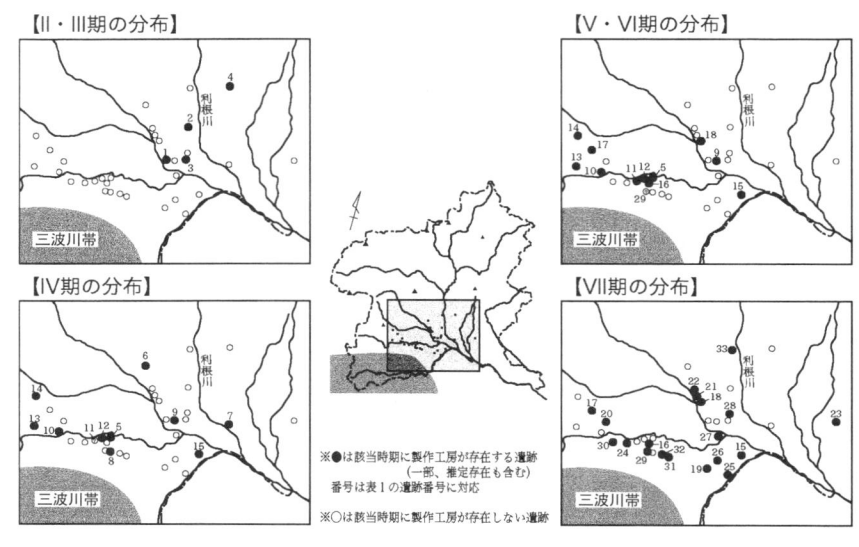

図5　群馬県内における製作工房の時期別分布変化

図6　製作品・原材料・分布エリアの推移

(5) 製作工房の様相特徴（図5〜7）

製作工房については、以下の六つの特徴が挙げられる（深澤 2001）。

(製作工房の特徴1) 2期以降、分布エリアの主体はつねに群馬県西部である。そして、7期になると、群馬県東部にも工房が客体的に存在する。

(製作工房の特徴2) 2・3期における下佐野遺跡での石製品および石製模造品の製作が現時点では最古である（図7）。

(製作工房の特徴3) 2・3期では琴柱形・勾玉・管玉が製作されるが、4期に

表2 主な古墳の石製模造品組成

古墳名		琴柱	刀子	斧	鎌	鑿	酒造	機織	枕	鏡	下駄	勾玉	臼玉	剣	有孔	盾	鏃	石材質 蛇	石材質 滑	時期（参考）
片山1号	円・32	○	○															○		3期
長者屋敷天王山	円・42	○	○		○					○								○		3〜4期
剣崎天神山	円・30	○	○	○		○		○										○		4〜5期
白石稲荷山（東槨）	後円・140		○		○		○		○					○				○		4〜5期
白石稲荷山（西槨）			○								○	○	○					○		4〜5期
鶴山	後円・102	○	○															○	△	6期
舞台1号	帆立・42								○		○	○	○					○		6期
簗瀬二子塚	後円・80	○	○						○		○	○	○					○		6〜7期

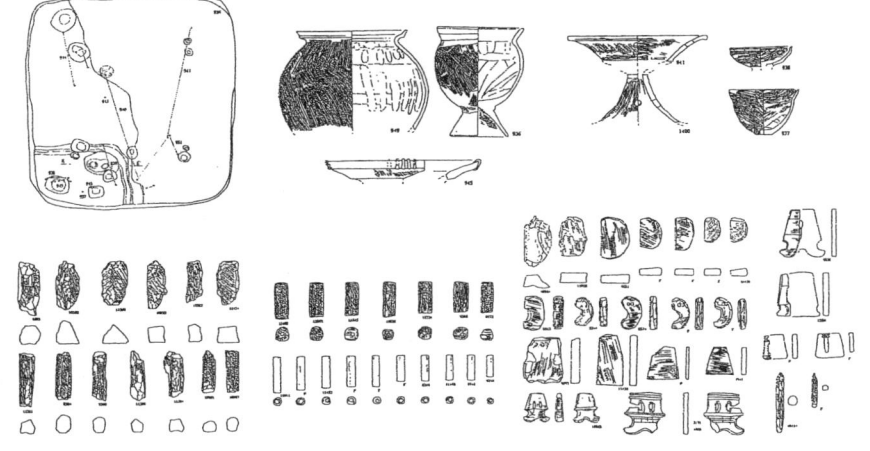

図7 下佐野遺跡7区24号住居　未成品と出土土師器（女屋ほか 1986）

は琴柱形の製作が認められなくなり、新たに、臼玉・剣形・有孔円板等の製作が始まる。この4期を「製作組成の転換期」と位置づけることができる。
(製作工房の特徴4) 未成品の種類は剣・臼玉・管玉・勾玉・有孔円板等が主体であり、農工具や酒造具などの多様な器物の明らかな未成品は皆無である。
(製作工房の特徴5) 未成品や剥片資料から考えられる材料石材は、2～5期では蛇紋岩(濃緑青色で硬質)が主体であるのに対し、6期以降は滑石(灰白色で軟質)が主体をなす。なお、2・3期には緑色凝灰岩等の石材がきわめて客体的に用いられ、7期には頁岩・粘板岩等が一定量用いられる。
(製作工房の特徴6) 6期以降、剣形・臼玉・(有孔円板)の未成品の比率が高まる傾向にある。

3. 群馬県における消費形態の様相

(1) 古墳副葬の様相特徴 (図8～14・表2)

古墳副葬の製品については、六つの特徴があげられる(右島・徳田1998)。
(古墳副葬の特徴1) 副葬する古墳は、群馬県中・西部に偏在する傾向にある。
(古墳副葬の特徴2) 片山1号墳(円墳:32.6m)(図8)や長者屋敷天王山古墳(円墳:42m)(図9)の資料は群馬県地域の初期期の資料とし、刀子・斧といった農工具を主体とする。時期は4世紀末葉に位置づけられる。
(古墳副葬の特徴3) 上細井稲荷山古墳(円墳:?m)や白石稲荷山古墳(前方後円墳:140m)(図10)の資料には刀子の多量埋納に加えて、酒造具や機織具、下駄や箕といった模造品や石枕が加わり、剣崎天神山古墳(円墳・30m)(図11)には杵・坩・槽などが加わる。その時期は5世紀前半と考えられる。
(古墳副葬の特徴4) 5世紀後半には、鶴山古墳(前方後円墳:102m)(図12)や大山鬼塚古墳(円墳:?m)、舞台遺跡1号古墳(帆立貝:42m)(図13)等の有力墳に加えて、初期群集墳を構成する中小墳の一部にも石製模造品が副葬され始める。そして、とくに6世紀以降においては、前者には農工具が組成と

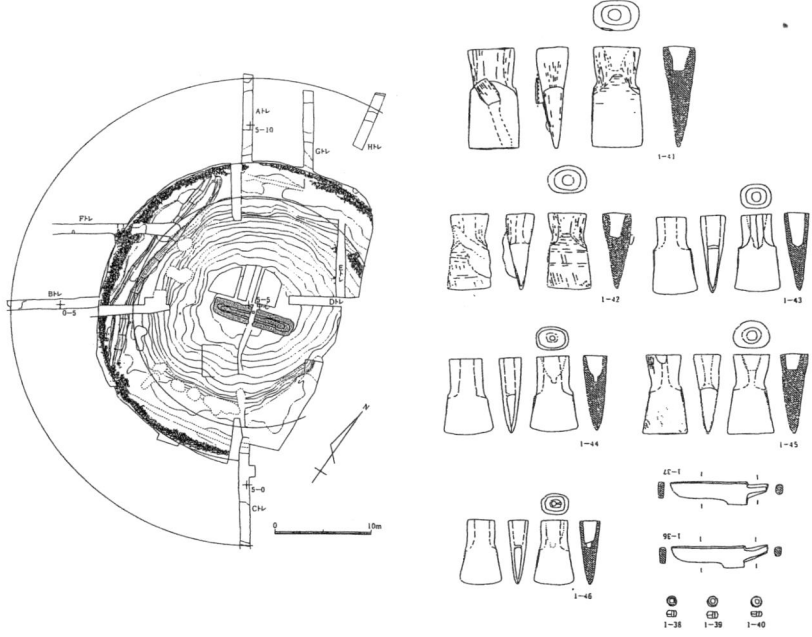

図8　片山1号墳　墳丘平面図（1/800）　石製模造品（1/6）（茂木 2004）

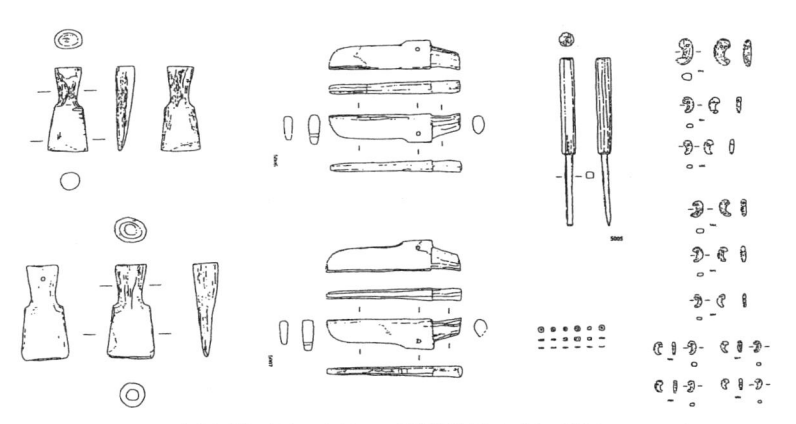

図9　長者屋敷天王山古墳　石製模造品（1/6）（飯塚ほか 1989）

286 第3章 古墳時代の祭祀

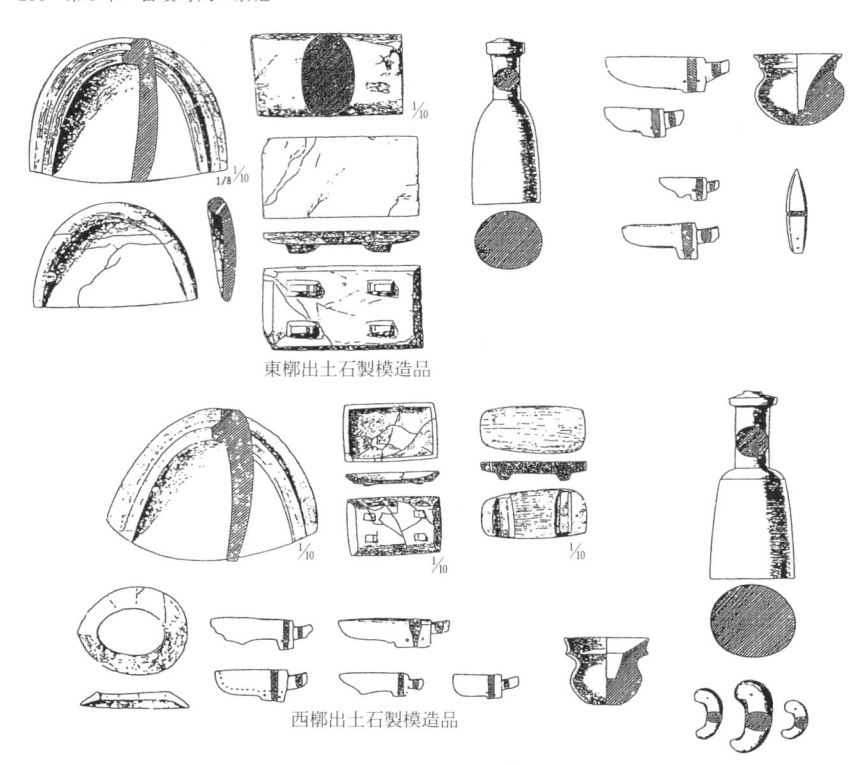

図10　白石稲荷山古墳　石製模造品（1/6 一部1/10）（後藤・相川 1936、右島・徳田 1998）

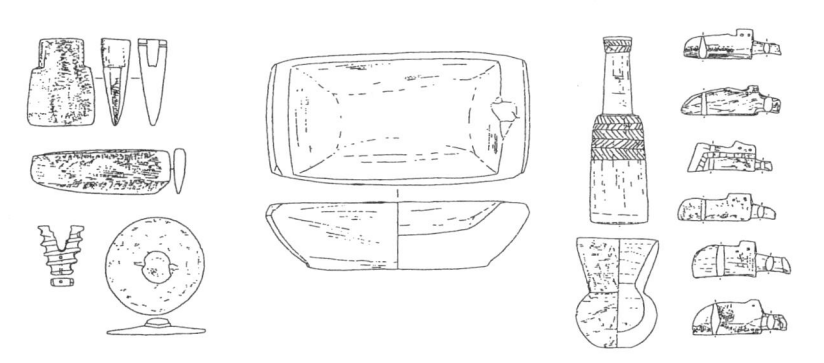

図11　剣崎天神山古墳　石製模造品（1/6）（外山 1976）

石製模造品の生産と流通　287

図12　鶴山古墳　石製模造品（1/6）（石川・右島 1981）

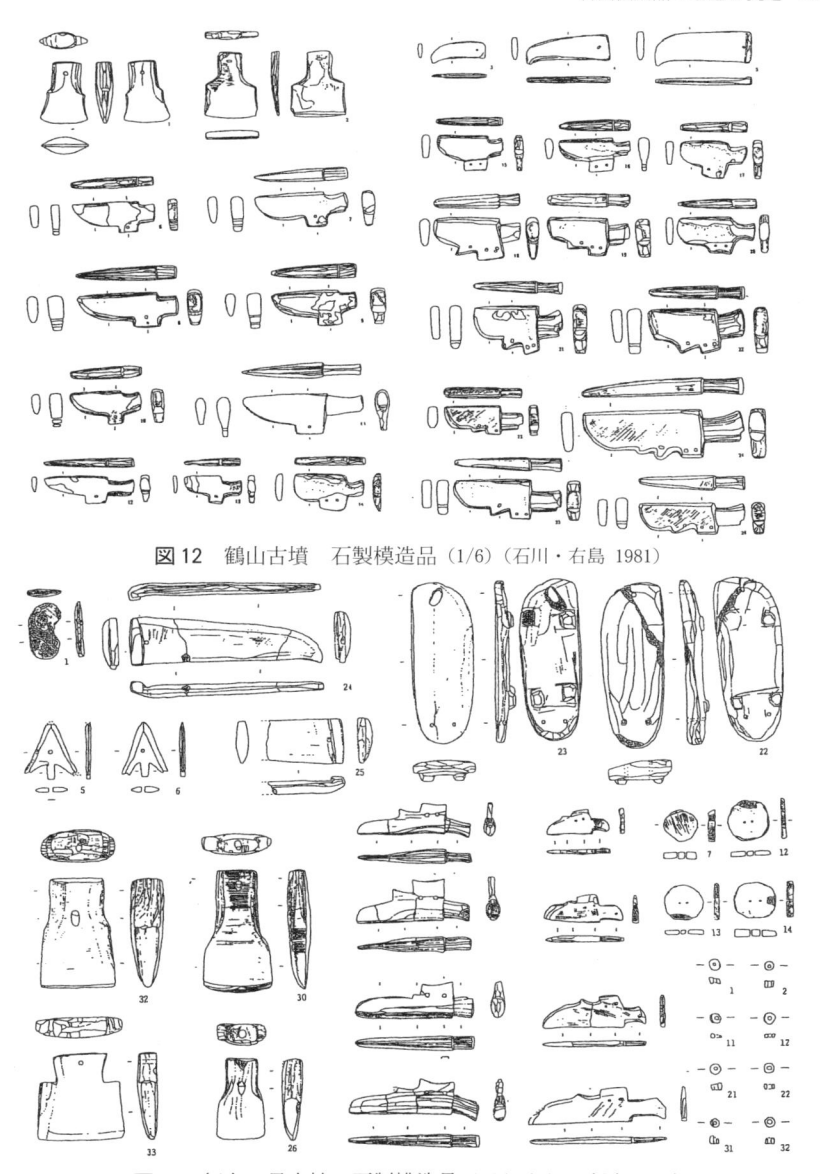

図13　舞台1号古墳　石製模造品（1/6）（西田・杉山 1981）

288　第3章　古墳時代の祭祀

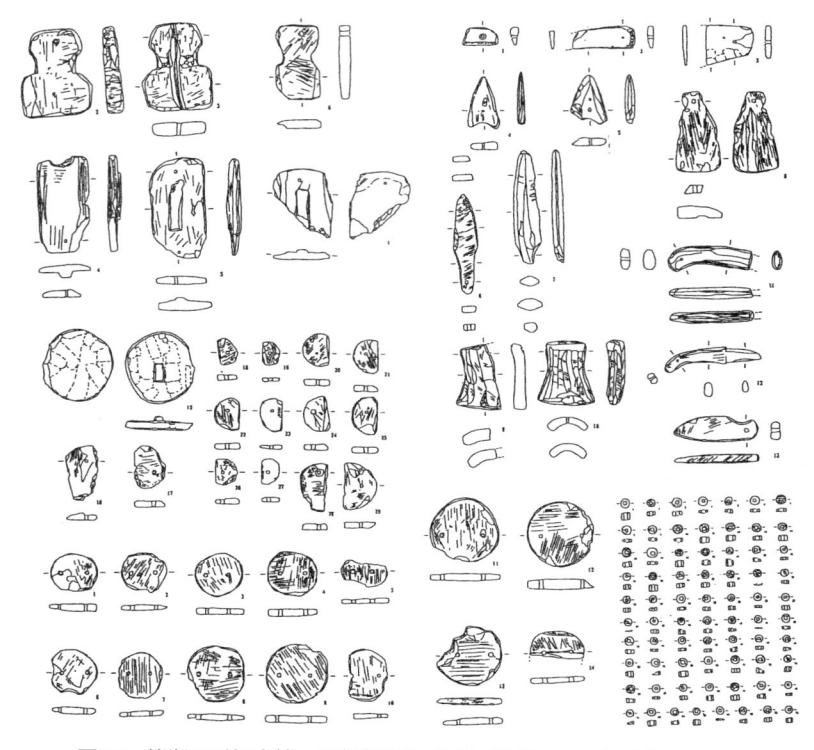

図14　簗瀬二子塚古墳　石製模造品（1/6）（右島2001・大工原ほか 2003）

して存在するものの、後者には農工具は加わらず、剣形・勾玉・臼玉・有孔円板等に限定されるようになる。

（古墳副葬の特徴5）4世紀末以降、6世紀初頭にいたるまでの間で、忠実模倣品から簡略模倣品へと変化する。

（古墳副葬の特徴6）6世紀初頭の築造と考えられる簗瀬二子塚古墳（前方後円墳：80m）（図14）を最後に、その副葬は種類・量ともに急速に減じる。

(2) **集落祭祀の様相特徴**（図15〜21・表3）

　集落祭祀品については、六つの特徴があげられる（田口・杉山・加部1993）。

表3　主な祭祀遺跡居館址の石製模造品組成

遺跡名		刀子	斧	鎌	剣	勾玉	紡錘	有孔	子持	臼玉	管玉	鏡	盾	鏃	石材質 蛇	滑	頁	時期(参考)
下滝天水	居館祭祀?				○											○		4(~5)期
舟橋	住居内祭祀	○			○	○				○						○		4(~5)期
三ツ寺I	居館祭祀	○	○	○	○			○	○	○	○					○	○	6期
西大室丸山	巨石祭祀	○														○		6期
中筋	祭祀場				○			○								○		6期
浜川館	水田祭祀									○						○		6期
上井出	祭祀				○											○		6期
芦田貝戸	大溝祭祀				○											○		6~7期
寺尾東館	祭祀	○			?											○		6~7期
久保	祭祀壇?	○	○		○							○	○			○		7期
原之城	居館祭祀				○									○			○	7期

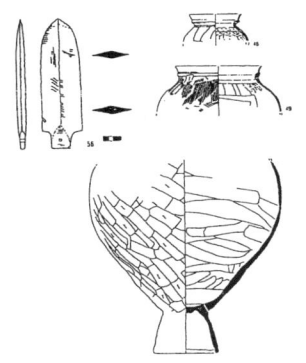

図15 下滝天水遺跡A1区1号溝滑石製品(1/6) 土師器(1/10)(飯田 2004)

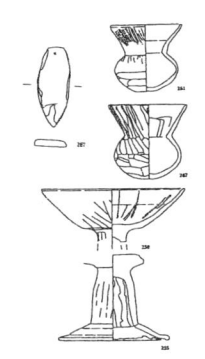

図16 舟橋遺跡5区11号住居滑石製品(1/6) 土師器(1/10)(井川 1989)

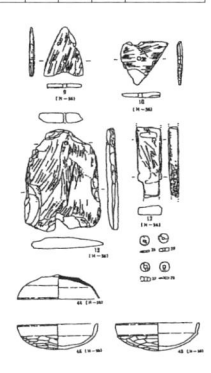

図17 大屋敷遺跡H56住居頁岩製品(1/6) 土師器(1/10)(大山 1994)

(集落祭祀の特徴1)石製模造品出土の遺跡は群馬県中・西部に多い。

(集落祭祀の特徴2)下滝天水遺跡A1号溝の剣(図15)や舟橋遺跡5区11号住居の剣形(図16)は集落祭祀品の初現と考えられ、その時期は4(~5)期と考えられる。

(集落祭祀の特徴3)出土する種類は剣形・臼玉・管玉・勾玉・有孔円板等が主体であり、農工具等は出土するものの、極々微量である。

290 第3章 古墳時代の祭祀

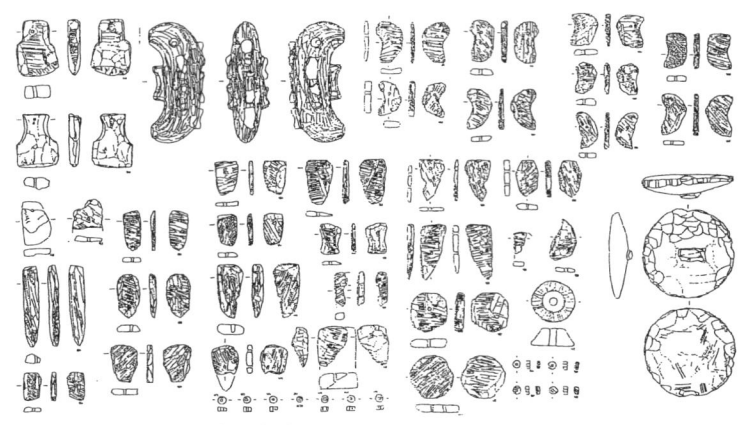

図18 三ッ寺I遺跡　滑石製品（1/6）（下城・女屋 1988）

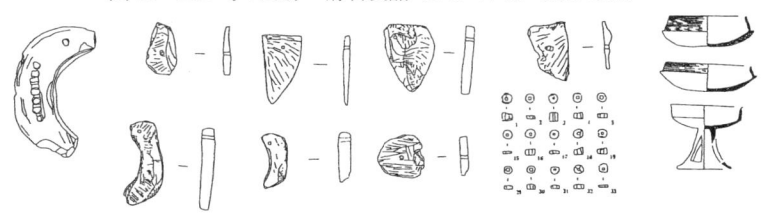

図19 原之城遺跡　粘板岩及び滑石製品（1/6）・土師器（1/10）（中澤 1987）

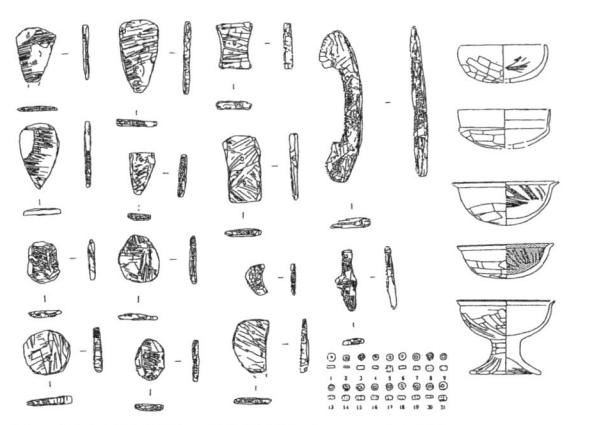

図20 寺尾東館遺跡　滑石製品（1/6）・土師器（1/10）（黒沢 1996）

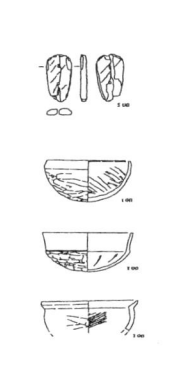

図21 浜川館遺跡　滑石製品（1/6）・土師器（1/10）（桜井 1998）

(集落祭祀の特徴 4) 5期までは蛇紋岩（濃緑青色で硬質）製が主体であるが、6期以降では集落祭祀はもとより、豪族居館内の祭祀においても滑石（灰白色で軟質）製が主体をなす（図18）。なお、7期には頁岩製や粘板岩製の製品が一定量存在する（図17・19）。

(集落祭祀の特徴 5) 初現期と考える4(〜5)期において、すでに簡略模倣品が圧倒的に多く、この状況は7期にいたるまで変わらない。

(集落祭祀の特徴 6) 石製模造品の盛行期は6期以降にあり、その消費地も水田・畠遺構や土器集積遺構など多様になり、その主体は剣形・臼玉・有孔円板にある（図20・21）。なお、7期以降は臼玉の頻度が一段と高まる。

4. 生産から流通までの様相

(1) 「製作工房」「古墳副葬品」「集落祭祀品」の共通点と相違点

群馬県域における「製作工房」「古墳副葬品」「集落祭祀品」のそれぞれの特徴を列挙したなかからうかがえる共通点と相違点は次の通りである。

(共通1) 分布域が西部中心であるということ。(→「製作工房1」「古墳副葬1」「集落祭祀1」)

(共通2) 「製作工房」の最古時期（2・3期）と「古墳副葬品」の初現時期がほぼ一致すること（→「製作工房2」「古墳副葬2」）。

(共通3) 「製作工房」の組成転換期（4期）と「集落祭祀品」の初現期（4(〜5)期）が一致すること（→「製作工房3」「集落祭祀2」）。

(共通4) 「製作工房」での未成品種類と、「集落祭祀品」の製品種類の主体がほぼ一致すること（→「製作工房4」「集落祭祀3」）。

(共通5) 6期には「製作工房」「集落祭祀品」の石材質の主体が蛇紋岩から滑石に変化し、7期には頁岩等の他の石材が一定量加わること（→「製作工房5」「集落祭祀4」）。

(共通6) 6期以降には「製作工房」「集落祭祀品」「古墳副葬品（群集墳内へ採

用品)」において、剣形・臼玉・有孔円板の存在性が高まってくること（→「製作工房 6」「古墳副葬 4」「集落祭祀 6」）。

一方、相違性については次のとおりである。
(相違 1)「製作工房」の未成品には、古墳副葬品の主体である農工具類が含まれていないこと（→「製作工房 4」「古墳副葬 2〜4」）。
(相違 2) 5 世紀前半の「古墳副葬品」には、酒造具や多様な器物が認められるが、4・5 期の「製作工房」にはそれがまったく認められないこと（→「製作工房 4」「古墳副葬 3」）。
(相違 3)「古墳副葬品」は忠実模倣品から簡略模倣品に変化していくのに対し、「集落祭祀品」は 4(〜5)期においてすでに簡略模倣品が多数を占めていること（→「古墳副葬 5」「集落祭祀 5」）。
(相違 4)「古墳副葬品」は 6 世紀初頭以降、その存在が衰退化していくが、「集落祭祀品」は 6 期以降増加していくこと（→「古墳副葬 6」「集落祭祀 6」）。

(2) 仮説モデルの提示

2(2)で示した産出地の様相と 2(5)・3(1)(2)・4(1)で示した要素にもとづき、群馬県域における生産・流通・消費システムをモデル化する。まず、群馬県の様相を考慮したシステムの基本形は次のようになる（図 22）。

「原料産出地から獲得した石材は、別々に存在する「古墳副葬品専用工房」と

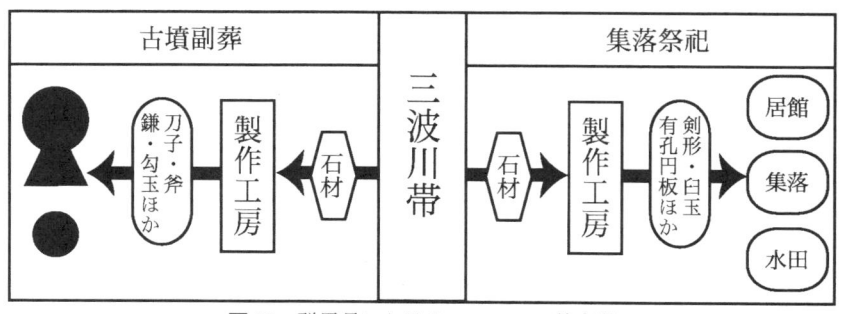

図 22　群馬県におけるシステムの基本形

「集落祭祀品専用工房」にそれぞれにもち込まれ、消費側のニーズにあわせて製品化され、消費地にもち込まれる。」

なお、上記のように、別々の専用工房を想定した理由は、「製作工房」の資料のなかに、「古墳副葬品」の主体となる農工具類が見当たらないということを根拠としている。

このシステムを土器編年および古墳編年にもとづき、時期別に整理してみる（図23）。すると、そのシステムが時期ごとに変化している状況が抽出できる。

以下、時期ごとの様相を述べる。

1期　　石製品および石製模造品の製作は行われていない。1期は群馬県域における古墳出現前夜の状況であり、墳墓・集落ともに確実な出土事例が認められない。

2・3期　　群馬県域における石製品・石製模造品の製作開始期であり、下佐野遺跡の製作工房がこの時期に該当する。使用石材は蛇紋岩であり、おそらく近隣の三波川帯より獲得したものと考えられる（蛇紋岩以外にも、きわめて微量ながら珪質頁岩・緑色凝灰岩等の異なる石材の未成品が含まれている点は注目される）。工房製作品としては、この時期の古墳副葬品の通有形式の一部である琴柱形・管玉・勾玉が確認できるのみで、斧・刀子等の製作痕跡は確認できない。こうした状況では古墳副葬品としての斧・刀子等の製作地を特定しづらいのだが、片山1号墳の製品石材を見るかぎりでは、「この石材質を三波川帯産蛇紋岩でない」とする根拠は見あたらず、ゆえに、これらは地場で製作されたと考えておきたい。

なお、この時期と特定できる集落祭祀品は認められないことから、群馬県域の石製品・石製模造品の製作は「古墳副葬品」から始まったと想定している。

4・5期　　石製品および石製模造品の消費目的の2元化にともない、「生産・流通・消費のデュアルシステム」が形成される。消費目的として「古墳副葬品」に「集落祭祀品」が加わる。この時期の製作工房は小規模のものが産出地に近い範囲に存在する状況にある。これら調査された工房は、未成品から確

294　第3章　古墳時代の祭祀

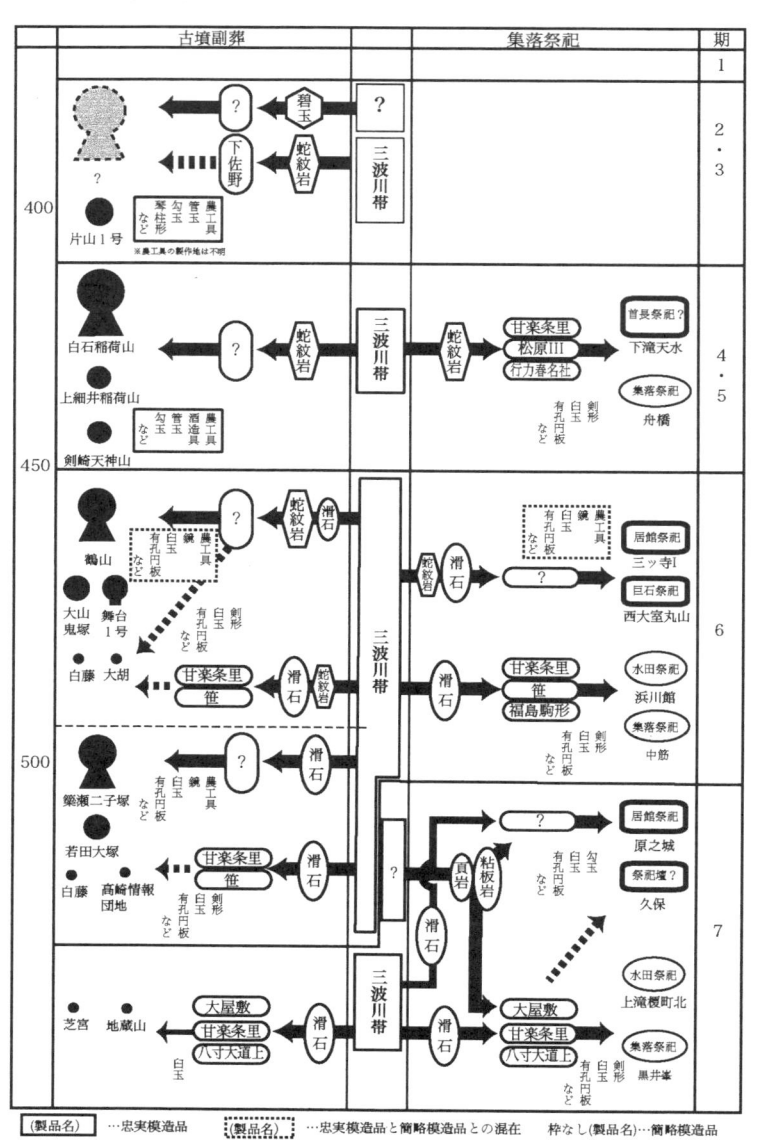

図23　時期別の生産流通モデル

認するかぎりすべてが「集落祭祀品」用の製作工房であり、「古墳副葬品」用の製作工房は認められない。

　「古墳副葬品」は白石稲荷山古墳に代表されるように、通有の形式（農工具等）に加えて、多種の形式（酒造具や紡織具等）が存在することや、多量埋納が特徴であるにもかかわらず、その製作工房が確認できないのはやや不可思議なことでもある。だが、「これらの製品石材を三波川帯産蛇紋岩でない」とする根拠は見あたらず、ゆえに、これらは地場で製作されたと考えておきたい。

　「集落祭祀品」は石材としては「古墳副葬品」と同様の蛇紋岩を利用するものの、器物を忠実模倣するものは極々少量であり、簡略模倣で製品化するものが多い。

　なお、この時期で、所謂「石製品」の製作は認められなくなる。

　6　期　「古墳副葬品」と「集落祭祀品」のそれぞれの社会的需要が高まることによって石製模造品生産は増大し、「生産・流通・消費のデュアルシステム」が重層的に展開する。

　「古墳副葬品」に関しては、4・5期からみられる有力墳への副葬に加えて、この時期前後に出現する中小墳（初期群集墳）の一部にも石製模造品が副葬されるようになる。また、「集落祭祀品」に関しては、さまざまな祭祀形態が顕在化し、それらに石製模造品が用いられるようになる。ただし、これらに採用される形式の特徴は、有力墳に採用される「古墳副葬品」と居館や巨石祭祀に用いられる「集落祭祀品」がほぼ同一であり、中小墳に採用される「古墳副葬品」と水田祭祀や集落内祭祀に用いられる「集落祭祀品」がほぼ同一であるという点にある。そしてこれらのそれぞれの二分化は、製品組成を見るかぎりでは「古墳副葬品」「集落祭祀品」という枠組みでとらえるよりも「有力墳＋居館・巨石祭祀」「中小墳＋水田・集落内祭祀」という枠組みでとらえた方がわかりやすい。

　こうした状況に連動するように「製作工房」においては、甘楽条里遺跡のように大規模工房群が認められたり、工房数自体が産出地に近い範囲に多数展開

する状況をみせる。ただし、調査された工房は、未成品から確認するかぎりすべてが「集落祭祀品」用の製作工房（一部、中小墳への「古墳副葬品」用製作工房も可能性あり）であり、有力墳への供給を主体とする「古墳副葬品」用の製作工房は認められない。そして、やはり消費地における製品を観察するかぎり、「有力墳の製品石材を三波川帯産蛇紋岩でない」とする根拠が見あたらない故、これらも地場で製作されたと考えたい。

ところで、この時期では「古墳副葬品」においても忠実模倣品が粗製化を顕著にするとともに、明らかな簡略模倣品が含まれるようになり、石材質も、蛇紋岩にかわり、滑石が多く採用されるようになる。そして、この時期後半になると「有力墳」と「中小墳」における製品形式の差異は、そのままであるものの、石材が滑石に収斂されるという状況が認められるようになる。

なお、この時期の末に、「古墳副葬品」は事実上の終焉を迎えるものと考えている。その終焉を示す資料は、築瀬二子塚古墳の石製模造品である。この古墳を最後に、有力墳への石製模造品の副葬はなくなる（白石 1985）。なお、これ以降も、中小墳には滑石製臼玉等の副葬がみとめられるものの、さまざまな「器物の形」は存在しない。

7 期　消費目的の一つ「古墳への副葬」については、有力墳への副葬はなくなり、中小墳のみになる。さらに、その副葬形式は臼玉が大多数をしめ、他形式の存在がきわめて客体的になる。

「集落祭祀品」は、6期からの継続で、「居館祭祀＋大型祭祀」と「水田・畠祭祀＋集落内祭祀」に分けて考えることができる。前者の場合は勾玉・臼玉・有孔円板など、その形式は多様であるが、後者の場合は、臼玉・剣形・有孔円板等にその形式は限定される傾向にある。なお、この時期においては、両者とも石材は滑石のみとなる。

こうした状況に連動するように「製作工房」はその分布域を6期よりも大きく広げる。従来は分布が認められなかった、群馬県東部地域にまで製作工房が分布するようになる。ただし、滑石原産地より遠距離にある製作工房のほとん

どは臼玉のみを製作する工房であり、他形式の製作の痕跡はいちじるしく客体的である。なお、興味深い点は、この時期になると、滑石以外の石材として頁岩や粘板岩が採用される場合があるという点である。

この時期では、製作工房の広域展開という側面をもつものの、古墳への副葬が下火となり、集落祭祀品も臼玉のみにほぼ収斂されるなど、質的には縮小傾向にあると考えている。

5. おわりに

古墳時代の前期末から後期にいたるまでの間、社会の必需アイテムとして存在した石製模造品であるが、時間の経過とともにその生産流通システムの形態を少しずつ変化させて、社会のなかで機能していたことが、群馬県地域をケーススタディとした分析で明らかになった。こうした様相変遷の提示をもって本論の結論としたい。

なお、こうした変化は、そのときどきの社会要因に連動して生じたことであることは間違いない。ゆえに、社会動向も踏まえた上でのアプローチこそが、石製模造品の存在意義を本質的に知ることのできる唯一の方法なのであろう。

参考文献

飯田陽一 2004『下滝天水遺跡』(財)群馬県埋蔵文化財調査事業団。
飯塚卓二ほか 1989『下佐野遺跡』(財)群馬県埋蔵文化財調査事業団。
井川達雄 1989『舟橋遺跡』(財)群馬県埋蔵文化財調査事業団。
石川正之助・右島和夫 1981「鶴山古墳出土遺物の基礎調査Ⅰ」『群馬県立歴史博物館調査報告書』2。
岩澤正作 1933「群馬県に於ける祭祀関係遺跡概観」『毛野』第5号。
梅澤重昭 1963『笹遺跡―鏑川流域における滑石製品出土遺跡の研究―(遺物編)』群馬県立博物館
梅澤重昭 1966『笹遺跡―鏑川流域における滑石製品出土遺跡の研究―』群馬県立博物館。

大場磐雄 1943「原始神道の考古学的考察」『神道考古学論攷』葦牙書房。
大山知久ほか 1994『大屋敷遺跡群Ⅱ』前橋市埋蔵文化財発掘調査団。
女屋和志雄 1988「群馬県における古墳時代の玉作」『群馬の考古学』㈶群馬県埋蔵文化財調査事業団。
女屋和志雄ほか 1986『下佐野遺跡Ⅱ地区』㈶群馬県埋蔵文化財調査事業団。
亀井正道 1966『建鉾山―福島県表郷村古代祭祀遺跡の研究』角川書店。
河野一隆 2003「石製模造品の編年と儀礼の展開」『帝京大学山梨文化財研究所研究報告』第11集、帝京大学山梨文化財研究所。
北山峰生 2002「石製模造品副葬の動向とその意義」『古代学研究』158号、古代学研究会。
北山峰生 2004「石製模造品生産・流通の一形態」『橿原考古学研究所論集』14、奈良県立橿原考古学研究所。
熊野正也 1988「和泉期の社会と石製模造品について」『考古学叢考』中巻。
黒沢元夫 1996『寺尾東館遺跡』高崎市教育委員会。
後藤守一・相川龍雄 1936『多野郡平井村白石稲荷山古墳』群馬県史蹟名勝天然記念物調査報告、第三輯。
桜井美枝 1998『浜川遺跡群』㈶群馬県埋蔵文化財調査事業団。
設楽博己 1978「滑石製模造品の製作に関する覚え書き」『竹沼遺跡』藤岡市教育委員会。
篠原祐一 1994「剣形模造品の製作技法―下毛野地域を例にして―」『研究紀要』4、㈶栃木県文化振興事業団埋蔵文化財センター。
篠原祐一 1995「臼玉研究試論」『研究紀要』第3号、㈶とちぎ生涯学習文化財団埋蔵文化財センター。
篠原祐一 2001「祭祀考古学の基礎的研究再論」『研究紀要』第9号、㈶とちぎ生涯学習文化財団埋蔵文化財センター。
下城　正・女屋和志雄 1988『三ッ寺Ⅰ遺跡』㈶群馬県埋蔵文化財調査事業団。
白石太一郎 1985「神まつりと古墳の祭祀―古墳出土の石製模造品を中心として―」『国立歴史民俗博物館研究報告　第7集』国立歴史民俗博物館。
椙山林継 1972「祭と葬の分化―石製模造品を中心として―」『國學院大學日本文化研究所紀要』第29号、國學院大學日本文化研究所。
清喜裕二 2003「古墳出土石製模造品製作の実態に関する素描」『続文化財学論集』文化財学論集刊行会。
大工原豊ほか 2003『簗瀬二子塚古墳　簗瀬首塚古墳』安中市教育委員会。

高橋健自 1919『古墳発見石製模造器具の研究』帝室博物館。
高橋直樹 1992「千葉県内から出土する玉類の原材の原産地についての予察」『千葉県文化財センター研究紀要』13。
田口一郎 1993「群馬県西部（西毛）地域における古墳時代祭祀の概要」『古墳時代の祭祀―祭祀関係の遺構と遺物―』東日本埋蔵文化財研究会。
田口一郎・加部二生・杉山秀宏 1993「群馬県の概要」『古墳時代の祭祀―祭祀関係の遺構と遺物―』東日本埋蔵文化財研究会。
千葉県文化財センター編 1992『研究紀要』第13号、千葉県文化財センター。
寺沢知子 1990「石製模造品の出現」『古代』第90号。
寺村光晴 1966『古代玉作の研究』國學院大學考古学研究報告、第三冊、吉川弘文館。
寺村光晴 1980『古代玉作形成史の研究』吉川弘文館。
寺村光晴編 2004『古代玉作大観』吉川弘文館。
外山和夫 1976「石製模造品を出土した剣崎天神山古墳をめぐって」『考古学雑誌』62-2。
中井正幸 2005『東海古墳文化の研究』雄山閣。
中澤貞治 1987『原之城遺跡』伊勢崎市教育委員会。
西田健彦・杉山秀宏 1991『舞台・西大室丸山』群馬県教育委員会。
深澤敦仁 2001「群馬県の石製品・石製模造品製作址について」『考古聚英―梅澤重昭先生退官記念論文集』。
埋蔵文化財研究会編 2005『古墳時代の滑石製品―その生産と消費―』埋蔵文化財研究会。
前原 豊 1994「二つの石製模造品石材―北関東における古墳時代後期の石製模造品の石材の在り方―」『発掘者』305、発掘者談話会。
松村和男 1989『本郷山根遺跡』㈶群馬県埋蔵文化財調査事業団。
右島和夫 2001「簗瀬二子塚古墳」『安中市史』4、安中市市史刊行委員会。
右島和夫・徳田誠志 1998「東国における石製模造品出土古墳―高崎一号墳の基礎調査から―」『高崎市史研究』9。
茂木由行 2004『片山遺跡群』吉井町教育委員会。
若狭 徹 2002「古墳時代の地域経営―上毛野クルマ地域の3～5世紀―」『考古学研究』49-2。

第4章　歴史時代の祭祀

古代集落内のカミ・ホトケの信仰

平野　修

1. はじめに

　ここで言う「カミ・ホトケ」とは、いわゆる神祇信仰と仏教信仰および道教信仰である。発掘調査で検出される遺構・遺物のなかで、どのような資料をこれら信仰としてとらえられるのか、その認定には慎重を要する。近年、発掘調査の進展によって、これら信仰にかかわると思われる考古資料が増加し、なかでも仏教信仰については、集落内においても明らかに寺院施設にかかわる遺構や、仏教信仰関連遺物の存在が認められてきており、仏教信仰が広く古代の地域社会に浸透していた状況を浮き彫りにしている。

　これまで、歴史学における集落内の信仰は、文献史の立場から『令集解』に載せられる儀制令・春時祭田条古記所一云における、「社神」や「社首」などという記載から、村落における神祇信仰を中心に語られてきたといっても過言ではない。しかし上記のような考古学の成果から、それは一面的な様相でしかなく、村落社会の信仰は実に多様であったことを示唆していよう。

　筆者もかつて、自身が研究フィールドとしている山梨県内のカミ・ホトケ信仰関連遺構・遺物を紹介したことがある（平野 2002・2003）。しかしそこでは、単なる資料紹介に終始し、これら信仰が集落を内包する地域社会において、どのように位置づけられ展開していたのかという検討を試みなかった。今回は、こうした古代甲斐国の事例から、古代集落内のカミ・ホトケ信仰のあり方を仏教信仰の受容と展開を中心に検討してみたい。

2. 集落遺跡におけるカミ・ホトケ信仰のあり方

　ここでは、集落の様相が比較的判明している、山梨県韮崎市に所在する宮ノ前遺跡群と、甲府市に所在する大坪遺跡とその周辺集落（以下、大坪遺跡群とする）を取りあげ、遺跡内における仏教信仰のあり方、神祇・道教信仰との関連を具体的にみてみたい。

(1) 宮ノ前遺跡群の様相

　宮ノ前遺跡群は、南北約 1km、東西約 400m の範囲にわたって宮ノ前遺跡、宮ノ前第 2～5 遺跡、堂の前遺跡、前田遺跡、北後田遺跡などの遺跡から構成されている（図 1）。韮崎市藤井町駒井一帯の、条里型地割が展開する七里岩台地と塩川に挟まれた通称「藤井平（ふじいだいら）」とよばれる沖積低地に展開している。現在では低平で平坦な土地となっているが、奈良・平安時代には、埋没旧河道が網状に広がり中州状の埋没微高地が点在する、微起伏に富んだ地形環境を呈していた。

　宮ノ前遺跡は、その埋没旧中州の一つに立地し、総計 400 軒を超える竪穴建物跡が夥しい重複をもって検出された、8 世紀第 2 四半期頃から 11 世紀代まで連綿とつづく当該地域の中核的な集落である（図 2 参照）。いくつもの一定の範囲にくり返し竪穴建物が建て直されていることから、一定範囲を居住域として継続して利用している状況が認められ、これらは、一定の居住単位（郷戸か）を反映しているものと思われる。

　宮ノ前遺跡群の周辺では弥生時代から 6・7 世紀代の集落遺跡が、濃厚に存在しているにもかかわらず、宮ノ前遺跡群一帯は、7 世紀代までほぼ空白地であった。おそらく可耕地として利用されていたと思われるが、その場所に 8 世紀第 2 四半期頃、突如として集落が出現する。8 世紀代の宮ノ前遺跡は、正倉的大型掘立柱建物跡と多数の掘立柱建物跡群が中心的な遺構であり、遺物では円

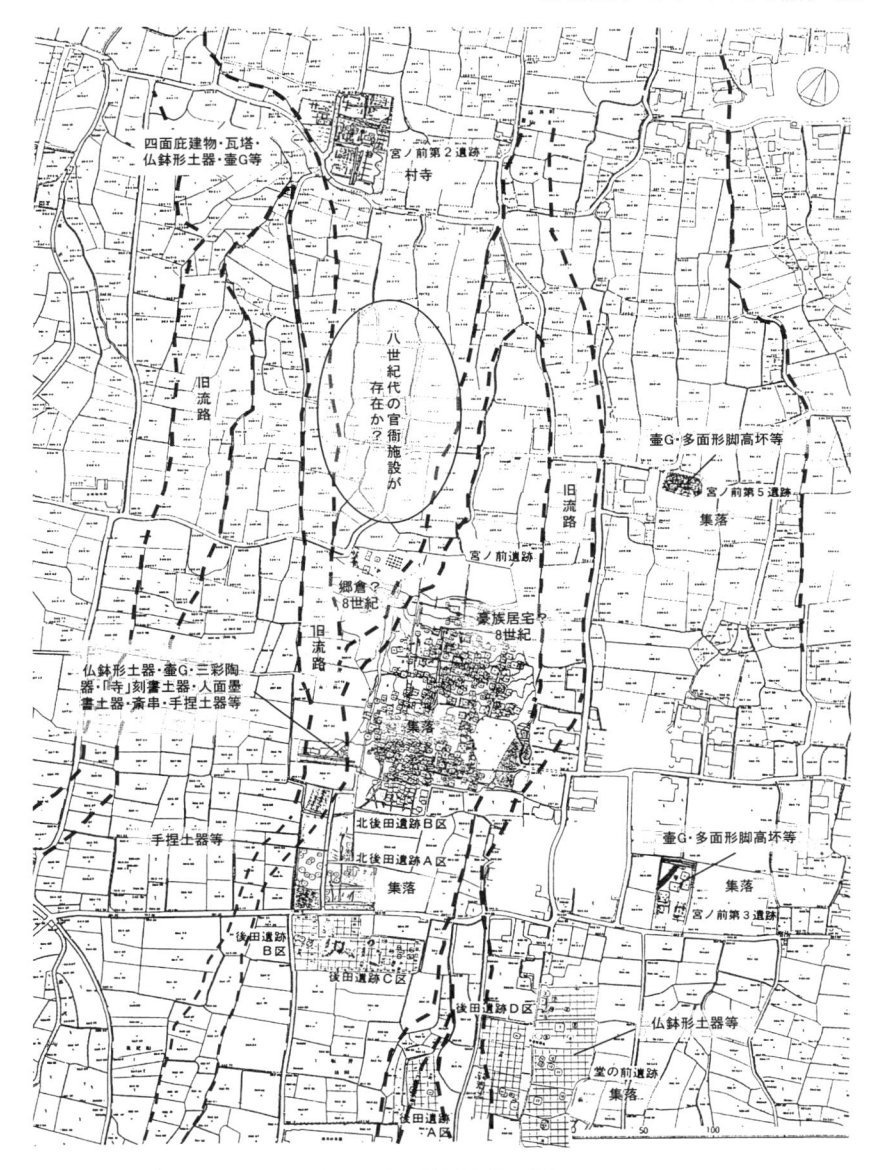

古代集落内のカミ・ホトケの信仰　305

図1　宮ノ前遺跡群の様相

面硯や転用硯、腰帯具等が出土し、官衙的様相を色濃く示している。この正倉的大型掘立柱建物跡は、桁行4間、梁行3間の総柱式建物で、正倉的規模を有し、明らかに官衙施設の一つと考えられる。同じ8世紀代の他の掘立柱建物群のように、建替えにともなう柱掘りかたの重複がみられないことから、単一時期の設置と考えられ、また他の遺構との重複もみられないことから、いわゆる「郡衙正倉別院」や「郷倉」とよばれる倉に相当するものと考えられる（山中1994）。しかし、9世紀半ばになると、遺構の主体が掘立柱建物から竪穴建物へ変化し、遺跡の様相が一変する。それ以降は、11世紀代まで竪穴建物を中心とする集落景観がつづく。

　さて、宮ノ前遺跡群における仏教信仰関連遺構・遺物では、宮ノ前遺跡、宮ノ前第2・3・5遺跡、堂の前遺跡でみられる（図2参照）。そのなかの宮ノ前第2遺跡は、宮ノ前遺跡の北方約300mに位置し、8～9世紀初頭頃の所産と思われる一部瓦葺きの四面庇建物と、それを中心に側柱式建物、竪穴建物で構成されており、瓦塔、仏鉢形土器、壺Gといった仏教関連遺物がまとまって出土している。仏堂施設の周辺には明確な区画施設はみられないが、条里型地割にかかわる溝状遺構によって区画されており、集落からは独立したかたちで存在していた状況がうかがわれる。

　仏堂施設である四面庇建物は、柱掘りかたの重複関係から3時期程度の変遷がたどることができ、かなり長期にわたり維持され、拡大されてきた施設と考えられる。出土した瓦は、その製作技法から、8世紀前半代に求められているが（末木1999）、その配給窯は未だ判明していない。

　また、宮ノ前遺跡でも、集落南側に点在する掘立柱建物跡のなかに、梁行、桁行ともに1間規模を示す第45号掘立柱建物跡、同じく2間規模を示す第18・47・50・51・52号掘立柱建物跡があり、小規模な堂もしくは祠的建物の可能性が考えられるが、瓦塔片などが検出されていないため検討を要する。

　遺物では、仏鉢形土器、多面形脚高坏、壺G、三彩陶器小壺蓋、「寺」、「浄人」、則天文字「天」、仏教に関連するかどうかは定かではないが、奉るの意と思われ

る「上」といった墨書・刻書土器が竪穴建物跡および旧流路跡から出土している。しかし量的にはとくにまとまった量ではなく、個人祭祀的な意味合いが強く感じられる。

　宮ノ前遺跡群の仏教関連遺構・遺物は、宮ノ前第2遺跡の寺院施設を中心に、半径数百mの範囲に位置する宮ノ前遺跡や宮ノ前第3・5遺跡、堂の前遺跡などの集落に仏教関連遺物が広がっている状況となっている。藤井平には、他にも奈良・平安時代の遺跡がみられるが、墨書土器を除き、仏教関連遺物の出土はみられず、この範囲内にほぼ限定されている。宮ノ前第3・5遺跡をはじめとするこれら遺跡は、他の墨書・刻書土器の文字群でも共通性があり、密接な関係があったことがうかがえる。

　次に神祇・道教信仰および伝統的祭祀にかかわる遺物であるが、これら信仰関連遺物の出土は、ほぼ宮ノ前遺跡に限定される。手捏土器、斎串などの木製祭祀具、「祝」といった刻書土器、人面墨書がある。手捏土器と「祝」の刻書土器は、後田遺跡および北後田遺跡の竪穴建物跡から1点ずつ出土している。宮ノ前遺跡出土のこれら信仰関連遺物のほとんどが、集落の南西隅にあたる古墳時代の遺物をまったく含まない旧流路内（2号溝状遺構）から出土しており、同流路は土層的観察から、9世紀第2四半期にはすでに機能を停止していたと思われる。ただ、手捏土器と「祝」刻書土器は竪穴建物跡内からも出土している。同流路跡の調査はきわめて限定的な範囲しかおこなわれておらず、はたしてこれら信仰遺物を使用した祭場が、流路全体であったのか、それとも限定された場所であったのかは不明である。

　とくにこのなかで注目したいのは、人面墨書土器であり、人面墨書土器の山梨県内での出土は、宮ノ前遺跡を含めて二例しかなく、千葉県や神奈川、静岡といった人面墨書土器が多出している地域とは、まったく異なる状況を示している。宮ノ前遺跡出土の人面墨書土器は、鉢形土器に描かれたもので、小片となっていることから、破砕された状況がうかがえ、祓え型の祭祀にともなう祭祀具だった可能性が高い。ちなみにもう一例は、甲斐国分寺院地内に所在する

308　第4章　歴史時代の祭祀

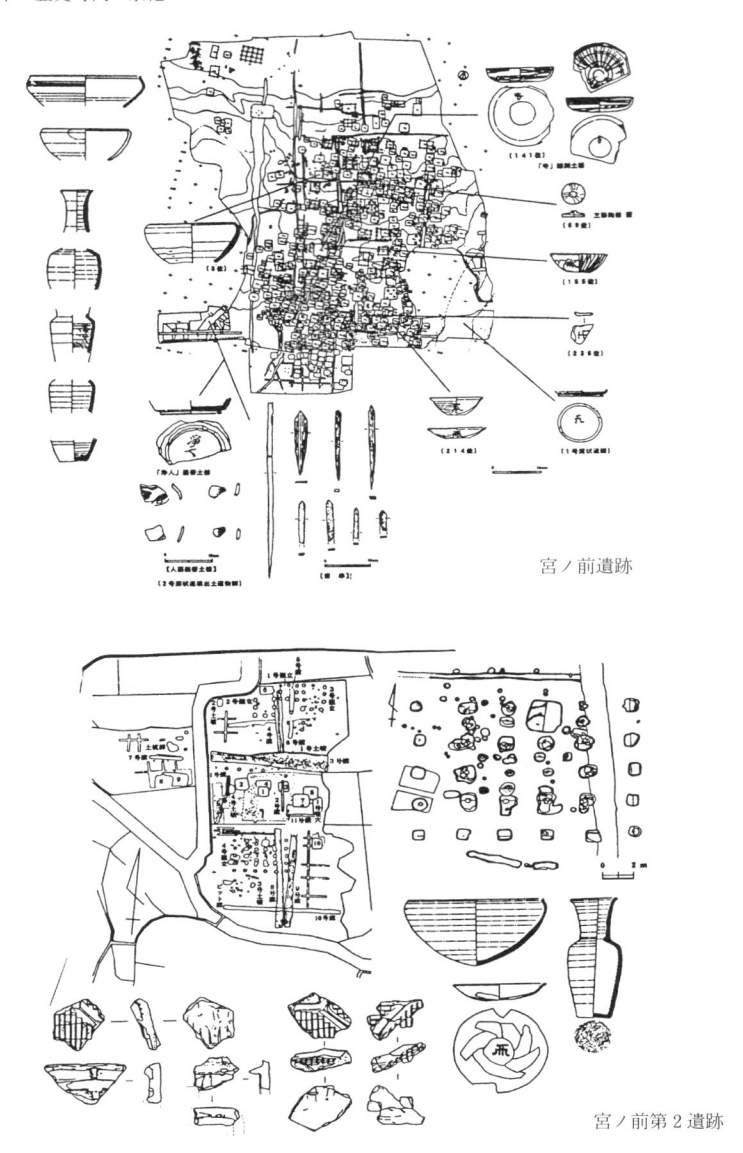

図2　宮ノ前遺跡と宮ノ前第2遺跡におけるカミ・ホトケ信仰遺構・遺物（各遺跡報告書より転載作成）

集落である松原遺跡で出土している。遺構外出土のためどのような遺構にともなっていたのかは不明であるが、10世紀代の土師器皿もしくは蓋に描かれているもので、これは千葉県などでよくみられる供献・饗応型の祭祀に用いられたものであろう。

　人面墨書土器の出土の多寡は、一般の墨書土器と同様に、地域的に偏在性があり、それは受容するルートと受容主体者側が、人面墨書土器を祭祀具として選択したか、しなかったかという事情があったのではないかろうか（神奈川2005）。

(2) 大坪遺跡群の様相

　大坪遺跡群は、甲府市の東部、甲府市和戸町・桜井町などに所在する大坪遺跡、桜井畑遺跡（A・C地区）、外中代遺跡、東畑遺跡B地点、久保田・道々芽木遺跡などから構成されている。その範囲は、東西約2km、南北約1kmにわたっており、集落遺跡以外では、7世紀段階から郡衙近接寺院である寺本廃寺[1]へ供給した川田瓦窯跡や、国分寺造営期に新設された上土器瓦窯跡などが存在し、在地豪族層や国衙勢力とのかかわりが深い窯業生産地域である。そのなかの大坪遺跡は、国府が主導する甲斐型土器生産遺跡の一つと考えられており、遺跡は東西約500m、南北約500m前後の範囲の広がりをもつと想定されている（図3参照）。遺跡範囲内において過去5回にわたる発掘調査が実施されているが、第2次調査の十郎川河川敷改修工事にともなう発掘調査では、おびただしい量の土器が検出され、そのなかに9世紀第3四半期に属する甲斐型土器皿に「甲斐国山梨郡表門」とヘラ書された土器が出土したことから、当該地が、山梨郡表門郷域にあたる可能性が強まった。そして1994年の第3次調査地区では、10世紀前半代の土師器焼成坑が1基と、9世紀半ばと10世紀前半代の工房址的な竪穴建物跡、掘立柱建物跡が各2棟ずつ検出されている。さらに第3次調査地区と隣接する第4次調査地区では、8世中頃〜10世紀中頃にかけての竪穴建物跡と大型掘立柱建物跡の一部、自然流路跡などが検出され、それらに

ともなって手捏土器、瓦塔、円面硯、仏鉢形土器、壺G、獣脚、多面形脚高坏、帯金具、木製祭祀具などの遺物が出土している。大型掘立柱建物跡は、柱掘りかたの規模や周辺出土遺物からみると、仏堂施設の可能性もある。

また、十郎川を挟んだ大坪遺跡の北側の丘陵地に所在する、東畑遺跡B地点や久保田・道々芽木遺跡（3地点あり）でも、平安期の竪穴建物跡や掘立柱建物跡が数頭検出され、それにともない白鳳期の銅造観世音菩薩立像（以下、小金銅仏像とする）や壺G、多面形脚高坏、金銅製海老錠、土馬などが出土しており、大坪遺跡の南東約1kmには、堂的施設と思われる掘立柱建物跡や小型瓦、緑釉陶器香炉、「寺」墨書土器が出土している桜井畑遺跡（A・C地区）、花鳥図を描いた暗文土器が出土している外中代遺跡など、仏教・神祇・道教関連遺構・遺物をともなう遺跡が多数みられる。とくに桜井畑遺跡（A・C地区）の堂的施設と思われる掘立柱建物跡の柱掘りかたでは、灯明具として使用された9世紀中頃の土師器坏類が集積した状態で出土しており、建物廃絶時になんらかの儀礼行為がおこなわれたことを示唆している。

大坪遺跡の寺院施設は明確となっていないものの、遺物の出土状況から8世紀代を中心に存在し、9世紀代には廃絶していたとみられ、それ以降、工房的な竪穴建物跡や土師器焼成遺構や土器集積遺構が中心となる。桜井畑遺跡（A・C地区）における寺院施設は、出土遺物の時期からすると、大坪遺跡にくらべると、若干後出の感がある。大坪遺跡の様相変化は、墨書土器などの出土文字資料の様相変化からもうかがえる。大坪遺跡において墨書土器が最も集中するのは8世紀代であり、当該期の書かれた文字は、筆使いに慣れた達筆なものが多い。しかし9世紀以降、こうした墨書土器は皆無となり、線刻土器や記号墨書土器が中心となる。こうした状況変化は、道々芽木遺跡など他の周辺集落にもみられ、9世紀を一つの画期として、大坪遺跡をはじめ、近隣の集落遺跡の様相は大きく変化している。これはまさに甲斐型土器生産が拡大していく時期にあたっており、こうした土器生産場の拡大にともなって大坪遺跡の寺院施設を、桜井畑遺跡（A・C地区）の地に寺施設を移設したとも考えられる。

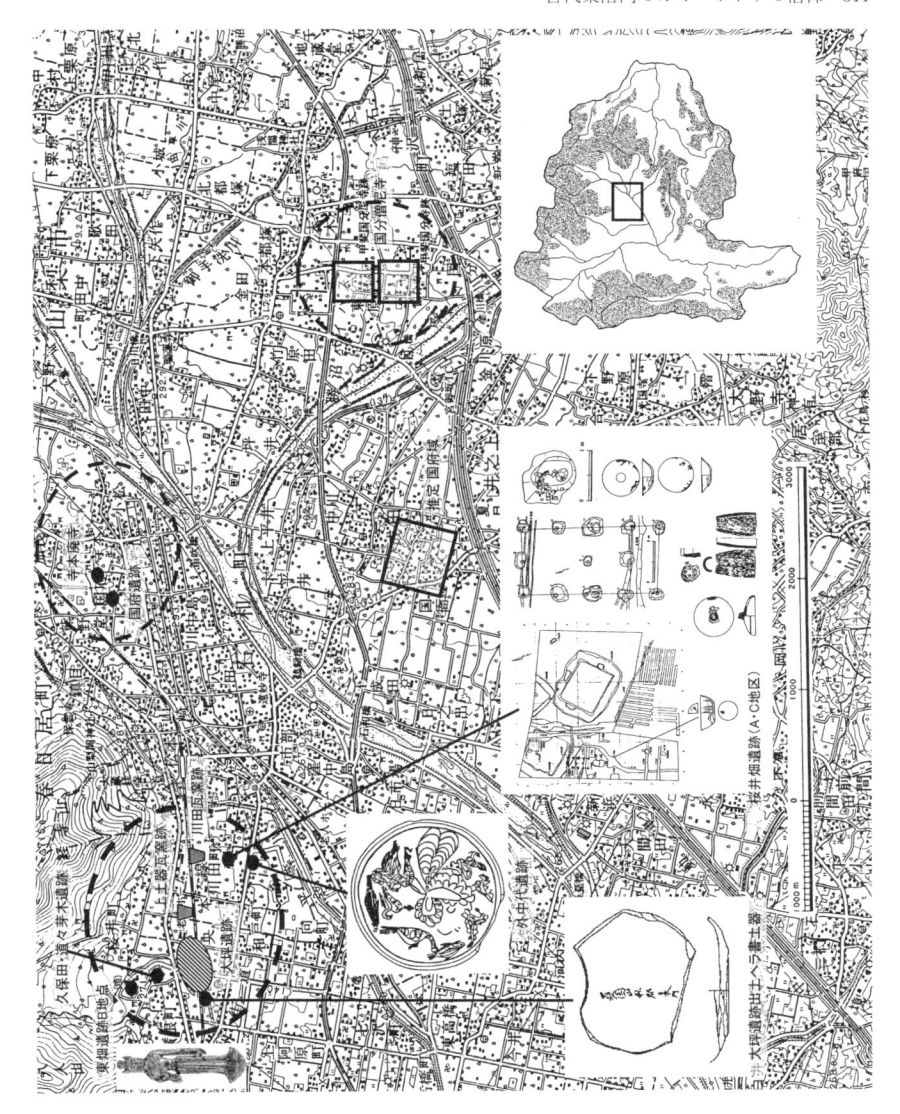

古代集落内のカミ・ホトケの信仰 311

図3 大坪遺跡とその周辺遺跡の様相（各遺跡報告書より転載作成）

一方、大坪遺跡の北側の小高い丘陵地には、前述した白鳳期の小金銅仏像や壺Gなどが出土している9世紀前半代を中心とする東畑遺跡B地点や道々芽木遺跡があり、これら遺跡は、大坪遺跡からは見上げる景観となっている。また、桜井畑遺跡（A・C地区）の南側には、花鳥図を描いた暗文土器が出土した外中代遺跡は、竪穴建物跡が密集した集落がある。とくに東畑遺跡B地点は、未報告のため詳細は不明であるが、当該期の遺構は散在的で、一般の遺跡とはやや隔絶した位置にあり、僧侶の山野での修行の場の雰囲気をもちあわせている。外中代遺跡は、寺院施設周辺の居住域とみられ、花鳥図暗文土器は、この集落に出入り、あるいは居住していた自（私）度僧や優婆夷、優婆塞がもち込んだ可能性も考えられる。

　神祇・道教信仰の遺物は、大坪遺跡の旧流路跡や、道々芽木遺跡の溝状遺構、桜井畑遺跡（A・C地区）から、手捏土器や斎串、土馬などが出土している。大坪遺跡の旧流路跡は古墳時代以来のものであり、そのため古墳時代の手捏土器も出土しているため奈良・平安時代の手捏土器との判別はむずかしいが、確実に奈良・平安時代の手捏土器と判断できる宮ノ前遺跡出土手捏土器の器形などが類似しているため、当該期の祭具として判断することができる。道々芽木遺跡や桜井畑遺跡（A・C地区）とともに、古墳時代以来の伝統的な祭場である旧流路や溝周辺での水神祭祀が想定できよう。また、桜井畑遺跡（A・C地区）の2号住居址からは、「寺」墨書土器とともに手捏土器も出土していることから、屋内におけるなんらかの祭祀がおこなわれたこともうかがえる。

3. 宮ノ前遺跡群および大坪遺跡群におけるカミ・ホトケ信仰のあり方

　まず、宮ノ前遺跡群におけるカミ・ホトケ信仰のあり方をまとめてみたい（図4概念図参照）。宮ノ前第2遺跡の寺院施設は、国分僧尼寺や寺本廃寺以外ではその性格が判明する唯一の遺構である。竪穴建物跡など他遺構との重複もなく単独で、8世紀代前半代から9世紀初頭まで、数時期にわたって建て替

おこないながら存続していた状況が前述のとおり判明している。

　本遺跡における四面庇建物は、単に宮ノ前第2遺跡の集落だけでなく、周辺の複数集落で信仰の対象となっていた可能性が高い。それは郷レベルの範囲であった可能性もある。

　一方、宮ノ前遺跡でも小規模な堂的施設が存在する可能性があり、それに近接する大型竪穴建物跡内（141号住）からは「寺」と記された刻書土器も2点出土している。これは、宮ノ前第2遺跡の寺院施設より、さらに小規模な信仰範囲を示していると思われ、個別集団による信仰であったとも考えられる。また、宮ノ前遺跡では8世紀後半代から9世紀前半代を中心とする豪族居宅的な掘立柱建物が多数検出されいる。さらに竪穴建物跡も夥しい重複をもって多数検出されており、宮ノ前遺跡群にあって中核的な集落であったことは疑いなく、宮ノ前遺跡の集落が、宮ノ前遺跡群内の有力豪族の居住域であったと考えられる。こうした状況から、宮ノ前第2遺跡の寺院施設は、有力豪族層らによって建立された「村堂」（宮瀧 2000a・2000b）と理解することができよう。また、仏鉢形土器や三彩小壺といった仏具が出土していることから、宮ノ前遺跡や堂の前遺跡の集落には、自（私）度僧や優婆塞・優婆夷が居住していた可能性も考えられる。

　遺物の面からみると、両信仰ともに宮ノ前遺跡における集落の集団に偏在して分布している傾向がみられる。仏教関連遺物は宮ノ前第3・5遺跡や堂の前遺跡でもみられるものの、その分布状況は、宮ノ前第2遺跡の寺院施設から遠くなるほど希薄になっていく傾向がみられ、堂の前遺跡以南の当該期の集落では、仏教関連遺物の出土は皆無となっている。手捏土器に代表されるような、いわゆる伝統的な祭祀も、中核的な宮ノ前遺跡の集落および後田遺跡のように近接した集落しかみられない。これは有力豪族層の影響力が及ぶ集団間で仏教・神祇・道教信仰を取り入れていた可能性が考えられる。

　ただこれはカミ・ホトケ信仰関連遺物の出土状況からみた一面的な状況であって、かならずしも集落内すべての信仰状況を反映しているとはいえない。

314 第4章 歴史時代の祭祀

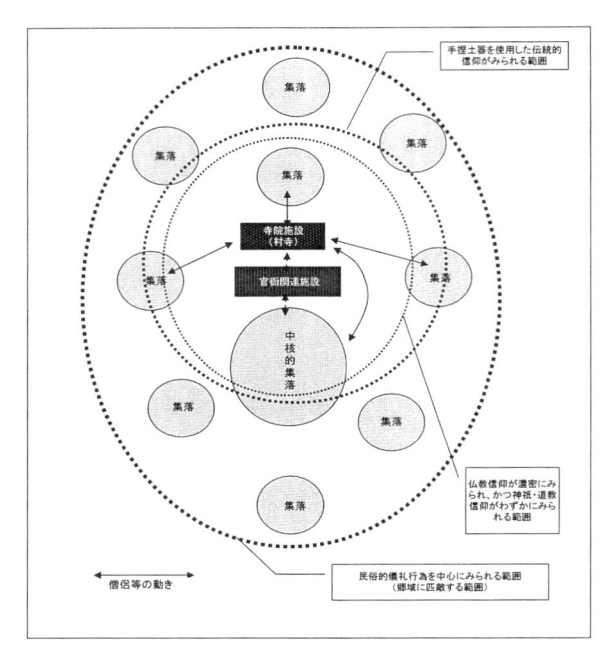

図4 宮ノ前遺跡群におけるカミ・ホトケ信仰のあり方 概念図

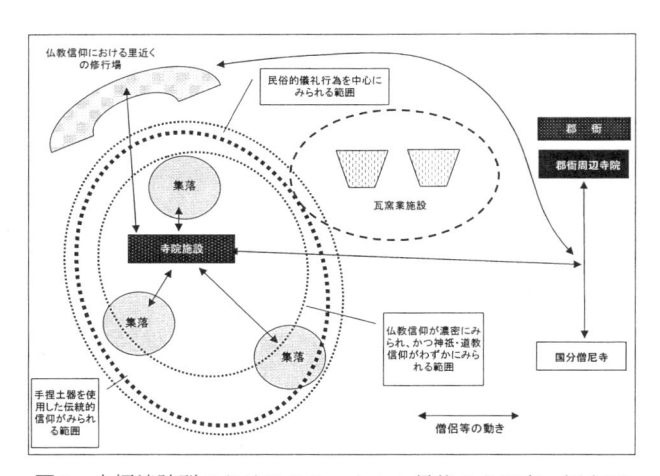

図5 大坪遺跡群におけるカミ・ホトケ信仰のあり方 概念図

遺構面からみた場合、集落内では、竈祭祀、地鎮、建築儀礼、饗宴、祖先供養、出産、招福、除災などのさまざまな民俗的儀礼行為がおこなわれていた。これら儀礼も祭祀行為と見なせば、遺物は残らなくても、こうした祭祀の痕跡は多数読み取ることは可能である。

たとえば、竈破壊などの竪穴建物にかかわる祭祀・儀礼行為は、宮ノ前遺跡群のみならず、どの集落でも普遍的におこなわれていた行為といっても過言ではなく、竪穴建物だけにかぎれば、縄文時代までさかのぼることができる民俗的儀礼といってよい。竈破壊にともない墨書土器を用いない土器祭祀をおこなっている事例も多数あり、祭具として何を採用するかは、集落内の各集団間で異なっていたと考えられる。

以上のことから、民俗的儀礼にともなう祭祀や伝統的祭祀、そしてカミ・ホトケ信仰は集落内においてきわめて混在したかたちでみられ、どの信仰や祭祀を受け入れたかは各集団によって異なり、これら信仰は重層的というよりも横並び的に存在し、そのときどきの状況によって仏教的であったり、神祇的であったりしていたと考えられる。

次に大坪遺跡群であるが、宮ノ前第2遺跡のような明確な寺院施設は、現段階まで確認されていない。しかし、四面庇建物ではないが大型掘立柱建物跡の一部や、堂的施設と思われる掘立柱建物跡が桜井畑遺跡（A・C地区）などで検出されており、当該地域においても仏教信仰が展開されていたことを示している。前述したとおり、仏教関連遺物が量的には多くないが、大坪遺跡群には自（私）度僧や優婆夷、優婆塞が居住していた可能性が高い。さらに東畑遺跡B地点のように、こうした僧侶達の山林修行の場の存在も想定されることから、桜井畑遺跡などの堂的建物は、8世紀代から9世紀前半段階において、こうした僧侶たちが活動をおこなうための寺院施設だったとも考えられる。

しかし9世紀前半以降、仏教関連は遺構・遺物とも当該地ではまったくみられなくなるとともに、神祇・道教信仰関連遺物もみられなくなり、カミ・ホトケ信仰自体が大坪遺跡群一帯地域では希薄となる。後述するが、その背景には、

9世紀以降の窯業生産拡大による工人集落化にともなう集団の変質ということも一つの背景として考えられよう。

4. 地域におけるカミ・ホトケ信仰のあり方

　前節では宮ノ前遺跡群と大坪遺跡群の事例を挙げて、集落遺跡におけるカミ・ホトケ信仰のあり方をみてきた。ここでは仏教信仰を中心として、郡衙近接寺院や国分寺、郡家（衙）なども含めた信仰のあり方を考えてみたい。

　宮ノ前遺跡群は、古代巨麻郡の主要地域の一つに位置し、8世紀から9世紀にかけては巨麻郡家（衙）と、それ以降は甲斐国の御牧整備にともなって国衙と密接にかかわっていたことが考えられている（平野 2004）。大坪遺跡群も古代山梨郡の在地豪族層や国衙勢力とのかかわりが深い窯業生産地域にある。こうしてみると、8世紀から9世紀前半段階までのカミ・ホトケ信仰の遺構・遺物がみられるのは、郡衙近接寺院や国分寺などはもちろん、官衙に関連する中核的な集落にみられる傾向が強い。このことは、カミ・ホトケ信仰の受容に郡司や郡領層などの在地豪族がかかわっていたことを示唆し、笹生衛氏が指摘するような仏教布教ネットワークを含む（笹生 2002）、国分寺や郡衙近接寺院の役割も見過ごせないだろう。

　それは『日本霊異記』や『東大寺諷誦文稿』などの史料から、各地の寺・堂に巡国・留住する官大寺僧や、各地の方言を用いて説教・講説していたことも判明している（中田 1969、鈴木 1994など）。官大寺僧も自（私）度僧と同じように、列島各地の村々を巡り仏教信仰の布教活動をしていた。おそらく郡衙近接寺院も関与していたと推測でき、とくに、大坪遺跡群における8世紀後半から9世紀前半における瓦葺きの可能性のある寺院施設の存在は、同じ山梨郡内に存在する国分寺や、国分寺と密接な関係にある寺本廃寺という郡衙近接寺院が、郡家（衙）や在地豪族層と結びつき、仏教信仰の一般民衆および自（私）度僧や優婆夷・優婆塞の教化にかかわる活動がおこなわれていた可能性も推測

できる（図5概念図参照）。こうした寺院施設と集落、そして修行場をもち合わす遺跡群は、紙幅の都合で詳述できないが、巨麻郡など、他の地域でも見出すことができる。

　しかし、甲斐国では9世紀前半代を中心として、集落内における寺院施設や明確な仏教関連遺物の存在は消滅もしくは希薄となっていく。10世紀代においては皆無状態となるが、それは、中央における南都顕教を中心とした奈良仏教から、真言・天台宗を柱とした平安仏教への変化、それに関連して国分寺や郡衙近接寺院の衰退や活動低下なども考えられるが、集落内における伝統的な村落秩序の崩壊、氏族意識の低下、集落構成員の自立化なども要因の一つとして挙げられよう。それは現世利益という、個人レベルの祭祀が前代より増して盛んとなり、それを実現するために、そのときどきの状況によって民衆は、仏教・神祇・道教信仰のあらゆる要素を取り入れた新たな祭祀を展開していたのかもしれない。それは単に行為だけという、「もの」を使用しない祭祀形態であったかもしれない。

5．おわりに

　古代集落内のカミ・ホトケ信仰のあり方を仏教信仰の受容と展開を中心に述べてきた。7世紀後半以降、在地豪族層の地域社会における共同体的秩序の安定化や結束強化、開発や地域支配の正当化を図る手段として仏教信仰が受容され、8世紀代に入り、国分寺造営・展開にともなって、郡司層をはじめとする在地豪族層によって一般民衆のあいだにも受容されていった。しかし神祇・道教的信仰も含めた仏教信仰の痕跡は、在地豪族層が拠点とする集落や寺院施設に近隣する集落に顕著にみられるものの、その周縁部の集落における痕跡は希薄であった。それは一般民衆が、そのときどきの状況によって仏教・神祇・道教信仰を在地における民俗的儀礼や伝統的信仰のなかに取り入れていった状況を示唆している。

また、9世紀前半以降、顕著な仏教・神祇・道教信仰の遺構・遺物はみられなくなるが、それはこうした信仰がなくなったのではなく、集落内における伝統的な村落秩序の崩壊、氏族意識の低下、集落構成員の自立化などから、より個人レベルの現世利益的な祭祀・信仰形態へ移行していったことが一つの要因として挙げられよう。こうした祭祀では、あえて祭具を使用しなかったか、遺存しにくい「もの」を用いる祭祀形態であったことも考えられる。

　なお、今回、神祇信仰とかかわりの深い神社関連の遺構・遺物にふれられなかった。これは集落より、国府や郡家（衙）などの官衙施設と密接にかかわっていた可能性が高く、こうした遺構・遺物は、両官衙遺跡内やその近隣で発見されている傾向が強い。(2)今後は、集落遺跡のみならず、官衙遺跡も含めた複眼的な視点をもって、古代地域社会におけるカミ・ホトケ信仰のあり方を考えていかなくてはならない。

註
（1）　山中敏史氏は、「地方官衙と周辺寺院をめぐる諸問題―氏寺論の再検討―」『地方官衙と寺院―郡衙周辺寺院を中心として―』(独)文化財研究所奈良文化財研究所、2005のなかで、いわゆる「初期寺院」や「白鳳寺院」などとよばれる寺院施設を「評衙・郡衙遺跡から2km程度以内の地域に位置し、評衙・郡衙と併存していた寺院を郡衙周辺寺院」、「郡衙周辺寺院のなかでも評衙・郡衙から4町内外の近距離に位置している寺院をさす場合には郡衙近接寺院と呼ぶことにする」とされており、ここでは寺本廃寺と山梨郡家（衙）の一部が検出されている国府遺跡が、4町内外に位置することから、「郡衙近接寺院」の用語を使用させていただいた。
（2）　たとえば、平川南氏は「古代の内神について―胆沢城跡出土木簡から発して―」『国立歴史民俗博物館研究報告』第45集、1992において、古代社会に深く根ざした西北隅神は官衙施設などにまつられ、内神と称され、のちに屋敷神へと展開していくことを指摘されている。

参考文献
神奈川地域史研究会編　2005「シンポジウム『古代の祈り―人面墨書土器からみた東国

の祭祀」―討論要旨」『神奈川地域史研究』第 23 号。
笹生　衛　2002「古代仏教の民間における広がりと受容」『古代』第 111 号。
末木　健　1999「第 6 章律令体制と牧・寺院」『山梨県史』資料編 2 原始・古代 2 考古（遺構・遺物）。
鈴木景二　1994「都鄙間交通と在地秩序―奈良・平安初期の仏教を素材として」『日本史研究』379。
中田祝夫　1969『東大寺諷誦文稿の国語学的研究』風間書房。
平野　修　2002「出土文字資料からみる古代甲斐国の仏教信仰」『山梨県考古学協会誌』第 13 号、山梨県考古学協会。
平野　修　2003「山梨県の奈良・平安時代におけるカミ・ホトケ関連遺構・遺物について」『遺跡のなかのカミ・ホトケ』古代考古学フォーラム古代の社会と環境資料集、帝京大学山梨文化財研究所・山梨県考古学協会。
平野　修　2004「古代甲斐国の山麓開発と御牧―集落遺跡の消長から―」『山梨考古学論集』Ⅴ、山梨県考古学協会。
宮瀧交二　2000a「古代東国村落史研究の現在―村のなかの仏教―」『帝京大学山梨文化財研究所報』第 40 号。
宮瀧交二　2000b「日本古代の民衆と『村堂』」野田嶺志・編『村のなかの古代史』岩田書院。
山中敏史　1994『古代地方官衙遺跡の研究』塙書房。

茨城県仁井谷遺跡を中心とした祭祀遺跡の一考察

大渕　淳志

　茨城県において、東に太平洋と接する市町村としては、最も北部に所在する北茨城市は、東を太平洋及び、それに伴う常盤海岸地帯、西側を標高400～800mの高さを有する阿武隈山系の山々が立地する。北茨城市の大部分を占める阿武隈山地は、平坦地の少ない高原状の山地であり、太平洋の海岸線に沿って展開する丘陵地は、阿武隈山地を源とする花園川・里根川などのさほど多くない中小の64本の河川によって、浸食され、それらの中小河川によって形成された多様な開析谷が展開し、また、これら河川によって構成された扇状地状の地形も海岸線では見られ、海岸段丘も、狭い海岸平野部で形成されている。

　このような、地形で形成されている北茨城市域にあって、本稿での中心となる仁井谷(にいや)遺跡は、その市内北部に所在する神岡上(かみおかかみ)地区に存在する。この神岡上地区は、太平洋岸に接する常盤海岸地帯上にあって、市南部から、この神岡上地区の北東側に接する大津港までの南北約17kmの長さを有する砂浜海岸の一部に立地している。この海岸から、西の阿武隈山系の山々までの幅の狭い砂丘海岸平野では、大きく分けて、海岸線に沿うような形で、南北に走る東西2列の砂丘列と、その周辺に存在する砂丘低地によって形成されている。このような地形に立地する神岡上地区の西側に位置する仁井谷遺跡は、これらの東西2列の砂丘列のうち、西側の砂丘列上に存在している。仁井谷遺跡は、西側の砂丘列のうち、最も西側に位置する砂丘列上に位置する。遺跡の立地する砂丘は、幅は直線距離100mを数えず、長さも110mを満たさない小さな砂丘であり、標高は5.4～5.8mを数え、砂丘を東西南北に囲むように展開している砂質低

茨城県仁井谷遺跡を中止とした祭祀遺跡の一考察　321

1. 南前遺跡　(K91)
2. 神岡上遺跡　(K27)
3. 叶南前A遺跡　(K92)
4. 叶南前B遺跡　(K93)
5. 富士ノ腰遺跡　(K94)
6. 古屋敷遺跡　(K84)
7. 仁井谷遺跡　(K95)

図1　遺跡の位置と周辺の遺跡

地部との比高差は約 1.2m を計る。この砂丘と西側の幅の狭い砂質低地を挟んで、険しい阿武隈山系の山々が聳り立っている。この微高地的なほぼ平坦な砂丘上に立地する仁井谷遺跡は、この砂丘上の最も西側に位置している。

　仁井谷遺跡は、平成 13 年から平成 14 年にかけて、北茨城市神岡上地区圃場整備地内埋蔵文化財調査会が、平成 17・18 年に財団法人茨城県教育財団が、発掘調査を実施している。本稿で述べる祭祀遺跡の検出されたのは、平成 13・14 年の北茨城市神岡上地区圃場整備地内埋蔵文化財調査会が、発掘調査を行った 1450m^2 の面積を有する調査区の仁井谷遺跡であった。平成 13・14 年に調査を実施した仁井谷遺跡では、調査区 1450m^2 の面積の中で、奈良・平安時代（8 世紀前葉から 9 世紀中葉）にかけての集落跡及び、祭祀遺跡が調査されている。検出された遺構で、明確に、奈良・平安時代の所産と考えられる遺構は、竪穴住居跡 26 軒、掘立柱建物跡 1 軒、井戸跡 1 基、祭祀遺構 1 基、土坑、柱穴状遺構、溝状遺構が検出されている。また、これらの平成 13・14 年の同上調査会の仁井谷遺跡の現地調査は、筆者が、調査担当者として参加している。

　仁井谷遺跡は、奈良・平安時代の集落跡であると共に、同時代の祭祀遺跡でもあった。この仁井谷遺跡で祭祀遺物の出土している遺構は、竪穴住居跡 SI20、祭祀遺構 SX01 であった。出土している祭祀遺物は、竪穴住居跡 SI20 から、滑石製の剣形の石製模造品が 1 点、祭祀遺構 SX01 からは、滑石製の円形模造品の石製模造品が 2 点出土し、いずれも双孔円板であった。これらの遺構のうち剣形模造品が出土した竪穴住居跡 SI20 は、同時に出土した土師器より 8 世紀前半の奈良時代の時期と推定される。また、この剣形模造品は、竪穴住居跡の床面直上より出土していることからも、この竪穴住居跡に伴うものと推定される。だが、そう推定されるのであれば、この剣形の石製模造品は 8 世紀前半の奈良時代前期の石製模造品となる。言うまでもなく、一般的に石製模造品は 5 世紀代、すなわち古墳時代中期に使用が開始され、古墳時代後期の 6 世紀、遅くとも 7 世紀代にはその使用も終了していると考えられている。また、その使用が始められた時期は、この仁井谷遺跡の位置する茨城県においても、茨城

茨城県仁井谷遺跡を中止とした祭祀遺跡の一考察　323

図2　仁井谷遺跡　遺構配置図

324　第4章　歴史時代の祭祀

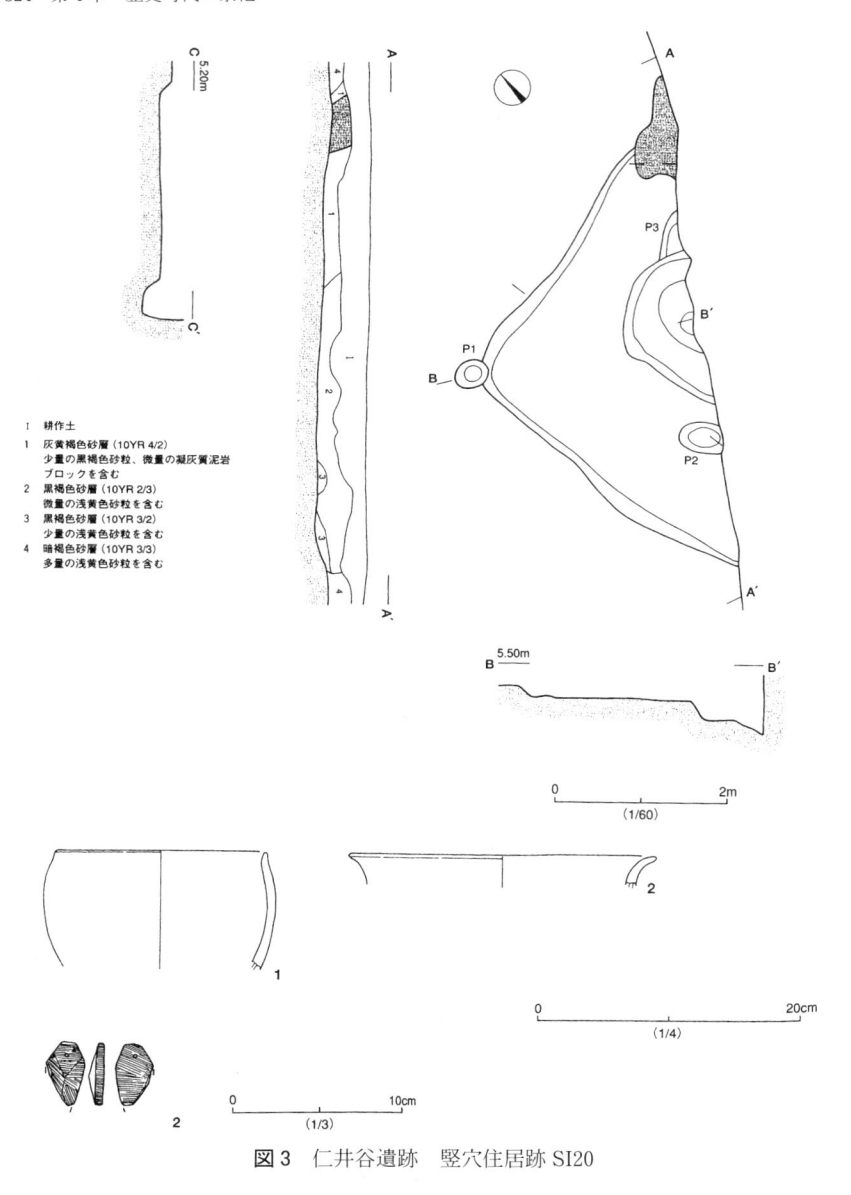

1　耕作土
1　灰黄褐色砂層（10YR 4/2）
　　少量の黒褐色砂粒、微量の凝灰質泥岩
　　ブロックを含む
2　黒褐色砂層（10YR 2/3）
　　微量の浅黄色砂粒を含む
3　黒褐色砂層（10YR 3/2）
　　少量の浅黄色砂粒を含む
4　暗褐色砂層（10YR 3/3）
　　多量の浅黄色砂粒を含む

図3　仁井谷遺跡　竪穴住居跡 SI20

県南部、特に、利根川流域とその周辺部の、すなわち、下総国、現在の千葉県に隣接する地域ほど、その使用が開始される時期が早期であった可能性が高く、この傾向は県西部の現在の埼玉県と隣接する地域でも、その可能性は高い。これらのことは、茨城県においては、北へ行けば行くほど、石製模造品に関しては、その使用が開始される時期が遅い傾向が強いと推定され、石製模造品が、祭祀行為に最も多く使われるその盛期（一般的に石製模造品が最も多く使用される時期は、やはり一般的に使用が開始される時期と同じ古墳時代中期―5世紀代と言われ、石製模造品が使用され始めた時期から、さほど時期を置かず、その使用頻度の盛んな時期を迎えることになったと推定されている。）も、やはり遅くなる傾向になり、その開始時と同じ6世紀代―古墳時代後期であった可能性が推定される。また、他の地域よりも、石製模造品の使用され始める時期が遅くとも、その使用される頻度の高い盛期も、使用開始時期に近い傾向にあったと推定される。本文を仁井谷遺跡の竪穴住居跡 SI20 の剣形石製模造品に戻すと、この8世紀代の石製模造品は、次に詳述する同じ遺跡の祭祀遺構 SX01 からも2点の双孔円板形石製模造品か出土している。

　また、仁井谷遺跡と隣接する富士ノ腰遺跡でも、8世紀代の石製模造品が出土している。この富士ノ腰遺跡も、仁井谷遺跡の同じ砂丘列上に存在する砂丘上の遺跡であり、仁井谷遺跡の南側に位置している。この石製模造品が出土している富士ノ腰遺跡も、仁井谷遺跡と同じ北茨城市神岡上地区圃場整備地内埋蔵文化財調査会が、平成11・12年に第一次調査を、同じく同調査会が平成13・14年に第2次調査を実施し、仁井谷遺跡と同様に筆者が発掘調査を担当している。富士ノ腰遺跡も、仁井谷遺跡も同じような地形に立地する砂丘上の微高地に位置し、標高は5.7m前後を数え隣接する砂質低地との比高差は約1.2mを計る。この富士ノ腰遺跡第1次・第2次調査の両次の発掘調査で調査された奈良時代の遺構は、竪穴住居跡4軒、方形区画状遺構1基、溝状遺構2条、土坑5基などである。これらの遺構のうち石製模造品が出土したのは土坑 SK95 であり、共伴した須恵器の高台付坏の底部破片より8世紀代の所産と推定さ

図4 富士ノ腰(第1次調査)遺構配置図

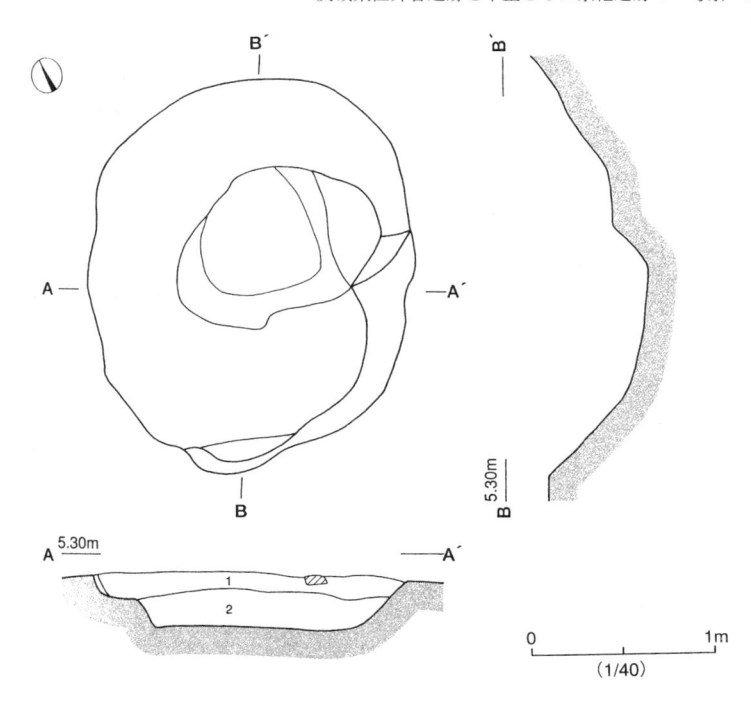

茨城県仁井谷遺跡を中止とした祭祀遺跡の一考察　327

1 黒褐色色砂層（10YR3/2）微量の明黄褐色砂粒
　　　　　　　　　　　　白色凝灰質泥岩粒焼土粒　炭化粒を含む
2 黒褐色色砂層（10YR2/2）微量の明黄褐色砂粒
　　　　　　　　　　　　白色凝灰質泥岩粒焼土粒　炭化粒を含む

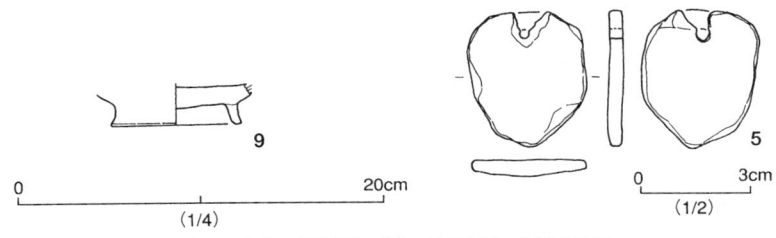

図5　富士ノ腰遺跡（第1次調査）土坑 SK95

れている。この土坑 SK95 出土の石製模造品は、絹雲母片岩で作られていて、その先端部に穿孔が、一孔施されている。その形状から単孔の有孔円板と想定されるが、この石製模造品は、意図的に剣形模造品を意識した単孔円板形石製模造品であり、石製模造品の形式の最終末に見られる場合のある意図的な形状の崩れた、すなわち、石製模造品の模造品という意味での本来の意識が崩れ、剣形品あるいは、この場合の有孔円板形品としての本来の意味する意識・意図の壊れた、石製模造品としては、最も最終末期の石製模造品であった可能性が高いと推定される。このことは、前述した仁井谷遺跡の竪穴住居跡 SI20 出土の剣形石製模造品にも、この簡略化の傾向が観察される。具体的には、SI20 出土の剣形模造品は、その大きさが、長さ 2.49cm、幅 1.41cm、厚さ 0.44cm、重量は 2.26g と、かなり小型化・軽量化が見られ、その形状から石製模造品の最も新しい時期、つまり石製模造品の使用された終末期の石製模造品であった可能性が高いとも推定される。

　次に、仁井谷遺跡の祭祀遺構 SX01 について述べたいと思う。調査区の南側に位置し、幅が狭く、南北に長い微高地状の砂丘の南端に位置し、比高差約 1.2m の砂質低地部に面している。遺構確認面では、標高 5.00〜5.60m の緩やかな緩斜面部に立地していた。遺構の南西側が調査区外に存在していたと推定されるため、本址の全容は不明確だが、調査区の範囲内では、半径では 9.5m、直径においては約 19m のほぼ円形と推定される範囲内で、多量の遺物が出土し、また、この範囲内に 3 ケ所の焼土範囲を有する遺構であったと考えられる。この遺構より出土した遺物は 834 点以上を数え、祭祀遺物としては双孔円板の滑石製模造品 2 点を数え、明確な祭祀遺物以外の遺物としては、石製紡錘車 1 点、鉄製品 6 点、石製品 1 点が出土し、これら以外の大多数の遺物は土師器・須恵器で占められていた。また、これらの多量の遺物分布は、遺構の南側で、特に集中して検出されていた。

　この祭祀遺構 SX01 の焼土範囲は 3 ケ所で検出されている。北から南へと便宜的に F1・F2・F3 とする。焼土範囲 F1 は東西方向に長い弓形の平面形を

呈し、大きさは長軸1.30m、短軸0.30m、厚さ0.10mを測る。この焼土範囲F1は、凝灰質泥岩の塊が良く焼けて、朱色に固く硬化したものと考えられる。これらの凝灰質泥岩は、この仁井谷遺跡などのような砂丘上の地形の遺跡からは、下層を数m掘らなければ採掘することはできないが、遺跡の西側の阿武隈山系の山々の露呈した岩肌からは、容易に採掘が可能であり、遺跡からの距離も近い。また、この焼土範囲F2は、重複する溝状遺構SD22、同じく重複する柱穴状遺構Pit399が、自然に埋没した後に構成されている。この焼土範囲F1の南側に位置する焼土範囲F2も、東西に長い弓形の平面形を呈していて、平面規模は長軸が2.40m、短軸が1.20m、厚さは0.08～0.13mを測る。焼土範囲F2も、焼土範囲F1と同様に、凝灰質泥岩が、朱色に赤く良く焼けて、硬化したものであった。これら、焼土範囲F1・F2は共に、黒褐色土と砂と凝灰質泥岩を水などで混ぜ、カマドの袖部のように、あるいは、それ以上に、固く構築し、本来、楕円形状の凝灰質泥岩の塊であったものの上で、火を焚いたために、固く朱色に焼けて、良く焼けて、より凝灰質泥岩質の部分のみ、残存し、現状では、弓形のよく焼け残った凝灰質泥岩のみが、残ったと推定される。この近隣の山々から、切り出したであろう、凝灰質泥岩を楕円形ないしは円形に整形し、それを台座状に使い、その上で火を焚いた跡が検出された祭祀遺跡は、奈良・平安時代の仁井谷遺跡と、時代を異なり、古墳時代前期・中期の祭祀遺跡であった、千葉県南房総市（旧安房郡白浜町）の小滝涼源寺遺跡の祭祀遺構SX02・SX03で検出されている。時期のまったく異なる遺跡であるが、この小滝涼源寺遺跡は、仁井谷遺跡と同様の、海岸線沿いに立地する遺跡であり、仁井谷遺跡の祭祀遺構SX01と同様に、凝灰質泥岩上で火を焚いた跡が検出され、その後に、石製模造品を含む多量の土器廃棄が行なわれた点も共通している。このような、凝灰質泥岩上で火を使用した仁井谷遺跡の祭祀遺構SX01の焼土範囲F2の南側に、さらに焼土範囲F3が検出されていた。この焼土範囲F3は、これまでの焼土範囲F1・F2とは異なり、凝灰質泥岩上で火を使用していたものではなく、他の仁井谷遺跡の遺構群と同じ、遺構確認面である明黄褐色

330 第4章 歴史時代の祭祀

図6 仁井谷祭祀遺構SX01遺物出土状況概略図

(「新版標準土色帖」小山忠正・竹原英雄編著、日本色研事業株式会社による）2.5YR7/6の砂層のみが、比較的良く焼けていた焼土範囲であった。その平面規模は長軸3.10m、短軸は1.50mを測る。平面形は南北に長い楕円形を呈している。また、焼土範囲F2・F3は重複する土坑SK89に切られていて、焼土範囲F3は土坑SK87・88にも切られている。また、焼土範囲F3の1.30mほどの南側で、L字形の平面形を呈する深さ3〜10cmほど低くなる段差を検出している。

　これら、仁井谷遺跡の祭祀遺構SX01の焼土範囲F1・F2・F3の上面から、多量の遺物が検出され、この遺物包含層の厚さは30〜80cmを測った。この遺物包含層の覆土は黒色土を主体とし、基本的には、人為的な埋め戻し行為は行っておらず、自然埋没と推定される。また、これらの多量の遺物は、前述したとおり、834点以上を数え、そのなかには、2点の石製模造品（双孔円板形）2点を含み、これらの遺物のいずれもその遺物の出土状況から、意図的に置かれていたのではなく、雑然と投棄したような廃棄行為が行なわれていたと考えられる。また、これらの遺物の出土状況から、複数回にわたって遺物廃棄が行なわれていたと推定される。また、遺物出土状況から、これらの遺物間には黒色土を主体とした間層を有していたことから、遺物の廃棄が継続的に行われていた可能性が考えられる。ここで、仁井谷遺跡の祭祀遺構SX01の、特記すべて、特徴的な、遺構堆積のスピードについて述べたい。これは、祭祀遺構SX01だけではなく、仁井谷遺跡の他の遺構、竪穴住居跡などでもその傾向は顕著に見られ、このことは仁井谷遺跡周辺の他の砂丘上の遺跡—これは他にも、石製模造品の出土している富士ノ腰遺跡など—でも、同じ傾向が表れている。すなわち、砂丘上に立地されている遺跡である仁井谷遺跡においては、遺構の自然埋没のスピードがきわめて早いことであった。このことは、仁井谷遺跡を含めた周辺の遺跡でも同様で、これらの遺跡の立地の条件に起因する。すなわち、これらの遺跡が太平洋に近い、海岸に隣接した遺跡であるため、常に風の吹いている気候であり、海からの東風が多く、冬の北西からの風、夏の南東からの

風と、常時風が吹いている土地であり、風の強い時は、遺構検出作業を行っている時から、その遺構が砂によって埋まって行き、土坑や、柱穴状遺構などは、その場で、埋没が進行し、大部分が埋まっていく場合もあった。また、井戸跡でさえも、2・3日後の休み明けなどに埋まっていた場合もあり、風の吹きだまりとなっていた場所では1m以上が2・3日で広範囲に埋没していた場合もあった。これらのことは、この地域に、中近世期であろうと推定される時代の集落が、海からの風によって運ばれた砂によって一晩で埋没したという伝承が現代に残っていることからもわかる。また、現代のこれらの遺跡の近隣に居住されている人々の生活においても、海から吹きこむ風と砂から、防砂林等によって砂を常に防ぐことに努めていることからも、容易に判別できる。このように、常に吹いている風も、これらの遺跡の埋没のスピードが異常に速いことの一つの重要な要因の一つと考えられるが、この他の原因として推定されるのが、降水、水による水没と、それに伴う土砂の流入であったと推定される。これらの仁井谷遺跡と、同じく石製模造品の出土した富士ノ腰遺跡あるいはその周辺の遺跡などのように、同様の砂丘上に立地する遺跡においては、それらの遺構の確認面が褐色砂層であり、当時の集落も、砂質の土壌の上に構成されていて、竪穴住居も同様の砂質土壌に掘り込まれていた可能性が高いと推定される。砂層ないしは砂質土壌であるが故に、本来は、降水による雨水には水はけが良いものと考えられるが、このような仁井谷遺跡などの発掘調査における遺構の確認面となった褐色砂層の下層における深さ約50cmから約1mほどの下位層において、凝灰質泥岩を基層とする岩盤層が確認されている。このため水はけが思いの外悪く、雨が降った後は、さほどの降水量でなくとも掘った遺構があるいは、調査区の一部ないしは調査区全体が、水沈していたことも稀ではなかった。このことは、仁井谷遺跡、富士ノ腰遺跡の所在する神岡上地区に所在する周辺の砂丘上に立地する遺跡全体に言えることではあるが、海岸線近くの遺跡であるため、標高が、3mから高くとも5mと、きわめて低いそのうえ、遺跡の立地する微高地状の砂丘が、隣接する入り組んだ砂質低地との比高差

が、高くても1m50cm、低ければ、30cmを切るような場所の遺跡があるという遺跡の立地条件にも、かなり起因すると推定される。このように、降水による水沈の後数日後に水が引けた後には、雨水によって運ばれた砂や砂質土壌によって、遺構や、調査区の一部、あるいは遺跡自体が、10～40cm埋没していることが、一回の降水によって起きることも稀ではない。これらのような、風や雨などから、運ばれる砂や、砂質土壌によって、これらの仁井谷遺跡、富士ノ腰遺跡やあるいはその周辺の砂丘上に立地する遺跡の、遺構ないしは、遺跡自体の埋没のスピードが、異常と言えるほどに速いのではないかと推定され、発掘調査を行っていた時点での遺構の埋没の非常な速さの要因と考えられる。

　つまり、仁井谷遺跡の祭祀遺構SX01においても、以上のような要因からその埋没はさほどの時間的には要しなかったものと推定されるが、この祭祀遺構SX01の多量に出土した遺物の土層の堆積状況の観察から、これらの多量の遺物間において、黒色土を主体とする間層があったことから、この遺跡の雨や風による埋没のスピードがきわめて速いことを考えても、少なくとも、短期間ながらも、時間的な間は存在していたと推定され、断続的に何らかの行為が行われていたものと考えられる。この場合の行為とは、遺物の出土状況から、遺物が意図的に置かれた後のその後の廃棄ではなく、当初から廃棄する目的の廃棄行為ではなかったかと推定される。

　ただ、発掘調査が行われ祭祀遺構SX01の多量の遺物が検出されていく時点では、その平面的な遺物の出土状況からは、いくつかの廃棄ブロックは存在すると推定されたが、ほぼ同一時の遺物の一括廃棄と考えられていた。しかし、その後、遺物の出土状況を分析していく過程において、ほぼ同一と考えられていた遺物出土の平面ポイントにおいて、極端にレベル（標高値）差の異なる遺物が存在していることが判明しはじめたため、少なくとも、同一時の大量の遺物の一括廃棄ではないのではないかと思われた。そのうえで、出土遺物の分析を試みることとした。

　出土遺物の出土状況の分析方法について、最初に述べることとする。一般的

334　第4章　歴史時代の祭祀

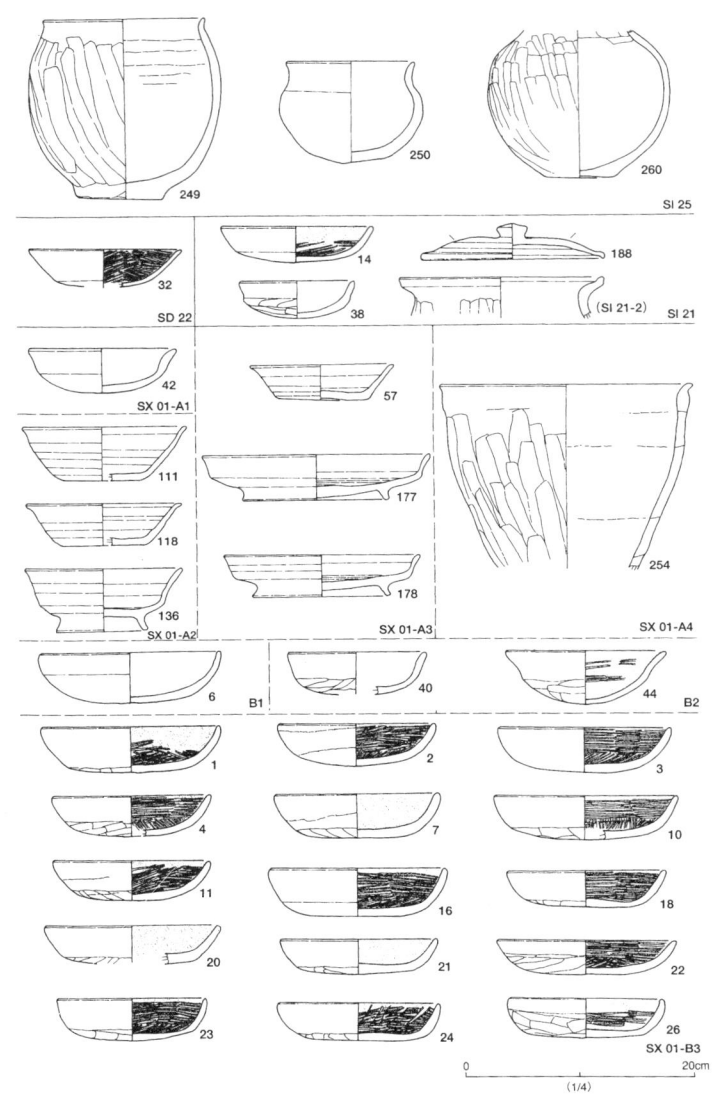

図7　仁井谷遺跡祭祀遺構 SX01 関連出土遺物（1）

に、遺物出土状況図の平面図の遺物ポイントを、エレヴェーション図（遺構断面図）ないしは、土層堆積図に透影した場合、実際とは著しい誤差が発生する場合がある。例えば、竪穴住居跡の遺物出土状況を図化する際、平面図上の出土遺物のポイント（出土点）をすべて同じくポイント（点）として、エレヴェーション図（遺構断面図）ないしは、セェクション図（遺構堆積図）に透影し、図化した場合、仮にその竪穴住居跡出土の遺物が、実際は、全て、床直（床面に接した状態）の遺物であったとしても、仮に、住居中央に設定したエレヴェーションラインあるいは、セェクションラインに透影すれば、ある遺物のポイントはエレヴェーション図（セェクション図）の床面よりも上になり、床面より数cmないし、数十cm上位の覆土中出土の遺物のように見え、あるいは、また、ある遺物のポイントは、床面より下位になり、遺物出土状況図のエレヴェーション上では、あたかも、床面より下の貼床の中で検出されたかのように見える場合がある。本来、実際は床直（床面直上）で、出土している遺物が、エレヴェーション図ないしは、セェクション図上の床面より、上下するわけはないはずであるが、これは、実際に視覚的にほぼ平坦に見える竪穴住居跡の床面でさえも、レベル的には、高低差があるためであり、つまり、縦、横、高さのある三次元的に存在するポイントの遺物を、線上という一次元的な図上に透影すれば、当然、生じる誤差（歪み）と推定される。このことは、対象となる遺構の平面規模が、大きくなればなるほど、この遺構の出土遺物を線的なエレヴェーションライン（セェクションライン）に透影する際に生じる歪みも大きくなり、出土遺物のエレヴェーションライン（セェクションライン）つまり、床面からの上下に動くポイント誤差も大きくなる傾向にあると考えられる。このように、平面規模的にも、さほど大きくなく、レベル的にも誤差の少ないはずのほぼ平坦であるべき竪穴住居跡の床面から出土する遺物においても、誤差が発生するのであるから、ましてやより凹凸が激しく、竪穴住居跡よりもはるかに広範な範囲を持つ仁井谷遺跡の祭祀遺構SX01においては、一つのエレヴェーションライン（セェクションライン）に、遺物ポイントを透影し

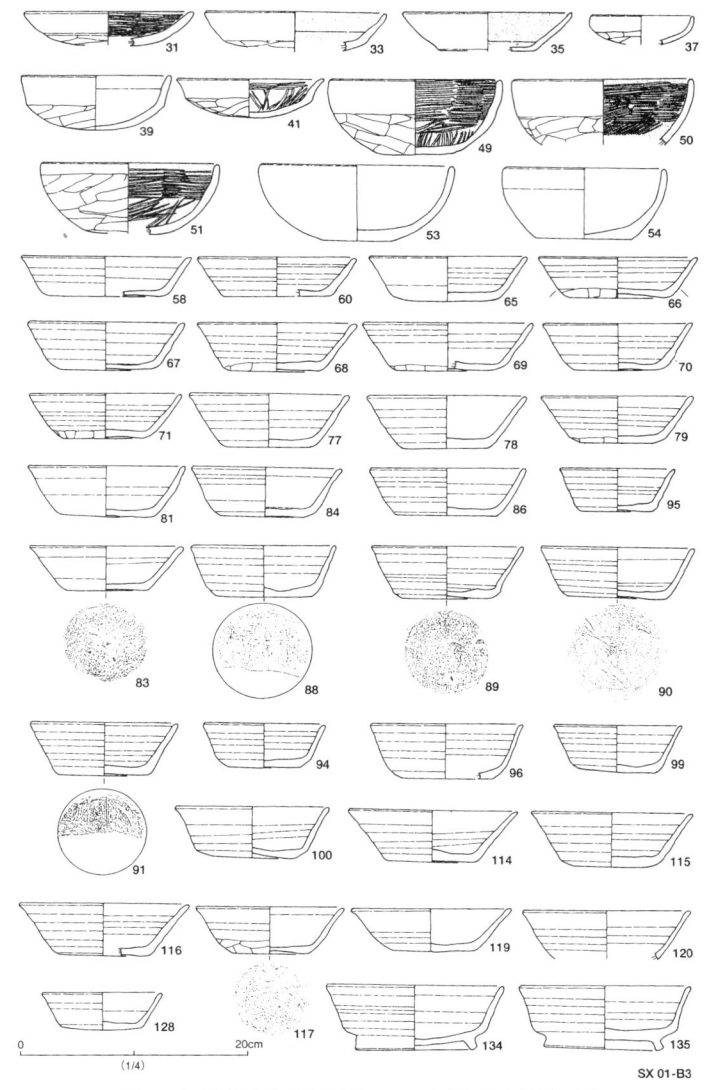

図8　仁井谷遺跡祭祀遺構 SX01 関連出土遺物（2）

各々の遺物の高低差を明確にするには、誤差（歪み）があまりにも大きくなりすぎ、無理であると推定される。そこで、仁井谷遺跡の祭祀遺構SX01の出土遺物を分析するにあたっては、出土遺物の出土範囲をより細かく分割し、より限られた平面的な範囲内での、それぞれの遺物の出土レベル（標高差）にもとづき、より細かな分析を行なった。なお、その遺物出土地点の土層堆積の傾斜状況を土堆積積図等で考慮して分析を試みることとした。

　その結果、仁井谷遺跡の祭祀遺構SX01においては、少なくとも、四つの時間差の異なる廃棄ブロックが存在していたと考えられ、それぞれを便宜的にAブロック・Bブロック・Cブロック・Dブロックとした。これらの時間差の異なる四つのブロックは、出土地点において、それぞれのブロックをより細かく細分することができる。最も下層に位置していたと考えられるAブロックは、A1・A2・A3・A4の四つの廃棄ブロックに、これらのAブロックの上層に位置するBブロックにおいても、B1・B2・B3・B4の四つに、そのBブロックの上層に位置していたCブロックはC1・C2・C3・C4の四つのブロックに分けることができ、さらにCブロックの上層で、最上層に位置していたDブロックは一つのブロックのみのD1ブロックと仮称することとした。また、これらの遺物廃棄ブロックA～Dブロック間には、それぞれ黒色土を主体とした、遺物をまったく含まない間層があり、これらの間層の厚さは、A―B間では約15cmを計り、B―Cブロック間では、約23～33cmを計測する。さらに、上層に位置する廃棄ブロックC―D間でも、15～45cmの間層の厚さを計測している。

　このように、図中に示した「仁井谷遺跡祭祀遺構SX01関連出土遺物(1)～(5)」の遺物実測図は、仁井谷遺跡の祭祀遺構SX01から出土した遺物で、ＮＯ遺物として出土地点がより明確な遺物をA～Dブロックという、廃棄ブロックに分別したもので、形式、様式等によって分別した土器編年図ではなく、これまで述べてきたとおり、出土位置によって分別し、それぞれの地点の堆積の傾斜つまり堆積状況を考慮し、出土遺物のそれぞれの標高値（レベル値）などの数値

338 第4章 歴史時代の祭祀

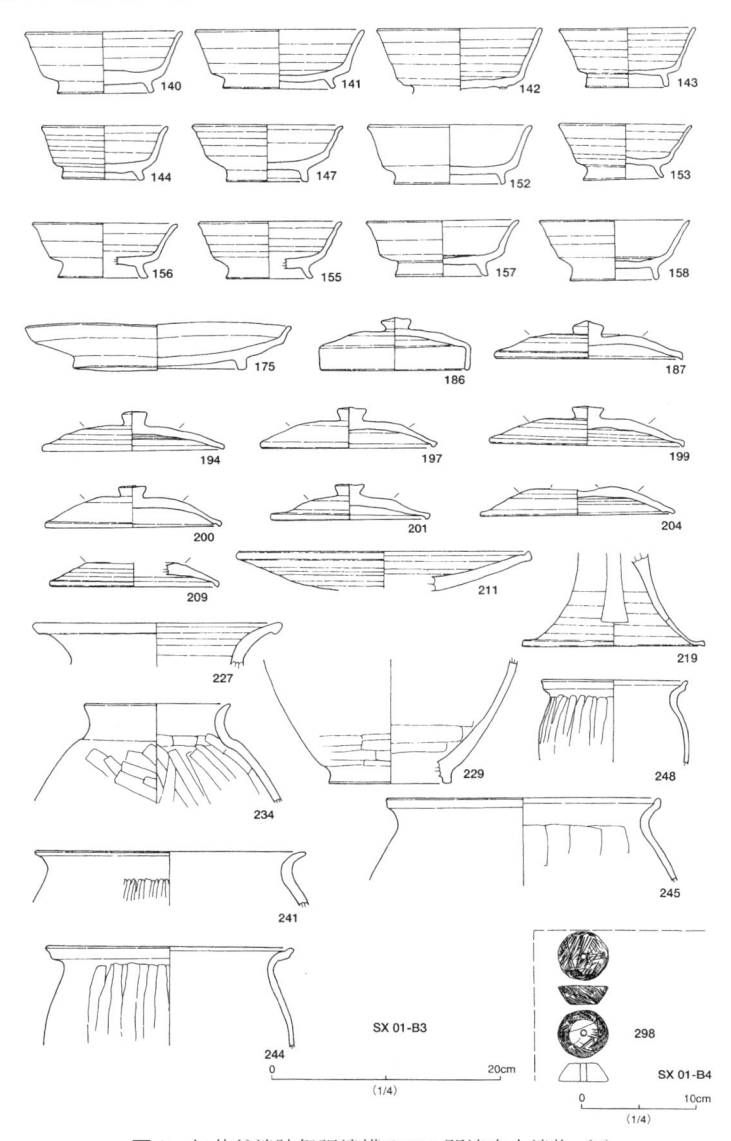

図9 仁井谷遺跡祭祀遺構SX01関連出土遺物（3）

を主眼とし、データをより正確に分析した廃棄ブロックと推定される各ブロックごとの土器構成図的なものであり、最終的な遺物廃棄の状況を示したものであって、あえて、一般的な土器編年観を考慮せずに示したものである。

なお、仁井谷遺跡の祭祀遺構SX01に関連する切り合い関係の認められる、隣接する遺構の新旧関係は次のとおりである（矢印→の左を古期、右を新期、古期→新期とした）。

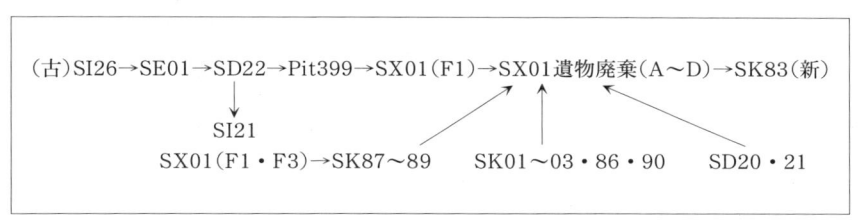

```
（古）SI26→SE01→SD22→Pit399→SX01(F1)→SX01遺物廃棄(A～D)→SK83(新)
              ↓
              SI21
         SX01(F1・F3)→SK87～89    SK01～03・86・90    SD20・21
```

つまり、竪穴住居跡SI26が廃絶し、埋没し終った後に井戸跡SE01が掘られ、SE01が廃絶し、自然埋没し、埋まり切った跡に、溝状遺構SD22が掘られ、SD22が埋没した後に、竪穴住居跡SI21及び、柱穴状遺構Pit399が同時期に掘られ、この二つの遺構が廃絶し、埋没した後に、祭祀遺構SX01において、火の祭祀（F1～F3）が行われている。祭祀遺構SX01において、3ヶ所で火の使用が行われた後に、土坑SK87・88・89が掘られ、SK87～89が埋没した後に、SX01の遺物廃棄が始まる。また、土坑SK87～89とほぼ同時期に、土坑SK01・02・03・86・90の5基の土坑及び、溝状遺構SD20・21が営まれている。そして、これらの遺構土坑SK01～03・86～90、溝状遺構SD20・21が、それぞれ、廃絶し、埋没し終った後に、祭祀遺構SX01において、四つの時期に大別できるA～Dの多量の遺物の廃棄ブロックに分別できる、廃棄行為が行われ、最後のDブロックの廃棄が終了した後に、土坑SK83が掘られている。

以上のような、各遺構の新旧関係は、遺構の切り合い関係（重複関係）を重視して述べたもので、あえて、それぞれの遺構の出土遺物による、須恵器・土師器の一般的な土器編年観によってはいない。

次に、祭祀遺構SX01のAからDのブロックに分けた4回の遺物廃棄につい

340　第 4 章　歴史時代の祭祀

て述べたい。この SX01 の A から D ブロック及び、各ブロックをより細分した（例えば、A1～A4 のような）小ブロックを見る限り、その各ブロックで出土している土師器・須恵器等を見る限り、土器編年的に見たとしても、土師器・須恵器製作時においては、同一の時期のものではないようである。ここであえて余談的になるが、祭祀遺構 SX01 を含む仁井谷遺跡の他の遺構で出土している土師器及び須恵器において、また、仁井谷遺跡の周辺の石製模造品を出土した富士ノ腰遺跡及び、その他の砂丘上の遺跡である叶南前 A 遺跡、叶南前 B 遺跡、古屋敷遺跡で検出された 8 世紀代の竪穴住居跡等で出土している 8 世紀代（奈良時代）の土師器・須恵器に、ほぼ共通している特長であると考えられるが、仁井谷遺跡及びその周辺の神岡上地区の遺跡の 8 世紀代の土師器において、その形状は前時代の古墳時代後期の様式を残すが、共伴する須恵器からは 8 世紀代としか推定できない土師器を検出していることである。これは少なくとも、この仁井谷遺跡周辺の神岡上地区においては、須恵器において、他の地域の胎土分析等から水戸市木葉下窯跡あるいは日立市の成沢窯遺跡等あるいはいわき市などの未だ確認されていない窯跡などの、他の地域から流入している土師器において、前時代の古墳時代後期（鬼高期）の 7 世紀、場合によっては 6 世紀の形状を残したまま、8 世紀代の奈良時代になっても、他の地域の土師器の影響を受けずに、この地域で独得の発展をした土師器の可能性が推定される。

　このように、神岡上地区の遺跡での 8 世紀代の独得の土師器の使用は、富士ノ腰遺跡及び仁井谷遺跡で出土している 8 世紀代の前時代の祭祀遺物である石製模造品の使用とも、何らかの関連がある可能性も推定される。その仁井谷遺跡の祭祀遺構 SX01 から、2 点の石製模造品が出土している。この 2 点の石製模造品は、いずれも、滑石製の双孔円板形模造品であり、その形状から 2 点とも、最も新しい、石製模造品の最後の段階の石製模造品の可能性がある。この石製模造品の一つは、祭祀遺構 SX01 の遺物廃棄ブロックのうち、4 回の時期に分けられるブロックの 3 期目となる C ブロック群の C4 ブロックに属していた。この C4 廃棄ブロックから出土した双孔円板形石製模造品は、表面に二次

的な焼成を受けている。つまり、このことは、この石製模造品はC4ブロックという廃棄ブロックに廃棄される前に、どこかの場所で、火で焼かれていることを示しているものであり、その焼かれた場所というのは、同じ遺構である祭祀遺構SX01でAからDの廃棄ブロックの下層より検出されている3ケ所の火を使った場所、焼土範囲F1～F3のいずれかで、焼かれた可能性が高いとも推定される。この3ケ所の焼土範囲F1～F3と、石製模造品の検出された廃棄ブロックC4とでは、2回の間層を挟んで、厚さ38～48cmの堆積層を間に挟んでいる。つまり、このことは焼土範囲F1～F3の埋没後に、最初に廃棄行為が行なわれたAブロック群と、その次の廃棄行為となるBブロック群と、その次のつまり3期目の廃棄行為となるCブロック群の遺物とはほとんど時期差がなかったのではないかと考えられる。少なくとも、A・B・Cの廃棄ブロックのそれぞれの遺物を廃棄する行為を行った時期にさほどの時期差はなかったと推定される。このことは、前述したとおり、仁井谷遺跡において自然の風と雨により、埋没のスピードが異常に速いことからも考えられることではないだろうか。

　この仁井谷遺跡の祭祀遺構SX01で行われたであろう火を使用した祭祀行為つまり、火の祭祀の祭祀遺跡での類例はさほど多くなく、きわめて稀であると言っても過言ではない。この火の祭祀の類例は、前述した千葉県南房総市の小滝涼源寺遺跡、茨城県稲敷市の浮島和田3号墳、石川県羽作市の寺家遺跡、長野県の駒沢新町遺跡、静岡県の恵比須島遺跡などがある。この中の静岡県の恵比須島遺跡の所在する静岡県の伊豆地方には、数多くの祭祀遺跡が確認されている。その中の一つ下田市白浜の火達山遺跡は、現在は白浜神社とも通称されている式内伊古奈比詳命神社の境内にある。この伊古奈比詳命神社は『三宅記』によれば当社の祭神伊古奈比詳神は、伊豆の島々を造ったと言われる伊豆三嶋大社の主神三嶋神の妃神であり、この両神は、最初に三宅島にあって伊豆の島々を治め、後に伊豆白浜に移り、伊豆を治め、さらに、三嶋神だけは、現在の三島の地に遷祀されたと伝えられている。現在でも、白浜神社に伝わってい

342　第4章　歴史時代の祭祀

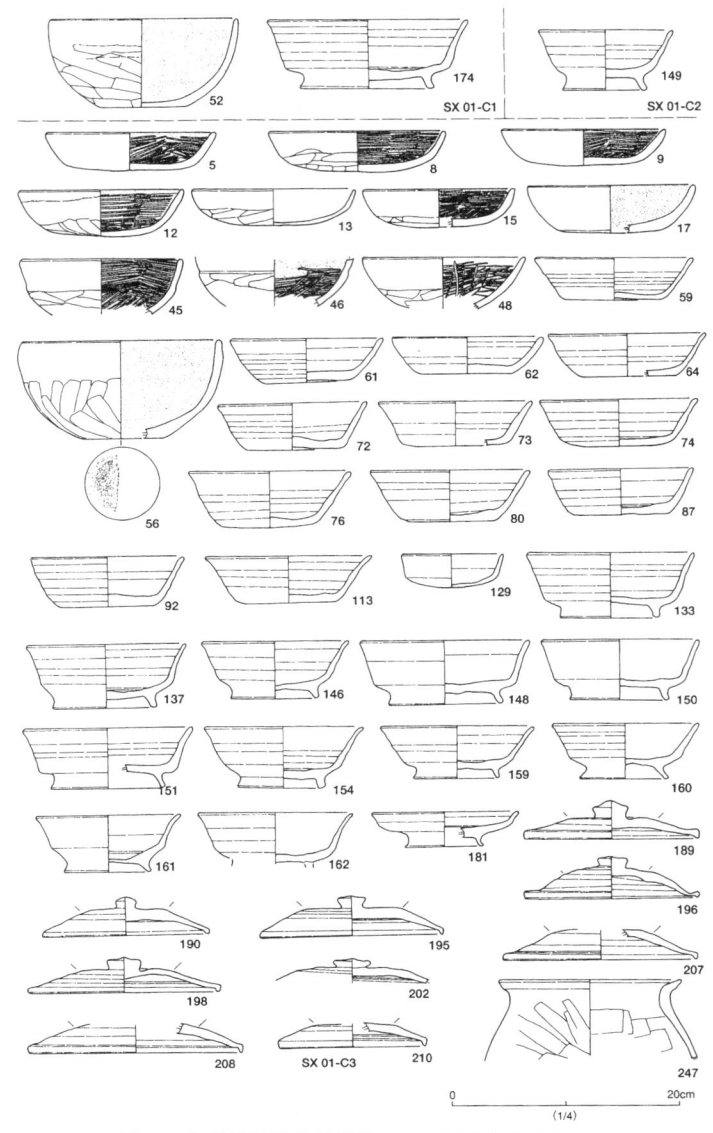

図10　仁井谷遺跡祭祀遺構 SX01 関連出土遺物（4）

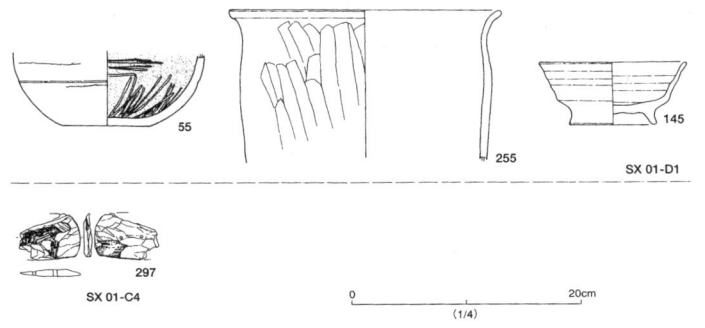

図11　仁井谷遺跡祭祀遺構 SX01 関連出土遺物（5）

る火達祭は焚火をして、伊豆諸島を遥拝する行事であり、文政十三年の縁起書によれば、神事の夜に篝火を焚き、島々でも焚き合わせたと伝えられている。また、この白浜神社の火達祭が「海の彼方から寄り来る神」を迎えるための火を使った神迎えの儀式と考えられている。

　海の彼方から寄り来る神が来る場所は、海の彼方の国、すなわち、常世の国と言われている。この常世の国とは、『古事記』、『日本書記』、『風土記』などでは、高天の原、黄泉の国、根の国、妣の国の別名で記されている。柳田国男氏は、これらの古典神話の中に登場して来る根の国を「日琉同祖論」という視点に基づき、沖縄の文献の中に見られる海の彼方の隠れ里「ニライ・カナイ」と同一のものであるとし、海の彼方にある隔絶した国であると考え、人の魂も、穀物も、火も、鼠のようなものまで、その国からこの我々の住む世界に、やって来るとしている。また、柳田国男氏と同様に、この「ニライ・カナイ」と、これらの海の彼方の国を比較研究された折口信夫氏は、海の彼方の国を「常世の国」、「妣の国」と、好んで使われているようである。折口信夫氏は、この海の彼方の国から、時を定めて訪れてくると信じられていた「まれびと」とは、すなわち、神のことであり、海の彼方から訪れて来る神、すなわち、海の神であったとされている。そして、また、折口信夫氏は、発展段階論によって、「常世」を解釈されている。折口信夫氏によると、常世の国とは、もともと「祖先

伝来の魂の、皆行き集っている処」であり、「海を隔てた遥かな国」であった。そして、次の段階で、常世は「常世の国（絶対の闇黒国）」となり、「洞穴の底の風の元の国」あるいは、「地下あるいは海底の死の国」へと想像されていったとされている。そして、これが漸次、理想化されていくにしたがって、常世の国は、不死の国として、常齢の国に変化し、そして、楽土としての常愛の国に至ったというように、折口信夫氏は考えられていたようである。

　このように、理想郷となっていった「常世の国」からの「まれびと」のような訪れ人があれば、それが海の幸をもたらすと信じられるに致ったと推定される。また、「海から寄り来るもの」が、航路の安全を保ってくれると信じられているのは、『延喜式』の神名帳に、伊豆国に宮社として九十二座も登載されていることからもわかる。そして、このうち、二十三座が伊豆諸島に散在している。言うまでもなく、伊豆諸島は典型的な火山列島であり、古くは、『日本書記』、『続日本記』などには、伊豆諸島海域の火山の噴火、新島出現などのことが記されている。このような火山活動と、伊豆地方のみに、九十二座もの式内社が存在していたこと、そしてまた、この地方に数多くの祭祀遺跡が存在すること、さらに、安房白浜の小滝涼源寺遺跡、茨城県浮島の和田3号墳、石川県の寺家遺跡、静岡県伊豆の恵比須島遺跡、また、茨城県北茨城市の仁井谷遺跡などの火を使った祭祀遺跡が、海岸線沿いに分布する（浮島のある霞ケ浦もかっては海とつながっていた。）こともきわめて興味深い。このように、常世の国から来る海から寄りくる神が常に「まれびと」として、常に人々に幸をもたらしていたわけではなく、時には、常世の国がかって、「根の国」（地下あるいは、海底の死の国）であったように、あるいは津波や地震、船の難破などの災害や災いをもたらす、禍つ神でもあったがために恐れ敬われていたがゆえに、航路の安全を確保するために、時の中央政権、あるいは、その影響下にあった地方に携わる人々によって、祭祀遺跡が、あるいはその後の式内社などの神社が設立されていったのかもしれない。

　最後になるが、北茨城市の仁井谷遺跡祭祀遺構SX01及び、富士ノ腰遺跡か

ら8世紀代の石製模造品が、出土していたことは、本来、これらの石製模造品は、祭祀具として、前時代（古墳時代後期）に作られて、伝世していた可能性が高く、8世紀代まで使用されていたものと推定される。これは、東北地方では、長く中央政権の意にそぐわず、後世まで、古墳的な墳墓が造られ続けたことからも考えられるのではないだろうか。されど、本文は、8世紀代の石製模造品の可能性を僅かながら示したにすぎず、その他の遺跡に対する検討は今後の課題となると考えられる。

参考文献

浅香年木・小嶋芳孝 1981『羽作市寺家遺跡の検討』「古代を考える」29。

伊藤幹治 1974「折口信夫の沖縄編」谷川健一『折口信夫』三一書房。

伊藤幹治 1979「他界観念」上田正昭『講座日本の古代信仰第1巻　神々の思想』学生社。

小川和博・大渕淳志ほか 1999『神岡上遺跡、南前遺跡―茨城県北茨城市所在の古代住居跡等の調査―』北茨城市神岡上地区ほ場整備地内埋蔵文化財発掘調査報告書第1集、北茨城市文化財調査報告書Ⅸ、北茨城市教育委員会、北茨城市神岡上地区圃場整備地内埋蔵文化財調査会。

小川和博・大渕淳志ほか 2005『富士ノ腰遺跡、神岡上遺跡、叶南前A遺跡、叶南前B遺跡、古屋敷遺跡、仁井谷遺跡』北茨城市文化財調査報告11　県営ほ場整備事業神岡上地区埋蔵文化財発掘調査報告書第2集、北茨城市教育委員会。

小川和博・大渕淳志 1989『小滝涼源寺―千葉県安房郡白浜町祭祀遺跡の調査』朝夷地区教育委員会・白浜町。

大渕淳志 1989「祭祀遺跡小滝涼源寺を中心とする祭祀遺跡の一考察」日本考古学研究所『日本考古学研究所1集報Ⅺ』。

大渕淳志 1992「祭祀遺跡小滝涼源寺の再考察(1)」日本考古学研究所『日本考古学研究所集報ⅩⅣ』。

折口信夫 1956「民俗史観における他界観念」『折口信夫全集』16巻、中央公論社。

長野県史刊行会 1983『長野県史』考古資料編。

茂木雅博編 1976『常陸浮島』浮島研究会。

柳田国雄 1963『定本柳田国雄集』1巻。

祭祀遺構にみる土器集積

鶴間　正昭

1. はじめに

　土器は祭祀の場でも用いられた考古学資料である。沖ノ島など古代を代表する祭祀遺跡でも、土器は頻繁に他の祭祀遺物と共伴して出土する。しかし、石製模造品などの祭祀遺物と違って、土器はその出土だけでは祭祀との関連が確定できない。土器と祭祀の関連は、すぐれて土器の出土地点や出土状態の非日常性ないし特殊性に左右される。

　祭祀遺構での土器の有様を具体的に教えてくれたのが、群馬県における遺跡の調査成果である。火山噴出物に埋もれて古墳時代の集落がそのままの姿で残されていた。そこでは、祭祀の場で土器が有意に配置され、祭祀の重要な要素となっていたことがわかり、土器の出土状態に対する問題意識の研鑽の重要性を再認識させられた。

　土器、とくに古墳時代の土器が集中して出土した場合、何かしらの祭祀との関連性が指摘されてきた。ここでは、土器を集積するという行為により形成された遺構を取り上げ、関東における古墳時代の集落祭祀の一端を検討してみたい。

2. 土器と祭祀用土器、そして土器集積

　日本列島で土器が出現して以来、大量の土器が製作され、大量に消費された。

古墳時代も例外ではなく、東国は土師器卓越の世界を創出した。土器の実用的機能はいうまでもなく容器であるが、祭祀の場に用いられたのも土器である。古代の祭祀遺跡では、祭祀行為に土器を用いることは普遍的といえ、それは神へ食物を奉ることが祭祀の重要な要素であったことによるだろう。そして、その後行われたであろう神人共食儀礼にも土器は不可欠の存在であった。

　さて、祭祀用土器といえば、手捏土器が知られる。たしかに手捏土器は容器としてみると、いちじるしく合理性に欠ける。地域を象徴するような祭祀遺跡からの出土も多く、集積された例も目立つ。手捏土器は『日本書紀』神武天皇の条に「天手抉」と記され、古墳時代には非日常的な祭祀遺物として多様な祭祀の場に用いられた。手捏土器の存在は、土器と祭祀を直接的に結びつける指標となる。また、『日本書紀』や『万葉集』に記載のある厳瓮や斎瓮は祭祀用土器とされ、それらは清浄な土器を意味し、神事用のみに与えられたものと指摘される（大場 1970）。そうした祭祀用土器は、特定な場所の土をもって製作される例も文献史料に記載がみられる（大場 1970、小出 1990）。国家的レベルの祭祀においては、土器は特別に選択されて祭祀用土器として用いられたことがうかがえるが、地域や一般集落の祭祀の場合はどうであったのだろうか。

　群馬県の三ツ寺Ｉ遺跡で豪族居館跡が発掘調査され、そこで出土した土器が公開された（下城・女屋 1988）。それら豪族層も使った土器群を見るかぎり、盛られる内容物はともかく、土師器そのものは豪族居館や一般集落、祭祀遺構で使用されたものに大差がなく、土師器に質的な差は目立っていない。一部の祭祀用土器を別にすれば、ある特定の土器の有無だけで、祭祀とのかかわりを言及するのは適切ではない。出土した場所や出土状態、他の祭祀遺物との共伴、同種の土器出土状態の反復性と普遍性を考慮して、はじめて祭祀と土器の関係が語られることになろう。土器それ自体は日常の什器でありながら、祭祀に使用されれば祭祀具となる２面性をもちあわせている。これが、他の祭祀遺物とは違う土器のもつ特質である。

　近年、集落内や集落に隣接して、多量の土器が集積した状態で出土する調査

例が増えてきている。これまで、集落を離れた非日常的な場所から土器が集中して出土し、しかも祭祀遺物と共伴した場合は、そこが祭祀遺構として認定されてきた。土器の集積はなにも祭祀遺構に特有な現象ではない。しかし、集積された土器が完形のものが大半だったり、あるいは意識的に破砕された状態で出土したり、ある種の規則性で配置され、しかも祭祀遺物といっしょに出土してきた場合、なんらかの祭祀行為に関連した痕跡との把握も許されるだろう。

3. 火山灰下に現れた祭祀跡

(1) 多様な祭祀跡と土器

　群馬県では、火山噴火の痕跡が数多くの遺跡で確認される。榛名山二ッ岳は6世紀初頭と中葉に推定される火山噴火が知られ、その噴出物である火山灰や軽石に覆われた遺跡の発掘調査が相次ぎ、予想を超えた調査知見に驚かされた。榛名山の噴火により古墳時代の集落がそのまま埋まり、多種多様な祭祀跡が発見された。祭祀行為の実態とその目的が理解でき、祭祀の場での土器の配置や集積具合がわかる貴重な調査例である。それらの祭祀跡では、土器や石製模造品、そして礫が用いられ、土器類は並べられたり、重ねられたりして据え置かれ、あるいは破砕されたり、埋められたりしていた。

　中筋遺跡は6世紀初頭の榛名山二ッ岳噴火の火山灰で埋没し、竪穴住居の構築過程や平地式建物の脇、樹木の根元や畠の脇などさまざまな場所で祭祀行為の痕跡が発見された（大塚 1988・1993、小林 1993）。集落全体の共同祭祀場と推定される1号祭祀跡は、道に囲まれた東西7.7×南北4.6mの範囲が祭壇状に高くなり、中央東寄りに配石が2〜3段に積まれる。内部に土師器甕を3個体一列に並べ、甕列と北側配石の間に完形の土師器杯8個体を配置し、甕列の南側には土師器杯・高杯・壺・小壺・甕が納められていた。杯の内部や周囲の土層からは滑石製臼玉が多数出土している。西端と北端に焼土がみられ、大型の河原石に接して猪の顎骨も検出されており、祭祀に火が使われ、生贄が供され

祭祀遺構にみる土器集積　349

中筋遺跡1号祭祀跡

中筋遺跡畠祭祀跡

黒井峯遺跡
B—176号祭祀跡
（高床式建物関連
の祭祀）

黒井峯遺跡B—181号祭祀跡（道の祭祀）

黒井峯遺跡B—53号祭祀跡（大型・樹木の祭祀）

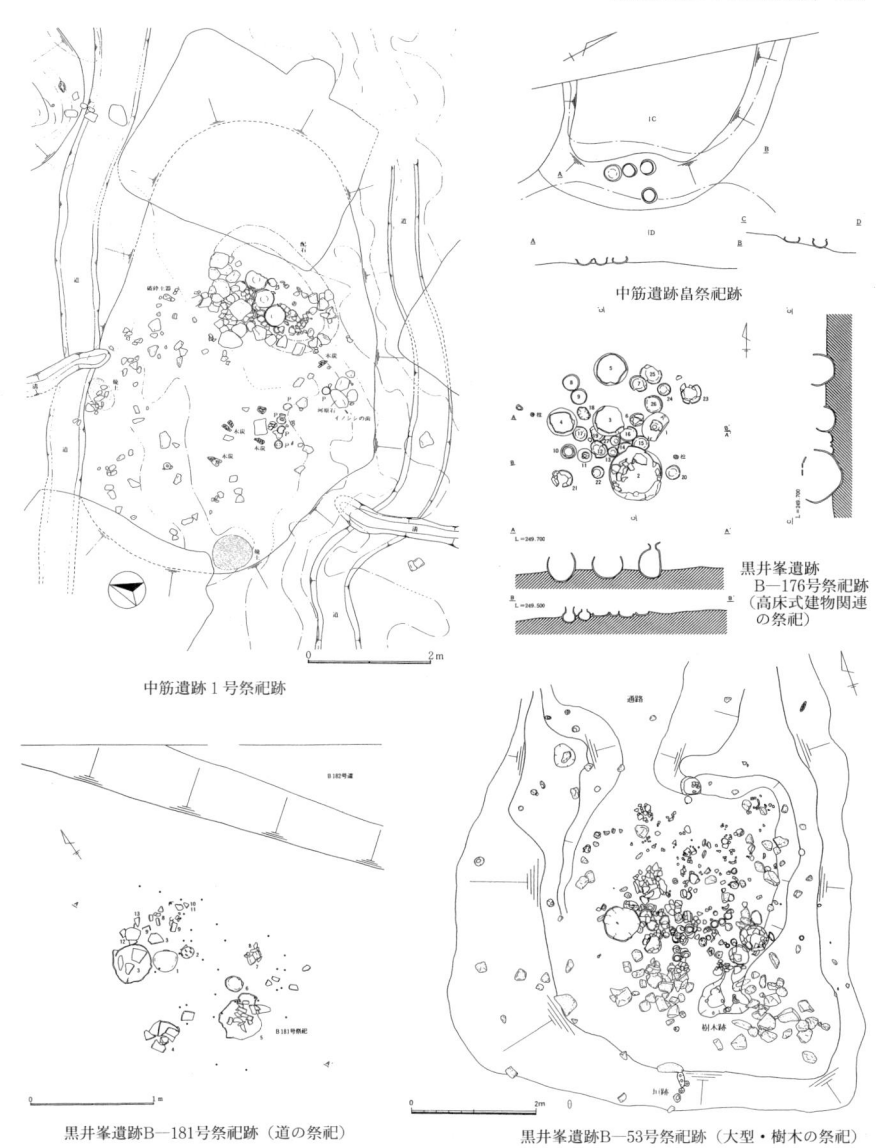

図1　中筋遺跡・黒井峯遺跡の祭祀跡（1/60、1/120）

たことを想像させる。また、完形土器の埋置箇所や土器破砕箇所の存在も確認されている。樹木の祭祀跡では、樹木の根元のまわりに土器を集め、土器のなかに滑石製の未製品が納められていた。土師器5個体は正位に置かれ、1点以外は2点ずつ重ねられていた。畠の祭祀跡では、土師器杯・椀4個体が正位に置かれていた。土器の内部や周辺からは臼玉の出土がみられた。

黒井峯遺跡の調査では、6世紀中頃とされる榛名山二ッ岳の噴火による大量の軽石によって埋没した集落がそのままの状態で検出された（石井 1990）。竪穴住居や高床式建物に関連した祭祀、樹木の祭祀、畠の祭祀、道沿いに行われた祭祀など多様な祭祀跡が検出され、集落の各所で祭祀行為が日常的に行われていたことを伝える。規模の大きなB－53号祭祀跡は、8.4×6.8mの範囲が台状に土盛りされ、南側中央に樹木の痕跡があり、両脇に礫が集められ、台状の中央にはさまざまな土器が置かれたままの状態で出土している。土器の復元個体は150点を超える。大型の甕類は礫の北と南に据えられて、杯類は台状の中央部に配置され、重ねられたものも多い。高床式建物に関連する祭祀跡のB－142号祭祀跡では、長方形状の浅い窪地に12個体の土器が置かれ、重ねられたりもしていた。B－176号祭祀跡では、東西に木がたてられ、27個体の土器が据え置かれていた。樹木の祭祀のB－51号祭祀跡では、樹木のまわりの土盛内に32個体の土器が埋め込まれ、完形のまま重ねられたり、破砕されていたりしていた。C－2地点4号祭祀跡では、樹木の根元のまわりに礫とともに土器が埋められており、杯類は完形のまま重ねられ、甕や鉢は破砕されていた。また、道の三叉路や道の脇にも祭祀行為の痕跡が確認され、礫や土器が置かれ、破砕された土器片の出土が認められた。

同じく榛名山の火山噴出物により埋没した芦田貝戸遺跡（田村・小野 1980、群馬県立歴史博物館 1995）や中村遺跡（南雲 1986）などでは、大溝の脇、水田や畠地の一角、道の分岐点などに土器や石製模造品が置かれ、また埋められた状態で検出されている。集落のみならず水田や畠、道などにおいても、土器や石製模造品を用いた祭祀行為が行われていたことがわかる。宮田諏訪原遺跡

では、巨石や集石を依り代とした磐座祭祀跡をはじめ、多量の土器や石製模造品、鉄製品、そして青銅鏡を用いた大規模な祭祀跡などが確認された（小林2005）。さらに、火山噴出物に覆われた樹木の祭祀跡には、宮田瘤ノ木遺跡（堀口 1995）や宮田愛宕遺跡（小林 1998）の調査例がある。群馬県の火山噴火で埋没した遺跡の調査により、従来漠然としていた古墳時代の祭祀の実態が明らかにされた意義は大きい。

(2) 土器集積祭祀遺構の調査

祭祀遺構に土器がダイナミックにかかわる考古学的現象に、石製模造品などをともなう土器集積がある。文字どおり土器を集めて積み重ねた遺構で、土器が集中して出土する事例も含めて、ここでは土器集積祭祀遺構と呼称し、(1) 祭祀関連の遺構と理解してその特徴を探ってみたい。このネーミングは土器の出土状態と遺構のもつ性格を同時に表現したものではあるが、祭祀の本質を射抜いた名辞ではない。発掘調査された遺構群のなかから祭祀に関連する遺構を選び出し、分類したりする際の把握の仕方で用いた名称である。土器集積祭祀遺構とした土器が集積する考古学的現象を整理すれば、以下のようになろう。①土器が集積された状態で検出され、集積状態にある種の規則性が垣間見られることもある。②土器は完形ないし完形に近いものが集積される例が注目され、重ねて置かれることも目を惹く。③集積された土器の量には多寡がある。④石製模造品などの祭祀遺物がいっしょに出土する例が多い。⑤下部に明確な掘り込みなどはともなわないことが通有である。⑥多量の土器が集積される遺構の立地は、集落と集落外との境界付近、集落の縁辺で眺望が開ける地点、集落の広がる平坦面から沖積地などへの変換点付近が多いことなどが指摘される。以下に、具体的な調査例を挙げて、その実態を把握しておこう。

下芝天神遺跡は 6 世紀初頭の榛名山の噴火による火山灰とその後の泥流層に埋没した遺跡で、耕地を含む集落の縁辺に夥しい量の土器などが集積した状態で検出された（洞口 1998）。東西 8m、南北 6.5m の範囲に約 2,500 個体の土器

352　第4章　歴史時代の祭祀

中央の土器の重なり

重ねられた土器

集積下部の土器群

土器内部の白玉

図2　下芝天神遺跡の土器集積祭祀遺構（1/100）

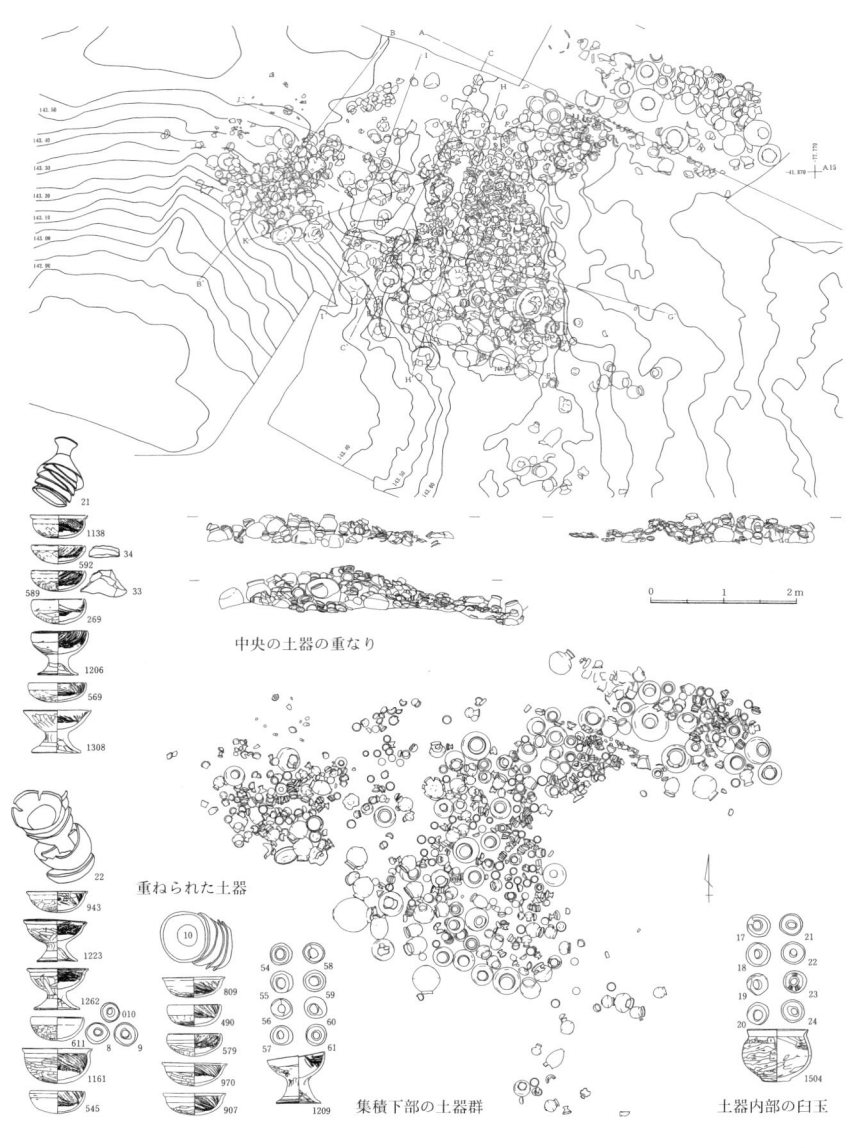

群が積み重ねられ、中央の厚い所では50cm以上の高さで集積されていた。土器集積の下部には、掘り込まれたような痕跡は確認されていない。しかし、多量の土器が積み上げられ、立体的な構造となっている。出土した遺物は土師器2,469個体、須恵器5個体、石製模造品73点、臼玉302点を数える。多くの土器が完形や完形に近いもので、重ねられた状態のものも目立ち、石製模造品や臼玉が入った土器も認められた。うず高く積まれた土器群を取り除いていくと、集積行為の初期の段階に置かれた土器群が現れてくる。それらの土器群は周辺部に大型の壺や甕、中央部に杯、高杯、坩などの中・小型品が密集して積み重ねられる傾向が看取され、壺や甕の配列で示される構造を有していた。西側の土器群は方形構造で、約260個体の土器が集積され、独立した構造をもつものと判断されている。中央から北東側にかけての土器集積は、一辺が開口するコの字状の形態を呈する構造と把握され、そうすると1,500個体を超える土器が集積されたことになる。さらに、北東端には、南西辺のみが確認できる別の構造の土器集積が想定されるという。

下芝五反田遺跡では、大小3基の土器集積が調査されている（神谷 1998）。五反田地区1号土器集積は、多量の土器を積み重ねて置いた状態で検出され、集積された土器には土師器杯・高杯・鉢・壺がみられる。壺の内部には石製模造品が納められていた。南北2群に区分けが可能とされ、北側の土器群は東南角に大型壺、南辺と東辺に鉢と高杯を配し、その内側に杯を数個積み重ねている。土器の配置に方形が意識された模様だ。南側の一群は土器の量も少ないが、大型壺や小型壺を配し、その内部に杯・高杯を置く。杯や壺の内部に臼玉などが納められていた。北側の祭祀が行われた後、南側の祭祀が開始されたと推定されている。

上井出遺跡や谷ッ遺跡からも、6世紀初頭の榛名山の火山噴出物で覆われた土器集積祭祀遺構が検出されている。上井出遺跡のそれはかぎられた調査範囲にもかかわらず、多量の土器が集積されていた（清水 1992）。東側に大型の甕を据え、甕の胴部下半に杯を充て、甕を固定している。西側も同様に大型の甕

354　第4章　歴史時代の祭祀

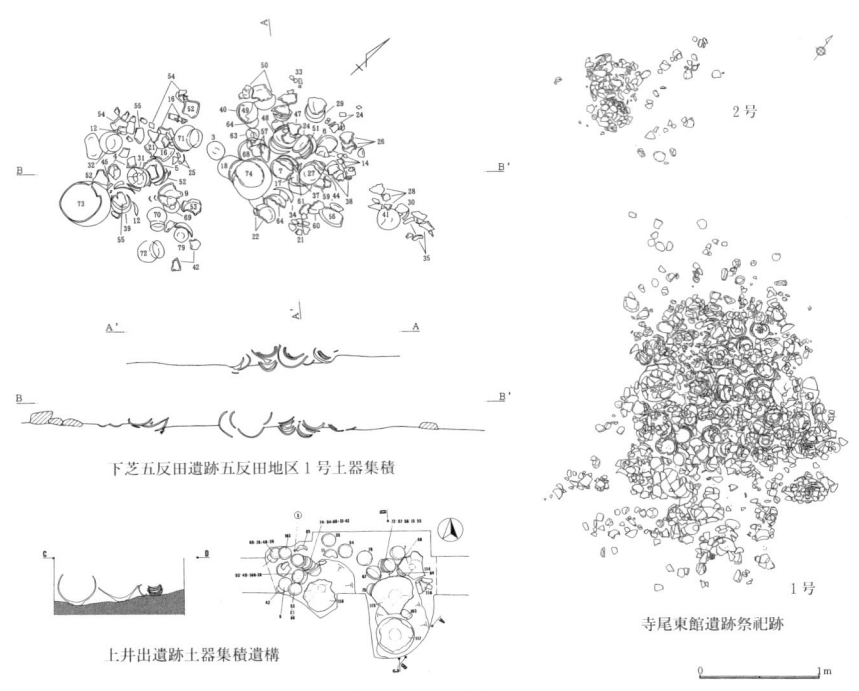

図3　群馬県の土器集積祭祀遺構（1/60）

下芝五反田遺跡五反田地区1号土器集積

上井出遺跡土器集積遺構

寺尾東館遺跡祭祀跡

を据えて、それを取り巻くように杯が単体や重ねて置かれ、北辺には杯が単体や重ねて正位に置かれていた。石製模造品の出土は92点を数える。また、谷ツ遺跡でも、200個体の土器が整然と積まれ、その周囲に1,000点を超える石製模造品が出土しているという（群馬県立歴史博物館 1995）。

　寺尾東館遺跡においても、300個体以上の土器の集積がみられる祭祀跡が調査された（黒沢 1996）。1号祭祀跡は段丘面から支谷地への変換点に位置し、東西1.8×南北2mの範囲に多量の土師器が集積されていた。大型の甕や壺は外側に出土し、規則的な設置位置が決められていたようだ。小型の土器は大型の土器の間を埋めるような配置で、杯や高杯はその内側に置かれた状況が見てとれる。杯は多いもので8～9枚に重なっていた。土器内から置かれた状態で出土

した石製模造品は、1,000点近くにのぼる。最下部の土器のさらに下層から臼玉20点以上が出土し、土器設置の初期段階で臼玉の供献が行われた。1号祭祀跡に近接して小規模な土器集積があり、2号祭祀跡とされる。窪地状に浅い掘り込みをともない、土器が設置されていた。石製模造品の出土はみられない。土師器甕や壺は逆さの状態で出土し、小型の甕に大型甕が被さっていた。

榛名山の火山噴火で埋没した遺跡で数多く検出された土器集積祭祀遺構は、6世紀後半以降その検出例が減少する。それでも、反丸遺跡（西田 1984）、長根羽田倉遺跡（鹿沼 1990）、田端遺跡（関 1988）、五目牛清水田遺跡（藤巻 1993）、関向遺跡（田野倉 1993）などで祭祀に関連した土器集積遺構の調査例が報告されている。長根羽田倉遺跡では、破砕された土器片や石製模造品が集積する祭祀遺構が検出された。2号土器集積遺構では、土師器杯が重ねられるなど遺存のよい土器が集中する所もあり、滑石製模造品も集中する。滑石製模造品のなかには馬形も認められ、新たな要素が導入されてきたことを教える。

4. 土器集積祭祀遺構の広がり

(1) 関東地方の土器集積祭祀遺構

火山灰や軽石により埋没した祭祀遺構は、細部まで状態がわかり、祭祀行為の存在に説得力がある。しかし、火山灰等の降下・堆積という条件以外でも土器集積祭祀遺構は確認でき、土器を集積する祭祀行為は、関東地方でも広く執り行われていた。祭祀との関連を推測させる土器集積の検出例をみてみよう。

埼玉県の城北遺跡では、古墳時代の祭祀跡が5基検出された（山川 1995）。最も規模の大きな1号祭祀跡は、土器約280個体が集積され、滑石製模造品として剣形品11点、有孔円板11点、臼玉約630点がともなう。自然堤防上の平坦面から河川に下る変換部、ちょうど集落が途切れる場所に位置する。土器の配置は外側に大型の土師器壺を集落側に向けて開くようにコの字形に置き、壺の傍らに壺・甕の中型品、壺の周囲の高杯群、そして、内側の壺によって囲ま

356 第4章 歴史時代の祭祀

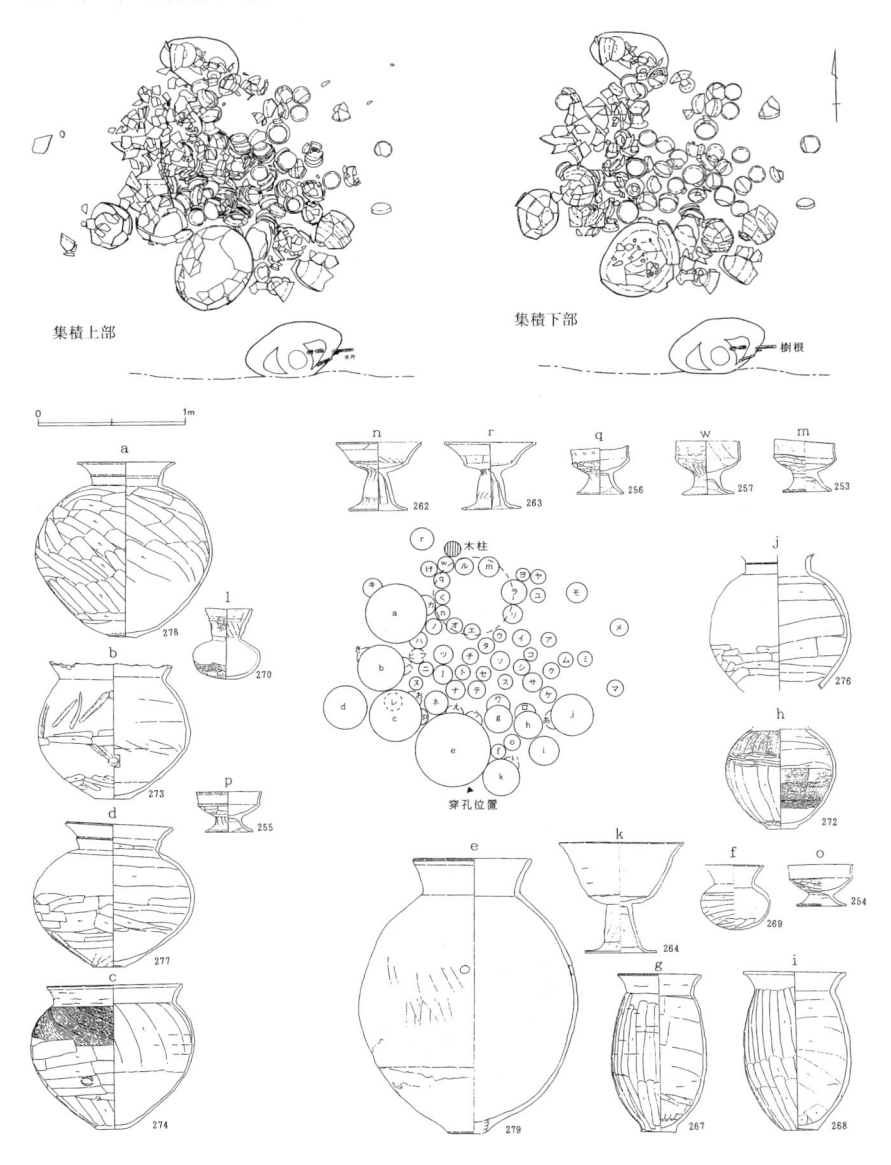

図4 城北遺跡1号祭祀跡 (1/50)（山下 1995 より編集転載）

れた空間に小型品を集積している。杯・鉢・椀・短頸壺などの小型品の土器群はブロック状に重ねて集積され、5個体前後が重ねられる例が多い。土器内に臼玉や猪の骨が納められていた例も認められ、土器群の南側に樹木痕の存在も確認されている。

　城北遺跡の他には、集落内の2基の倒木痕から、完形ないし完形に近い古墳時代前期の土器が多量に出土した地神遺跡（滝瀬 1998）や、破砕行為によるとしか思えない多量の土器と、2,000点を超える石製模造品が出土した古墳時代中期の祭祀遺構が検出された御伊勢原遺跡（立石 1989）の調査例が目を惹く。

　栃木県の新郭遺跡でも、掘り込み等をともなわない土器集積遺構が検出されている（内山 1998）。この遺構は新郭4号墳と重複し、円墳の墳丘が盛られていたことにより、遺物が比較的良好な状態で保存されていた。出土した遺物は土師器の甕・杯・坩・高杯があるが、量的にはかぎられる。滑石製品は7点の出土をみた。火を焚き、土器や石製模造品を用いた祭祀的な行為が行われたことを推測させる。立野遺跡で検出された古墳時代中期の遺物集積遺構（内山 2005）も、新郭遺跡の例に類した集落内の祭祀跡となろうか。

　千葉県においては、マミヤク遺跡と千束台遺跡の土器集積祭祀遺構をとくに注目したい。マミヤク遺跡からは大小2基の祭祀遺構が発見されている（小沢 1989）。規模の大きな1号祭祀遺構は、古墳時代前期の大型住居跡の覆土上に検出され、土器は大半のものが破片で出土し、完形のものは杯や手捏土器など小型品にかぎられる。土器を意識的に破砕した行為が行われた可能性がある。土師器は杯の出土が目立ち、次いで甕の出土も多い。須恵器の出土も2割弱含まれ、少なくとも3個体の大甕が確認されるという。鏡形品、有孔円板、勾玉、剣形品の石製模造品、2,000点を超える臼玉が出土し、鉄製品には鎌・鏃などの実用的製品と、模造品のような祭祀的製品の2種が認められた。

　千束台遺跡においては、47号墳の墳丘下から大型の祭祀遺構が検出された（小沢 1995）。古墳時代前期の竪穴住居跡の埋没過程の窪地を中心に、5mの円形状の範囲に土器、石製模造品、鉄製品など夥しい量の遺物が集積されていた。

358　第4章　歴史時代の祭祀

マミヤク遺跡1号祭祀遺構

沢狭遺跡1号祭祀遺構

千束台遺跡の土器集積祭祀遺構

沢狭遺跡2号祭祀遺構

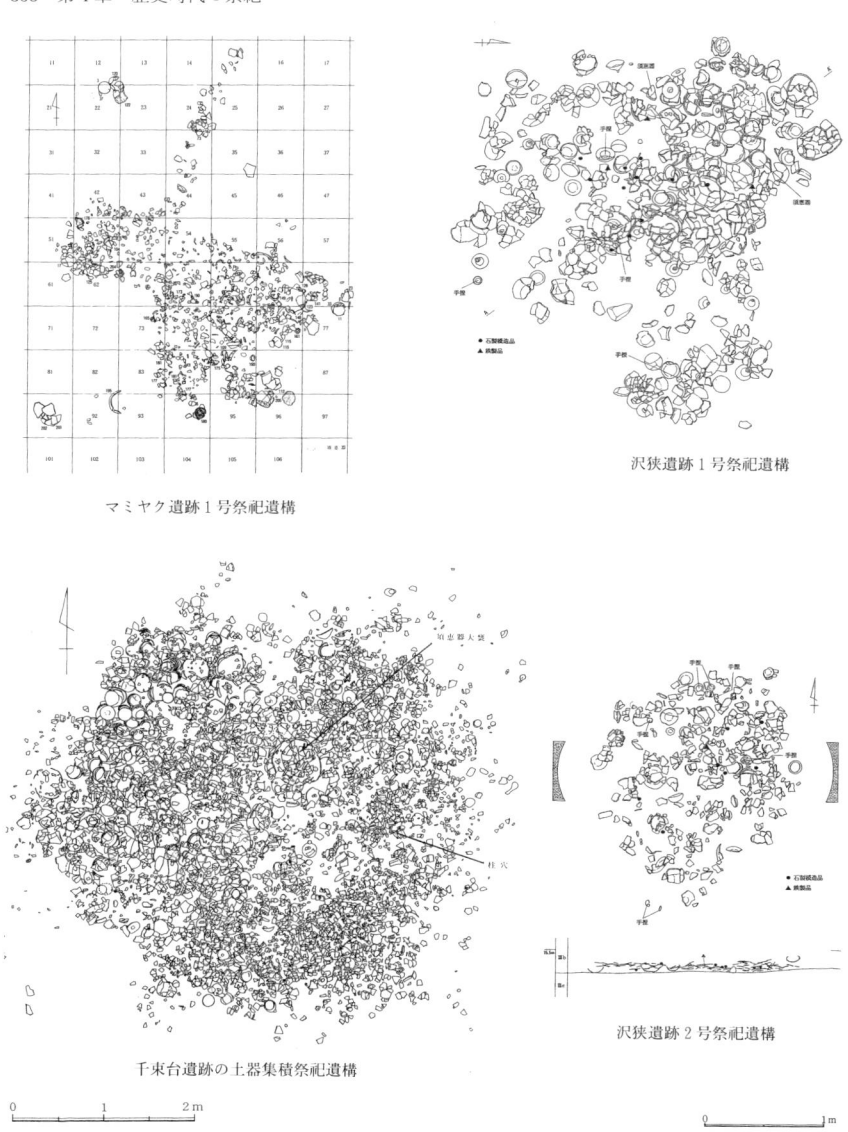

図5　南関東の土器集積祭祀遺構（1/60、1/80）

円墳の墳丘に覆われたことで、遺物群の遺存状態は良好である。土師器は原形をとどめて出土した点数だけでも800点を超え、完形品の数も非常に多い。杯は多いもので7～8個体重なって出土し、杯と高杯が重なったり、杯の間に短頸壺が挟まれていたりする。甕や壺、高杯は正位ないしは倒立した状態で出土したものが多く見受けられた。須恵器の出土はきわめて少ないが、大甕が中央に据え置かれていた。土器の配置をみると、杯の集中する場所、高杯の集中する場所、甕の集中する場所がそれぞれ認められる。これらの完形の土器群の下には、破砕されたような土器群が幾重にも埋もれており、土器群のすべてが1回の祭祀に使用されたものではなく、継続的な祭祀がくり返されたことを物語る。石製模造品は臼玉も含めて、合計で1万点以上にのぼるという。土器のなかから出土した例も多く、重なった杯の内部などに臼玉や各種の模造品が数点から数十点入っている状況も観察された。また、鉄製品が120点以上出土し、実用品と模造品の2種が認められた。さらに、鏡形などの土製模造品や碧玉製管玉の出土も確認されている。

　日秀西遺跡でも、小規模な土器集積遺構が確認された（上野ほか 1980）。古墳時代前期の266遺構では、土器が並べられた状態で出土し、北側に器台や高杯などを、南側に甕等を配置している。古墳時代後期の271遺構もとくに掘り込みはなく、土師器鉢や赤彩された杯などがまとまって出土した。

　神奈川県では、沢狭遺跡や下馬下遺跡に土器集積祭祀遺構の調査があった。沢狭遺跡は沖積微高地に立地し、古墳時代の前期・中期・後期の各時期にわたって土器集積の痕跡が認められた（香川 1998）。しかし、土器の集積が顕著で、石製模造品をともなう遺構となると、古墳時代中期にかぎられる。最も規模の大きな1号祭祀遺構は、3×3.5mの範囲に最大30cmの厚さで多量の土器が集積されている。掘り込み等の痕跡は確認されていない。土師器甕を列状に据え、その周囲に壺・杯・高杯を配置している。甕は半月状ないしコの字形に据えられた模様で、中央の空間部に壺を含む小型の土器が集積され、鉄鏃や石製模造品も集中的に出土する。土器は完形品が多く、重ねて置かれたものもか

なりみられた。4個体を積み重ねたものが多く、高杯に杯が3個体重なったもの、高杯に小型壺を置いた例、杯のみが重ねられた例などが確認できる。出土した石製模造品は勾玉形、剣形、臼玉など1,034点を数え、杯の内部から出土した例も認められる。2号祭祀遺構は1号より小規模であるが、土師器甕や壺を並べ、小型の土器類がその前面に多く置かれ、中央から鉄鏃が出土し、石製模造品が集中する。遺存状態は良好であるが、土器が重ねて集積された状態は認められない。石製模造品が331点、鉄鏃と鉄製刃先それぞれ1点が出土している。

下馬下遺跡第IV地点の土器集積祭祀遺構は、とくに南北3m、東西2.5mの範囲に土器や石製模造品が集中し、椀類は重なり合った状態で出土している（吉田 2003）。土器群には初期須恵器が含まれ、鏡形や勾玉形の石製模造品7点、滑石製臼玉847点、さらに鉄鏃や猪と鑑定された獣歯の出土がみられた。

(2) 関東周辺の状況

土器集積された祭祀遺構は関東地方のみならず、東日本の各地にその検出例が広がる。関東の諸例に類似した調査例を紹介し、土器集積祭祀遺構の広がりを確認しておく。

長野県の祭祀遺跡は多種多様であるが、なかんずく松本市の高宮遺跡と坂城町の青木下遺跡の土器集積祭祀遺構は注目される。高宮遺跡は多量の石製模造品と土器が集積した古墳時代中期の祭祀遺構で知られる（高桑 1994）。祭祀に関連した土器集中区は15基調査され、微高地上に存在するものと自然流路中にあるものの2者がみられた。微高地上に位置する最も規模の大きな1号土器集中区は、南北5m、東西8mの範囲に400個体以上の土器類が集中し、中央部ではうず高く重なる。掘り込み等の施設は検出されていない。高杯は正位、手捏土器は逆位に出土したものが多く、大型品の甕や壺は分散して正位で胴部中程まで埋められたような出土状態であった。5,000点を超える石製模造品や鉄製品の出土も豊富で、関東の土器集積祭祀遺構との共通点も多い。

青木下遺跡の祭祀遺構群は、千曲川右岸の自然堤防上から後背湿地へと移行する場所に立地し、合計17基が調査されている（助川 1997）。祭祀遺構群は土器がブロック状に集中するもの、土器列が弧状を示すもの、土器列が環状に配列されたもの、土器集積が馬蹄形となるものの四つのパターンに分類されるという。土器がブロック状に集中する祭祀遺構は、関東のそれと類似するが、環状集積遺構は全国でも類をみない。土器

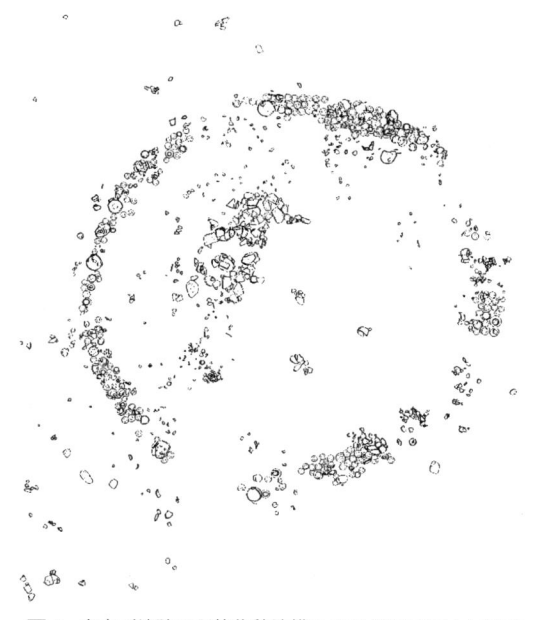

図6　青木下遺跡の環状集積遺構(1/160)（篠原 2006より転載）

列が環状に並ぶ環状集積遺構は、径8mの環状に土器が正位に配列した圧巻な内容を誇る。環状を構成する土器は約320個体に及ぶ。祭祀が執り行われた後、祭祀に用いた土器群がそのまま遺棄されたとみても、とくに不都合はないのではなかろうか。

　静岡県も多彩な祭祀遺構の存在で知られるが、関東に近い伊豆半島に所在する日詰遺跡は注目される（鈴木ほか 1978、佐藤 1994など）。土器や礫を集積した19カ所の祭祀遺構が検出され、石製模造品や土製模造品などがともなう。祭祀遺構は土器と礫の集積と土器のみの集積に大別され、手捏土器の集積も興味深い。これらの祭祀遺構は5世紀から7世紀代まで継続し、その検出地区は集落のなかで特別に意識された場所であったことがうかがえる。

　山梨県の大原遺跡にも、土器が集積する古墳時代中期の祭祀遺構が検出された（猪俣 1990）。100点を超える手捏土器、50点以上の石製模造品を含む多量

の土器が集積している。土師器はほとんどが完形品で、手捏土器は土師器の隙間を埋めるようにぎっしりと詰まった状態で置かれていた。

福島県の正直A遺跡からは、3基の古墳時代の祭祀跡が検出された(山内1994)。規模の大小はあるが、限られた範囲で土器が完形ないし完形に近い状態で集中して出土し、石製模造品をともなう。関東の土器集積祭祀遺構との類似性が看取される。

5. 集落の祭祀と土器集積

関東地方では、祭祀研究の歴史も古く、多種多様な祭祀遺跡の存在が研究されてきた。近年、発掘調査が進展し、地域を象徴するような祭祀遺跡ばかりではなく、豪族居館の祭祀遺構から集落共同の祭祀場、さらには竪穴住居内での祭祀痕跡まで調査成果の蓄積が進んでいる。とくに、集落や集落周辺の多様な祭祀の実態が解明されつつある。

古墳時代になると、神奈備山や峠、川や海岸、さらには巨岩や巨木などを祭祀の対象、神の依り代として多様な祭祀行為がくり返された。また、生活の拠点となる集落や集落周辺でも多種な祭祀活動が、地域を象徴する祭祀と併存して執り行われた(図7参照)。石製模造品と土器を用いることは、集落共同の祭祀や集落を統合した祭祀をはじめ、竪穴住居内の祭祀まで及び、共通した祭祀意識により地域紐帯の強化が図られたことをうかがわせる。土器と石製模造品の集積量は、竪穴住居内や集落内の祭祀ではかぎられたものが、集落共同の祭祀や集落を統合した祭祀では増加し、石製模造品など多彩な祭祀遺物がともなう傾向を指摘できる。地域を象徴する祭祀は、祭祀が執行された場所と祭祀遺物の質的なあり方が集落の祭祀とは相違するだろう。この他に豪族居館の祭祀遺構や古墳祭祀なども存在し、質的差異を内包した多様な祭祀行為が集落構成員を重層的に取り巻く。古墳時代社会に占める祭祀の重要性は、想像を超えたものがあったに違いない。

土器集積祭祀遺構と把握した考古学的現象は、地域のどのような祭祀との関連で形成されたのだろうか。群馬県の火山灰下の祭祀例が示すように竪穴住居や高床式建物に関連する祭祀、樹木の祭祀、水田や畠の祭祀、道や境界での祭祀などで出土する土器の量は自ずとかぎられる。土器集積祭祀遺構でも土器の集積が少ない事例は、集落内外での生活に密着した素朴な祭祀との関連を想定して差し支えなかろう。

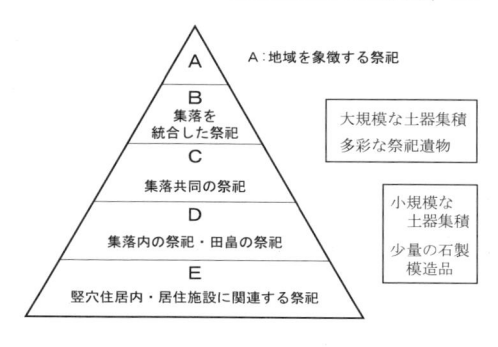

```
A：地域を象徴する祭祀
B：集落を統合した祭祀            大規模な土器集積
                                 多彩な祭祀遺物
C：集落共同の祭祀
D：集落内の祭祀・田畠の祭祀      小規模な
                                 土器集積
E：竪穴住居内・居住施設に関連する祭祀  少量の石製
                                 模造品
```

図7　地域と集落の祭祀

そして、最も注目したい多量の土器や石製模造品をともなう土器集積祭祀遺構は、集落共同の祭祀、ないしいくつかの集落が統合して執り行った祭祀との関連を想定できないだろうか。膨大な土器量は、何回も執り行われた祭祀行為の累積だとしても、集積場所の維持には祭祀に対する共通した意識が不可欠である。数百個体以上の土器集積がなされた祭祀遺構の立地は、集落内や集落に近接した場所であっても、平坦地から沖積地への変換点付近のことが多く、集落と集落外との境界付近の見通しのきく場所、集落の縁辺で眺望が開ける地点が選地された。その場で祭祀を執り行ったのか、別な所で祭祀行為を行い、祭祀に用いた祭祀具を最終的に納めた場所かのいずれであっても、集落共同で執り行った祭祀の痕跡を留める場所としては恰好な環境であった。祭祀に選ばれた地点と環境がその祭祀の性格を最もよく示す。

土器集積がなされる祭祀遺構は、古墳時代前期から確認できるが、関東で石製模造品をともなって多量の土器が集積される現象は、5世紀中葉以降と推測されよう。とくに、榛名山の火山噴出物が指標となる5世紀後半から6世紀初頭にかけては、多量の土器や石製模造品をともなう土器集積祭祀遺構が関東各地で盛行する。石製模造品と土器を用いる点は、竪穴住居内の祭祀行為でも集

落共同の祭祀場でも、豪族居館の祭祀遺構であっても共通し、集落共同体の祭祀意識の統一性が垣間見られる。それらの祭祀に用いられた土器は、一般集落のそれとの質的な差は目立ってはいない。ここにも、古墳時代の集落祭祀の特質が内包する。石製模造品を用いる祭祀形態は、大和政権の影響下で東国に広まったと指摘されるが（桜井 1996）、そこに土器も多用される点が関東的な特徴といえよう。土器集積祭祀遺構は畿内政権の影響を受けつつも、関東的な独自色も取り入れた祭祀行為の痕跡と判断するが、その分布は関東にとどまるものではない。畿内政権が東国経営の施策として用いた石製葬祭具（椙山・篠原 2006）と、関東的な土器集積の融合が土器集積祭祀遺構を成立させ、集落祭祀を特徴付ける存在として、古墳時代社会に広く受け入れられていった。

　土器集積が顕著な例では、大型の土師器甕や壺をコの字形に配置し、大型の土器の間に中型の土器、それらの隙間などに小型の杯類などを重ねて置いており、地表より上に立体的な構造をもつ遺構となる。この土器集積の仕方は、一方の空間を開けておき、大小それぞれの土器の特性を生かした合理的な集積方法である。また、土器集積の中央から須恵器の大甕が出土し、そのまわりに杯類などの小型の土器が重ねられて置かれた例も認められる。こうした多量の土器をともなう土器集積祭祀遺構は、祭祀の場に祭祀遺物が遺棄されたものか、別の場所で祭祀行為を執り行い、祭祀具を納めた場所ないし廃棄した場所なのかは議論もあるが、祭祀に用いた土器の破砕行為や、重ねて置かれるなどの土器集積が、広義の祭祀行為の最終段階で行われたことは想像に難くない。そして、祭祀にかかわった土器が集積される特別な場所として維持されつづけ、大量の土器が集積する祭祀遺構が形成された可能性が考慮される。一方、土器が多量に集積される例とともに、少量の土器で構成される土器集積祭祀遺構も存在する。単発的な祭祀行為で用いた土器の量を示すのかもしれない。

　5世紀後半から6世紀前半にかけて盛行した土器集積祭祀遺構は、6世紀後半以降にはその検出例が減少する。火山の噴火がおさまり、良好な保存状態での検出がむずかしくなったことにもよるが、石製模造品と土器集積行為をとも

なう祭祀活動もしだいに衰退していったことは否定できない。火山噴火の影響が少ない関東各地で検出された土器集積祭祀遺構も、時期的には盛行期のものが多い。また、青木下遺跡の祭祀遺構群の動態も示唆的である。6世紀前半の祭祀遺構は、土器が重なった状態で集積され、石製模造品が用いられるなど関東の盛行期の土器集積祭祀遺構と共通する。しかし、7世紀代に近くなると弧状や環状を呈する形態が出現してくるという（助川 1997）。土器集積のあり方が変化したことも想定しておく必要がある。やがて、律令祭祀に象徴される新たな時代の胎動が関東にも波及し、石製模造品と土器、礫等を用いた古墳時代の伝統を踏襲した祭祀形態はその終息を迎えていったのである。

6. おわりに

　群馬県の火山灰や軽石下で発見された祭祀跡から想像すれば、古墳時代の社会は生活と祭祀、日常と非日常性は混然一体であった現実がクローズアップされてくる。石製模造品などともに、土器が選択されて祭祀具となり、集落内や集落に近接した地点、水田や畠、道の脇などに据え置かれ、多様な祭祀活動がくり返された。日常で使用する土器に託された祭祀行為でもあり、その祭祀は常日頃、土器と暮らしをともにしてきた人びとのささやかで、切なる祈りが込められていたことは想像に難くない。選地された祭祀の場とともに、祭祀遺物の質と量、集積された土器の量と規模が、祭祀の有する性格を決定付けてくる。

　祭祀行為の本質はその精神であり、物として残った考古学資料からの類推には自ずと限度がある。土器を規則的に配置することや土器の集積をくり返すことは、人間の内なる精神の発露であり、それを維持していった共同体の意志と規制であった。土器集積に象徴される祭祀遺構の性格と目的が解明され、土器集積祭祀遺構の項目から外されていくのが本来の姿である。それまでは、土器集積祭祀遺構として検討を重ねることが、古墳時代の祭祀解明の一里塚になればと思う。

註

（1） 考古学的な現象のよび方であって、祭祀の本質をついた表現ではない。ここでは、典型例を検討することで、その特徴を引き出し、古墳時代の祭祀へのアプローチの一つとしたいと考える。なお、集落を離れた非日常的な場所の祭祀遺構、水辺の祭祀、豪族居館や竪穴住居内等での土器集積は、ここでの検討の対象とはしていない。

（2） 古代の祭祀では、祭祀具はそのとき限りの使用で、祭祀終了後は一定の場所に埋納されるとの指摘（大場 1970）に従えば、多量の土器をともなう土器集積祭祀遺構は、祭祀終了後の埋納場所、廃棄場所との理解も頷ける。土器を積み重ねる集積状態は、狭義の祭祀終了後の行為とみる方が自然でもある。しかし、祭祀の場に祭祀遺物が遺棄された状態や土器の意識的な破砕行為を示唆する土器集積祭祀遺構も存在し、個々に慎重な検討を重ねる必要があり、今後の検討課題とせざるを得ない。

（3） 火山噴火の影響の少ない関東各地では、古墳の墳丘によって保存された例があることに注目したい。地下に掘り込みをもたない土器集積祭祀遺構は、後世の影響でその痕跡が遺存しにくいのも事実であろう。

参考文献

石井克己 1990『黒井峯遺跡発掘調査報告書』群馬県北群馬郡子持村教育委員会。
猪俣喜彦 1990『大原遺跡発掘調査概報』山梨県一宮町遺跡調査会。
上野純司ほか 1980『我孫子市日秀西遺跡発掘調査報告書』㈶千葉県文化財センター。
内山敏行 1998『新郭古墳群・新郭遺跡・下り遺跡』㈶栃木県文化振興事業団。
内山敏行 2005『東谷・中島地区遺跡群 5 立野遺跡』㈶とちぎ生涯学習文化財団。
大塚正彦 1988『中筋遺跡第2次発掘調査概要報告』群馬県渋川市教育委員会。
大塚正彦 1993「中筋遺跡」『古墳時代の祭祀』東日本埋蔵文化財研究会。
大場磐雄 1970『祭祀遺蹟—神道考古学の基礎的研究—』角川書店。
小沢 洋 1989『小浜遺跡群Ⅱ　マミヤク遺跡』㈶君津郡市文化財センター。
小沢 洋 1995「千葉県木更津市千束台遺跡の祭祀遺構」『祭祀考古第3号』。
香川達郎 1998『沢狭遺跡発掘調査報告書』金目郵便局建設用地内遺跡発掘調査団。
鹿沼栄輔 1990『長根羽田倉遺跡』㈶群馬県埋蔵文化財調査事業団。
神谷佳明 1998『下芝五反田遺跡—古墳時代編—』㈶群馬県埋蔵文化財調査事業団。
黒沢元夫 1996『寺尾東館Ⅰ・Ⅱ・Ⅲ遺跡』高崎市教育委員会。
群馬県立歴史博物館 1995『第51回企画展　海の正倉院　沖ノ島』。

小出義治　1990『土師器と祭祀』雄山閣。
小林　修　1998『宮田愛宕遺跡』群馬県勢多郡赤城村教育委員会。
小林　修　2005『宮田諏訪原遺跡Ⅰ・Ⅱ』群馬県勢多郡赤城村教育委員会。
小林光良　1993『中筋遺跡第7次発掘調査報告書』群馬県渋川市教育委員会。
桜井秀雄　1996「石製模造品を用いる祭祀儀礼の復元私案」『長野県考古学会誌79号』。
佐藤達雄　1994「古墳時代集落における祭祀の変遷―静岡県日詰遺跡を中心に―」『地域と考古学』（『向坂鋼二先生還暦記念論集』）。
篠原祐一　2006「須恵器大甕祭祀」『季刊考古学第96号』雄山閣。
清水　豊　1992「群馬町上井出遺跡出土の祭祀遺物」『群馬考古学手帳Vol.3』。
下城　正・女屋和志雄　1988『三ッ寺Ⅰ遺跡』㈶群馬県埋蔵文化財調査事業団。
椙山林継・篠原祐一　2006「古墳時代祭祀研究の現状と課題」『季刊考古学第96号』雄山閣。
助川朋広　1997「長野県埴科郡坂城町青木下遺跡Ⅱの祭祀遺構」『祭祀考古第8号』。
鈴木敏弘ほか　1978『日詰遺跡発掘調査報告』南伊豆町教育委員会。
関　晴彦　1988『田端遺跡』㈶群馬県埋蔵文化財調査事業団。
高桑俊雄　1994『松本市高宮遺跡』長野県松本市教育委員会。
瀧瀬芳之　1998『地神／塔頭』㈶埼玉県埋蔵文化財調査事業団。
立石盛詞　1989『御伊勢原』㈶埼玉県埋蔵文化財調査事業団。
田野倉武男　1993「関向遺跡（藤岡東部地区遺跡群）」『藤岡市史』資料編原始・古代・中世。
田村　孝・小野和之　1980『芦田貝戸遺跡Ⅱ』高崎市教育委員会。
南雲芳昭　1986『中村遺跡』渋川市教育委員会。
西田健彦　1984「反丸遺跡」『渡良瀬川流域遺跡群発掘調査概報』群馬県教育委員会。
藤巻幸男　1993『五目牛清水田遺跡』㈶群馬県埋蔵文化財調査事業団。
洞口正史　1998『下芝天神遺跡・下芝上田屋遺跡』㈶群馬県埋蔵文化財調査事業団。
堀口　修　1995『宮田瘤ノ木遺跡』群馬県勢多郡赤城村教育委員会。
山内幹夫　1994『正直A遺跡』（『母畑地区遺跡発掘調査報告』34）福島県教育委員会。
山川守男　1995『城北遺跡』㈶埼玉県埋蔵文化財調査事業団。
吉田浩明　2003『下馬下遺跡第Ⅳ地点』小田原市教育委員会。

古代蝦夷社会における古密教の受容と展開
—錫杖状鉄製品の分析を中心に—

井上 雅孝

1. はじめに

　古代東北の仏教伝播については、律令国家による東北辺境支配としての布教、つまり仏教を介在とした「支配イデオロギー」としてとらえられている。しかし、その一方で、鉄製錫杖、三鈷鐃、錫杖状鉄製品など山岳宗教もしくは古密教（奈良時代に受容され、平安時代の中頃まで実修された雑部密教）にかかわる遺物も東北地方の古代集落より多く確認されている。つまり、古代蝦夷社会には、律令国家による仏教の伝播と山岳信仰を主体とした古密教の普及といった異なる二つの宗教の流れが存在する。

　とくに古密教系の祭祀具と推定される「錫杖状鉄製品」は、北東北を中心に出土し、存続期間（8世紀から11世紀）も限られ、その後、宗教具としては伝存しなかった謎の多い遺物である。

　本稿では、錫杖状鉄製品の考古学的分析を中心に、もう一つの宗教の流れである古密教の受容と展開から蝦夷社会における信仰形態の一側面について明らかにしたいと思う。

2. 北東北の仏教伝播について

　東北地方で最初の寺院造営は、黒木田遺跡（福島県相馬市）から7世紀前半代までさかのぼる。その後、東北地方南部では7世紀末から8世紀前半にかけ

て借宿廃寺（福島県白河市）、郡山廃寺（宮城県仙台市）、伏見廃寺（宮城県大崎市）、一の関廃寺（宮城県色麻町）、菜切谷廃寺（宮城県加美町）、畑中遺跡（宮城県角田市）、夏井廃寺（福島県いわき市）、上人壇廃寺（福島県須賀川市）、多賀城廃寺（宮城県多賀城市）など多くの寺院が郡家や城柵に付属して造営される（樋口 1992）。

　東北地方北部では、延暦二十一（802）年の胆沢城造営にともない仏教が伝わったとされるが、樋口知志も指摘しているとおり、8世紀後半以降に築かれた城柵に隣接する形で寺院が存在した形跡はない（樋口 1992）。城柵付属寺院ではないが、唯一考古学的に確認されている古代寺院は9世紀中葉を創建年代とする国見山廃寺跡（岩手県北上市）だけである（沼山 2004）。律令期において国見山廃寺跡以北に寺院が造営された痕跡は現段階では確認されていない。

　ところが10世紀後半以降になると、国見山廃寺跡が最盛期を迎え、上鬼柳Ⅲ遺跡、南部工業団地内遺跡、岩崎台地遺跡群など周辺の遺跡でも仏堂と推定される掘立柱建物跡が確認されている（沼山 1999）。また、どじの沢小堂跡・黄金堂遺跡（岩手町）のように仏教関連施設は北上川上流域までひろがり、新たに長者ヶ原廃寺跡（奥州市）、泥田廃寺跡（一関市）など礎石建物跡をもつ寺院の造営が盛んになる（図1）。

　律令寺院の再興と新たな寺院の建立による仏教信仰の隆盛は、律令支配が衰退する10世紀後半以降に台頭しはじめた在地勢力の安倍氏による仏教庇護政策に起因するものであり、その後につづく奥州藤原氏による平泉仏教文化へと継承されていく（沼山 2004）。

3. 錫杖状鉄製品の分析

　次に錫杖状鉄製品の分析から、もう一つの仏教信仰の系譜である古密教の伝播について考えてみたい。

370 第4章 歴史時代の祭祀

黄金堂遺跡

どじの沢小堂跡

岩崎台地遺跡群

国見山廃寺跡 SB011 七間堂跡

長者ヶ原廃寺跡 本堂跡

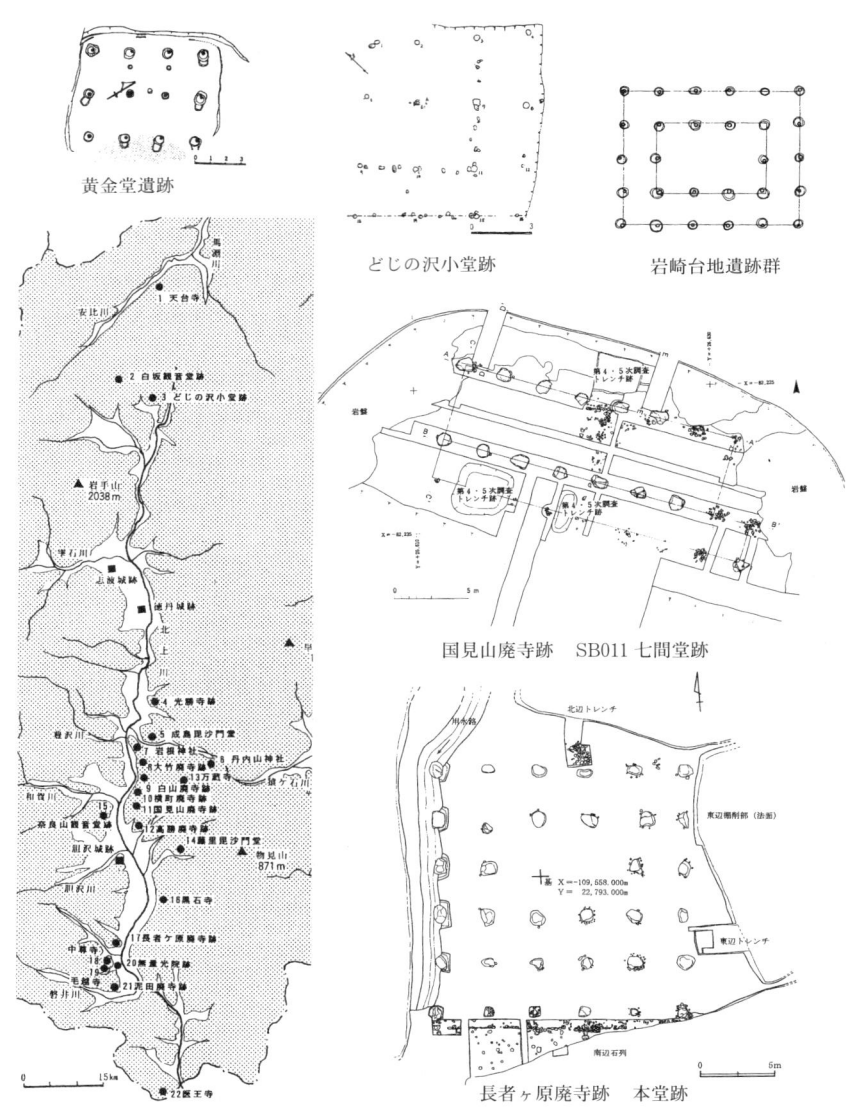

図1 北上川流域の古代寺院

(1) 錫杖状鉄製品について

「錫杖状鉄製品」は、過去において出土が確認されていたが、完全な状態で検出している例が少なく、多くは不明鉄製品に分類していた。最初に祭祀具として認識されたのは、茨城県の鹿の子C遺跡で「手錫杖状鉄製品」と呼称された（㈶茨城県教育財団 1983）。また、青森県蓬田大館遺跡では、用途は不明としながらも鹿の子C遺跡と類似していることから「錫杖状鉄製品」との名称を用いている（櫻井・菊池 1987）。

その後、青森県上七崎遺跡の出土例により、錫杖状鉄製品頭部の左右の円鐶に鉄鐸が装着されることが明らかとなった（八戸市 1994）。この資料により、以前に「管状」の不明鉄製品と称されていたものが、錫杖状鉄製品の付属品であることがわかった。また報告では、「錫杖」という表現が用途を限定した言い方であるとの認識から「杖頭状鉄製品」と呼称している（小保内 1999）。

現在では、同鉄製品について総じて「錫杖状鉄製品」の名称を用いるのが通例化しており、本文中でもこの用語を使用することにしたい。

(2) 錫杖状鉄製品の形態と分類

形態

錫杖状鉄製品は鍛造製で、頭部は左右に円鐶（大鐶）をつくり羊角状を呈している。円鐶にはさらに左右に各2本の鉄輪（遊鐶）を掛け、その1本の鉄輪には2個から1個の鉄鐸（筒形鉄製品）を装着している。鉄鐸は多くて左右各4個の合計8個、左右各2個の場合は全部で4個装着される（図2）。

頭部から細く形成された基部は棒状・角柱状・扁平なタイプにわかれ、棒状・角柱状には捻りを持つものと持たないものがある。基部が細く作られていることと捻りが加えられていることから杖もしくは柄などに装着して使用されたと推定される。

本遺物は遺構から2個出土する場合と2個装着されて出土する例があり、2個体で1セットの祭祀具である可能性が高い。

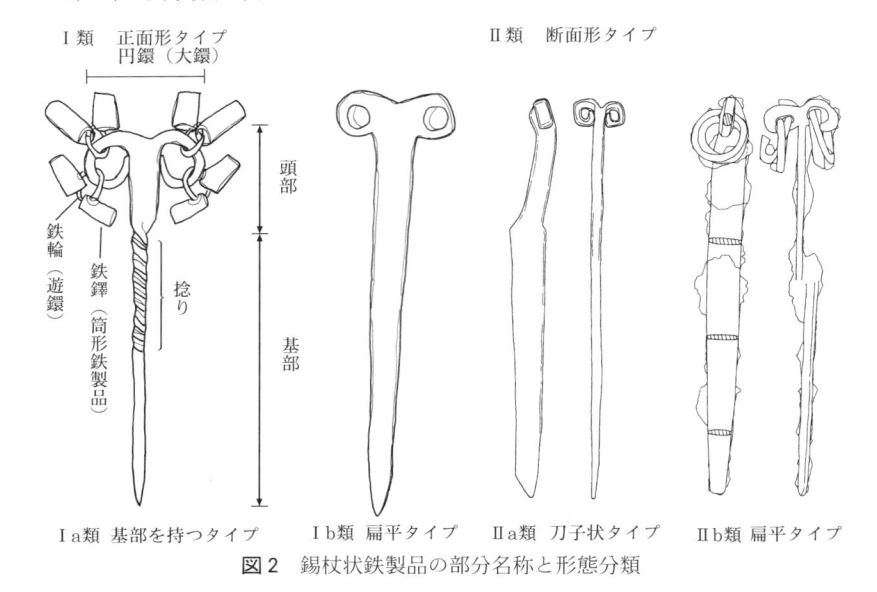

図2 錫杖状鉄製品の部分名称と形態分類

（図中ラベル：
Ⅰ類　正面形タイプ　円鐶（大鐶）
鉄輪（遊鐶）
鉄鐸（筒形鉄製品）
捻り
頭部
基部
Ⅰa類　基部を持つタイプ
Ⅰb類　扁平タイプ
Ⅱ類　断面形タイプ
Ⅱa類　刀子状タイプ
Ⅱb類　扁平タイプ）

形態分類

錫杖状鉄製品には、いくつかの類型が存在し、形態的特徴から大きく次の2類に分類できる。

Ⅰ類（正面形タイプ）

基本的な形態を有するものをⅠ類とした。Ⅰ類には、頭部から基部にかけて段差があり、基部が着柄部として機能している（a）基部をもつタイプ。頭部と基部の段差がなく扁平で板状の（b）扁平タイプに分けられる。

Ⅰ類（a）には青森県上七崎遺跡・野木遺跡・蓬田大館遺跡・高屋敷館遺跡、秋田県高市向館遺跡、岩手県駒焼場遺跡・沢田Ⅱ遺跡・磯鶏館山遺跡。

Ⅰ類（b）には青森県弥栄平（4）遺跡・貝ノ口遺跡・源常平遺跡・野尻（4）遺跡・林ノ前遺跡、秋田県大館遺跡、岩手県長根Ⅰ遺跡・赤前Ⅳ八枚田遺跡・友沼Ⅲ遺跡・高水寺遺跡の例を挙げることができる。

（a）には、捻りを1カ所持つもの、捻りを2カ所持つもの（上半と下半の捻れ方向が逆になる）、捻れを持たないものに分けられる。

II類（断面形タイプ）

　類例は少ないが、I類の断面側に左右の円鐔が付く特異な形態なため断面形タイプと仮称し、II類として分類した。出土例は福島県笹目平遺跡と茨城県鹿の子C遺跡、岩手県南部工業団地内遺跡、北海道末広遺跡の4遺跡のみである。

　II類は、側面に当たる形態が笹目平遺跡・末広遺跡のように（a）刀子状タイプになるものと、鹿の子C遺跡と南部工業団地内遺跡のような（b）扁平タイプに分けられる。

（3）継続時期と形態変化

　錫杖状鉄製品の出現時期は、岩手県宮古市長根I遺跡・山田町沢田II遺跡の出土例から八世紀後半代までさかのぼるが、他地域にくらべ古く疑問視する意見もある。たしかに岩手県長根I遺跡22号古墳出土の場合、和同開珎が主体部床面直上から出土しているにもかかわらず、錫杖状鉄製品は主体部埋土最上部から出土している点と、錫杖状鉄製品を終末期古墳の副葬品をはじめ墓に埋葬する事例がない点などを考慮すると、同遺跡に存在する9世紀代の他の遺物とともに古墳の主体部に混入した可能性も考えられる。ただし、同じ三陸沿岸に位置する沢田II遺跡では、8世紀後半代と推定される竪穴住居跡から出土しており、現段階では出現時期を8世紀後半代ととらえておきたい。出現期から、すでにIa・Ibタイプが確立しており、11世紀前半代までとくに大きい形態変化はない。笹目平遺跡・鹿の子C遺跡の例から9世紀前半代にはIIa・IIbタイプが出現し、10世紀後半まで後続する。

　終末は青森県青森市（旧浪岡町）高屋敷館遺跡、八戸市林ノ前遺跡などの出土例から11世紀前半代と考えられ、11世紀後半代の遺跡からは確認されていない。

　このことから存続期間は8世紀後半を初出とし、10世紀後半代にピークを迎え、11世紀前半まで継続するが、11世紀後半代には消滅すると考えられる。この継続期間約300年の間に大きな形態変化を起こしていないということは、一

374　第4章　歴史時代の祭祀

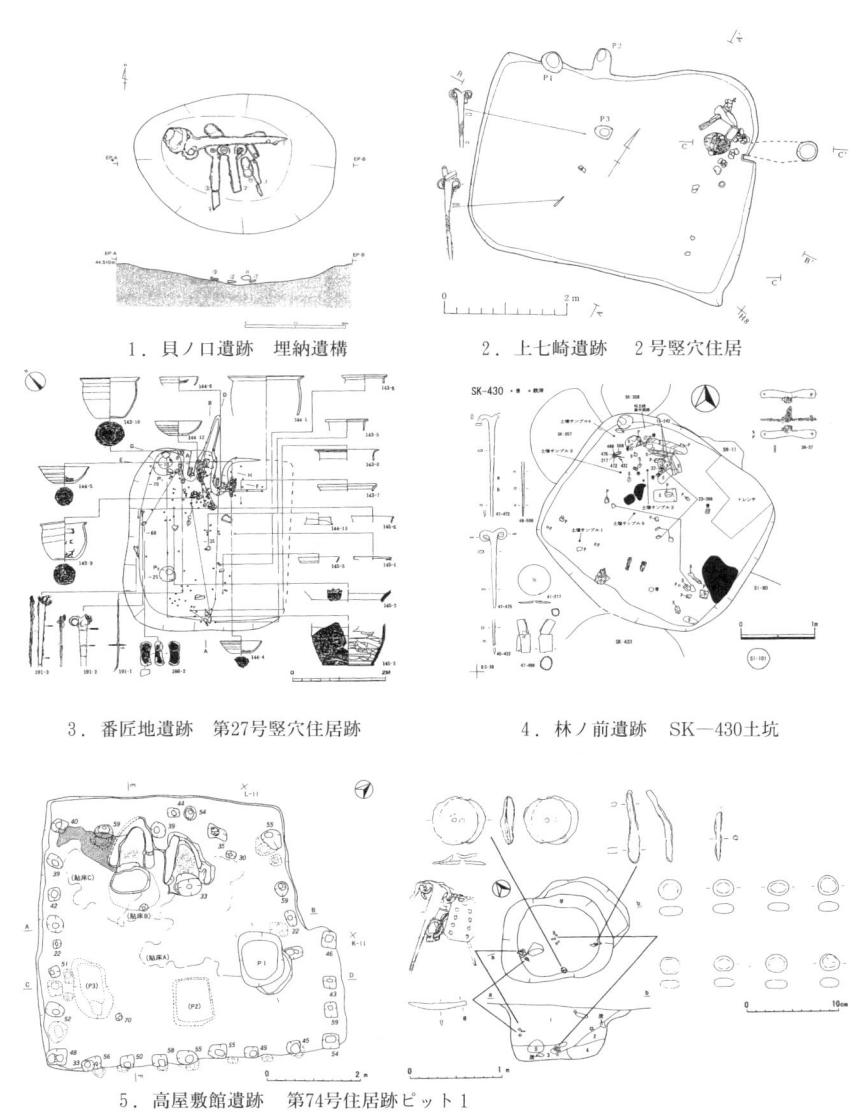

1．貝ノ口遺跡　埋納遺構
2．上七崎遺跡　2号竪穴住居
3．番匠地遺跡　第27号竪穴住居跡
4．林ノ前遺跡　SK-430土坑
5．高屋敷館遺跡　第74号住居跡ピット1

図3　錫杖状鉄製品出土状況

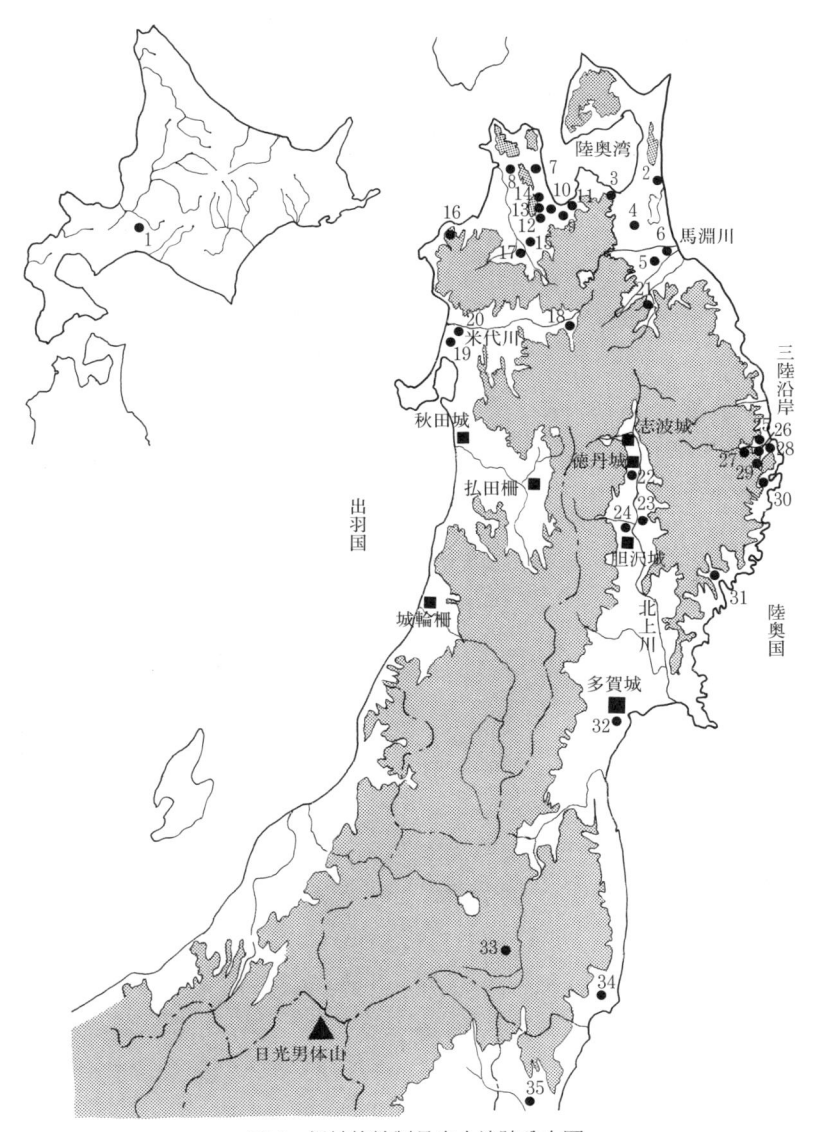

古代蝦夷社会における古密教の受容と展開 375

図4　錫杖状鉄製品出土遺跡分布図

表1 錫杖状鉄製品出土遺跡一覧

No	県名	遺跡名	出土遺構	点数	共伴遺物	時期	鉄鐸
1	北海道	末広遺跡	IH－97竪穴	1	羽口、鉄滓	10世紀後半	5
2	青森県	弥栄平(4)遺跡	第8号竪穴住居跡	2	土師器甕	9末〜10世紀	2
			遺構外	2		9末〜10世紀	0
3	青森県	二十平(1)遺跡	堀他	5		10世紀後半	5
4	青森県	貝ノ口遺跡	埋納遺構	3	無し	9後〜10世紀	8
5	青森県	上七崎遺跡	2号竪穴住居	2	鉄滓	10世紀中葉	4
6	青森県	林ノ前遺跡	第35号竪穴住居跡	1	鉄滓	10後半〜11世紀前半	3
			第2号濠跡	1	紡錘車	10後半〜11世紀前半	2
			第430号土坑	2	紡錘車	10後半〜11世紀前半	2
			A区第49号土坑	1		10後半〜11世紀前半	0
			遺構外	2		10後半〜11世紀前半	0
7	青森県	蓬田大館遺跡	14号住居跡	1	鉄鏡鈴	10世紀後半	0
8	青森県	中里城跡	遺構外(G13)	1		10後半〜11世紀	0
			03号住居(覆土)	1	鉄滓	10後半〜11世紀	0
9	青森県	野木遺跡	第228号竪穴住居跡	1	砥石	9世紀後半	4
10	青森県	朝日山遺跡	第205号竪穴住居跡	2	砥石、土玉	9世紀後半	1
11	青森県	宮田館遺跡	第22号竪穴住居跡	2	鉄鏃	10世紀後半	2
			第15号溝跡	1	木製品	10世紀後半	0
12	青森県	源常平遺跡	第22号住居跡	1		10世紀後半	1
13	青森県	高屋敷館遺跡	第65号住居跡	1		10後半〜11世紀前半	0
			第74号住居跡	2	鉄滓	10後半〜11世紀前半	4
14	青森県	野尻(4)遺跡	SI126建物跡	1	鉄斧	9世紀末	7
			SI140建物跡	1	鉄斧	9世紀末	2
			SI147建物跡	1	鉄斧	9〜10世紀初頭	3
			SI194建物跡	1		10世紀初頭	0
			SD104溝跡	1		9末〜10世紀初頭	0
15	青森県	大光寺新城跡遺跡	遺構外	1		10世紀	1
16	青森県	種里城跡		1		10後半〜11世紀	0
17	青森県	堤跡遺跡	竪穴住居跡SI1	2	台石(金床石？)	10世紀前半	0
18	秋田県	高市向館跡	第15号竪穴住居跡	1	鉄製紡錘車、鉄製品	10世紀前半	0
			遺構外	1		10世紀前半	0
19	秋田県	大館遺跡	遺構外	1		10世紀前半	0
20	秋田県	鴨巣Ⅰ・Ⅱ遺跡		2		10世紀	1
21	岩手県	駒焼場遺跡	ⅣA－16住居	1		10世紀前半	2
22	岩手県	高水寺遺跡	SI01竪穴住居跡	2		9世紀後半	4
23	岩手県	八天遺跡	竪穴住居跡？	1		9世紀後半	0
24	岩手県	南部工業団地内遺跡	D044竪穴住居跡	1		10世紀中葉	3
25	岩手県	長根Ⅰ遺跡	22号古墳	1	和銅開珎	8世紀後半？	2
26	岩手県	磯鶏館山遺跡	HX02竪穴状遺構	1		10世紀後半	0
27	岩手県	木戸井内遺跡	3Hb竪穴状遺構	1		10世紀	0
28	岩手県	赤前Ⅳ八枚田遺跡	A-3号竪穴住居跡	1	鉄製品	9後半〜10世紀前半	0
29	岩手県	島田Ⅱ遺跡	SXⅠ71工房跡	1	羽口片	9世紀後葉	0
			SK223土坑跡	1	砥石	9後葉〜10世紀前葉	0
			SK224土坑跡	1	鉄滓	9後葉〜10世紀前葉	0
			SI 142B竪穴住居跡	1	砥石、鍛冶滓	10世紀前葉	0
			北側斜面・遺構外	2		9後半〜10世紀	10
			SI36竪穴住居跡	1	砥石、鉄滓	9世紀後葉	2
			SI 129竪穴住居跡	1	鉄滓	10世紀後葉	2
			SI69竪穴住居跡	2	鉄滓	10世紀前葉	1
30	岩手県	沢田Ⅱ遺跡	RA505住居跡	2		8世紀後半	10
31	岩手県	友沼Ⅲ遺跡	第5・6号竪穴住居跡	1		9末〜10世紀	1
32	宮城県	市川橋遺跡	SX5222河岸跡	1	承和昌寶、紡錘車	9世紀前葉	0
33	福島県	笹目平遺跡	13号住居跡	2	砥石	9世紀前半	3
34	福島県	番匠地遺跡	第27号竪穴住居跡	2	鉄製紡錘車、砥石	9末〜10世紀初頭	1
35	茨城県	鹿の子C遺跡	第1号溝	1	鉄製品、鉄滓	9世紀前葉	0

定の宗教儀礼に従い祭祀具として普遍的に使用されたことに起因する。

(4) 出土状況と分布について

出土状況

　35遺跡、55出土例のうち、竪穴住居・竪穴状遺構・外周溝をともなう建物跡は33例、工房跡は1例、堀・溝・河岸跡は6例、土坑跡は4例、古墳は1例、埋納遺構は1例、遺構外等は9例となっており、圧倒的に住居内出土が多い。

　住居内の出土状況は、弥栄平(4)遺跡第8号竪穴住居跡、上七崎遺跡2号竪穴住居(図3―2)、朝日山遺跡第205号竪穴住居跡、沢田Ⅱ遺跡RA505住居跡、笹目平遺跡13号住居跡、番匠地遺跡第27号竪穴住居跡(図3―3)等、床面から2点セットで確認される例がほとんどである。

　高屋敷館遺跡第74号住居跡(図3―5)の場合、住居内の土坑(ピット1)から小札と鉄線で連結された2点の錫杖状鉄製品(図5―9)が、刀子2点、紡錘車2点、碁石8点とともに出土している。

　同時期の林ノ前遺跡でも、住居の窪地を利用した第430号土坑から、錫杖状鉄製品が紡錘車の円盤上に2点重ねて置かれており、脇から鉄鐸が入れ子状態で発見された(図3―4)。

　また、貝ノ口遺跡のように浅く掘り込んだ土坑に3点埋納されている例(図3―1)や長根Ⅰ遺跡22号墳主体部の埋土最上部から出土している例がある。先にのべたように古墳出土の例はこれが唯一であり、他に古墳や土壙墓から出土が確認されていない点から、通常は副葬品に使用することがなかったと解釈される。[1]

分布

　錫杖状鉄製品はおもに東北地方の古代遺跡より多く確認されており、現段階(2006年)で北海道1遺跡1点、青森県16遺跡43点、岩手県11遺跡22点、秋田県3遺跡5点、宮城県1遺跡1点、福島県2遺跡4点、茨城県1遺跡1点の出土が認められ、古代集落が密集する青森県津軽平野南東部の浪岡町周辺(現、

378 第4章 歴史時代の祭祀

末広遺跡 弥栄平（4）遺跡 上七崎遺跡 林ノ前遺跡

1　2　3　4　5　6

大館遺跡　蓬田大館遺跡　　　沢田Ⅱ遺跡　　　　笹目平遺跡

7　8　9　10　11　12

高屋敷館遺跡

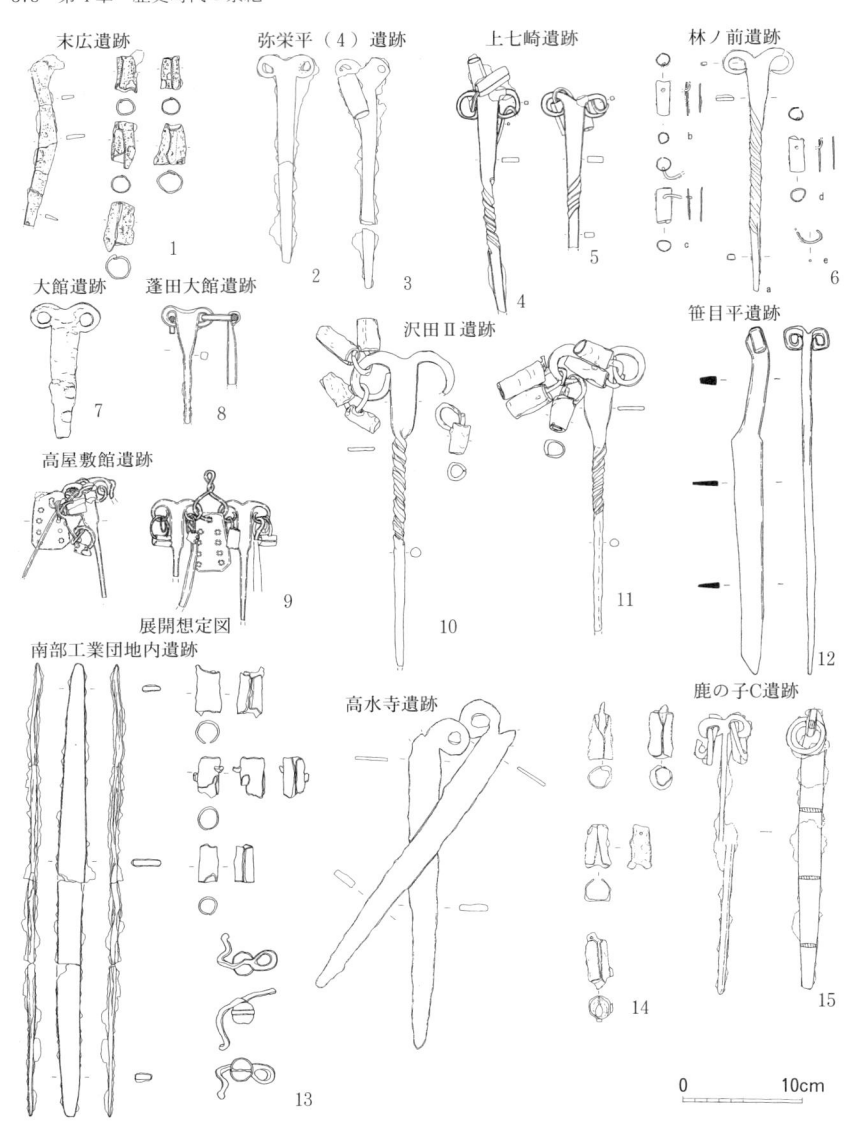

展開想定図

南部工業団地内遺跡　　　高水寺遺跡　　　　　　鹿の子C遺跡

13　14　15

0　10cm

図5　錫杖状鉄製品

青森市)、陸奥湾(外ヶ浜)周辺、馬淵川流域、米代川流域、三陸沿岸の宮古市周辺、北上川中流域と北東北に分布が集中する(図4)。また、北海道千歳市末広遺跡の事例から、分布域が津軽海峡を渡って北海道の石狩底地帯まで広がることがわかった。[2]

4. 宗教具としての錫杖状鉄製品

　まず、問題となるのは、錫杖状鉄製品が宗教具として独自なものか、あるいは他の宗教具(仏具・神道具)から、どのような形態的特徴を抽出して形成されたか、もしくは模倣されたかということである。そこで、錫杖状鉄製品と他の宗教具の形態について比較検討してみたい。

　最初に仏具である錫杖との比較についてであるが、錫杖は僧侶が遊行するときに携帯する道具で、振り鳴らして音を出すのに用いられる。錫杖は、錫杖頭と木柄部からなり、錫杖頭にはハート形の大鐶をつくり、その左右には各2個から3個の遊鐶(小鐶)を装着している(図6—1)。

　錫杖状鉄製品と比較すると、大鐶の形態が錫杖はハート形にくらべ、錫杖状鉄製品の方は、オモチャのねじ回しのように羊角状を呈しており、形状がやや異なるが、左右に遊鐶が付くところは類似している。ただし、遊鐶に鉄鐸が装着される点は異なるが、それを除けば形態的な特徴は、日光男体山頂遺跡出土鉄製錫杖(図6—2〜4)や正倉院蔵鉄製錫杖(図6—5)など古式錫杖にかなり類似すると判断される。

　次に神道具である神代鉾と鉄鐸について比較してみたい。長野県小野神社・矢彦神社に伝世されている神代鉾(図8)は、1.6mの柄の先端に鉾がついており、その鉾先に麻緒とともに鉄鐸が装着されている(桐原 1991)。阿部知己は、全体の形態の酷似から錫杖状鉄製品は「神代鉾」の模倣形態で「着鐸矛形」であると解釈した(1998)。

　しかし、原明芳は、単独で使用されていた鉄鐸が鉄鉾に結びついたのは平安

380 第4章 歴史時代の祭祀

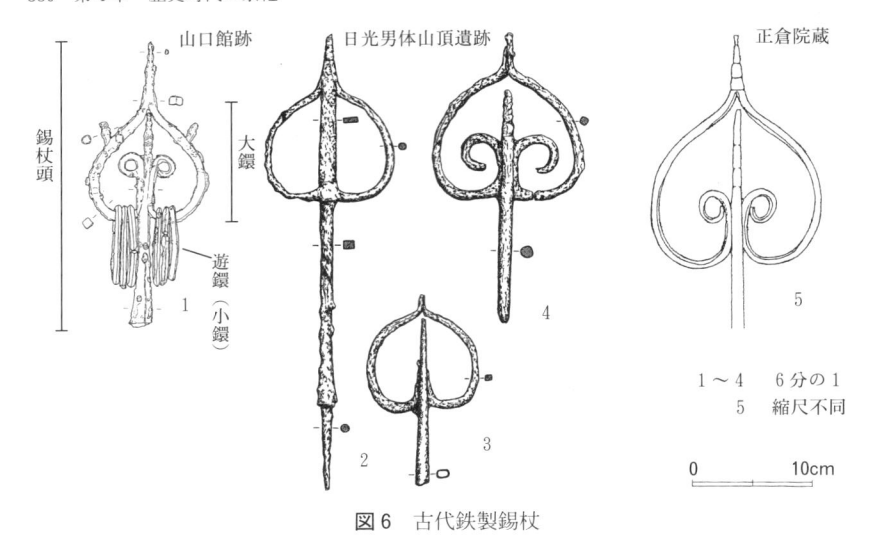

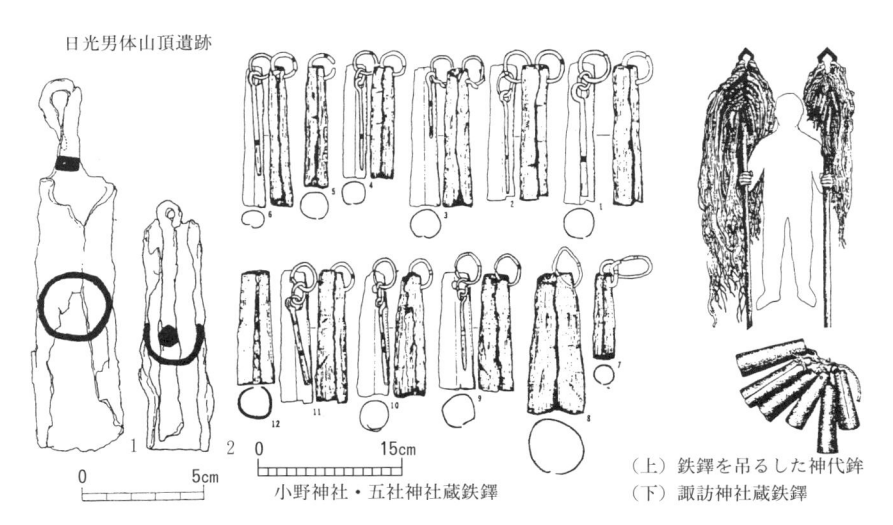

図6 古代鉄製錫杖

図7 鉄鐸

図8 信濃の神代鉾と鉄鐸（桐原 1991）

時代後半以降と指摘している（1996）。錫杖状鉄製品の出現期は平安時代以前の8世紀後半代であり、原の見解によれば、錫杖状鉄製品が阿部のいう「神代鉾」の模倣形態で「着鐔矛形」であるとの解釈は否定せざるをえない。

また、鉄鐸について補足すると、錫杖状鉄製品に付属する鉄鐸の多くは（図5）、日光男体山頂遺跡（図7）や小野神社・五社神社蔵（図8）の鉄鐸のように鉄板を巻いて円筒形につくり出す点は酷似しているが、内部に舌が付いていない。この舌の有無に関して、小嶋芳孝は「北東北の筒形鉄製品（錫杖状鉄製品に付属する鉄鐸）は古代の律令祭祀などに使用される鉄鐸とは系統が異なっており、神祇信仰と結びつけることに疑問のあることが分った」（カッコ内筆者補）とのべている（2004）。同様に小保内裕之も「付属する筒形の金具については、日光男体山などにみられる舌を有する鉄鐸とは形態が異なっており、別な名称（筒形金具、無舌鉄鐸など）で呼ぶべきである」と発言している（2005）。

ただし、矢巾町高清水遺跡をはじめ、最近では青森市野木遺跡、浪岡町野尻（4）遺跡、過去においては蓬田村蓬田大館遺跡の出土例で、錫杖状鉄製品に付属する鉄鐸には舌が付くタイプが存在しており、日光男体山や信濃で出土する神道具の鉄鐸を祖型としていることがわかった（井上 2004）。

以上の点を踏まえると、錫杖状鉄製品は仏具の錫杖と同一のものではなく、錫杖の全体的な形態を模倣し、かつそれに神道具の鉄鐸を簡略化装着させることから、神仏習合の祭祀具の可能性が高い。

錫杖状鉄製品がどのような

図9　使用想像図

祭祀儀礼に使用されたかは不明であるが、手錫杖のように振って音を出して用いたと推定される（図9）。

5. 錫杖状鉄製品からみた古密教の受容と伝播

　錫杖状鉄製品は、その出自に関して若干の検討が残されているものの、先にのべた通り、全体の形態が日光男体山頂遺跡出土鉄製錫杖に類似する点、付属する鉄製品が日光男体山頂遺跡から多く出土する鉄鐸を祖型としている点などから、鉄製錫杖と鉄鐸が融合して成立したと考えられる。その出現の背景には、日光男体山を介在とした古密教の影響がうかがえる。

　とくに青森県尾上町李平下安原遺跡、岩手県宮古市山口館遺跡から日光男体山頂遺跡の古式錫杖を原型とした鉄製錫杖や、古密教法具である鉄製三鈷鐃が青森県尾上町五輪野遺跡、山口館跡遺跡などの遺跡で確認されており、北東北の古代集落において、広く古密教の修法が浸透していることがわかる。

　すでに8世紀後半代に三陸沿岸の沢田II遺跡で錫杖状鉄製品が確認されていることから、8世紀代に関東で流行した古密教が太平洋沿岸ルートで早い段階に三陸沿岸に伝播したと見られる。9世紀前葉の古い時期に錫杖状鉄製品が関東の茨城県石岡市鹿の子C遺跡で出土している点なども考慮すると関東から東北への伝播ルートも妥当性がありそうである。内陸部の分布は、沿岸部にやや遅れるが九世紀前葉から10世紀代にかけて福島県矢吹町笹目平遺跡、宮城県多賀城市市川橋遺跡、岩手県北上市南部工業団地内遺跡、矢巾町高水寺遺跡など古代東山道上に位置する。10世紀以降になると古代に津軽、都母（上北地方）、渟代（能代）、上津野（鹿角）、爾薩体（岩手県北地域）、閉伊（三陸沿岸）と呼称された文献上、郡郷制の範囲外とされる北東北地域の古代集落に出土が増える傾向がある（図4・図10）。また、同時期には本州との交流が盛んだった北海道の石狩低地帯まで拡大した。

　つまり、8世紀後半代の早い時期に古密教が伝播し、その後10世紀代に「北

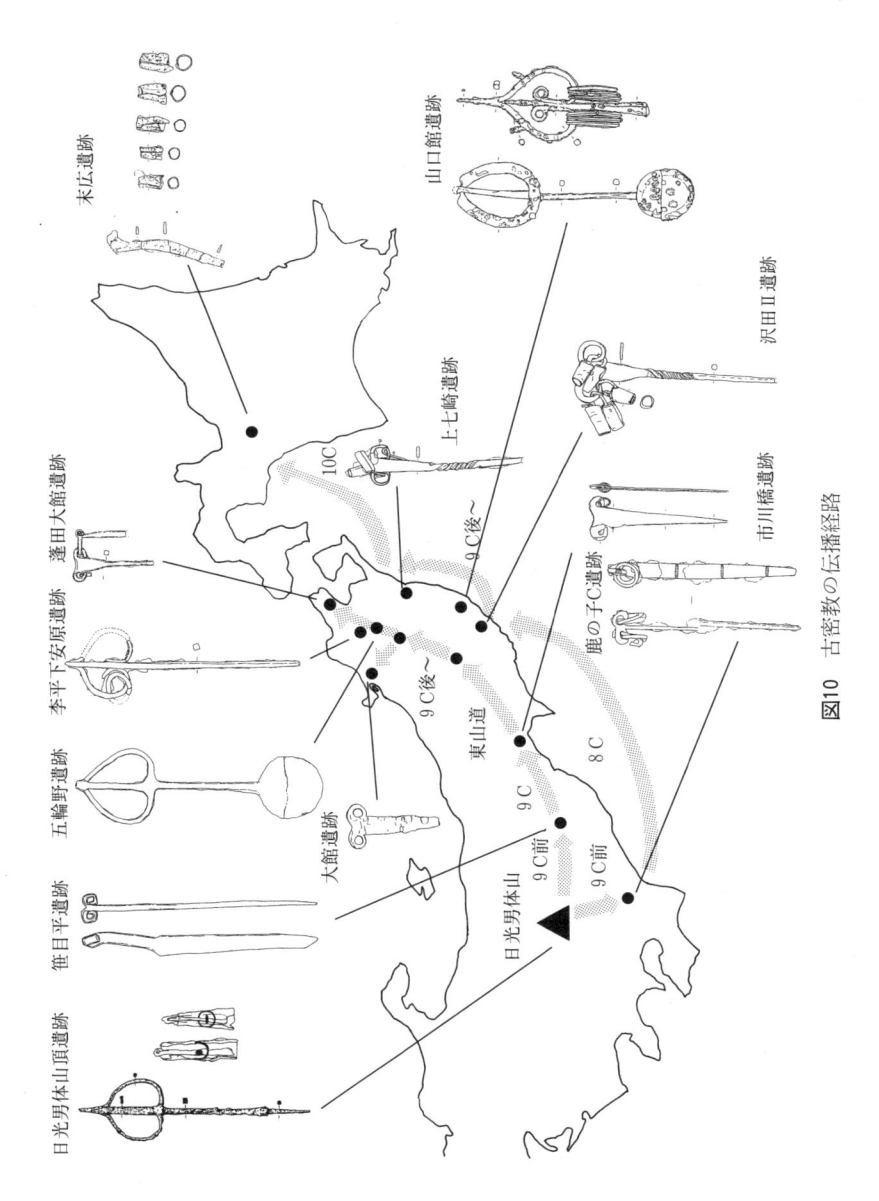

古代蝦夷社会における古密教の受容と展開　383

図10　古密教の伝播経路

表2　古代鉄製祭祀具の変遷

	8世紀前	8世紀後	9世紀前	9世紀後	10世紀前	10世紀後	11世紀前	11世紀後
錫杖				▒		▒		
三鈷鐃								
鉄鐸				▒	▒			
錫杖状鉄製品		▒	▒			▒	▒	

東北で最後の隆盛期」(時枝2002)を迎え、11世紀前半代には衰退していったといえる。

　東北地方では9世紀後半から10世紀にかけて律令寺院が衰退していくのに反比例して、古代鉄製祭祀具の出土が増加していくことから、律令系仏教信仰の衰弱化により、古密教の信仰が新たに隆盛を迎えたのであろう。この後、10世紀後半代以降になると安倍氏による寺院造立にともなう仏教政策が施行されるのに前後して、古代鉄製祭祀具が消滅していく。これは新たな支配者層による仏教の普及により現世的利益を求める呪術的色彩の強い古密教の信仰が駆逐されたことに起因すると思われる。

6. おわりに

　古代蝦夷の信仰については、蝦夷支配構造としての仏教受容の側面から語られることが多かった。しかし、古代遺跡出土の錫杖状鉄製品を検討することにより、日光男体山から北へ波及した古密教の伝播と信仰儀礼の一端がうかがえ、律令的な仏教信仰とは異なる宗教の一側面が明らかとなった。

　今回、錫杖状鉄製品を中心に蝦夷社会における古密教の受容といった視点から論じたが、多種多様な信仰形態の一部にすぎず、考古学資料からも再検討しなければいけない点が多い。より多面的な信仰の解明については今後の課題としておきたい。

註

（1） 2006年に調査を実施した盛岡市飯岡才川遺跡で、8世紀末葉の円形周溝から錫杖状鉄製品に付属する鉄鐸が出土している。この事例により錫杖状鉄製品が副葬品として埋納されることが確実となった。㈶岩手県埋蔵文化財センター村田淳氏の御教示による。

（2） 北海道千歳市末広遺跡では、錫杖状鉄製品と付属の鉄鐸に似た遺物をともなっており、断定はできないが錫杖状鉄製品Ⅱa類の刀子タイプになる可能性が示唆されていた。2006年6月に千歳市教育委員会豊田宏良氏のご厚意により遺物の見をさせていただいた結果、末広遺跡の筒形鉄製品には、鉄輪と鉄輪を通す目釘穴が観察されることから錫杖状鉄製品付属の鉄鐸と判断した。また、刀子の未完成品とされる遺物については、円鐶を鍛接した痕跡は不明確だったが、錫杖状鉄製品Ⅱa類の刀子タイプになる可能性が高い。

参考文献

阿部知己 1998「錫杖形鉄製品」『福島考古』第39号、福島県考古学会。

井上雅孝 2002「錫杖状鉄製品の研究」『岩手考古学』第14号、岩手考古学会。

井上雅孝 2004「錫杖状鉄製品の研究（2）」『岩手考古学』第16号、岩手考古学会。

井上雅孝 2006「古代鉄製祭祀具から見た蝦夷の信仰と儀礼―錫杖・三鈷鐃・鉄鐸・錫杖状鉄製品―」『立正史学』第99号。

㈶茨城県教育財団 1983『鹿の子C遺跡』茨城県教育財団文化財調査報告第20集。

小保内裕之 1999「青森県」『考古学論究（特集出土仏具の世界）』第5号、立正大学考古学会。

小保内裕之 2005「福地村の古代」『福地村史上巻』。

桐原 健 1991「掘り出された鉄の鐸」『平出遺跡考古博物館ノート4 鉄鐸の謎を探る』塩尻市立博物館。

小嶋芳孝 2004「錫杖状鉄製品と蝦夷の宗教」『宇田川洋先生華甲記念論文集 アイヌ文化の成立』北海道出版企画センター。

櫻井清彦・菊池徹夫 1987『蓬田大館遺跡』六興出版。

時枝 務 2002「平安時代前期における山岳宗教の動向」『山岳修験』第29号。

沼山源喜治 1999「北上盆地の古代集落における仏神信仰（Ⅰ）」『北上市立埋蔵文化財センター紀要』第1号。

沼山源喜治 2004「陸奥国鎮守府胆沢城周辺の古代寺院の成立と展開」『慶應義塾大学民族学考古学専攻設立25周年記念論集 時空をこえた対話―三田の考古学

―』六一書房。
八戸市教育委員会 1994『上七崎遺跡他』八戸市埋蔵文化財調査報告書第62集。
原　明芳 1996「信濃の鉄鐸」『信州の人と鉄』信濃毎日新聞社。
樋口知志 1992「仏教の発展と寺院」『新版古代の日本9 東北・北海道』角川書店。

古代鳥形製品の文献学

松尾　光

　古代遺跡からは、さまざまな種類の動物を象った遺物が出土している。

　そのうちで鳥を象ったと思われる木製品として注目されたのが、昭和44年（1964）から3カ年、第2阪和国道内遺跡調査会の調査で、大阪府和泉市池上町の池上遺跡内から発掘された6点の彫り物だ。これは弥生中期の遺跡だったが、鳥形製品には、このほかに埴輪製品もある。明治22年（1889）6月の調査で応神天皇陵古墳の周濠から出土した鶏形埴輪などがそれである。

　こうした鳥を象った製品について、考古学研究者からいくつかの解釈が提起され、東アジア世界を見渡した観点からの解釈も施されている。もとより、大場磐雄氏が池上遺跡のものについて「単なる玩具とは思われぬから、あるいは神霊を託す鳥、または霊を招く鳥として、葬送の際これを棹にさしかかげて立てた」とされたのは、遺物に接する者の当然の思いであろう。

　こうした解明にむけた研究姿勢・視野にも、またその研究内容にも敬服する。だが立ち返って日本古代史の文献学をみると、それらの解釈を支えられるのかどうか、はなはだ不安である。そこで、古代史の文献学の立場から鳥についていまの時点での解釈の当否とそれをめぐる問題について検討しておきたい。

1. 鳥形木製品・鳥形埴輪の解釈

　鳥形木製品・鳥形埴輪については、さまざまな解釈があるが、おもなものとしては5つあるようだ。

①農耕儀礼にともなう祭器で、鳥が穀霊運搬の役割をになっていた。
②葬送儀礼にともなう祭器で、鳥の霊力が死霊運搬に用いられた。
③前記にやや似るが、祖霊の象徴とみる。
④神の使いとして祭儀に関係した。
⑤神前に捧げられる犠牲獣の代用物として用いられた。

以上の5つの解釈のうち、第一説は、たとえば山口大学教育学部附属山口小学校構内の白石遺跡などでの発掘によるもので、弥生終末期から古墳初頭の集落付近から鳥形木製品が出土した。こうした鳥形木製品の出土は弥生前期まで溯るが、共伴遺物が葬送関係品でなく、農具・生活用具などが中心なので、発掘の担当者は農耕祭祀品と推測されている。(4)

この鳥形木製品の一部には下部に孔があけられ、杆頭につけられていたらしい。杆頭に木製の鳥形を着けて樹てることは朝鮮半島から北アジアにかけて広くみられ、スサルティ・ソルティーと呼ばれる風習である。各地の村落・寺院の入り口やシャーマンの墓などにも例がある。これは『魏志』東夷伝馬韓条にみられる蘇塗との関係がありそうで、蘇塗は「大木を立て、鈴鼓を懸け、鬼神に事ふ」とあり、「蘇塗を立つるの義」とあるから、立てられた大木に囲まれた聖域のようなものである。その大木に鳥形木製品が掲げられて、集落の農耕祭祀が行なわれていた。その素地としてもともと穂落神を起源とする穀物伝承が東アジア地域に広く分布しており、鳥が稲をもたらしたとする伝説や鳥勧請の習俗が広域にみられることも、そうした推測を支える。

ところが古墳時代に移ると、農耕祭祀における霊鳥観念を引き継ぐもののやや変容して、第二説・第三説にある死霊の運搬または祖霊との交渉に携わるようになった。

纏向遺跡・狐塚法勝寺遺跡の古墳の周濠からも水鳥を象った木製品が出土していて、葬送儀礼と結びいている。周濠の水際におかれた水鳥は、霊魂の再生祈願の意味を込めたものであり、あるいは鳥そのものが霊と化すことができるとみなされていた。こうした霊鳥信仰は、北方シャーマニズムの流れをくむ天

的祭儀を主体とするものとして整えられていったようだ。目を転じてみれば、中国雲南省の少数民族のあいだでは、いまも棺の前に鳥形木製品を飾る習俗が残されている。

考古学的・民俗学的な事例の列記は省略するが、おおむね上のようにまとめることができよう。

2. 文献学的検討と限界点

上記の死霊の運搬・祖霊との交渉という仮説は、文献学の立場でどのようにうけとめてよいのか。そしてそこにはどのような問題点があるか、探ってみよう。

ともあれ、まずは死霊との関わりからみてみる。

第一に、葬送儀礼の場で、鳥が死者の霊魂を運

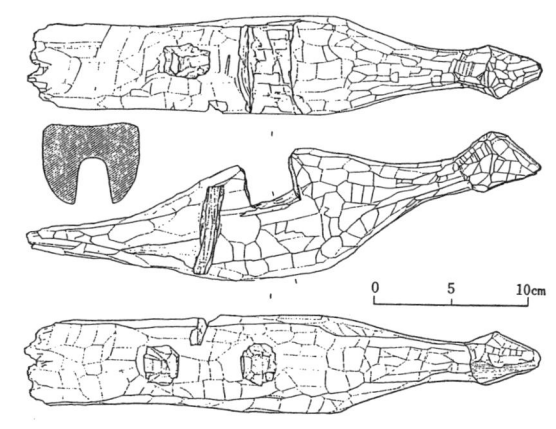

図1 池上遺跡出土の鳥（『池上遺跡』木器編より）

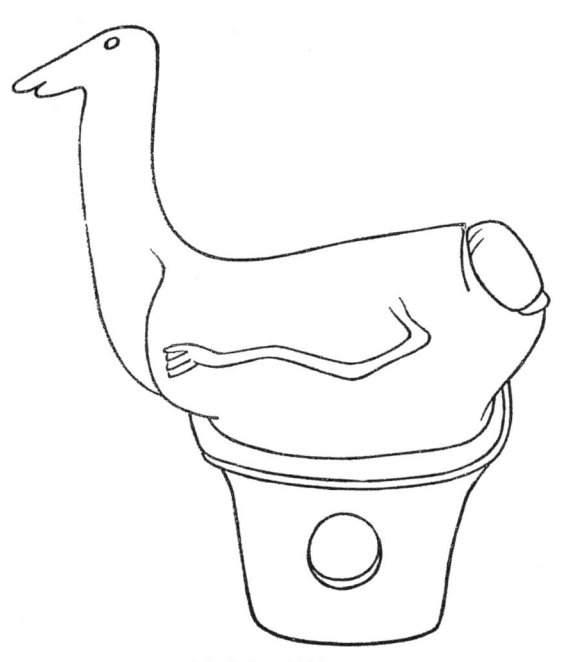

図2 応神天皇陵出土鳥形埴輪（黒川真道「好古叢誌」二編巻六より）

ぶという役割を果たしていたかと問われて、まず思い浮かぶのは『日本書紀』（日本古典文学大系本）景行天皇四十年是歳条の日本武尊にまつわる白鳥三陵の話である。

> 時に日本武尊、白鳥と化りたまひて、陵より出で、倭国を指して飛びたまふ。群臣等、因りて、其の棺櫬を開きて視たてまつれば、明衣のみ空しく留りて、屍骨は無し。是に、使者を遣して白鳥を追ひ尋めぬ。則ち倭の琴弾原に停れり。仍りて其の処に陵を造る。白鳥、更飛びて河内に至りて、旧市邑に留る。亦其の処に陵を作る。故、時人、是の三の陵を号けて、白鳥陵と曰ふ。然して遂に高く翔びて天に上りぬ。

とある。この話を一読すれば、「日本武尊、白鳥と化りたまひて、陵より出で」とあるのだから、人間が死んだあと、その魂は鳥の形に変わった。鳥は人間の化身とみられていた、と容易に諒解できる。鳥は霊魂の化身、そして最終的には天上界に霊魂を運搬する役をになっていたと読み取って不思議でない。

それならば日本の古代社会では、一般的に鳥が魂の化身・魂の運搬役とみられていたとみなしてよいか。そうなると、答えはさほど自明でない。

というのも、古代日本には鳥葬の歴史がない。いや、ただしくいえば鳥葬の歴史を物語る古代資料がみあたらない。鳥が死人の肉をついばみ、そのついばんだ鳥が大空に駆け上ることから、鳥は死者の霊魂の運搬者とみなされる。それならば、鳥は天上界と地上を結びつける霊鳥だとみる観念の成り立ちも想像しうる。しかし日本では、そうした観念成立の出発点となるべき鳥葬の習慣そのものを確認しえない。

『万葉集』（日本古典文学全集本）によれば、

> 衾道を　引手の山に　妹を置きて　山道を行けば　生けりともなし（巻一・二一二）
>
> 衾道を　引手の山に　妹を置きて　山道思ふに　生けるともなし（巻一・二一五）

とあるが、これからすれば亡き妻は山に葬られている。葬むるとは「はふる・

「ほふる」ことすなわち捨て去ること。古代の習俗では死者を山に捨てるのが通例だったとみられ、天上界に魂がのぼるとみなしてはいなかった[5]。

『続日本紀』（新訂増補国史大系本）慶雲3年（706）三月丁巳条には、

> 聞く如らく、京城内外、多く穢嗅有り。良に所司、検察を存せざるに由れり。

とあり、藤原京やその周辺の山などに遺骸を放置していたようだ。おそらくは、死穢を嫌って野外に置き去りにしたのであろう。結果として、これが鳥葬となることはあろう。だが『続日本紀』の書き方からすれば、鳥葬の習慣を禁じたわけでもなく、その背景に鳥葬という意図的な葬送習慣があったと読み取るのはむりだろう。

むしろ天上界と地上界を往来するというときには、海上と同じく、船を用いると考えていたようだ。

『古事記』（日本古典文学大系本）上・建御雷神段に、

> ここに天照大御神、詔りたまひしく、「また曷れの神を遣はさば吉けむ」とのりたまひき。……天鳥船神を建御雷神に副へて遣はしたまひき。

とあるが、鳥船は鳥の形でなく、船の形をしていた。それはその後段に、

> 八重事代主神を徴し来て、問ひ賜ひし時に、其の父の大神に語りて言ひしく、「恐し。此の国は、天つ神の御子に立奉らむ。」といひて、即ち其の船を蹈み傾けて、天の逆手を青柴垣に打ち成して、隠りき。

とあって、同所を『日本書紀』では「船の枻を踏み」としていることで確認できる。

ほかに天上界から神が飛来したときのようすを表現したものとしては、

> 故、大国主神、出雲の御大の御前に坐す時、波の穂より天の羅摩船に乗りて、鵝の皮を内剥に剥ぎて衣服に為て、帰り来る神有りき。爾に其の名を問はせども答へず、且所従の諸神に問はせども、皆「知らず」と白しき。

などがある。

羅摩船は「ガガイモのこと。この実を割ると小舟の形に似ているのでカカミ

船といった」とされるが、鳥の名など付していない。これは天上界・地上界の往来には、名はともあれ、船が必要とされていたことを意味する。天「鳥船」などの記載はなされるが、話の重点は船を用いること。それが古代社会の通念だった。

したがって、祖霊との通交がなされるとすれば、それは鳥を用いてではなく、船を使うとしたはずである。船に鳥の名を負わせているのは、『古事記』神武天皇段に高木大神が「今、八咫烏を遣はさむ。故、その八咫烏引道きてむ。その立たむ後より幸行でますべし」と教えたように、引導する力を評価して採ったもの。すなわち天上界から地上の目的地までをただしく到達させる役割を担わせたもの、と解すべきだろう。

第二に、葬送儀礼の場で、鳥が霊魂を運んだというたしかな光景はみられない。

葬送場面に鳥が出てくるのは『古事記』上であり、天若日子段に若日子の喪屋の情景として、

  故、天若日子の妻、下照比賣の哭く声、風の與響きて天に到りき。是に天在る天若日子の父、天津国玉神及其の妻子聞きて、降り来て哭き悲しみて、乃ち其処に喪屋を作りて、河鴈を岐佐理持（岐より下の三字は音を以ゐよ）。と為、鷺を掃持と為、翠鳥を御食人と為、雀を碓女と為、雉を哭女と為、如此行ひ定めて、日八日夜八夜を遊びき。

と描かれている。

若日子の葬儀の初段階となる喪屋に河鴈・鷺・翠鳥・雀・雉が配置されていることは、葬送儀礼と鳥との関連性をたしかに推測させる。しかし本文を精読すれば、「河鴈を岐佐理持」つまり食物運搬係、「鷺を掃持」つまり喪屋内外の清掃係、「翠鳥を御食人」つまり供物調理係、「雀を碓女」つまり調理の精米労働者、「雉を哭女」つまり葬儀演出係とした。その担当のもとで「日八日夜八夜を遊」んだとするのみである。鳥が死者の霊魂の化身となったり、霊魂を天上界に誘ったりする役割を受けもっていたとは、どのように読み取ろうとしても

むりである。

　鳥と葬儀の関連内容をあれこれ推測していくよりは、むしろこれは天若日子が地上界にある出雲で死没したとしたための演出、記述していく上での修辞と解すべきだろう。天上界の神の子の葬儀を、いくらフィクションの挿話とはいえ、籠絡・懐柔した側の出雲の人たちの手で執り行わせたと書くわけにいかない。それでは神の子ではなく、地上界の人となりきったこととなってしまう。だが天上界の人が葬送にあたったとしては、天上界を裏切って処罰された者を礼遇したこととなって不都合である。そこで、天上界からでも、出雲国の出身者でもない者として天上・地上両界の本籍・帰属が明瞭でない鳥を使い、すべての葬儀を仕切らせる設定とした。鳥どもに葬儀のいっさいをまかせたとする話の必然性は、現実の古代社会にその背景があったのではなく、ここでの被葬者の帰属の不明瞭さに起因すると読みとるべきだろう。

　その当否はいずれにせよ、鳥どもは葬儀の手伝いであって、主役でも、天上・地上両界の仲介者でも、霊魂の運搬者にもあたったとされていない。

　ついで第三に、霊鳥とみなされていたという証明ができない。

　『古事記』中・本牟知和気御子段には、口の利けない王子の話がある。

　　然るに是の御子、八拳鬚心の前に至るまで真事登波受（此の三字は音を以ゐよ）。故、今高往く鵠の音を聞きて、始めて阿芸登比（阿より下の四字は音を以ゐよ）為たまひき。爾に山辺の大鶙（此は人の名なり）を遣はして、其の鳥を取らしめたまひき。故、是の人其の鵠を追ひ尋ねて、木国より針間国に到り、亦追ひて稲羽国に越え、即ち旦波国、多遅麻国に到り、東の方に追ひ廻りて、近淡海国に到り、乃ち三野国に越え、尾張国より伝ひて科野国に追ひ、遂に高志国に追ひ到りて、和那美の水門に網を張りて、其の鳥を取りて持ち上りて献りき。故、其の水門を号けて和那美の水門と謂ふなり。亦其の鳥を見たまはば、物言はむと思ほせしに、思ほすが如くに言ひたまふ事勿かりき。

とあり、鵠をみて王子が言葉を発したために、父・垂仁天皇はその鵠を執拗に

追いかけさせた。しかし鳥を捕まえてそれを本牟知和気御子にみせても、期待に反して、御子は言葉を発しなかった。やがて垂仁天皇は出雲神の夢をみる。そのお告げに従い、御子を出雲神への参拝の旅に行かせる。その結果、

> 故、出雲に到りて、大神を拝み訖へて還り上ります時に、肥河の中に黒き巣橋を作り、仮宮を仕へ奉りて坐さしめき。爾に出雲国造の祖、名は岐比佐都美、青葉の山を餝りて、其の河下に立てて、大御食献らむとする時に、其の御子詔言りたまひしく、「是の河下に、青葉の山の如きは、山と見えて山に非ず。若し出雲の石䃜の曽宮に坐す葦原色許男大神を以ち伊都玖祝の大廷か」と問ひ賜ひき。爾に御伴に遣はさえし王等、聞き歓び見喜びて、御子をば檳榔の長穂宮に坐せて、駅使を貢上りき。……是に覆奏言ししく、「大神を拝みたまひしに因りて、大御子物詔りたまひき。故、参上り来つ」とまをしき。故、天皇歓喜ばして、即ち莵上王を返して、神の宮を造らしめたまひき。是に天皇、其の御子に因りて、鳥取部、鳥甘部、品遅部、大湯坐、若湯坐を定めたまひき。

と結ばれている。

ここでは、鳥の姿をみたことが声を発するきっかけとなっている。では、鳥どもは霊鳥とみなされ、霊力があるとみなされていたのだろうか。

残念ながら、鳥は、話を切り出すためのきっかけに使われたにすぎない。王子に声を出させるため、いかに苦労したかという話の導入である。後段の話からすれば、声を出せなかったのは出雲神の祟りであり、鳥は主役を導き出すための挿話だった。出雲神が鳥に変身していたわけではない。捕らえられた鳥をみても声を発しなかったのは、鳥がとくに霊的な存在とみられていなかった証左である。またこの鵠を捕らえるために近畿・東海・北陸の各地方をめぐったことになっているが、これはそれだけ苦労したという筋書きを作ることと、鳥取部の現実の分布地を網羅的に繋げたものと考えてよい。[7]

この意味で、神の使者の役割を果たしていたとみる説も、文献的に支えづらい。

『古事記』上・天若日子段に、

> 故爾に天照大御神、高御産巣日神、亦諸の神等に問ひたまひしく、「天若日子久しく復奏さず。又曷れの神を遣はしてか、天若日子が淹留まる所由を問はむ」ととひたまひき。是に諸の神及思金神、「雉、名は鳴女を遣はすべし」と答へ白しし時に、……故爾に鳴女、天より降り到りて、天若日子の門なる湯津楓の上に居て、委曲に天つ神の詔りたまひし命の如言ひき。

とはある。しかしそれが鳥としての普遍的・一般的役割だったわけでもない。もし鵠が出雲神の派遣した使者だったのならば、ためらうことなく、出雲神のもとにただちに導くべきであろう。鳥が彷徨しながら出雲に導いたのは、自在に彷徨する鳥の習性をもとにして机上の創作過程で発案したものと考えるべきだ。

また『古語拾遺』（岩波文庫本）御歳神段には、

> 御歳神怒りを発して、蝗を以て其の田に放ちき。苗の葉忽に枯れ損はれて篠竹に似たり。是に、大地主神、片巫［志止々鳥］・肱巫［今の俗の竃輪及米占なり］をして其の由を占ひ求めしむるに、「御歳神祟りを為す。白猪・白馬・白鶏を献りて、其の怒りを解くべし」とまをしき。……是、今の神祇官、白猪・白馬・白鶏を以て、御歳神を祭る縁なり。

とあり、農耕にかかわって「志止々鳥」という鳥の名がみられる。ほおじろのことかというが、さだかではない。それはともかく、たしかに鳥の名がみられる。しかし、西宮一民氏は補注で「鳥を使って占う巫女」と解されており、それならば夕占・辻占などのように偶然性が重んじられる占いの手段にすぎず、穀霊の使者などと意味づけしなくともよくなる。それになにより下文では、御歳神の怒りを解くために「白猪・白馬・白鶏を献」ったとあり、しかもそれは「今の神祇官」もしているとする。鳥は神の使者どころか、生け贄とされているではないか。

第四に、鳥の管掌者の職務内容に、葬儀が入っていない。

右の記事には鳥取部・鳥甘部がみられる。もしも鳥が天上界・地上界を結ぶ

ものと考えられ、葬送儀礼で霊魂を運搬する役割を普遍的に果たしてきたのなら、鳥をおもな管掌対象とする鳥取部・鳥甘部の職務に、葬送に関わったとする記載があってよいだろう。

鳥取部を統括する鳥取連は、『新撰姓氏録』山城国神別に、

　　鳥取連
　　　天角己利命三世の孫、天湯河板挙命之後也

とあり、同書右京神別上にも、

　　鳥取連
　　　角凝魂命三世の孫、天湯河桁命之後也。垂仁天皇の皇子誉津別命、年三十に向ふに言語はず。時に飛ぶ鵠を見て問ひて曰はしく、此何物ぞ、と。爰に天皇悦びて、天湯河桁を遣はして尋ね求ましむ。出雲国宇夜江に詣りて、捕へ貢つる。天皇大に嘉し、即ち姓鳥取連を賜ふ。

とある。後者の記述は『古事記』『日本書紀』とおおむね同じ内容で、『日本書紀』の記事を抜粋したものであろう。ここには、鳥の捕獲についての記述はあるが、葬送に関する記事はまったくみられない。

いま一つの鳥養部は、上掲の垂仁天皇治下の本牟知和気御子（誉津別皇子）の記事にみられるほか、『日本書紀』雄略天皇十年九月戊子条・同年十月辛酉条に、

　　秋九月の乙酉の朔戊子に、身狭村主青等、呉の献れる二の鵝を将て、筑紫に到る。是の鵝、水間君の犬の為に囓はれて死ぬ（別本に云はく、是の鵝、筑紫の嶺県主泥麻呂の犬の為に囓はれて死ぬといふ）。是に由りて、水間君、恐怖り憂愁へて、自ら黙あること能はずして、鴻十隻と養鳥人とを献りて、罪を贖ふことを請す。天皇、許したまふ。
　　冬十月の乙卯の朔辛酉に、水間君が献れる養鳥人等を以て、軽村・磐余村、二所に安置らしむ。

また雄略天皇十一年十月条にも、

　　鳥官の禽、菟田の人の狗の為に囓はれて死ぬ。天皇瞋りて、面を黥みて鳥

養部としたまふ。是に、信濃国の直丁と武蔵国の直丁と、侍宿せり。相謂りて曰はく、「嗟乎、我が国に積ける鳥の高さ、小墓に同じ。旦暮にして食へども、尚其の余有り。今天皇、一の鳥の故に由りて、人の面を黥む。太だ道理無し。悪行まします主なり」といふ。天皇、聞しめして、聚積ましめたまふ。直丁等、忽に備ふること能はず。仍りて詔して鳥養部とす。

とある。

　前段は同工異曲の内容だが、導かれた結論は異なる。本源の異なる伝承ともいえるが、その内容の詮議はいま措いておく。この記事では、飼育されていた鳥が犬に噛まれて死んだことが鳥養部設置の起源となったという。この記事から知られるのは、鳥取部は、網などで自然に飛び交っている野鳥を捕獲し、ただちに生命を断って山積みにし、そののちに食用などに供する仕事を担当するもの。これに対し、鳥養部は「養」とあるから、鳥養部を使ってどこかで一定期間飼育するのだろう。飼育する理由は、鵜飼いの鵜のように飼育中に何らかの用途に使役できるように訓練するのか、または繁殖させて安定した食糧供給源とするのか、であろう。そのいずれであろうと、鳥取部・鳥養部の職務内容には、葬送儀礼との関わりがまったく推測できない。

　以上みてきたように、古代社会一般には、鳥が葬送儀礼に関わって故人の魂の化身と扱われたり、魂を天上界に送り届ける運搬人のような役割を果たした類例がない。

　それでは、第一に掲げた日本武尊の記事にみえたものは何だったのか。

　そこでさきほどの日本武尊の記事を精密に読むと、記述内容には齟齬するというか意味の通らない錯誤する部分がある。

　「明衣のみ空しく留りて、屍骨は無」くなったとあって、「日本武尊、白鳥と化りたまひ」とされているのだから、白鳥は霊魂と身体のすべてが乗りうつった日本武尊の化身とみなされよう。その白鳥が「遂に高く翔びて天に上りぬ」とあるので、人間はその死後、鳥の形をとって天上界に昇るといっているように思える。

しかし、それでは止まったところに三陵を造るという意味がわからなくなる。陵墓とされる以上、日本武尊の遺体が葬られているか、遺体がなければその霊魂が宿っているとみなされるはず。そうでなければ、成り立たない。鳥つまり日本武尊の化身がそこにかつて止まったとしただけでは、陵墓は空であって、そこには何もないことを裏付けてしまう。これでは、陵墓とみなすべき理由がない。

逆にいえば、陵墓とされる以上、その墓に遺体の一部が残るか霊魂の一部が宿っているとみなしているのである。そうなると白鳥の役割は化身となることでなく、遺体・霊魂の運搬だったことになる。しかしそれでは「日本武尊、白鳥と化りたまひて、陵より出で、倭国を指して、飛びたまふ」と書かれていることに齟齬する。

化身であったのか運搬役なのか定まっていないのは、民間に確乎として存在し流布していた習俗・習慣を書き込んだのでなかったからだ。習俗としてすでに確立していたのなら、鳥はこの役割だと明瞭にできていたはずだ。つまり社会的背景などないことについて、記載者が机上で捏ね上げた話なのである。

もともとこの話は、各地に置かれていた建部がその祖先伝承として日本武尊にまつわる話を作っていた。当然その建部の祖神の墓の伝承地もすでにあって、複数の陵墓が存在していた。そこで、墓の伝承を活かしてかつそれらの地を繋ぐために、離れた3点を容易に移動できる鳥が運搬したと記載したかったのであろう。これはあくまでも修辞であって、鳥がほんらい死者の霊魂の化身となったり、霊魂の運搬役となったりしていたのではなかった。日本武尊の場合、点と点となっている3カ所の陵墓をかんたんに結びつけるために、鳥どもに一役かわせたと考えておくのがよい。

さて、このほかに穀霊運搬の役割をになったとする有力な説がある。しかし稲作と鳥の関係は、文献的に明瞭でない。穀物の種は天上からもたらされたとみられていて、鳥が運んだという意識はみられない。いちばん縁が深そうな雀は、穀物を横取りする害鳥とみなされないものの、穀霊にふれる姿はみられな

い。
　ただし、『山城国風土記』逸文（日本古典文学大系本）・伊奈利社条には、

> 伊奈利と称ふは、秦中家忌寸等が遠つ祖、伊侶具の秦公、稲梁を積みて富み裕ひき。乃ち、餅を用ちて的と為ししかば、白き鳥と化成りて飛び翔りて山の峯に居り、伊禰奈利生ひき。遂に社の名と為しき。其の苗裔に至り、先の過ちを悔いて、社の木を抜じて、家に殖ゑて禱み祭りき。今、其の木を殖ゑて蘇きば福を得、其の木を殖ゑて枯れば福あらず。

とあって、穀霊が鳥の姿をしていたと読みとれる記事がある。
　これは、米の精である餅を粗略に扱い、的として弄んだことを窘める話である。家の繁栄がこの軽挙によって失われたことを、飛び立つ鳥によって象徴的に言い表したものである。だが、これは穀霊が鳥の形をしていたことを物語ろうとしているのではなく、長く居着いて家の繁栄を守護してきた神が逃げ去る形を鳥の飛び去る姿に託したというべきだろう。鳥の姿は、あくまでもたとえである。もしも古代農民が穀霊は鳥の姿をとっていると考えていたとするなら、そもそも古代社会で鳥取・鳥飼という仕事は成り立ちえなかったであう。ここでは浮いている標的（餅）を矢で射るという設定の話だったから、ここに登場させる動物を鳥としたのであり、話の設定次第では鹿でも猪でもよかったはずである。それでも鳥が穀霊の形であると広く考えられていたというのなら、「其の苗裔」たちが「先の過ちを悔いて、社の木を抜じて、家に殖ゑて禱み祭」ったり、「今、其の木を殖ゑて蘇きば福を得、其の木を殖ゑて枯れば福あらず」と考えず、化身たる白鳥を捕獲または招くように祈る方がよかったはずだ。鳥の止まった木に祈るなどという話に変容したとなれば、それは本体を忘れ去ったあまりにも奇妙な展開ではないか。
　以上、日本古代史の遺された文献には、鳥が古代儀礼にどう関わってきたのか、このように関与しているといいきれるまた検証しうるような記述がみあたらない。
　その点では、むしろ犠牲獣・供物説のほうが文献として支えやすい。

『延喜式』(新訂増補国史大系本) 神祇四・伊勢太神宮／鎮地条に、

　鎮祭宮地 (後の鎮、此に准ぜよ。但し、明衣及び鍬を除け)

　鉄人像以下小刀以上。心柱祭に同じ。鍬二口。五色の薄絁各一丈。木綿・麻各二斤。酒二斗。米二斗五升。雑腊二斗五升。堅魚・鰒各三斤。雑海菜二斗五升。塩二升。雞二翼。鶏卵廿枚。陶器各廿口。祢宜・内人・物忌等五人。明衣料絹二疋 (度会宮は一疋を減ぜよ)。正殿地を築平する祢宜・内人等八十人の明衣料の庸布八十段 (度会宮は半ばを減ぜよ)。

とある。『皇太神宮儀式帳』(群書類従本) の「山口神祭用物并行事」(第一輯、49頁) 項を参考にすれば、雞の2翼は2羽はそのままとしても、鶏卵の廿枚は廿丸であろう。ここでの雞からは、古代儀礼での鳥の霊力を窺うことはできそうもない。鳥は祭儀に登場するが、堅魚や鶏卵とともに出てくるのだから、供物の一種とみるべきである。あるいは鳥を切ってその血を祭器に塗布する祭儀があったともいう。⁽¹⁰⁾これを勘案すれば、神に捧げられる犠牲獣とみなされたとしてもよい。

　また古墳の鳥形埴輪などについては、「山海の政」を象徴する景物の一つとして並べられたとも考えうる。

　『古事記』中・応神天皇段によると、

　　即ち詔り別けたまひしく、「大山守命は山海の政を為よ。大雀命は食国の政を執りて白し賜へ。宇遅能和紀郎子は天津日継を知らしめせ」とのりわけたまひき。

とあり、その後段に「此の御世に、海部、山部、山守部、伊勢部を定め賜ひき」とある。山部 (山守部)・海部 (伊勢部) を通じて山海からの収穫物を並べれば、それによって山海の支配が確認される。しかし支配者の頭上に広がる空は、そもそも空間にすぎないので、管掌する部民がいない。鳥取部は、地上にはった網などで鳥を捕獲する。空間を対象とした部民ではなく、あくまで地上に設定した部民である。したがって空間の支配を象徴するものがないのだが、地域の王者にとってはなにか必要である。そこで天空を象徴するものとして鳥を選

び、その観念のもとに鳥形埴輪を制作し、天空をも支配下に入れたことを臣下・人民に示した。文献的には、そのように考えることも可能である。

3. 文献資料と考古遺物のギャップ

　上にみてきたように、古代文献資料の現況と考古学的な発掘遺物という現実との間には、かなりの差がある。日本の古代文献資料では、現実に出土している考古遺物を適切に解釈しきれない。そこで東アジア地域のもろもろの学問分野の垣根を超えた幅広い知見をもって理解することになる。そうした深く広い目をもつことは、ものごとの理解にたいへん有効であることに間違いない。
　しかしその一方で、日本にはその理解に適した古代文献資料がないという現実をどのように理解したらよいのか。それはそれでおおきな課題である。
　第一に、日本に適した古代文献がないのは、考古遺物と文献成立時期との差であろうか。
　古代史文献・古代資料といっても、上に参照したのはおもに『古事記』『日本書紀』であって、成立年代は両書とも8世紀初頭である。3世紀溯ったことを記した部分でも、それが3世紀溯った資料であることを意味しない。あくまでも8世紀の資料、編纂の時間を勘案しても7世紀後半の資料である。もちろん8世紀を溯る古い資料を用いている部分もあるかもしれないが、それを的確に選別することはむずかしい。やはり8世紀の時点で「3世紀前の事実」と考えられた記述としておくべきである。
　つまり、かりに400年ごろ、鳥について「祖先たちの霊魂の化身」「天上界・地上界を往来し運搬にあたる神の使者」などとみなす考えがあったとしても、8世紀の文献成立時になければ、その思想・観念は書き残されない。そのために眼前の古代文献にはみられない、と考えることができる。
　第二には、編纂主体の関心の差であろうか。
　『古事記』『日本書紀』などは、たんなる『日本の歴史』ではない。歴史を客

観的に叙述する気など、もとよりない。眼前には、天皇家を中心とし、律令制度に依拠して成立している国家体制がある。その体制がいかに作られ、そして諸豪族の祖先がその成立にいかに関わってきたか。叙述されているそのときの「事実」が、8世紀の国家の各構成員の現実のありかたを決めている。それをわからせるための、明瞭な意図をもった書籍である。

そうであれば、古代社会において一般の人々が鳥をどのようなものとして受け止めていたのか、などということは記述の関心事でない。一般の村や住居においてどのような儀式が行われ、そのさいに鳥をどのようなものと意識したか。そうしたことは、『古事記』『日本書紀』に記す必要がない。たとえていえば、スポーツ新聞で今日の国際政治の出来事について十分な記述がないと嘆くことに似ている。それは当然のことである。

そういう意味では、東アジア世界の類例を集めて、古代文献の欠佚部を補なう手法があってよい。日本にもほかの東アジア世界の類例のように、諸地域とおなじような文化・感覚があったと推測することはきわめて有効である。

しかし、日本の古代文献の欠佚とみて、ほんとうに東アジアの諸地域の文化の類例をもって日本の文化を補なって理解してしまってよいのか。日本には、鳥を霊鳥などとみる感覚が生じていなかったのかもしれない。日本は東アジアの辺境に位置する国だから、東アジアでは普遍的にみられる文化でも、日本にはみられないということもありうる。そのことも考えに入れておく必要がある。逆の現象だが、韓国などには許されなかった元号が、辺境であったがために日本には生じていまも残っている。ないことも、またないとすればそのことの意味も、また考えていく必要がある。

筆者は、もとより東アジアの類例をもって考古遺物などを普遍的なものとして理解しようという動きについて、これを否定しようとして発言しているのではない。むしろおおいに賛同し、これを推し進めていくべきだと思っており、学際的な共同研究を通じてその動きの一翼も担ってきた。それだけに、それを推進する立場からのささやかな危惧として、無限定にまた躊躇なく他地域の類

例を当てはめることにいささかのためらいを感じるのである。

註
（1） 黒川眞道「鳥形埴輪考」『好古叢誌』二編巻六。
（2） 大場磐雄「葬制の変遷」『古代の日本』第二巻、1971年、角川書店。
（3） 以下の各説については、立平進「死者の鳥」『考古学ジャーナル』第166号、1979年、金子裕之「古代の木製模造品」『奈良国立文化財研究所研究論集』Ⅵ、1980年、金関恕「神を招く鳥」『小林行雄博士古稀記念・考古学論考』1982年、森田孝一「鳥形木製品について」『山口大学構内遺跡調査研究年報』3、1985年、田名部雄一ほか「シンポジュウム・鶏の考古学」『古代学研究』114、1987年などを参照してまとめた。
（4） 森田孝一、註(3)論文。
（5） 大王（天皇）が死没したとき崩御と記されるが、これを「かむあがります」と訓むこととなっている。この訓みは鎌倉後期（弘安9年。兼方本日本書紀の成立時）のものである。これは『万葉集』でも「天皇の　敷きます国と　天の原　石門を開き神あがり　あがり座しぬ」（巻二・一六六）とあって、奈良時代にもみられる。しかしこれらは「神の命と　天雲の　八重かき別けて　神下し」に対応するもので、天上界から降臨した神の子孫であるから、没後は天上界に戻るという設定で表現されたものにすぎない。一般の社会習俗で、死霊は神となって天上界に赴くという感覚があったとする証明にできない。
（6） 『日本書紀』上・107頁、注28
（7） 松尾　光「鳥取」項『日本古代氏族事典』1994年、雄山閣。
（8） 松尾　光「ヤマトタケルの東国平定」『古代の神々と王権』1994年、笠間書院。
（9） 松尾　光「古代文献にみる日本古代の稲作」『白鳳天平時代の研究』2004年、笠間書院。
（10） 上山春平『続・神々の体系』154—159頁、1975年、中央公論社、松尾　光「古代人と血」『天平の木簡と文化』249頁、1994年、笠間書院を参照のこと。

特論　手宮洞窟とフゴッペ洞窟壁画にみられる続縄文時代のシャーマニズム

大島　秀俊

1. はじめに

　北海道小樽市に所在する手宮洞窟と同余市町に所在するフゴッペ洞窟はともに国指定史跡で、洞窟内壁に刻画があることで知られている。絵が刻まれた時代は、出土遺物から続縄文時代前半（2～3世紀）と考えられているがフゴッペ洞窟については、洞窟の波蝕台まで調査が及んでいないこともあり、未だ不確定な部分も残されている。

　手宮洞窟は小樽湾の西側に突き出た高島岬の付け根部分にある海食洞窟で、1866年に石材を探しに来た石工の長兵衛により発見されたものである。洞窟は角礫凝灰岩からなり、波蝕台面の海抜高度は約2m である。この洞窟は、発見が古いことや国内に類例がなかったことから、ジョン・ミルン（1879）、坪井正五郎（1888）、鳥居龍蔵（1913）、喜田貞吉（1929）などの碩学により、さまざまな学説が発表されてきた。主たる説は文字説であったが、1950年に小樽市の西側に隣接する余市郡余市町でフゴッペ洞窟が発見され、北海道大学の名取武光により1951、1953年の二次にわたって発掘調査が行なわれた。名取武光は洞窟壁画の製作時期が続縄文時代であり、壁面に残された彫刻が絵であること、手宮洞窟のものと類似していることを指摘した。ここにいたりようやく文字説は研究者の間では払拭されたといってよい状況になった。

　一方フゴッペ洞窟は余市湾の東端に突出したフゴッペ岬の付け根部分にある海食洞窟で、基盤岩は、ハイアロクラスタイトからなる。その規模は、奥行き

7m、幅約 6m、高さ約 7m である。洞窟内壁には手宮洞窟同様に絵が刻まれている。

洞窟前面に広がる砂丘には続縄文時代から擦文時代の遺跡が広がっており、フゴッペ岬を挟んで東側に広がる蘭島湾に沿って展開する砂丘列上にも同時期の遺跡群が見られる。現在まで、同時代の壁画が残されているのは、この 2 遺跡だけであり、他に類例がないことから特異な存在と考えられてきた。フゴッペ洞窟は、1972 年に保存施設が完成していたが、老朽化により、壁画に苔が生えるなどの影響が出始めたため、2000 年から再度保存施設を構築し、それにともない余市町教育委員会の手により発掘調査が行なわれた。発掘の報告は、2004 年に刊行されているが、内容については研究史の項で触れることにしたい。

2. 研究史と問題点

研究史については、すでに多くの文献でそれを取り扱っており、再度にわたって検討するには紙面の関係上問題がある。ここでは、この 30 年程の期間で纏められた文献について、指摘されている問題点を述べることにしたい。まず、原点として取り上げなければならないものが、フゴッペ洞窟の二次にわたる発掘調査結果を纏めた発掘調査報告書『フゴッペ洞窟』(1970) である。これには刻画の写真測量による実測図が載せられており、刻画自体を考察するうえで初めての基礎資料となった。この意義はきわめて大きいものであり、すでに述べたように、調査者の名取武光により、彫刻は原始絵画であり、北東アジアにその起源が求められるという研究の方向性が示された記念すべきものであった。この報告を境に絵画としての研究が展開してゆくことになる。

1971 年には峰山巌が、人物像をシャーマン像とする研究を『謎の刻画　フゴッペ洞窟』のなかで発表する。個々の刻画について、民族例などから解釈を加えたもので、掛川源一郎の洞窟内で焚き火を照明とした場合、刻画はこのよ

うに見えただろうというコンセプトのもとに撮られた美しくも幻想的な写真とともに、秀逸な内容となっており、ここから、シャーマニズムを視点とした研究が始まってゆくことになる記念すべき論文である。

一方手宮洞窟については、史跡保存修理事業の一環として 1989 年に行なわれた発掘調査で、続縄文時代の土器が包含層中から検出されたことにより、偽物説を一掃し洞窟の年代がフゴッペ洞窟と同時代のものであることを証明した。当時発掘担当であった大島は、土肥研晶とともに、この発掘に先立ち、刻画の観察を行うと同時に、壁面にメッシュを組んで手実側で図をつくり、それを基に画像が具体的に何を表しているのかという点について検証を試みた。また壁画の製作手法についても、陰刻面の観察からそれを論じた（大島 1990）。その土台となったのは、やはり峰山の画像解釈である。手宮洞窟に描かれていたのは、文字ではなく人物像であり、その多くはフゴッペ洞窟で、峰山が指摘したシャーマンの絵とした。この刻画についても写真測量により正確な図が小樽市教育委員会により作成されている。これで初めて、手宮洞窟とフゴッペ洞窟の刻画の比較が可能となり、両洞窟壁画比較研究の画期となった。

フゴッペ刻画についてはその後、土谷昭重（1993）により民俗例を積極的に取り入れた絵に対する検討が加えられている。とくに土谷により、土器内から出土した鹿の肩甲骨が卜骨ではないかとの指摘が興味を引くが、これについては動物の解体儀礼とのかかわりを今考えている。

大島（1995）は「フゴッペ洞窟および手宮洞窟壁画の一考察」のなかで、両洞窟の刻画を群でとらえることにより、作者の意図を読み取ることができるのではと考え、群分けと、人物像の類型化を試みた。また主だった像に符番し個々の像を資料化することを試行してみた。本来なら、このことは史跡の管理者がすべての刻画を符番し、計測規模や形状等のデータを記入したデータベースを作成することがのぞましく、保存修理事業のなかで今後の管理を行なうための基礎作業であったはずであるが、未だそれが行なわれておらず絵画資料を保存しながらも研究資料としていくことに対する認識の低さがそこにあると云

わざるを得ない。手宮洞窟刻画については、大島が1990年の作図段階で符番を行い、個々の画に対して、番号で論及できる下地をつくったつもりであったが、これも行政側に理解されたとは云い難い。

ついで、手宮洞窟保存修理事業が完成したことを記念した、『手宮洞窟シンポジュウム』が1997年に開催され、佐原真、菊池俊彦、大沼忠春、菊池徹夫、前田潮、大塚和義、大島秀俊（筆者）が参加して考古学、民族学の立場で討論が行われた。

最初に、大沼忠春により、洞窟刻画の年代が出土土器から、後北C2・D式式が主体で、これに本州の弥生系の文化と、北の鈴谷式的な文化が交流しあっている時代の所産であろうという土器を通した時代背景が述べられた。これが芯となり発表が展開される。

佐原真は、『世界の中の手宮・フゴッペの造形』のなかで、弥生〜古墳時代の絵画研究の実績を踏まえた上で、構図について言及し、「多時点画」、「多視点画」、「レントゲン画」という事例を揚げ、絵の多様性を説明して切り口としたがそれがそのまま、手宮・フゴッペ洞窟を理解する手掛かりとはなり得なかった。

シンポの司会者でもあった菊池俊彦は、『北東アジア史と手宮洞窟』のなかで、あえて文字説を紹介しつつ、自身靺鞨文化の研究者であり、自らの北東アジア研究の実績を引用し、これを否定してみせた。また、A.P. オクラードニコフの事績を紹介しつつ、問題点を広く北東アジアへシフトしてみせた。北東アジア域との関連についてはすでに、大塚和義（1969）により、フゴッペ洞窟の舟の絵が北東アジアの岩壁画に広く見られることが指摘されているが、あえてシンポジュウムテーマである『波濤を越えた交流』に向けての舵取りを行った。これを受けて、前田潮はこのテーマをさらに北方ユーラシアまで広げ、各事例と手宮・フゴッペ洞窟との比較をしてみせた。なかでも北海道アイヌには北東アジアの狩猟民に見られるようなシャーマンがおらず、シャーマニズムも顕著ではないことを指摘しており、おそらくプロトアイヌと考えられている擦文文

化中にもそれがなかったものと推測してみせた。これは後北式土器文化の所産である手宮・フゴッペ洞窟刻画を理解するためのきわめて重要な見解である。

大塚和義は民族学者としてのフィールド研究から、エベェンキの狩猟儀礼を報告した。これによると、アムール川最北部に住む狩猟者はウリルンという単位ごとに、岩面画をもち、狩猟の際に岩面画に供物を捧げたり、血を塗りこんだりすること、見ずらくなったものは、彫りなおしたり、酸化鉄を塗り直したりするという民俗例を示し、両洞窟が祭祀の場であることを示唆した。この報告は、民俗例を踏まえたものでありフゴッペ洞窟には彩色した刻画もあるところから、刻画の利用形態を考える上で重要な報告といえる。

菊池徹夫は、刻画が狩猟祭祀の場であるなら、もっと動物像が多く見られなければならない。人物像が主体であることから、祖霊祭祀の場（これについては先の峰山がすでに1971年に言及している）ではないかとした。それが、洞窟画から続縄文末の土器や擦文土器の文様としても受け継がれていくと述べた。祖霊祭祀については絵の人物像が何であるのかを細かく分析する作業を経てから初めて言及することができると考えるが、この点については大島（1995）が、絵を群単位でとらえ、その配置から祖霊を中心とした構図や、大きなシャーマンを中心とした構図があることを示し、群ごとに物語性があるのではないかと指摘している。以上がシンポジュウムに際し行われた発表の骨子である。

ついで、鳴門教育大学の小川勝（2002）により『フゴッペ洞窟・岩面刻画の総合的研究』が発表された。小川は美術史研究が専門であり、美術史的な観点から、フゴッペ洞窟絵画に言及した。その成果は、考古学とは別視点からの言及という点に尽きよう。報告内に「作品」という単語が使用され、考古学での資料、遺物という名詞に馴れたものにとっては、観点が異なると呼称が変わるものだとあらためて認識された。この研究のなかで注目したいのは、右代啓視の『フゴッペ洞窟の成因とその考古学的復元』であろう。これは、赤松守雄を代表研究者とする『フゴッペ洞窟・岩面刻画と文化交流のフィールドステーション作りの基礎研究』の成果が反映されたものである。ボーリング調査によ

り、洞窟形成の時期、利用開始から崩落による埋没の過程、洞窟に絵が刻まれた時期の特定を行っている。また、同研究に論文を載せている菊地徹夫は、手宮シンポで指摘している北東アジアの岩壁画には、動物像が多く、手宮・フゴッペ洞窟のような人物像は少ないとした点で、ロシア・ハバロフスク州の「スクパイ」岩壁画のなかに彩色された人物像が多く見られること、比較的日本海に近い位置にあることを紹介している。洞窟に刻画を残した後北式土器人は、日本海側では新潟県、太平洋側では、宮城県にまでその土器を残している。充分、沿海州を横断できる移動距離であることとを勘案すると大陸との関係を考えることもできるが、ここでもっと議論しなければならないのは、後北式土器文化自体だと思われる。後北C2・D式土器が出土する遺跡は、焚火址や墓は多く発見されるが住居跡は発見されず、不明な点が多い。焚き火址からは、川辺の遺跡では鮭鱒類の骨、海辺では、鮭鱒類、ニシン、鰯、ウグイなどの骨が出土することから、生業の一端は漁猟や狩猟が担っていたことが推測できる。それにも増して、特徴的なのは前述したように、広い土器の分布範囲である。この現象が経済活動の結果もたらされたものと考えるのはそれほど的はずれとは思われない。北海道の続縄文時代の土器が本州の半ばまで南下したと同じように、九州の遠賀川系の土器も青森まで到達しており、この時代が社会構造、経済構造を含めた歴史の変動期であったことは否めないであろう。

　2004年の『国指定史跡フゴッペ洞窟保存調査事業報告書』では、洞窟前庭部付近の発掘調査で、北大式土器をともなう焼土群が出土しているが、後北式土器がともなう遺構は発見されなかった。フゴッペ洞窟の東側に隣接する蘭島遺跡群では、後北式土器をともなう遺構群は古蘭島湾のかなり奥まった地点で検出されており、フゴッペ洞窟の海岸線からの位置に該当する地域では、フゴッペ洞窟の前庭部や周辺と同じように、北大式や擦文時代初頭の土器が出土している。このことから、フゴッペ洞窟は実際の生活領域からやや離れた地点に位置していた可能性が大きい。以上が両洞窟に対する研究史であり、このなかにこれから論じなければならない問題点のすべてが内包されているといってよい。

3. シャーマニズムと洞窟壁画

　シャーマニズムとはなんであろう。フィンダイゼン（1977）は、「精霊によって憑依される祭司的人物の言葉と行為を焦点とする現象」と定義している。とはいえシャーマニズムを単純にこれだけで説明するのは困難であり、なかなか理解が及ぶものではない。今もシャーマニズムを伝える北方狩猟民の世界観は複雑であり、祖霊信仰や多くの動物神の存在、トーテミズム的な世界観などが複合的に存在する。そのような精神的環境のなかで、シャーマンによって引き起こされる現象をシャーマニズムといい換えるほうがより理解しやすいかもしれない。

　シャーマンはあるときは集団の指導的立場をとることもあり、医術を行う医者でもあるし、通過儀礼の執行者たる場合もある。しかもシャーマンは憑依によって言葉を発し、行為を行う。シャーマニズムの歴史は古く、北ユーラシアの後期旧石器時代にはすでに存在していたことを、ラスコー洞窟の洞窟壁画が教えてくれている。日本においても、フゴッペ洞窟や手宮洞窟の時代だけに限定されるものではないであろう。ただ日本考古学において、それを証明できる資料が各時代を通じて存在している訳ではない。たとえば、縄文時代には土製仮面や土偶の存在がある。なんらかの祭祀が行われたことは想像に難くない。しかし、それがフィンダイゼンのゆうような精霊が憑依することにより呪術を行うシャーマンが存在した直接的証拠にはなり得ないのである。

　手宮・フゴッペ洞窟の刻画にみられる角飾りをつけた人物像、羽飾りをつけた人物像が動物衣装をつけたシャーマンだとすれば、フィンダイゼンによる、シャーマンの衣装が動物形の補助霊（動物形の補助霊は昔すべての動物がもっていた呪力を今なお完全に備えている）として働くという説明が生きてくるし、また「ワシや白鳥のような動物はシャーマニズム神話の先頭に立つもの」として鳥が重要な存在であることから、シャーマンの衣装に羽がある理由も説

明される訳である。

　フィンダイゼンは、『霊媒とシャーマン』のなかに、ウノ・ハルヴァ（Uno Harva）のまとめたアルタイ諸民族の宗教表象に関する研究を補足して作成した各部族におけるシャーマンの衣装について以下のようにまとめている。狩猟対象の動物、補助霊に仮装することが重要であることがわかる。

```
鳥 ┌（ハゲタカまたはトビ）　テレンギット族、ショート族、カラガス族
   └（ワシミミズク）ヤクート族
トナカイ　　　　サモィエード族、ィエニセイ族、ツングース族
ノロジカ　　　　東部ツングース族、ブリヤート族、
鳥とノロジカ　　満州族、トランスバイカル・ツングース族、ソロン族
```

　また、先に記述した大塚和義も手宮洞窟シンポの講演集のなかで、エベンキのシャーマン衣装（羽状の飾りがついたもの）と、シャーマンではないが、オロチョンのハンターがノロジカの頭部をそのまま帽子にして被っている写真を掲載している。これらの民族例からいっても、手宮・フゴッペ洞窟人物像の角状の表現や羽状の表現は、峰山がいうところのシャーマンの衣装を表現したものという説が妥当であることを物語っており、やはり峰山が指摘する手宮・フゴッペ両洞窟が祭祀の場であったことも、大きくはずれるものではない。その祭祀の内容については、峰山がいう祖霊祭祀（フゴッペ洞窟で）であり、大島（1995）もそれを自説で補強している。筆者はすでに手宮・フゴッペ洞窟の人物像について、想うところを発表してきたがここで再度それを述べてみたい。

(1) 手宮洞窟の人物画

　手宮洞窟には、小樽市教育委員会が刻画の実測図をつくった段階で34個の像が残存していた。このうち人物の全体像を特定できるものは25個である。図1の大島・土肥作成図と図2の小樽市教育委員会作成を並べてみた。大島・土

412 特論 手宮洞窟とフゴッペ洞窟壁画にみられる続縄文時代のシャーマニズム

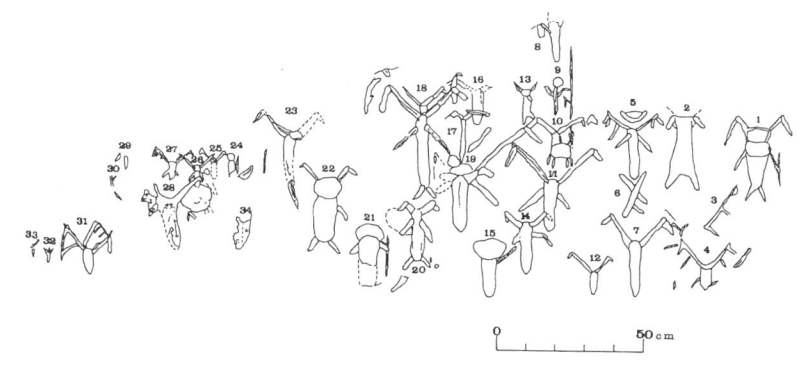

図1 1991年度大島・土肥作成実測図

図2 小樽市教育委員会作成手宮洞窟壁画実測図

肥作成のものは切り合い関係が示されている。これからは個々の像が刻まれた手順が読み取れるし、今まであまり議論されてこなかった像同士の切り合い関係も示されている。すでに大島により、手宮洞窟の像の配置には横方向に並ぶ規則性が存在することが指摘されており、図3を見るかぎり少なくとも横方向に四段の列が構成されており、崩落部がその上部にあるとすればさらにもう一段の絵列が存在していた可能性もある。この列のうち切り合い関係で最初に刻

特論　手宮洞窟とフゴッペ洞窟壁画にみられる続縄文時代のシャーマニズム　413

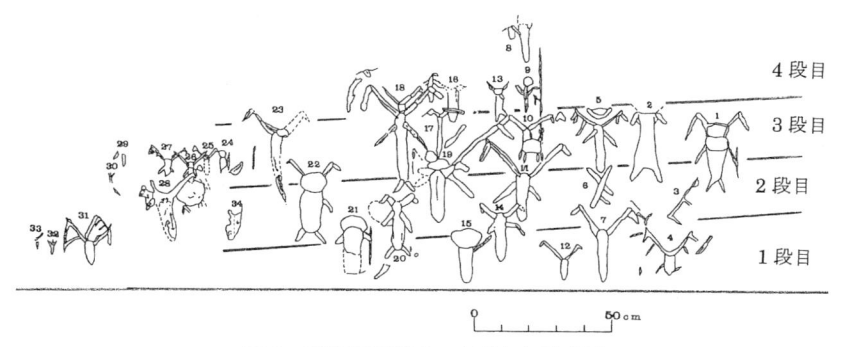

図3　手宮洞窟刻画・水平方向構成図

まれた画列は二段目と四段目のものであり、その後、一段目と三段目が描き加えられたことになる。いずれにしても一見無秩序にみえる像の配列にも規則性があることがうかがえ、これが手宮の場合の特徴ともいえる。手宮洞窟の人物像は頭部の形に特徴があり、以下のように分類される。

1類　頭部が逆台形状に表現されたもの
2類　頭部が円形に表現されたもの
3類　胴部と頭部の明確な区別がないもの

以上3形態に分類されるが、3類については、大島・土肥図を参照すると理解がなされよう。つまり胴から頭部までを同じ刻みで表現していること、1.2類については頭部と胴部は区別して刻み、丸い頭部は刻みの上から磨いている。1類で代表的なものは、図1—1の大島が仮面を付けた人物像としているもので、手には棒状の道具をもっている。頭部には下に折れ曲がった角が表現されている。2類については、図1—21・22の像がある。21は頭部、両手が表現され、手には杖をもっている。下半身は岩面の剥落により欠損している。22は角のある丸い頭部と片手、両足と小樽市教委作成図には尻尾が表現されている（大島・土肥図に尻尾が表現されていない）。

3類としては、図1―4.5.7.11.12.14.18.20 がある。いずれも胴から頭部まで同じ刻みで表現されている。1類については、頭部の逆台形が図1―1の人物像がつけている仮面の形状に通じるところから仮面の装着状況を現している可能性が高い。問題は2類と3類の表現の差をどう理解するかということになる。ふつう頭部を表現したものが人間的な像という見方をすれば一方は非人間的な存在、精霊または憑依状態のシャーマンとでも理解されようか。手宮洞窟の人物像がすべてシャーマンと仮定すると、この洞窟内の絵は何を語っているのであろう。

(2) フゴッペ洞窟の人物画

　フゴッペ洞窟の人物像は、手宮洞窟のそれと比較するときわめて多様である。手宮では静止した人物像であったが、フゴッペ洞窟では、動きを表現している人物像が多く見られる。また、手宮洞窟のものが横方向に指向性をもつ構図であるのに対し、フゴッペ洞窟では縦方向にもその構図が広がりきわめて重層的な構成が見て取れる。かつて筆者が指摘したように、ひとつの群単位で物語性を示しているものと思われる。フゴッペ洞窟に刻まれた像の数は、正確に把握されているとはいいがたいが、前述の小川勝の作成した資料集には774個の図がある。さらに洞窟外や北海道開拓記念館が所蔵する剥落岩片に刻まれたものや、未発掘部分も存在することなどから、総数についてはまだ不確定な部分を残している。これらの絵のうち人物像といえるものを特定するのは、絵の表現がやや具象的なものからかなり抽象的なものまであることから、これについても把握するのはむずかしい。フゴッペ洞窟の刻画についてはよりいっそうの検討が必要なのである。図4・5には大島が類型化（1995）した図を載せた。その説明についても筆者が以前行った分類を引用しておく。

I群・角をもつ人物像群
　a類　両手両足をもつ類

特論　手宮洞窟とフゴッペ洞窟壁画にみられる続縄文時代のシャーマニズム　415

b類　両手両足をもち頭部に横線が一本表現されている類
c類　足だけが表現された類
d類　両手だけが表現された類
e類　胴部だけが表現された類

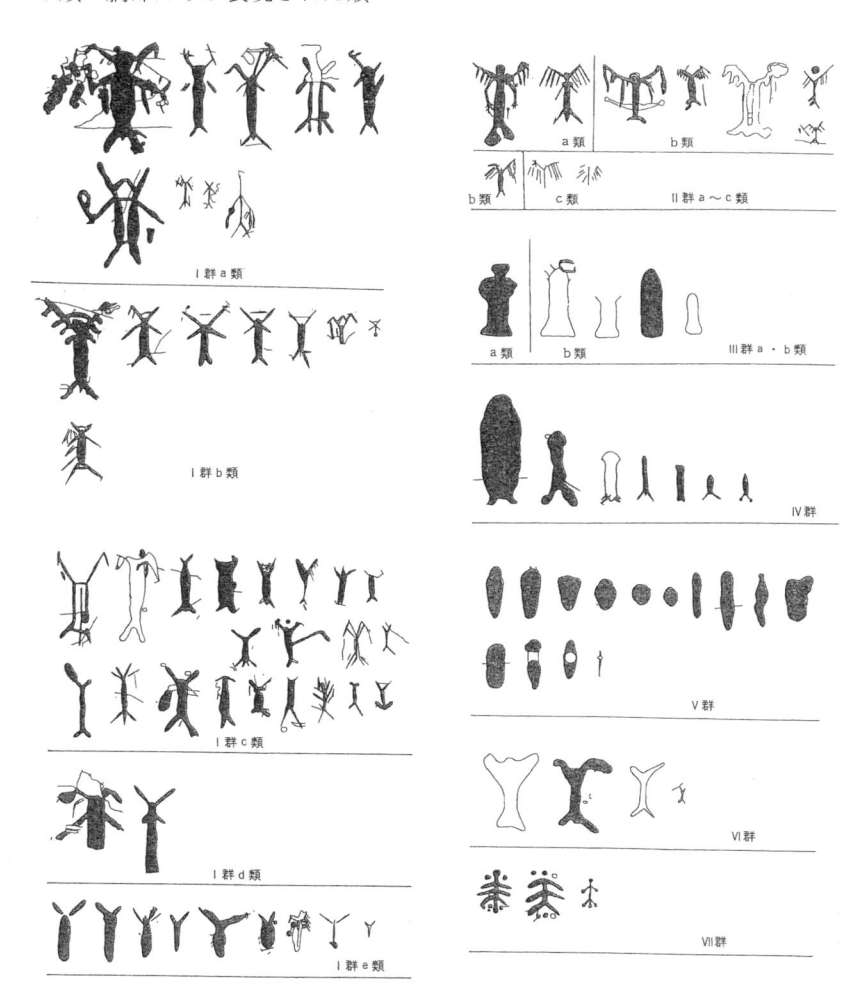

図4　フゴッペ洞窟人物像分類図（大島 1995）

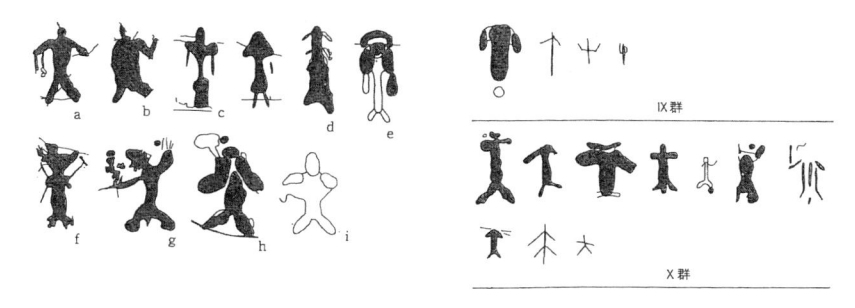

図5　フゴッペ洞窟人物分類図（大島 1995）

Ⅱ群・羽をもつ人物像群
　a類　両手両足をもつ類
　b類　両足だけが表現された類
　c類　胴部だけが表現された類
Ⅲ群・長衣を着た人物像群
　a類　頭部を意識して表現した類
　b類　頭から足元まで一体化して表現された類
Ⅳ群・長衣を着て足だけ出している人物像群
　図の七つのパターンがある。
Ⅴ群・手足をもたず長楕円形で表現されたもの
　図の14のパターンがあるが共通項は下部が窄まることであり、上半身がやや膨らみ頭、肩が想定できる。
Ⅵ群・両手を上に上げる人物像群
　長衣を被り、手を大きく上げている。
Ⅶ群・円点をもつ人物像群
　神がかりの状況を表すと考えられるもの。
Ⅷ群・類型化されない人物像群
　いずれも各ブロックで中心的性格をもつ像で非常に個性的である。
　a類　頭に羽を差し片手に弓、片手に獲物をぶら下げている像

b類　頭に羽を差した大男
c類　男女一対として表現された像
d類　峰山によりベニテングダケを頭に載せた人物とされた像
e類　頭に被り物を被った像
f類　頭が逆三角形で特異な被り物を付けた像
g類　峰山により踊るシャーマンとされた像
h類　大男の踊る像
I類　マント状の着衣を着た像
IX群・胴部に両手だけ表現された人物群
X群・胴部に両手両足が表現された人物像群

　以上の分類でわかるように多彩な人物像がフゴッペ洞窟にはみられる。ただその意味するものを汲み取り理解することは現状では困難である。おそらくは、祖霊神や英雄伝説やシャーマニズムの世界観などが描かれているだろうことを推測するに留まるといったところが現在の研究の現状であろう。

4．まとめ

　原始・日本の祭祀というテーマのもと、北海道の続縄文時代の祭祀として手宮・フゴッペ洞窟の刻画を紹介した。本稿では、北東アジア地域に広く見られるシャーマニズムが後北式土器を使用した人達のなかでも行われていたことを両洞窟の刻画を通して述べてみた。ただそれが後北式土器文化だけの一過性のものなのか、それともこれに続く、北大式や擦文時代、近世アイヌの時代まで続くものなのか不明であるが、少なくとも近世北海道アイヌにはシャーマンは存在していない。ただ、現代においても日本のイタコ、沖縄のユタ、韓国ムーダン（巫堂）、台湾（漢族）タンキー（童乩）、台湾フーチー（扶乩）といった巫業を行う人びとが存在しているのもまた事実である（藤崎 2003）。ここで再

度、シャーマンという語について、ミハーイ・ホッパール（1998）の説明を引用したい。「この言葉はマンシュー・ツングース語に由来し、おおもとはツングース語の Saman(xaman) は sa-「知る」という動詞から派生しており Schaman とは知る者、知識や心得のあるものを意味する。」両洞窟のシャーマン像がホッパールの言う性格をもつものであれば、後北式土器人は、シャーマンを象徴としたシャーマニズム的世界観をもち、それを精神的な支柱として生活していた人びとと定義することができよう。洞窟の絵からさらなる詳細な情報を得るためには考古学的見地からシャーマニズム研究を推進させる必要性を感じる。

　シャーマンがもつ属性として、太鼓、太鼓の撥、鳥、世界樹、杖、太陽、月、補助動物霊、仮面、冠、頭飾り、儀礼用の矢、衣装などの道具類、象徴があり、また祭祀の所作や踊りがある。刻画のなかにこれらが表現されていないかの検討や、シャーマンが実際に行う行為の復元も必要であろう。手宮・フゴッペ洞窟の刻画を理解することがきわめて広域な土器分布をもつ後北式土器文化を理解する手立てのひとつと信じて擱筆したい。

参考文献

大島秀俊 1991「小樽市手宮洞窟の陰刻壁画における製作技法について」『北海道考古学』第 27 輯。

大島秀俊 1995「フゴッペ洞窟および手宮洞窟壁画の一考察」『北海道考古学の諸問題』北海道考古学、第 31 輯。

小川　勝ほか 2003『フゴッペ洞窟・岩面刻画の総合的研究』平成 10 年度～13 年度科学研究補助金研究成果報告書。

小樽市教育委員会 1991「史跡手宮洞窟」史跡保存修理事業にともなう発掘調査報告書。

小樽市教育委員会 1995『国指定史跡手宮洞窟修理事業報告書』。

小樽市教育委員会 1998『手宮洞窟シンポジュウム記録集』。

諏訪春雄編 2003『降神の秘儀　シャーマニズムの可能性』勉誠社。

フゴッペ洞窟調査団 1970『フゴッペ洞窟』ニューサイエンス社。

フゴッペ洞窟保存調査委員会編 2004『国指定史跡フゴッペ洞窟保存調査事業報告書』余市町教育委員会。
フィンダイゼン 1977『霊媒とシャマン』和田完訳、冬樹社。
藤崎康彦「台湾の降神巫儀」諏訪春雄編 2003『降神の秘儀 シャーマニズムの可能性』勉誠社。
峰山巌・掛川源一郎 1983『謎の刻画フゴッペ洞窟』六興出版。
ミハーイ・ホッパール 1998『図説シャーマニズムの世界』村井翔訳、青土社。
和田完・大島秀俊 1995「手宮・フゴッペ洞窟に見られるシャーマニズム的諸特徴について」『シャーマニズムと民族文化』奈良大学・㈶元興寺文化財研究所・ISSR。

■ 編者・執筆者紹介 ■ （五十音順）

〔編者〕

椙山林継（すぎやま・しげつぐ）

1940年生。現在、國學院大學教授。主要編著作論文、『神道と日本文化』戎光祥出版、2006年。『古代出雲大社の祭儀と神殿』学生社、2005年。『山岳信仰と考古学』同成社、2003年ほか。

山岸良二（やまぎし・りょうじ）

1951年生。現在、東邦大学付属東邦中高等学校教諭。主要編著作論文、『科学はこうして古代を解き明かす』河出書房新社、1996年。『関東の方形周溝墓』同成社、1996年。『考古学のわかる本』同成社、1999年。『方形周溝墓研究の今』雄山閣、2005年。『古代史の謎はどこまで解けたのか』PHP新書、2006年ほか。

〔執筆者〕

井上雅孝（いのうえ・まさたか）

1966年生。現在、岩手県滝沢村埋蔵文化財センター。主要著作論文、「岩手県における時宗板碑の基礎的研究」『考古学の諸相Ⅱ　坂詰先生古稀記念論文集』2006年。「古代鉄製祭祀具から見た蝦夷の信仰と儀礼」『立正史学』第99号、2006年。「岩手県における古墳前期の土器様相―塩釜式併行期の土器編年」『岩手考古学』第18号、2006年ほか。

大島秀俊（おおしま・ひでとし）

1951年生。現在、㈱シン技術コンサル　文化財調査部　課長。主要著作論文、「小樽市手宮洞窟の陰刻壁画における製作技法について」『北海道考古学』第27輯、1991年。「フゴッペ洞窟および手宮洞窟壁画の一考察」『北海道考古学の諸問題』北海道考古学、第31輯、1995年。和田　完と共著「手宮・フゴッペ洞窟に見られるシャーマニズム的特徴について」『シャーマニズムと民族文化』奈良大学・㈶元興寺文化財研究所・ISSR、1995年ほか。

大平　茂（おおひら・しげる）

1951年生。現在、兵庫県立考古博物館　学芸課長。主要著作論文、「播磨の祭祀遺跡」『風土記の考古学』2　播磨国風土器の巻、同成社、1994年。「祭祀考古学の体系」『研究紀要』第3号、兵庫県教育委員会埋蔵文化財調査事務所、2003年。「但馬国府

と人形祭祀」『日本海域歴史大系』第1巻、清文堂、2005年ほか。

大渕淳志（おおふち・あつし）

　1963年生。現在、㈲日考研茨城　調査研究室長。主要著作論文、「祭祀遺跡小滝涼源寺を中心とする祭祀遺跡の一考察」『日本考古学研究所集報XI』日本考古学研究所、1989年。「祭祀遺跡小滝涼源寺の再考察(1)」『日本考古学研究所集報XIV』日本考古学研究所、1992年ほか。

小野美代子（おの・みよこ）

　1952年生。現在、㈶埼玉県埋蔵文化財調査事業団資料活用部長。主要著作論文、『土偶の知識』東京美術社、1984年。「東北南部における山形土偶」『土偶研究の地平』勉誠社、1997年。「遮光器土偶の受容と遮光器系土偶」『土偶研究の地平3』勉誠社、1999年ほか。

片岡宏二（かたおか・こうじ）

　1956年生。現在、小郡市教育委員会　埋蔵文化財調査センター技師、文学博士。主要著作論文、『弥生時代　渡来人と土器・青銅器』雄山閣、1999年。『弥生時代　渡来人から倭人社会へ』雄山閣、2006年ほか。

河内一浩（かわち・かずひろ）

　1961年生。現在、羽曳野市教育委員会社会教育課。主要著作論文、「古墳時代後期における紀伊の埴輪生産について」『求真能道』1988年。「紀伊型円筒形埴輪再考」『地域と古文化』2004年ほか。

小林　修（こばやし・おさむ）

　1969年生。現在、渋川市教育委員会文化財保護課。主要著作論文、「上毛野の櫛形線刻をもつ円筒埴輪」『群馬考古学手帳』第10号、2000年。「赤城山櫃石と上毛野の磐座」『考古学の諸相II（坂詰秀一先生古希記念論文集）』2006年。「後・終末期古墳と古代火葬墓」『土曜考古』第30号、2006年ほか。

鈴木敏弘（すずき・としひろ）

　1945年生。現在、大東文化大学文学部非常勤講師。主要著作論文、「邪馬台国の祭祀同盟」『初期古墳と大和の考古学』学生社、2003年。「原史集落の変貌」『原始・古代日本の集落』同成社、2004年。「方形周溝墓から見た原史交易」『方形周溝墓研究の今』雄山閣、2005年ほか。

千葉敏朗（ちば・としろう）

　1961年生。現在、東村山ふるさと歴史館。主要著作論文、「同一個体破片の出土状況からの覆土堆積状況の復元とその活用」『縄文集落研究の新地平2』縄文集落研究グループ、1998年。「下宅部遺跡の縄文弓」『武器の進化と退化の学際的研究』国際日

本文化研究センター、2002年。「下宅部遺跡」『季刊考古学』第95号、2006年。

鶴間正昭（つるま・まさあき）
　1955年生。現在、東京都埋蔵文化財センター調査課。主要著作論文、「関東からみた東海の諸窯」『古代』第117号、早稲田大学考古学会、2004年。「関東における須恵器杯Gの生産」『陶磁器の社会史』桂書房、2006年ほか。

平野　修（ひらの・おさむ）
　1962年生。現在、帝京大学山梨文化財研究所　考古第3研究室長。主要著作論文、「出土文字資料からみる古代甲斐国の仏教信仰」『山梨県考古学協会誌』第13号、2002年。「古代甲斐国の山麓開発と御牧」『山梨考古学論集』Ⅴ、2004年ほか。

深澤敦仁（ふかさわ・あつひと）
　1968年生。現在、㈶群馬県埋蔵文化財調査事業団。主要著作論文、「群馬県の石製品・石製模造品製作址について」『考古聚英』梅澤重昭先生退官記念論文集、2001年。「利根沼田　古式土師器編年　覚書」『群馬考古学手帳』第16号、2006年。

福田　聖（ふくだ・きよし）
　1964年生。現在、㈶埼玉県埋蔵文化財調査事業団調査部主査。主要著作論文、『方形周溝墓の再発見』同成社、2000年。「方形周溝墓における共通性」『考古学ジャーナル』№534、2005年。「方形周溝墓の死者儀礼」『関東の方形周溝墓』同成社、1996年ほか。

古庄浩明（ふるしょう・ひろあき）
　1960年生。現在、駒澤大学文学部歴史学科、国士舘大学21世紀アジア学科、非常勤講師。主要著作論文、「古代における鉄製農工具の所有形態」『考古学雑誌』第79巻第3号、1994年。「突帯文から綾羅木式へ」『法政考古学』第27集、2001年。「土井ケ浜遺跡とその社会」『季刊考古学』第92号、2005年ほか。

松尾　光（まつお・ひかる）
　1948年生。現在、奈良県万葉文化振興財団万葉古代学研究所副所長。鶴見大学文学部・早稲田大学商学部非常勤講師。主要著作論文、「白鳳天平時代の研究」笠間書院、2004年。『天平の木簡と文化』笠間書院、1994年。『古代の豪族と社会』笠間書院、2005年。

山田康弘（やまだ・やすひろ）
　1967年生。現在、島根大学法文学部准教授。主要著作論文、「縄文時代の装身原理」『古代』第115号、2004年。「「老人」の考古学」『考古学』Ⅳ、2006年ほか。

原始・古代日本の祭祀
げんし こだいにほん さいし

2007年7月10日発行

編者	椙山林継
	山岸良二
発行者	山脇洋亮
印刷者	㈱熊谷印刷

発行所　東京都千代田区飯田橋
4-4-8 東京中央ビル内　㈱同成社
TEL 03—3239—1467　振替 00140—0—20618

ⒸSugiyama S & Yamagishi R 2007 Printed in Japan
ISBN978-4-88621-396-9 C3021

===== 同成社の考古学書 =====

原始・古代日本の墓制

山岸良二編　　　　　A5判・356頁・本体価格4660円

墓制研究の現在点を明らかにしつつ、最新の問題点を大胆に掘り下げ、今後の課題を探る。激増する文献・情報に揺れる考古学研究に一石を投ずる意欲的な試み。

●本書の目次●

序　章　80年代の墓制研究の動向　　　　　　　山岸良二

第1章　旧石器・縄文時代の墓制
　第1節　旧石器時代の埋葬　　　　　　　　　山下秀樹
　第2節　縄文時代の埋葬　　　　　　　　　　高橋龍三郎
　第3節　北海道における続縄文時代の墳墓　　大島秀俊

第2章　弥生時代の墓制
　第1節　再葬墓　　　　　　　　　　　　　　山岸良二
　第2節　方形周溝墓　　　　　　　　　　　　山岸良二
　第3節　木棺墓と人の交流　　　　　　　　　福永伸哉
　第4節　墳丘墓　　　　　　　　　　　　　　一瀬和夫
　第5節　九州地方の弥生墓　　　　　　　　　片岡宏二
　第6節　中国・四国地方の弥生墓　　　　　　桑原隆博

第3章　古墳時代の墓制
　第1節　古墳の出現と地方伝播の諸問題　　　坂本和俊
　第2節　後期古墳の問題点　　　　　　　　　古谷　毅
　第3節　西日本の後期古墳　　　　　　　　　岸本道昭
　第4節　横穴墓　　　　　　　　　　　　　　上田　薫

付　章　風土記にみる葬制・墓制　　　　　　　瀧音能之

同成社の考古学書

原始・古代日本の集落

山岸良二編　　A5判・256頁・本体価格4000円

集落研究の閉塞状況を打破すべく、列島の集落について注目すべき成果を発表している研究者の論考を時系列的に展開。多角的な視点による分析とともに今後の研究方法への視座を提示する。

●本書の目次●

序　章　集落論研究の現状と課題　　山岸良二

第1章　縄文時代の集落
- 第1節　北海道・東北地方における集落変遷　　岡田康博
- 第2節　縄紋集落研究の新展開　　小林謙一

第2章　弥生時代の集落
- 第1節　瀬戸内地方の弥生集落　　正岡睦夫
- 第2節　深い竪穴、浅い竪穴　　及川良彦
- 第3節　南関東地方における弥生時代集落遺跡研究の課題　　安藤広道
- 第4節　原史集落の変貌　　鈴木敏弘

第3章　古墳時代の集落
- 第1節　東北古墳時代終末期の在地社会再編　　菅原祥夫
- 第2節　古墳時代のムラ　　石井克己

第4章　歴史時代の集落
- 第1節　古代東国集落遺跡研究の新展開　　宮瀧交二
- 第2節　奈良・平安時代　都城の邸宅遺構　　村田和弘
- 第3節　東国の集落遺跡に見る古代の終焉　　笹生　衛
- 第4節　古代の「市」を探る　　井上尚明